百炼成钢

企业争议解决与风险管理

罗周敏　张金龙　于晓澎　著

STEEL FORGED THROUGH HUNDRED TRIALS

Enterprise Dispute Resolution and Risk Management

法律出版社 | LAW PRESS
北京

图书在版编目（CIP）数据

百炼成钢：企业争议解决与风险管理 / 罗周敏，张金龙，于晓澎著. -- 北京：法律出版社，2024.

ISBN 978 - 7 - 5197 - 9336 - 4

Ⅰ. D922.291.914

中国国家版本馆 CIP 数据核字第 2024Y7V949 号

百炼成钢：企业争议解决与风险管理

BAILIANCHENGGANG：QIYE ZHENGYI JIEJUE YU FENGXIAN GUANLI

罗周敏
张金龙　著
于晓澎

策划编辑 毛镜澄
责任编辑 毛镜澄
装帧设计 鲍龙卉

出版发行 法律出版社
编辑统筹 法治与经济出版分社
责任校对 王语童
责任印制 吕亚莉
经　　销 新华书店

开本 A5
印张 16.75　　**字数** 398 千
版本 2024 年 9 月第 1 版
印次 2024 年 9 月第 1 次印刷
印刷 固安华明印业有限公司

地址：北京市丰台区莲花池西里 7 号（100073）

网址：www.lawpress.com.cn

投稿邮箱：info@lawpress.com.cn

举报盗版邮箱：jbwq@lawpress.com.cn

销售电话：010 - 83938349

客服电话：010 - 83938350

咨询电话：010 - 63939796

书号：ISBN 978 - 7 - 5197 - 9336 - 4

定价：98.00 元

凡购买本社图书，如有印装错误，我社负责退换。电话：010 - 83938349

序　言

当今世界，经济全球化浪潮滚滚向前，市场竞争日益白热化，企业所处的法律环境也日益复杂多变。合同纠纷、行政监管、刑事法律风险等法律风险如同潜伏的暗礁，稍有不慎，就可能将企业拖入漫长的诉讼旋涡，导致企业蒙受巨额损失，甚至走向破产边缘。

在办理案件的基础上，我们总结办案心得和实务经验，对企业法律风险管理进行了系统研究，编写了《百炼成钢：企业争议解决与风险管理》一书，以期能够提升市场参与主体防范和化解风险的能力，维护企业合法权益。

总体来看，本书具有以下三个特点：

一是内容全面翔实。本书根据企业在经营过程中面临的民商事纠纷、行政处罚以及可能触犯的刑事犯罪等情况，对商事争议解决与风险防控、行政处罚与风险防范、刑事风险识别及实务处理等方面进行了深入研究，为企业提供了具体的操作指南和相关应对策略。

二是体例编排合理。本书对企业经营过程中容易涉及的商事纠纷、行政处罚、刑事责任等方面的问题进行了梳理解读，并向读者呈现了众多典型案例以及对案例的点评分析，尤其在商事纠纷类型、行政调查流程、典型罪名的犯罪构成和追诉标准等方面进行了详细的论述，较全面地整理了企业日常经营中可能遇到的问题，准确分析了法律适用规则，并提出有效的风险防控建议。

三是理论实践并重。本书的写作计划开端于 2022 年，过程中经历了《公司法》大修，其中实质性修改就高达一百多条，是历史规模最大的一次修订。“新老交替”不仅对千万家公司产生影响，也给本书的编写工作带来了重大的挑战。当然，我们也深感庆幸，能在本书出版前，充分地“新旧结合”，深入浅出地将理论研究与司法实践紧密结合，提升本书的时效性和可读性。

囿于本书篇幅，只能列出一些共性的问题，企业还需要根据实际情况，有针对性地建立一套完善的法律风险管理和防控体系。希望本书可以作为企业界人士指南，帮助企业界人士在国内外日益激烈的市场竞争中脱颖而出，百炼成钢。

是为序。

2024 年 4 月 6 日

凡　例

1.《中华人民共和国民法典》,简称《民法典》①。

2.《中华人民共和国公司法》(2023 年修订),简称现行《公司法》。

3.《中华人民共和国公司法》(2018 年修正),简称 2018 年《公司法》。

4.《中华人民共和国公司法》(2013 年修正),简称 2013 年《公司法》。

5.《中华人民共和国公司法》(2005 年修订),简称 2005 年《公司法》。

6.《中华人民共和国合同法》(已失效),简称《合同法》。

7. 最高人民法院《关于适用〈中华人民共和国公司法〉若干问题的规定(二)》(已失效),简称《公司法司法解释(二)》。

8. 最高人民法院《关于适用〈中华人民共和国公司法〉若干问题的规定(三)》(已失效),简称《公司法司法解释(三)》。

9. 最高人民法院《关于适用〈中华人民共和国公司法〉若干问题的规定(四)》(已失效),简称《公司法司法解释(四)》。

10.《全国法院民商事审判工作会议纪要》,简称《民商审判会议纪要》。

11. 最高人民法院《关于适用〈中华人民共和国合同法〉若干问题的解释(二)》(已失效),简称《合同法司法解释(二)》。

12. 最高人民法院《关于适用〈中华人民共和国民法典时间效力的

---

① 法律、行政法规名称中的"中华人民共和国"省略,其余一般不省略。

若干规定〉》,简称《民法典时间效力规定》。

13. 最高人民法院《关于适用〈中华人民共和国企业破产法〉若干问题的规定(二)》,简称《企业破产法规定(二)》。

14. 最高人民法院《关于适用〈中华人民共和国民法典〉物权编的解释(一)》,简称《民法典物权编解释(一)》。

15. 最高人民法院《关于适用〈中华人民共和国民法典〉合同编通则若干问题的解释》,简称《合同编通则解释》。

16. 最高人民法院《关于民事执行中变更、追加当事人若干问题的规定》,简称《变更追加当事人规定》。

17. 最高人民法院《关于人民法院办理执行异议和复议案件若干问题的规定》,简称《执行异议和复议案件若干规定》。

18.《国务院反垄断委员会垄断案件经营者承诺指南》,简称《承诺指南》。

19. 国务院《关于经营者集中申报标准的规定(修订草案征求意见稿)》,简称《申报标准征求意见稿》。

20.《经营者集中审查规定(征求意见稿)》,简称《审查规定征求意见稿》。

21. 最高人民检察院、公安部《关于公安机关管辖的刑事案件立案追诉标准的规定(一)》,简称《立案追诉标准(一)》。

22. 最高人民检察院、公安部《关于公安机关管辖的刑事案件立案追诉标准的规定(二)》,简称《立案追诉标准(二)》。

23. 最高人民检察院、公安部《关于公安机关管辖的刑事案件立案追诉标准的规定(三)》,简称《立案追诉标准(三)》。

目录

Contents

第一部分　商事争议解决与风险管理

1　股东签名被伪造、股权被转让，登记机关撤销登记后，第三人增资入股行为是否依然有效？/ 003

2　控股股东以多数决方式修改股东出资期限，小股东能否请求确认股东会决议无效？/ 007

3　大股东召开关于减资的股东会时，未通知小股东，股东会决议是否无效？/ 016

4　公司未通知小股东参会，股东会决议在程序方面的瑕疵是否属于轻微瑕疵，能否被撤销？/ 019

5　定性为股权让与担保后，如何确定股东会决议的成立与否？/ 023

6　公司已通知股东参会，但未提前 15 日通知，股东会决议效力如何？/ 026

7　董事会作出的记录性文件是否属于董事会决议，能否成为确认公司决议无效之诉的对象？/ 029

8　被解除董事职务的“董事”，能否作为原告请求确认董事会决议无效？/ 031

9 股东能否在请求确认公司决议无效的同时，请求享有无效决议中增资所对应的股东权益？/ 034

10 合伙协议明确约定合伙人之间转让合伙财产份额须全体合伙人同意，违反约定的转让协议效力如何？/ 036

11 公司章程中，强制离职股东转让股权的条款是否有效？/ 040

12 有限公司股东通过特殊约定排除“同股同权”“同股同价”，约定的效力如何认定？/ 052

13 章程限制股权转让，股东是否必须遵守？/ 055

14 公司章程规定董事长由股东推荐，在实践中应如何理解“推荐”的真实意思？/ 058

15 股东对外转让股权后，出让股东及受让人是否仍承担出资义务？/ 060

16 公务员投资入股，能否以违反法律为由，全盘否定其投资权益？/ 066

17 公司在股东未全面履行出资义务时，能否通过股东会决议解除股东出资额对应的股权？/ 078

18 股东以有效知识产权增资，后该知识产权被宣告无效，增资股东是否有补充出资的义务？/ 083

19 股东转让已具备破产原因公司之股权，能否免除其出资义务，受让股权一方是否应当承担连带责任？/ 085

20 股东将出资款转入公司账户验资后随即转出，是否构成抽逃出资？/ 089

21 股东转移公司资金，债权人能否主张股东对公司债务承担连带责任？/ 101

22 股权债务形成时为一人有限公司，能否通过变更公司股权结构避免对公司债务的连带责任？/ 103

23 不具备公司股东身份，法院能否以“过度支配与控制”为由否认法人人格，判令其承担连带责任？/ 106

24 股东会已作出延长股东出资期限的决议，债权人能否主张股东在未出资范围内对公司债务承担补充赔偿责任？/ 109

25 公司无可供执行财产，股东未届期限的认缴出资能否加速到期？/ 113

26 京牌小汽车实际出资企业非名义所有权人，实际出资企业是否享有排除债权人强制执行的民事权益？/ 117

27 减资程序违法，股东是否必然构成抽逃出资，应否在本息范围内担责？/ 127

28 公司权益受损，股东是否必须履行前置程序方可代表公司提起诉讼？/ 131

29 瑕疵出资股东是否享有知情权，对加入公司前的信息是否享有知情权？/ 138

30 营利性民办学校的举办者，能否享有“股东知情权”？/ 142

31 股东行使知情权，是否当然有权查阅公司原始会计凭证？/ 146

32 股东会未对利润分配作出决议，股东是否有权请求公司进行利润分配？/ 157

33 股东未提交载明具体利润分配方案的股东会决议时，法院能否强制公司利润分配？/ 160

34 股权代持情形下，被代持方是否享有公司盈余分配请求权？/ 164

35 担任法定代表人的董事长辞职，股东会不作为导致无法变更登记，离职董事能否通过司法途径维权？/ 167

36 大股东单方决定将公司资金出借给其关联公司，小股东能否诉请解散公司？/ 171

37 董监高是否负有配合破产清算的义务，未配合应否承担不利后果？/ 177

38 少数股东能否以多数股东侵害公司利益，可能妨害公司清算为由，向法院申请强制清算？/ 181

第二部分 行政争议解决与风险管理

1 当事人委托代办注册公司，代办提交虚假材料的，公司会被处罚吗？/ 189

2 股东向他人借款出资，经验资后转出，账上记应收账款，属于抽逃出资的行为吗？/ 192

3 实行认缴资本制的公司，股东未交付或未按时缴付出资款，公司会被行政处罚吗？/ 195

4 公司可以将资金以个人名义存储于银行进行体外循环吗？/ 198

5 公司已召开股东会成立清算组，但未按规定通知债权人，会被处罚吗？/ 201

6 公司主管人员提供不真实的财务会计报告会被罚款吗？/ 204
7 公司成立后无正当理由可以超过 6 个月未开业吗？/ 206
8 用人单位直接涉及劳动者切身利益的规章制度违反法律、法规规定的，会被处罚吗？/ 209
9 用人单位可以不建立职工名册吗？/ 213
10 用人单位与劳动者签订的协议中缺乏劳动合同必备条款，会被视为未签订书面劳动合同吗？/ 216
11 用人单位初次约定的试用期没有达到法定的试用期最高限，是否可以在初次约定的试用期期满后延长试用期？/ 219
12 用人单位可以向劳动者收取“风险押金”吗？/ 222
13 用人单位未向劳动者出具解除劳动合同书面证明导致劳动者失去工作机会的，需要赔偿劳动者损失吗？/ 225
14 用人单位未与劳动者协商一致增加其工作任务，可以直接延长劳动者的工作时间吗？/ 227
15 用人单位要求劳动者选择调岗降薪或离职，劳动者选择离职的，用人单位需要支付劳动者补偿金吗？/ 230
16 用人单位不与劳动者签订无固定期限合同会被处罚吗？/ 234
17 用人单位可以在劳动者孕产假期间与劳动者签订解除劳动合同证明书吗？/ 236
18 用人单位安排劳动者每周工作 6 天、休息 1 天合法吗？/ 241
19 用人单位未按规定给予员工休假或年休假工资报酬的，会被处罚吗？/ 244

20 用人单位可以未复工复产为由拒绝向劳动者发放生活费吗？/ 247
21 内部测试报告能否作为广告宣传的有效证明材料？/ 250
22 公司员工在微信朋友圈发布投资理财广告，公司会被处罚吗？/ 255
23 房地产企业可以在广告中以“时间概念表示距离”的方式宣传吗？/ 259
24 医疗机构可以在广告中宣传“治愈率”吗？/ 266
25 “软文”是“广告”吗？/ 276
26 保健食品广告可以宣传安全、放心有保障吗？/ 285
27 平台运营商未尽到广告审核义务，会被处罚吗？/ 288
28 经营者实施横向垄断协议，申请宽大制度后是否能免除全部罚款？/ 293
29 协议中的“排除、限制竞争”条款，是否一定要达到“具有排除、限制竞争的效果”才会被认定为垄断协议？/ 297
30 若交易相对人曾有不良信用记录，是经营者拒绝与其交易的正当理由吗？/ 301
31 经营者集中未达到经营者集中申报标准，一定不需要申报吗？/ 306
32 企业销售的产品中可以带有他人标识吗？/ 310
33 经营者在交易活动中，可以向交易相对方支付折扣吗？/ 313
34 经营者可以对销售商品的“销售状况”“用户评价”刷单宣传吗？/ 316

35 前员工离职后创办公司使用曾接触到的商业秘密，构成不正当竞争吗？ / 319
36 经营者进行有奖销售可以不公布获奖名单吗？ / 324
37 经营者仅编造虚假信息未进行传播的，构成商业诋毁吗？ / 328
38 经营者屏蔽、限流其他经营者的网络产品或者服务，构成不正当竞争吗？ / 331

第三部分 刑事争议解决与风险管理

1 在从事营运性质的交通运输中发生重大事故，构成交通肇事罪还是重大责任事故罪？ / 337
2 为牟取非法利益，通过更改生产日期等方式销售超过保质期的食品，是否构成销售伪劣产品罪？ / 340
3 种子公司自行筛选无标签大豆品种，冒充国家农作物审定品种进行销售，是否构成生产、销售伪劣产品罪？ / 343
4 具有经营资质的药品企业，采购并销售没有合法手续的药品，是否构成销售假药罪？ / 346
5 公司在发行私募债券过程中，提交虚假材料的，是否构成欺诈发行证券罪？ / 349
6 上市公司以外的其他信息披露义务人，提供虚假信息，能否构成违规披露、不披露重要信息罪？ / 352
7 公司进入破产清算前，高管将资金通过“走账”形式转给他人，之后向清算组隐匿财产的，是否构成妨害清算罪？ / 357

8 公司设立“小金库”，出现问题时销毁相关账目，是否构成故意销毁会计凭证、会计账簿罪？/ 360
9 公司高管收受商业回扣、手续费归个人所有，是否构成非国家工作人员受贿罪？/ 362
10 控股股东或实际控制人将上市公司资金用于个人营利活动，是否构成背信损害上市公司利益罪？/ 365
11 高管操纵上市公司违规向控股股东提供担保，是否一定构成背信损害上市公司利益罪？/ 368
12 企业为了融资，归集不特定社会公众资金，并承诺还本付息的，是否构成非法吸收公众存款罪？/ 371
13 未经国家主管部门批准，对外公开出售公司股权筹集资金，是否构成擅自发行股票罪？/ 375
14 从他人处获取内幕信息后进行证券交易，是否构成内幕交易罪？/ 378
15 被动获悉内幕信息的人员，能否构成内幕交易罪？/ 381
16 私募基金从业人员伙同金融机构从业人员，利用金融机构的未公开信息从事证券交易活动，能否构成利用未公开信息交易罪？/ 385
17 编造并且传播影响证券交易的虚假信息，是否构成编造并传播证券交易虚假信息罪？/ 388
18 证券公司等金融机构违背受托义务，擅自运用客户资金，是否构成背信运用受托财产罪？/ 391

19 明知是非法集资所得，帮助他人将集资款兑换成虚拟币的，是否构成洗钱罪？/ 394
20 通过向银行贷款的方式骗取担保人提供担保的，构成贷款诈骗罪还是合同诈骗罪？/ 397
21 使用虚假的房产证做抵押进行借款，是否一定构成合同诈骗罪？/ 399
22 编造虚假的借款理由，或者借款之后改变用途，是否一定构成诈骗罪？/ 402
23 在并购过程中伪造证据，制造虚假债权起诉并购方，是否构成虚假诉讼型诈骗？/ 404
24 在实施“套路贷”过程中，提起民事诉讼非法占有他人财产，构成诈骗罪还是虚假诉讼罪？/ 407
25 签订合同并收取对方保证金后挪作他用，是否构成合同诈骗罪？/ 411
26 企业逃避缴纳税款达到 10 万元以上，是否一定构成逃税罪？/ 415
27 不以骗取税款为目的，让他人虚开增值税专用发票并支付开票费，虽不成立虚开增值税专用发票罪，但一定不构成其他犯罪吗？/ 418
28 假冒在我国取得的注册商标，但将假冒注册商标的商品销往境外的，是否构成假冒注册商标罪？/ 423
29 公司高管离职后，盗取原公司技术信息的，是否构成侵犯商业秘密罪？/ 426

30 利用抖音账号发布捏造的视频,诋毁他人商业信誉或商品声誉,是否构成损害商业信誉、商品声誉罪? / 429

31 对保健品功能作虚假宣传,向老年人高价销售保健品骗取财物的,构成虚假广告罪还是诈骗罪? / 432

32 串通拍卖行为是否属于串通投标,能否构成串通投标罪? / 437

33 “诈骗型传销”和“经营型传销”,是否都构成组织、领导传销活动罪? / 441

34 未经批准从事资金支付结算业务,是否构成非法经营罪? / 444

35 虚构“首席分析师”等身份,指导客户在自设平台上炒作期货,构成非法经营罪还是诈骗罪? / 448

36 未经许可擅自从事出租汽车运输业务,是否构成非法经营罪? / 451

37 未经合法审批,擅自建设住宅并对外销售,是否构成非法经营罪? / 453

38 不具备经营证券业务资质的公司,擅自开展证券咨询业务,是否构成非法经营罪? / 456

39 公司股权转让是否等同土地使用权转让,能否构成非法转让、倒卖土地使用权罪? / 459

40 房产中介在网站上公开房源信息并从中牟利,是否构成侵犯公民个人信息罪? / 462

41 电商企业员工利用公司系统平台操作权限侵占本单位财物的,是否构成职务侵占罪? / 465

42 个人独资企业中的人员侵占本单位财物，能否构成职务侵占罪？ / 467

43 公司高管将客户归还的资金私自借贷给他人，是否构成挪用资金罪？ / 470

44 不具备用工主体资格的单位或个人，违法用工且拒不支付劳动报酬，是否构成拒不支付劳动报酬罪？ / 472

45 为境内用户非法提供境外互联网接入服务，是否构成拒不履行信息网络安全管理义务罪？ / 475

46 利用互联网经营外汇二元期权业务，是否构成开设赌场罪？ / 478

47 网络“一元购”抽奖式销售，是否构成开设赌场罪？ / 482

48 欺骗劳动人事争议仲裁委员会出具仲裁调解书，以该调解书向法院申请强制执行的，是否构成虚假诉讼罪？ / 484

49 公司明知是非法集资所得，通过转账等方式协助资金转移的，是否构成洗钱罪？ / 487

50 转移公司收取的租金挪作他用，是否构成拒不执行判决、裁定罪？ / 490

51 企业未取得排污许可证，通过暗管排放有毒物质，是否构成污染环境罪？ / 493

52 医药企业将产生的废水排入河道，是否构成污染环境罪？ / 496

53 未经批准擅自建设生态休闲庄园，是否构成非法占用农用地罪？ / 498

54 通过与村民小组以股份合作的形式承建项目，借机开采河道砂石，是否构成非法采矿罪？/ 501

55 快递公司为赚取高于市场价的寄递费用，帮助他人邮寄毒品，是否构成运输毒品罪？/ 504

56 企业为谋取不正当利益给予国家工作人员财物，是否构成单位行贿罪？/ 506

57 为谋取不正当利益给予国有企业工作人员财物，是否构成行贿罪？/ 509

58 在行贿人与国家工作人员间进行沟通撮合，是否构成介绍贿赂罪？/ 511

59 被投企业涉嫌刑事风险，投资人如何配合有关部门开展刑事调查？/ 513

60 企业自身权益遭受犯罪行为侵害时，如何有效进行刑事控告？/ 516

后　记 / 519

第一部分

商事争议解决与风险管理

自2013年至今，我国公司注册登记数量从1033万家增加到3800万家，可以说公司是最重要的市场主体。公司合规经营与商事争议解决关乎企业生死存亡，关系企业家的成败，也影响市场经济持续健康发展。

本书梳理较典型的商事争议案例，提出企业在经营管理和争议解决时应当关注的合规要点，结合2024年7月1日生效的《公司法》，在股东限期认缴出资、股东出资加速到期、股权转让后的出资责任承担、法定代表人辞任规则、法人人格横向否认、股东知情权、董事会催缴义务、双控人责任、违法减资法律后果等方面，对新老问题进行剖析，帮助企业和企业家在合规经营方面作出积极探索。

1 股东签名被伪造、股权被转让，登记机关撤销登记后，第三人增资入股行为是否依然有效？

裁判要旨

公司登记机关登记的股东姓名或名称在未被撤销或未被其他基础性证据推翻之前系证明股东资格的证据,第三人基于登记的公示公信力,对公司的内部关系无义务进行实质性审查。即使公司登记机关以公司提交虚假材料撤销登记,第三人依法履行的增资入股及登记手续仍有效。

基本案情

Y 公司注册资本为 1000 万元,股东 Z 公司出资 800 万元,股东张某荣出资 200 万元。

2006 年 6 月,Y 公司变更登记为陶某琴出资 800 万元、陶某阳出资 200 万元。

2007 年 1 月,Y 公司召开股东会并作出第三届第三次股东会决议及第四届第一次股东会决议,内容均为同意吸收 M 公司为新股东,同意 Y 公司注册资本由 1000 万元增加至 6000 万元,新增资本 5000 万元由 M 公司以货币出资。后 Y 公司办理了变更登记手续。

2007年4月，Y公司召开股东会并作出决议，同意M公司将出资额5000万元转让至陶某琴并退出股东会。至此，Y公司工商登记显示的股东及出资情况变更为陶某琴出资5800万元、陶某阳出资200万元。

2015年7月28日，某区工商分局作出的行政处罚决定书载明："Y公司于2006年6月申请公司变更登记时，提交的股权转让协议中'张某荣'的签名，经鉴定非张某荣所写。Y公司的行为属于《公司登记管理条例》[①]第六十五条规定的提交虚假材料或者采取其他欺诈手段隐瞒重要事实，取得公司登记的违法行为。"后因Y公司逾期未改正，某区工商分局于2015年12月29日作出撤销变更登记决定书，决定撤销Y公司于2006年6月取得的公司变更登记。

张某荣诉至法院：(1)请求确认Y公司第三届第三次股东会决议中关于新增资本5000万元由M公司以货币出资中的"新增加的1000万元由M公司以货币出资"的部分无效；(2)请求确认Y公司第四届第一次股东会决议中的关于新增资本5000万元由M公司以货币出资中的"M公司以货币出资1000万元"的部分无效；(3)请求确认张某荣持有Y公司20%的股权；(4)请求Y公司办理工商变更登记，将第三人陶某琴名下持有的Y公司1000万元出资变更至张某荣名下；

① 本法规被《市场主体登记管理条例》(2021年7月27日发布，2022年3月1日实施)废止。

(5)请求判决Y公司承担本案诉讼费。

裁判结果

一审、二审、再审法院均未支持张某荣请求。

律师观点

《公司法》将"公司登记"独立成章,并在第34条规定:"公司登记事项发生变更的,应当依法办理变更登记。公司登记事项未经登记或者未经变更登记,不得对抗善意相对人。"①在本案中,M公司于2007年增资入股时,Y公司工商登记显示陶某琴出资800万元,陶某阳出资200万元,未显示张某荣出资信息。该登记虽于2015年12月29日被撤销,但M公司2007年的增资入股行为是基于其对工商登记信息的合理信赖,M公司作为第三人没有义务对Y公司的内部关系进行实质审查,其增资行为合法有效。

当股东的签名被伪造,所持股权被动转让,公司又在此基础上引入新的投资人时,被伪造签名的股东可尝试依据《市场主体登记管理条例》第40条的规定,向登记机关提出撤销公司登记申请,亦可通过提起确认股东资格之诉恢复股东身份。若因"股权转让"遭受损失,被伪造

① 《公司法》已由中华人民共和国第十四届全国人民代表大会常务委员会第七次会议于2023年12月29日修订通过,自2024年7月1日起施行。2018年《公司法》第32条第3款规定:"公司应当将股东的姓名或者名称向公司登记机关登记;登记事项发生变更的,应当办理变更登记。未经登记或者变更登记的,不得对抗第三人。"

签名的股东还可以尝试向相关主体主张损害赔偿等。考虑公司决议作出时间，以及撤销决议、确认决议无效等涉及的第三方利益，若权利人仅针对公司决议效力提起诉讼，被法院支持的可能性较小。

延伸案例

胡某与L公司公司决议纠纷

沈某平系L公司法定代表人、执行董事、经理及大股东。L公司另有胡某等4名自然人股东。

2020年12月4日，L公司在未提前通知胡某等人且未召开股东会的情况下，形成股东会决议。决议内容为：(1)同意免去沈某平的执行董事职务；(2)同意选举胡某为执行董事，担任法定代表人。后L公司法定代表人变更为胡某。

法院认为，根据《公司法司法解释(四)》第5条的规定："股东会或者股东大会、董事会决议存在下列情形之一，当事人主张决议不成立的，人民法院应当予以支持：(一)公司未召开会议的，但依据公司法第三十七条第二款或者公司章程规定可以不召开股东会或者股东大会而直接作出决定，并由全体股东在决定文件上签名、盖章的除外；(二)会议未对决议事项进行表决的；(三)出席会议的人数或者股东所持表决权不符合公司法或者公司章程规定的；(四)会议的表决结果未达到公司法或者公司章程规定的通过比例的；(五)导致决议不成立的其他情形。"L公司变更公司法定代表人不属于公司章程规定的可以不召开股东会或者股东大会而直接作出决议的情形，L公司的股东胡某等并未接到召开股东会的通知，2020年12月4日的股东会并未真实召开，决议上各股东的签名均系伪造，胡某并无变更成为法定代表人的真实意思表示，故该次股东会决议缺乏成立的基本要件，不符合法律及公司章程的规定。

胡某要求确认股东会决议不成立的诉讼请求，于法有据，公司决议不成立之后，公司有义务向工商登记机关申请撤销依据该决议进行的变更登记，故胡某要求L公司将法定代表人恢复登记为沈某平的诉讼请求，于法有据，法院予以支持。

2 控股股东以多数决方式修改股东出资期限，小股东能否请求确认股东会决议无效？

裁判要旨

公司章程系股东之间协商一致的真实意思表示，除法律规定或全体股东一致通过等情形外，控股股东无权通过多数决方式修改公司章程已确定的出资期限。小股东期限利益遭受侵害，请求确认公司决议无效的，人民法院应当予以支持。

基本案情

2017年7月17日，H公司新章程载明：H公司注册资本1000万元；章某出资700万元，姚某城出资150万元，蓝某、何某松各出资75万元；出资时间均为2037年7月1日；股东会会议应当于会议召开15日以前通知全体股东。

2018年10月30日，H公司向姚某城发送快递，快递单载明的内件品名为“H公司2018年临时股东会通知”，寄送的地址为上海市南汇区康桥镇秀沿路某弄某号。上述快递于次日被签收，签收人显示为“他人代收”。临时股东会通知载明：召开会议时间为2018年11月18日下午2时；会议地点为上海市世纪大道某号10楼；会议审议事项为更换并选举新的监事、修改公司章程、限制部分未履行出资义务股东的股东权利；授权公司就敦促未履行出资义务的股东缴付出资事项采取必要措施。

2018年11月18日，H公司形成临时股东会决议，其载明应到会股东4人，实际到会股东为何某松、章某、蓝某，占总股数85%，姚某城收到股东会通知后未出席股东会，也未委托其他人出席股东会，到会股东一致同意形成决议如下：(1)选举何某松为监事，免除姚某城监事职务；(2)通过章程修正案；(3)姚某城未按照约定缴付出资款150万元，且在H公司多次催缴的情况下仍拒不履行出资义务，股东会决定限制姚某城的一切股东权利(包括但不限于收益分配权、表决权、知情权等)，直至姚某城履行全部出资义务之日止；(4)采取一切必要措施要求姚某城履行出资义务(包括但不限于向姚某城发送催款函、委托律师代表H公司向姚某城提起诉讼或仲裁等)。实际到会股东合计持有H公司85%股权，代表的表决权超过2/3，以上决议内容符合2018年《公司法》及公司章程的规定，合法有效。

临时股东会决议第(2)项，即“通过章程修正案”的具体内容是：(1)将原章程规定的股东出资时间2037年7月1日修改为出资时间2018年12月1日；(2)股东未按前述第(1)项缴纳出资的，应当按照同期人民银行公布的一年期贷款利息向公司支付逾期利息。上述章程修正案落款处由章某作为H公司法定代表人签名，落款时间为2018年11月18日。

另外，H公司置备于公司登记机关内档材料中姚某城的身份证有效期为2007年9月2日至2027年9月2日，该身份证载明姚某城住址为上海市南汇区康桥镇秀沿路某弄某号。姚某城现身份证有效期为2011年10月29日至2031年10月29日，该身份证载明的姚某城住址为上海市浦东新区花木路某弄某号。

姚某城请求法院判令确认H公司于2018年11月18日作出的临时股东会决议无效。

裁判结果

一审、二审法院均确认H公司于2018年11月18日作出的临时股东会决议第(2)项无效。

律师观点

《公司法》第 49 条规定："股东应当按期足额缴纳公司章程规定的各自所认缴的出资额。股东以货币出资的，应当将货币出资足额存入有限责任公司在银行开设的账户；以非货币财产出资的，应当依法办理其财产权的转移手续。股东未按期足额缴纳出资的，除应当向公司足额缴纳外，还应当对给公司造成的损失承担赔偿责任。"该规定是公司资本认缴制的集中体现，赋予了股东相应的出资期限利益，该利益对于股东来说有重大利害关系，属于股东固有之权利。当然，现行《公司法》相较2018 年版，在有限公司注册资本限期认缴制度方面，作出了根本性修订，要求全体股东在公司成立后的 5 年内将认缴的出资额缴足。笔者认为，《公司法》关于有限公司股东出资制度，并未回归实缴制，简言之，股东依然享有期限利益，只是对该期限利益进行了限制，这是实务中需要注意和区分的。

虽然现行《公司法》及 2018 年版均规定，有限公司修改公司章程必须经代表 2/3 以上表决权的股东通过，但并不等于大股东可通过多数决方式修改章程中关于股东出资期限的相关条款。

笔者认为，股东出资期限系股东之间形成的一致合意，在股东未侵害公司利益，亦无法定加速到期情形发生时，不能以多数股东意志变更全体股东之间形成的一致意思表示。在本案中，H 公司于 2018 年 11 月18 日形成决议，将全体股东出资时间由 2037 年 7 月 1 日提前至 2018 年12 月 1 日，但未对出资期限严重缩减的必要性和紧迫性进行合理解释，严重侵害姚某城的法定股东权利，涉案临时股东会决议第(2)项决议应属无效。

延伸案例1

於某国与Z公司等公司决议效力确认纠纷

2018年10月15日，经Z公司全体股东签字形成Z公司章程，该章程规定：公司注册资本为10,369万元；C公司已出资680万元，并应于2030年10月18日前出资8133.65万元，於某国已出资120万元，并应于2030年10月18日前出资1435.35万元。

2021年4月29日，Z公司向於某国、C公司发出关于召开2021年度第二次临时股东会的通知，通知股东参加2021年5月15日召开的临时股东会。

2021年5月6日，於某国作出《关于召开2021年度第二次临时股东会书的回复》，对第二次股东会审议事项作出书面回复，并已将上述书面回复意见送达给Z公司。

2021年5月15日，Z公司召开了2021年度第二次临时股东会，仅C公司出席会议，该会议经C公司持85%的表决权通过了以下决议事项：(1)审议通过公司2020年年报；(2)审议通过公司实缴注册资本弥补亏损的方案；(3)审议通过认缴出资实缴金额及时间，2021年6月1日前实缴出资额达到3000万元；(4)审议通过聘请苏某新为经理；(5)审议通过修改公司章程；(6)审议讨论管理层发出的致Z公司股东信；(7)审议通过审计事项。

同日，Z公司根据上述股东会决议作出了章程修正案，并将该修正案在市场监督管理局备案。

后Z公司向於某国发送了股东出资告知函、律师函。2021年6月1日，C公司向Z公司转款1870万元，履行了出资义务。

一审法院认为，Z公司章程对于股东以股东会决议的形式修改公司章程、变更股东缴纳出资期限没有需要全体股东一致同意的规定，案涉股东会会议的召集、表决程序符合相关法律、公司章程规定。从决议内容来分析，案涉股东会决议内容均涉及公司经营，未违反法律、行政法规的规定，决议内容系针对全体股东作出，公司章程修改后各股东的出资时间一致，出资比例与初始投资比例相同，并不存在大股东利用资本多数决原则实施差异化出资、侵害於某国股东权利的情况。有限责任公司的股东对于认缴制下的出资期限的确享有一定程度的期限利益，但公司章程中约定的股东出资期限往往是缴纳出资的最晚日期，股东的出资义务只是暂缓，并非永久免除，公司可根据自身经营情况制定相应的经营方案，法律不应过度干预。

对于於某国请求判决确认Z公司2021年度第二次临时股东会决议无效及Z公司向公司登记机关申请撤销依据2021年度第二次临时股东会决议所作的工商变更登记的诉请，一审法院未予支持。

二审法院认为，股东出资期限提前到期的股东会决议只有经过全体股东一致同意方可通过，Z公司在於某国明确反对的情形下，滥用优势地位，以股东会多数决的方式形成决议，将股东出资期限提前至2021年6月1日，损害於某国的合法权益，应属无效。

针对决议内容的效力，二审法院作出了如下分析。

第一，决议第1项系Z公司2020年年报，属于公司内部经营管理事项，虽然於某国对该年报显示的公司亏损并不认可，但在Z公司对亏损未做进一步处理，且决议第7项已经决定对公司进行审计的情形下，第1项决议并不影响於某国的当前权益。即使2020年年报确实存在问题，也可待公司另行进行审计后再行解决，故对决议第1项内容的效力予以确认。

第二，决议第4项、第6项、第7项均系公司内部经营管理事项，未违反法律、行政法规的规定，应属合法有效，予以确认。

第三，决议第2项、第3项、第5项的内容，涉及股东出资期限提前到期是否需经全体股东一致同意及本案是否存在股东出资提前到期的必要性、合理性问题。

二审法院认为，修改股东出资期限涉及公司股东的出资期限利益，并非一般的修改公司章程事项，不能适用资本多数决规则。原因如下：

一是我国实行公司资本认缴制，除法律另有规定外，2018年《公司法》第28条第1款第1句规定，"股东应当按期足额缴纳公司章程中规定的各自所认缴的出资额"，即法律赋予公司股东出资期限利益，允许公司各股东按照章程规定的出资期限缴纳出资。股东的出资期限利益是公司资本认缴制的核心要义，系公司各股东的法定权利，如允许公司股东会以多数决的方式决议修改出资期限，则占资本多数的股东可随时随意修改出资期限，从而剥夺其他中小股东的合法权益。

二是修改股东出资期限直接影响各股东的根本权利，其性质不同于公司增资、减资、解散等事项。后者决议事项一般与公司直接相关，但并不直接影响公司股东之固有权利。如在增资过程中，不同意增资的股东已认缴或已实缴部分的权益并未改变，仅可能因增资而被稀释股份比例。如允许适用资本多数决，不同意提前出资的股东将可能因未提前出资而被剥夺或限制股东权益，直接影响股东根本利益。因此，修改股东出资期限不能简单等同于公司增资、减资、解散等事项，亦不能简单地适用资本多数决规则。

三是股东出资期限系公司设立或股东加入公司成为股东时，公司各股东之间形成的一致合意，股东按期出资虽系各股东对公司的义务，但本质上属于各股东之间的一致约定，而非公司经营管理事项。法律虽允许公司自治，但需以不侵犯他人合法权益为前提。公司经营过程中，如有法律规定的情形需要各股东提前出资或加速到期，系源于法律规定，而不能以资本多数决的方式，以多数股东意志变更各股东之间形成的一致意思表示。

因此，修改股东出资期限不应适用资本多数决规则，除法律规定或存在其他合理性、紧迫性事由需要修改出资期限的情形外，股东会会议作出修改出资期限的决议应当经全体股东一致通过。

现Z公司以公司存在亏损为由主张股东亟须提前出资，但在司法实践中，具有优先性质的公司债权在一定条件下可以要求公司股东提前出资或加速到期。如公司拖欠员工工资而形成的劳动债权，在公司无资产可供执行的情况下，可以要求公司股东提前出资或加速到期以承担相应法律责任，而本案并不存在该种情形，仅凭Z公司提供的资产负债表、利润表不足以证明存在需要股东提前出资的必要性和紧迫性。因此，涉讼股东会决议以资本多数决的方式决定股东出资期限提前到期，剥夺了於某国作为公司股东的出资期限利益，限制了於某国的合法权益。

最终，二审法院确认，Z公司2021年度第二次临时股东会决议中的第2项、第3项、第5项决议内容无效，Z公司应在判决生效之日起15日内向公司登记机关申请撤销依据前述3项股东会决议内容所作的公司章程变更登记。

延伸案例2

倪某与A公司公司决议效力确认纠纷

A公司章程载明：注册资本为100万元；股东为王某瑞、许某和倪某，其中，王某瑞出资额为20万元，许某出资额为50万元，倪某出资额为30万元；出资时间均为2039年12月31日前。

2020年6月28日，A公司向倪某发出A公司临时股东会会议通知，内容如下："现A公司决定于2020年7月17日13:30在上海市虹口区四川北路×××楼××室召开临时股东会，会议主要议题为审议《确认公司一致行动人决议的提案》(附件提案一)；审议《修改公司章程，变更出资期限的提案》(附件提案二)。"附件提案一的内容为，王某瑞持有的20%表决权不可撤销地授予许某，审议王某瑞与许某达成的《一致行动人协议》的效力；附件提案二的内容为，受到疫情影响，公司经营陷入困境，大股东投入的运营资金消耗殆尽，小股东未依约履行出资义务，要求小股东履行出资义务，股东倪某于2020年7月26日前及时履行出资30万元的出资义务。

2020年7月25日，A公司形成的临时股东会议记录载明：关于决议事项一、决议事项二，许某、王某瑞同意，倪某反对，表决结果为同意70%，反对30%。

同日形成的临时股东会决议载明：(1)确认股东许某与股东王某瑞签署的《一致行动人决议》，王某瑞的表决权由许某行使；(2)通过公司章程修正案，股东倪某的出资时间变更为2020年7月26日。

法院查明事实后认为，出资期限提前涉及股东的期限利益和对股东自益权的处分，应由全体股东通过协议的方式予以约定处分，而不应由股东会通过多数决的方式予以任意变更,否则将构成滥用股东权利损害其他股东的利益。A公司成立时,章程载明的出资时间为2039年12月31日前。涉案临时股东会决议第2项内容将倪某的出资时间提前至2020年7月26日之前,但A公司未提供充分证据证明其要求倪某提前出资的合理性和紧迫性,A公司审理中亦称A公司已处于暂停经营状态。此外,A公司各股东出资时间并无直接关联,A公司关于其大股东已实缴出资款,故倪某应提前缴纳出资款的答辩意见,缺乏相应的事实及法律依据,法院不予采信。

据此,法院判决确认A公司于2020年7月25日作出的临时股东会决议中的第2项决议内容"通过公司章程修正案"无效。

3 大股东召开关于减资的股东会时,未通知小股东,股东会决议是否无效?

裁判要旨

"差异化减资"关涉股东实质性利益,公司召开股东会前未依法通知小股东并非召集程序违反法律规定,股东会决议当属无效。

基本案情

L公司于2000年12月26日设立，注册资本19,516万元，其中，陈某和出资585.48万元，刘某林出资195.16万元，六某出资5464.48万元，B公司出资975.8万元，张某斌出资975.8万元，T公司出资8721.76万元，R公司出资2597.52万元。

2015年12月25日，L公司作出股东会决议，主要内容包括：(1)修改公司章程；(2)L公司注册资本从19,516万元减至11,516万元；(3)公司减资后股东愿意承担减资部分的相应法律责任。

2016年3月16日，L公司作出股东会决议，主要内容包括：……(3)L公司注册资本从19,516万元减至11,516万元，其中，张某斌减少出资588.24万元，B公司减少出资588.24万元，T公司减少出资5257.68万元，R公司减少出资1565.84万元。

2016年3月18日，L公司作出股东会决议，主要内容包括：(1)章程修正案；(2)L公司注册资本从11,516万元减至6245.12万元；(3)公司减资后股东愿意承担减资部分的相应法律责任。

2016年5月23日，L公司作出股东会决议，主要内容包括：……(2)L公司注册资本从11,516万元减至6245.12万元，其中，张某斌减少出资387.56万元，B公司减少出资387.56

万元,T公司减少出资3464.08万元,R公司减少出资1031.68万元。减资后股东的出资情况为:陈某和出资585.48万元,刘某林出资195.16万元,六某出资5464.48万元。

L公司自认,2015年12月25日、2016年3月16日、2016年3月18日、2016年5月23日的4次股东会均未通知陈某和参加会议,诉争减资款项按等额股本金实际已交付减资股东。

陈某和于2016年8月11日诉至法院要求撤销上述决议内容,后又变更诉讼请求,要求确认涉案股东会决议无效。

裁判结果

一审法院确认,L公司2015年12月25日股东会决议第2项、2016年3月16日股东会决议第3项、2016年3月18日股东会决议第2项、2016年5月23日股东会决议第2项内容无效。

L公司不服上诉,二审法院驳回上诉,维持原判。

律师观点

"差异化减资"也称不同比减资、定向减资,并非常规的多数决公司减资,而是在股东之间进行不同比的差异分配,在公司出现亏损时,不同比减资将导致未减资股东的持股比例增加,即变相增加该等股东的风险。在实践中,在未征得有限公司全体股东一致同意的情况下,"差异化减资"将直接损害未减资股东的财产权益。因此,在《公司法》中新增第

224 条第 3 款，即“公司减少注册资本，应当按照股东出资或者持有股份的比例相应减少出资额或者股份，法律另有规定、有限责任公司全体股东另有约定或者股份有限公司章程另有规定的除外”。区分同比例减资和不同比减资，将全体股东合意作为有限公司定向减资的基本前提。

在本案中，L 公司 4 次股东会均未依法通知陈某和，而 4 次股东会减资议题均直接关系陈某和的切身利益。笔者认为，L 公司的“未通知”行为表面上是召集程序违法，实则是决议内容违法，在效果上直接剥夺了陈某和参与公司重大决策的股东基本权利，不属于程序性瑕疵，根据《公司法》第 25 条①之规定，案涉股东会决议当属无效。

4 公司未通知小股东参会，股东会决议在程序方面的瑕疵是否属于轻微瑕疵，能否被撤销？

裁判要旨

程序瑕疵不必然导致股东会决议被撤销，法院审理此类股东会决议撤销案件时，必然涉及对程序瑕疵轻重程度的事实判断，若程序性瑕疵虽不影响决议结果，但损害股东程序权利，则应予以撤销。

① 2018 年《公司法》第 22 条第 1 款。

基本案情

P公司于2003年1月15日注册成立。根据P公司2020年11月30日制作的股东花名册，胡某兵持股比例为1.3021%。

2021年4月2日，胡某兵被移除出P公司股东群。

2021年4月6日，P公司股东群中发布的通知显示：各位股东于2021年4月22日下午5点30分召开股东会……

2021年4月22日，P公司形成股东会决议。

胡某兵认为，P公司未向其送达召开股东会议的通知，2021年4月22日形成的股东会决议损害了其利益，诉请撤销该股东会决议。

裁判结果

一审法院驳回胡某兵诉请。

二审法院撤销一审判决，对P公司于2021年4月22日作出的股东会决议予以撤销。

律师观点

《公司法》第26条第1款规定："公司股东会、董事会的会议召集程序、表决方式违反法律、行政法规或者公司章程，或者决议内容违反公司章程的，股东自决议作出之日起六十日内，可以请求人民法院撤销。但是，股东会、董事会的会议召集程序或者表决方式仅有轻微瑕疵，对决议未产生实质影响的除外。”该条内容源自 2018 年《公司法》第 22 条第 2 款规定的决议的撤销制度以及《公司法司法解释(四)》[①]的“裁量驳回”制度,《公司法》以法律形式确立了公司决议可撤销之诉的“裁量驳回”,在适用上述规定时,一方面要充分肯定和保护小股东的程序性权利,另一方面也要判断撤销公司决议对公司正常经营造成的负面影响。

对仅有轻微瑕疵,但该轻微瑕疵对决议并未产生实质影响的公司决议,法院不予支持撤销。笔者认为,在把握例外情形不予撤销时,应当领会规范要义,即程序轻微瑕疵与未产生实质影响是法院裁驳的并列构成要件。换言之,即使程序瑕疵完全不影响决议的实质结果,也要具体判断程序瑕疵是否轻微,是否导致个别股东无法公平参与多数意思表示的形成,避免大股东以瑕疵不影响结果为由随意侵犯小股东程序性权利,使撤销之诉维护小股东权利的制度功能彻底落空。若程序瑕疵虽未对决议结果产生实质影响,但剥夺了小股东参会权、议事权、表决权等基本权利的,属于程序重大瑕疵,应当予以撤销。

延伸案例

A 公司与 D 公司公司决议撤销纠纷

A 公司股权结构为 J 公司持股 10%、H 公司持股 55%、D 公司持股 15%、某食府持股 20%。

---

① 《公司法司法解释(四)》第 4 条规定:“股东请求撤销股东会或者股东大会、董事会决议,符合民法典第八十五条、公司法第二十二条第二款规定的,人民法院应当予以支持,但会议召集程序或者表决方式仅有轻微瑕疵,且对决议未产生实质影响的,人民法院不予支持。”

2020年11月25日,A公司作出的股东会决议落款处有J公司、H公司、某食府加盖的公司公章及代表参会人员签字,无D公司予以认可的意思表示。

D公司明确主张A公司未按章程规定,提前15天通知D公司召开股东会事宜,侵害了D公司的知情权和表决权。

2021年1月22日,D公司以邮寄方式向一审法院寄出立案材料,请求撤销A公司于2020年11月25日作出的A公司股东会决议,一审法院于次日签收立案材料。

一审法院认为,依据2018年《公司法》第22条第2款"股东会或者股东大会、董事会的会议召集程序、表决方式违反法律、行政法规或者公司章程,或者决议内容违反公司章程的,股东可以自决议作出之日起六十日内,请求人民法院撤销"之规定,D公司起诉未超出法律规定的期间,A公司章程未就会议召集通知程序问题另有规定,且A公司亦未能举证证明其已于会议召开15日前通知D公司。故案涉股东会召集程序存在严重违反法律和公司章程的情形,会议决议应予撤销。

二审法院认为,A公司未提交证据证明其通知D公司参加股东会,而未通知股东参加股东会进行决议,损害的是股东参与公司治理的表决权,对股东权利造成实质损害,不属于对决议未产生实质影响的"轻微瑕疵",一审法院判决撤销涉案股东会决议并无不当。

5 定性为股权让与担保后，如何确定股东会决议的成立与否？

裁判要旨

股权让与担保是一种非典型担保，登记为名义股东的受让人本质上是有担保的债权人，而非公司股东。通常情况下，受让人不享有股东权利，其作为赞成票“股东”参与表决的股东会决议，因表决结果未达到《公司法》或者公司章程规定的通过比例，应认定为股东会决议不成立。

基本案情

H公司注册资本为2180万元，吴某持股30%、X公司持股20%、秦某持股18%、刘某持股15%、任某持股13%、吴某林持股4%。

2010年1月8日，H公司、J公司、吴某、X公司、秦某签订框架协议。其内容为：(1)H公司开发的房地产项目于2002年9月28日取得预售许可证，该项目已完工并且已部分交付使用，但尚未完成竣工验收及备案手续；(2)根据某区法院已生效的民事裁定书，51套共9046.65平方米的房屋按每平方米8500元的价格折抵给Z公司，以清偿H公司所欠Z公司债务；(3)H公司回购并销售6套，尚余45套；(4)2009年11月27日，H公司、Z公司及T公司签订协议书，约定由T

公司代H公司向Z公司支付回购款9000万元，回购45套房屋；(5)Z公司向某区法院提交情况说明，确认已经收到回购款9000万元，并同意放弃对45套房屋所享有的权利；(6)H公司与J公司同意合作推进房产销售，J公司同意指定公司按照T公司账面现存现金金额作价收购T公司100%的股权，并承接T公司对H公司享有的等额债权；(7)T公司在法院提起的针对H公司的执行程序继续进行，H公司负责协调法院及相关各方，将45套房查封于T公司名下；(8)为推进房产销售，H公司、J公司同意立即成立项目领导小组和项目经理部，制定详尽可行的项目合作与执行方案，包括但不限于对房地产项目进行工程、园林、物业等方面的整改，建造样板间，办理竣工验收工作及大产权证，确定销售方案、物业管理方案以及财务管理方案等，以上各项工作由J公司指定或者推荐的公司承担，需H公司支出的资金可先由J公司垫付，计作J公司对H公司的债权；(9)为保障J公司实现债权，吴某、X公司、秦某同意将其持有的H公司68%股权无偿转让给J公司或其指定的公司，待J公司债权全部获得清偿后或J公司认为适当的时机，该68%股权应无条件返还吴某、X公司、秦某。

2010年5月14日，X公司、刘某、任某、秦某、吴某林分别与J公司指定的C公司签订出资转让协议书，将H公司70%的股权转让给C公司。

2010年5月21日，H公司的股东及其出资变更为C公司出资1526万元、吴某出资654万元，吴某为董事长、法定代表人。

2019年7月22日，H公司股东会作出决议，选举新一届董事会董事。C公司在投赞成票处盖章，吴某的委托代理人任某在投反对票处签名。

吴某作为原告，向法院提起诉讼，请求确认H公司2019年7月22日股东会决议不成立。

裁判结果

一审法院判决H公司2019年7月22日股东会决议不成立。

H公司和J公司不服上诉，二审法院驳回上诉，维持原判。

H公司申请再审，某高院裁定驳回再审申请。

律师观点

基于股权兼具财产权和成员权的特殊属性，股权让与担保不同于一般动产或不动产的让与担保，若将其定性为股权转让，则受让人作为股东有权参与公司经营管理，享受利润分配，亦有义务维持公司资本；若将其定性为股权让与担保，则受让人实际身份是债权人，通常不享有知情权、表决权、分红权等，亦不存在抽逃出资的问题。

本案中的框架协议是为保障J公司实现债权而签署的，待J公司债权全部获得清偿后或J公司认为适当的时机，股权应无条件返还，故各方做出的是股权让与担保意思表示而非股权转让。在股权让与担保场景中,受让股权的名义股东的实际身份是债权人,其表决通过的公司决议存在不成立的风险。笔者认为,应从证据角度出发,根据股东名册、工商登记、相关协议当事人情况、其他股东是否知情等个案情形,研判协议性质及效力。

6 公司已通知股东参会，但未提前 15 日通知，股东会决议效力如何？

裁判要旨

公司虽未提前 15 日通知股东参会,但已将股东会会议通知送达股东,股东对会议议题、会议形式等未提出反对意见,仅提议将会议时间延后为当日其他时间,且股东未提交证据证明未提前 15 日通知的程序性瑕疵对决议产生了实际影响,不应支持股东撤销决议的诉请。

基本案情

Y 公司注册资本 1500 万元,其中,D 公司出资 375 万元、S 公司出资 375 万元、M 公司出资 300 万元、J 公司出资 150 万元、W 公司出资 150 万元、H 公司出资 150 万元。张某任董事长、经理,高某、马某、李某娜等人系 Y 公司董事,王某文为

Y公司监事。

名为"Y公司董事会"的微信群群成员包括张某、高某、马某、王某文等7人。

2021年1月18日凌晨0点48分,王某文在微信群中说:"各位股东大家晚上好,我受股东D公司委托,召集Y公司临时股东会会议,会议召开时间为2021年1月18日中午12点30分,会议议题为:1. 审议D公司将持有的公司25%股权(认缴出资额375万元)转让给S公司的事项;2. 审议修改公司章程的事项。注:会议形式为线上视频会议,会议地址如下,请大家准时参会。"王某文随后发送了会议链接、会议ID。

当日11点32分,马某(M公司的董事长)说:"会议及议题提出突然,时间紧张,提议临时股东会时间改在14点,以便认真参加重要决议。"

虽然马某提议将会议改至14时,但由于疏忽,马某未发现股东会的议题除涉及两股东之间的股权转让外,还涉及变更公司章程事宜。

2021年1月18日14时,Y公司通过线上方式召开股东会,并作出临时股东会决议。决议内容如下:(1)同意原股东D公司退出股东会;(2)同意D公司将其持有的出资375万元转让给S公司;(3)同意修改公司章程。S公司、H公司、W公司、J公司、D公司作出同意该决议的意思表示。

M公司以Y公司未提前15日通知为由,诉请法院撤销Y公司于2021年1月18日作出的临时股东会决议。

裁判结果

一审、二审法院均未支持M公司诉请。

律师观点

《公司法》第26条第1款规定:"公司股东会、董事会的会议召集程序、表决方式违反法律、行政法规或者公司章程,或者决议内容违反公司章程的,股东自决议作出之日起六十日内,可以请求人民法院撤销。但是,股东会、董事会的会议召集程序或者表决方式仅有轻微瑕疵,对决议未产生实质影响的除外。"该条款后半部分沿袭了《公司法司法解释(四)》第4条,即"股东请求撤销股东会或者股东大会、董事会决议,符合民法典第八十五条、公司法第二十二条第二款规定的,人民法院应当予以支持,但会议召集程序或者表决方式仅有轻微瑕疵,且对决议未产生实质影响的,人民法院不予支持"。

本案中,M公司在会议召开前已经收到了会议通知,M公司董事长在微信群中对会议召开时间提出了建议并被采纳,M公司应当知晓会议时间、参会方式、会议议题。笔者认为,Y公司未提前15日通知股东,在召集程序上存在瑕疵,但M公司会前已知晓会议要素的事实,使该程序瑕疵不会致使M公司无法公平参与多数意思表示的形成,亦不会导致M公司参会权、议事权、表决权等的丧失,且该程序瑕疵未对决议产生实质影响,属于轻微瑕疵。

当然,考虑到可撤销决议制度的设计目的,个案裁判时应在小股东程序权利保护和公司经营效率中寻求平衡点,对公司决议程序方面的轻微瑕疵的认定保持谨慎态度。

7 董事会作出的记录性文件是否属于董事会决议，能否成为确认公司决议无效之诉的对象？

裁判要旨

《公司法》意义上的董事会决议，是董事会根据法律或者公司章程规定的权限和表决程序，就审议事项经表决形成的反映董事会商业判断和独立意志的决议文件。中外合资经营企业的董事会对于合营一方根据法律规定委派和撤换董事之事项所作的记录性文件，不构成《公司法》意义上的董事会决议，亦不能成为确认公司决议无效之诉的对象。

基本案情

Q公司系中外合资经营企业，股东M公司为港资。Q公司的董事会是最高权力机构，由8名董事组成，M公司有权委派4名董事，股东在委派和更换董事人选时，应书面通知Q公司董事会，董事会决定合营公司的一切重大事宜。

Q公司董事会职权包括：(1)决定和批准总经理提出的

重要报告;(2)批准年度财务报表、收支预算、年度利润分配方案;(3)通过公司的重要规章制度;(4)决定设立分支机构;(5)修改公司规章;(6)讨论决定合营公司停产、终止或与另一个经济组织合并;(7)决定聘用总经理、会计师等高级职员;(8)负责合营公司终止和期限届满时的清算工作;(9)其他应由董事会决定的重大事宜。

2000年8月9日,M公司出具委派书,明确委派王某德担任董事长,刘某煌、万某松为港方董事,原董事吴某谋先生保持不变。曾委派的林某哲、许某良、郭某强因工作调动及身体原因,不再担任港方董事。

2000年8月9日,Q公司针对新一届董事会人员组成召开董事会,并形成决议:王某德(任董事长)、刘某煌(任总经理)、万某松、颜某灿、杨某川、郑某欣、郭某阳、吴某谋先生不再担任总经理,但仍担任董事一职。

上述决议落款处,有董事会成员林某哲、杨某锡、万某新、吴某谋、许某良的签名。许某宏(原名许某良,于2003年3月11日改名为许某宏)主张此处"许某良"的签名系被伪造。许某宏称其是Q公司的实际投资人,M公司仅系其投资Q公司的通道,认为Q公司解除其董事职务违反法律规定,剥夺了其分配投资收益等权利,遂诉至法院请求确认Q公司2000年8月9日的董事会决议无效,并主张相应经济损失。

另外,2003年12月2日,中方合资股东分别将各自名下持有的Q公司股权全部转让给M公司。自此,Q公司变更为外商独资企业。

裁判结果

一审、二审及再审法院均未支持许某宏的主张。

律师观点

Q公司2000年8月9日的董事会决议作出时,Q公司系中外合资经营企业,Q公司董事会具体人员的委派和撤换是由合营各方决定的,而非Q公司自主确定。

M公司有权委派许某宏,亦有权单方解除对许某宏的委派,Q公司作出的董事会决议虽名为"Q公司董事会决议",但内容并非Q公司董事会独立意志的体现,无效决议的对象不应包括未体现董事会意志的记录性文件。

8 被解除董事职务的"董事",能否作为原告请求确认董事会决议无效?

裁判要旨

对董事会决议提起的公司决议效力确认纠纷,若原告起诉时已不具有董事资格,法院可根据诉的利益原则认定原告资格。

基本案情

2019 年 4 月 25 日,W 公司召开 2019 年第二次董事会,作出的决议内容包括:(1)同意张某辞去 W 公司董事及总经理的职务;(2)张某的离职补偿方案作为本次董事会决议的附件。该决议由张某及 W 公司其他 4 名董事签字。

后 W 公司与张某签署协议书,对张某的离职补偿方案进行了约定。

W 公司在市场监督管理局备案的董事会决议内容为:(1)同意张某辞去公司董事职务;(2)同意修改公司章程。其中,第 1 项内容被划去并在修改处加盖 W 公司的公章。该决议显示张某及其他 4 位董事的签名,但签名并非本人签署,而是 W 公司基于一贯做法,使用预先留好的签名扫描、复印至文件上形成的签名。

张某认为,W 公司侵害其合法权益,遂向一审法院起诉请求确认 W 公司提交市场监督管理局的董事会决议无效。

裁判结果

一审、二审法院均未支持张某的主张。

律师观点

此处不再具体展开张某诉请被判驳的原因，仅分析本案的首要争议焦点，即张某是否为适格原告。

《公司法司法解释（四）》第 1 条规定："公司股东、董事、监事等请求确认股东会或者股东大会、董事会决议无效或者不成立的，人民法院应当依法予以受理。"前述规定列举了股东、董事、监事 3 类适格原告，其中，股东作为公司社员，有权对内容违法的决议提起无效或不成立之诉。董事作为公司权力的行使人、监事作为监督者亦具备原告资格。而"公司股东、董事、监事"后紧跟的"等"，则包括了与股东会或者股东大会、董事会决议内容有直接利害关系的其他人，例如公司高管、公司员工、公司债权人等。

笔者认为，上述规定列举的适格原告虽指向起诉时具有股东、董事、监事资格的人，但并未将起诉时已不具备资格的原股东、董事、监事排除在外。此外，《民事诉讼法》（2023 年修正）第 122 条关于起诉条件的规定，明确与案件有直接利害关系的公民、法人和其他组织可作为原告提起诉讼。简言之，原告与案件有法律上利益时方为适格。本案中，张某起诉时虽不具有 W 公司董事身份，但诉争董事会决议与张某签字的董事会决议二者内容上存在差异，较之张某签字的董事会决议，诉争董事会决议减少了有关附件的内容，而该部分内容直接涉及张某权益，张某与本案存在直接利害关系，当属适格原告。

9 股东能否在请求确认公司决议无效的同时，请求享有无效决议中增资所对应的股东权益？

裁判要旨

当事人提出的两个诉讼请求虽然相互矛盾，但诉讼要素齐全，两个诉求均符合立案标准，当事人可以在前一个诉的请求不被支持时，退一步选择主张后一个诉的诉讼请求，对当事人的两个诉，人民法院均应立案受理。

基本案情

J公司注册资本为6943.4万元，股东B公司出资4126.54万元，持股59.43%；股东某市国资委出资2816.86万元，持股40.57%。

2014年10月22日，J公司董事长主持召开股东会，股东B公司及某市国资委均派代表参加会议，2名股东一致同意并作出如下决议：(1)按照国家国有企业改革的有关规定，J公司使用的8宗国有划拨土地依照基准价重新评估，依照重新评估的土地价值进行增资；(2)J公司的注册资本由6943.4万元变更为10,997.4万元，某市国资委以实物出资6870.86万元，持股比例为62.48%，B公司的出资额为4126.54万元，持股比例为37.52%。

经某市政府批准，某市国土资源局同意将J公司无偿使用的面积为484,081.91平方米的国有划拨土地使用权进行评估作价，以评估土地资产4054万元作为股本金注入J公司，所形成的出资份额由某市国资委持有。

B公司认为，2014年10月22日的股东会决议违法，原因是其中两宗土地是J公司设立时发起人尤某德、翁某荣的原始出资，决议将8宗土地评估价值全部作为某市国资委对J公司的单方增资额进行增资，明显侵害B公司利益。

后B公司诉至法院，请求确认J公司2014年10月22日的股东会决议无效，确认B公司享有J公司增资的2404.2922万元资产对应的股权等。

裁判结果

一审法院认为，B公司既主张股东会决议无效，又请求确认其享有J公司增资对应股权，其诉讼请求相互矛盾，裁定驳回B公司的起诉。

B公司不服上诉，二审法院驳回B公司上诉，维持原裁定。

B公司申请再审。后再审法院撤销一审、二审裁定，并指令某市中级人民法院审理。

律师观点

最高人民法院指令某市中级人民法院审理此案，并在再审裁定书中肯定了B公司提出冲突诉讼请求的权利,具有指导意义。

笔者认为,当事人并非裁判者,在提起诉讼时无法准确预判诉讼结果,且法官审理案件时不会完整呈现并公布其心证,当事人在收到裁判文书时才了解法官心证的形成过程和结论。基于此,为充分保障己方利益,当事人可能会提出截然相反的多项诉请,以便某项诉讼请求不成立时,可以继续推进诉讼进程。若当事人的诉请表面上截然相反,但实则有先后逻辑,即当前一项诉讼请求不能成立时,下一项预备性诉讼请求成为当事人退而求其次的选择时,法院不应以当事人诉请不具体确定为由裁驳。本案中,最高人民法院的裁定也有利于节约司法资源,减轻当事人讼累。

10 合伙协议明确约定合伙人之间转让合伙财产份额须全体合伙人同意,违反约定的转让协议效力如何?

裁判要旨

若合伙协议就合伙企业财产份额转让的特别约定,不违反法律、行政法规的强制性规定,亦不违背公序良俗,应认定其合法有效,合伙人应严格遵守该约定。合伙协议已经明确约定合伙人之间转让合伙财产份额需经全体合伙人一致同意的,在其他合伙人未同意前,当事人就合伙财产份额转让签订的转让协议成立但未生效。如其他合伙人不同意该合伙财产份额转让,则转让协议确定不生效,当事人请求履行转让协议的,人民法院不予支持。

基本案情

2012年11月27日,X基金注册成立。2014年,合伙人A公司(GP,执行事务合伙人)、B公司、C公司、邢某荣、D公司、E公司签订合伙协议,主要内容为:(1)X基金为有限合伙,A公司以外的其他各方为有限合伙人。(2)基金总出资额为26,263万元,全部为货币出资。(3)除B公司以外的其他合伙人应在本合伙协议生效后30日内一次性交付其全部认缴出资额的100%。(4)邢某荣认缴出资额为5000万元,认缴比例为19.04%。(5)X合伙企业的经营期限即基金存续期限为7年,自企业成立之日起计算,即企业营业执照颁发之日。(6)A公司有权依法召集、主持、参加合伙人大会和其他合伙人会议,并行使相应的表决权。如果A公司怠于履行其职责,代表出资额比例1/3以上的有限合伙人有权自行召集和主持会议,并行使相应的表决权……。(27)除另有约定外,以下事项须经全体合伙人一致同意……有限合伙人转让或出质财产份额……。(29)经全体合伙人同意,有限合伙人可以向本基金其他有限合伙人和满足条件的其他自然人或法人转让其在合伙企业中的全部或者部分财产份额,但转让后需满足本协议的有关规定……。(33)除非法律另有规定或全体合伙人达成一致同意的书面决定,有限合伙人不能转变为普通合伙人,普通合伙人亦不能转变为有限合伙人……

2012 年 11 月 28 日,邢某荣将5000 万元出资转入 X 基金中国民生银行账户。

2018 年 1 月,邢某荣与 A 公司签订转让协议书,约定:(1)邢某荣承诺其持有的 X 基金 19.04% 的财产份额依法可以转让。(2)在协议签署生效后至2018 年6 月30 日前,A 公司可随时联系第三方与邢某荣就具体转让条款进行磋商,直至达成交易。(3)A 公司可协助邢某荣对受让方进行筛选,保证其年化收益率不低于 6%,力争年化收益率达到 8%。(4)如 2018 年 12 月 31 日前未有合适第三方受让该财产份额,A 公司承诺自行或指定第三方直接受让该份额,受让价格为计算至2018 年6 月30 日前确保年化收益率不低于6%,力争年化收益率达到8%。(5)在此期间,A 公司可视 X 基金投资项目情况及综合情况,随时决定终止协议。如 A 公司决定选择享受 X 基金项目退出收益,则本协议终止;如 A 公司继续履行本协议,则无权享受 X 基金项目退出收益……。(6)双方各自向对方保证,本协议签字人均已获得必要的全部批准或授权……。(7)本协议正式生效后,各方应积极履行有关义务,任何违反本协议规定及保证条款的行为均构成违约。(8)上述损失的赔偿不影响违约方按照本协议的约定继续履行本协议。

另外,X 基金有限合伙人 C 公司和 E 公司均不同意邢某荣向 A 公司转让 X 基金合伙财产份额。

邢某荣诉请 A 公司向邢某荣支付转让款 72,356,164.38 元及逾期付款损失等。

裁判结果

一审法院支持 A 公司向邢某荣给付转让款并赔偿其利息损失,对邢某荣主张的金额予以调减。

二审撤销一审判决,驳回邢某荣全部诉请。

律师观点

《合伙企业法》规定,合伙人之间转让全部或部分财产份额,应当通知其他合伙人。笔者认为,若合伙协议针对合伙人之间转让财产份额有除通知外的其他特殊约定,在该约定不违反法律、行政法规的强制性规定,不违背公序良俗的情况下,应尊重合伙人的真实意思,认定特殊约定有效。

案涉转让协议书虽系 A 公司与邢某荣的真实意思表示,但因协议所涉合伙财产份额转让事宜需经全体合伙人一致同意,在其他合伙人未明确同意之前,转让协议书尚未生效。后因其他合伙人明确表示不同意邢某荣向 A 公司转让合伙财产份额,故转让协议书确定不生效。邢某荣基于转让协议书请求 A 公司支付转让款,缺乏事实依据。

11 公司章程中，强制离职股东转让股权的条款是否有效？

裁判要旨

公司章程强制离职股东转让股权的规定，若不违反法律、行政法规的强制性规定，未实际剥夺股东转让其所持股权权利，应当认定其合法有效。

基本案情

郑某芬系K公司股东，持有K公司4.45%的股份，现已离职。

K公司2015年11月16日的公司章程内容包括：(1)股东郑某芬住某市某区……；(2)股东因任何原因(正常退休除外)离开公司或严重违反公司规定或给公司造成重大损失的，必须转让所持有公司的股权；(3)股东转让股份的价格以公司上一年度经会计师事务所审计后的财务报告每股净资产值为依据；(4)股东依法转让其出资后，由公司将受让人的姓名或者名称、住所以及受让的出资额记载于股东名册并进行工商变更。郑某芬在章程落款处签名。

2017年11月24日，K公司召开临时股东会，决议以K公司2015年度每股净资产值为计算依据，将郑某芬持有的K

公司 4.45% 的股份转让给曾某。

2018 年 1 月 18 日，K 公司发出关于召开临时股东会的通知，通知全体股东撤销 2017 年 11 月 24 日的股东会会议决议，另行召开股东大会讨论决定相关议案。

2018 年 1 月 19 日，K 公司通过顺丰速运向公司章程所列郑某芬地址邮寄送达 2018 年 2 月 7 日召开公司股东会的 K 公司关于召开临时股东会的通知，该通知写明了会议议题、时间、地点，且顺丰速运显示文件已确认签收。

2018 年 2 月 7 日，K 公司股东会通过股东会临时会议决议，决定增加公司章程内容如下：(1) 公司出资入股的职工既是公司所有者又是劳动者，与公司共担风险、共享收益；(2) 入股职工除因法定退休年龄届满正常退休外，无论因何种原因离职（包括辞职、解除合同、辞退、开除、除名、自行脱离公司未办离职手续等），均必须在离职之日起 10 日内将其所持有的公司股份转让给公司其他股东或转让给公司指定的其他职工（公司没有指定的，由公司工会暂时承接），转让价格按上年度末公司净资产确定；(3) 公司股东会有权以超过 2/3 表决权通过的方式直接作出决议，将该股份转让给其他职工；(4) 离职职工拒不办理转股手续（包括不签署股权转让协议）的，不影响股东会议决议的效力，其股权转为不计息存款，可随时向公司支取。

另外，K 公司工会委员会系经某市总工会批准设立的工会法人。

2018年7月10日，某法院作出613号终审判决，认定K公司2017年11月24日股东会决议不因K公司通知撤回而丧失法律效力，判决撤销K公司2017年11月24日股东会决议。613号判决于2018年7月24日生效。

2019年6月6日，K公司通过顺丰速运向郑某芬邮寄送达2019年6月25日召开公司股东会的K公司关于召开临时股东会的通知。郑某芬收到上述通知后于2019年6月14日委托律师向K公司发出律师函，表达对2019年6月25日召开股东大会的意见。

2019年6月25日，公司召开股东会，决议将郑某芬所持4.45%股份（以2018年末公司经审计净资产2,780,917.36元为依据，按照123,750.82元计算股权转让款）转让给K公司工会委员会，郑某芬的上述股份转为不计息存款，郑某芬可以随时向公司支取。

郑某芬不满K公司股东会决议，遂向法院起诉，请求如下：(1)确认K公司2018年2月7日的股东会临时会议决议中涉及修改公司章程的条款部分无效；(2)撤销K公司2019年6月25日的股东会决议中涉及转让郑某芬股权部分决议；(3)由K公司承担该案一切诉讼费用。

K公司反诉请求：(1)判决郑某芬立即协助K公司办理公司股东由郑某芬变更为K公司工会委员会及持股信息的变更登记、章程备案的相关手续；(2)反诉费用由郑某芬承担。

裁判结果

一审法院驳回郑某芬的诉讼请求;判决郑某芬于判决生效之日起10日内协助K公司向某市市场监督管理局办理公司股东由郑某芬变更为K公司工会委员会及持股信息的变更登记、章程备案的相关手续。

郑某芬不服判决,提出上诉。后二审法院驳回上诉,维持原判。

律师观点

根据《公司法》第5条、第84条的规定,公司章程对公司、股东具有约束力,且公司章程可对有限公司股权转让作出特别规定。该案中,郑某芬作为K公司股东对2015年11月16日修改的公司章程进行签字确认,说明其认可并同意"股东离职必须转让所持有公司股权",该内容对郑某芬具有拘束力。笔者认为,法律已授权公司章程对股权转让作出特殊规定,只要该特殊规定未实际剥夺股东股权转让之权利,就应当认定特约有效。

当然,在实践中,强制离职股东转让股权应当注意通过公司章程、发起人协议等方式予以事前明确,对股权对价的计算依据、计算方式、支付条件和时间,以及被强制转让股权的股东应履行的配合义务等亦可提前安排,避免在强制转股过程中产生不必要的争议。同时,股权定价和支付方式等核心条款应公允、合理。

延伸案例1

戴某艺与X公司与公司有关的纠纷

2007年7月3日,S公司与戴某艺签订资产转让协议一份,内容如下:(1)根据改制方案,戴某艺及其他参加改制的人共同以所获得的S公司的资产出资设立X公司,并与X公司签订新的劳动合同;(2)戴某艺将其获得的S公司资产作为补偿补助,并全部置换为X公司股权,自X公司登记注册之日起,戴某艺与S公司终止劳动合同;(3)X公司设立后,X公司与戴某艺应在1个月内签订3年期的劳动合同,3年期满后,若无不可抗力及非戴某艺原因,劳动合同应予续签;(4)根据改制方案,戴某艺应获得的补偿补助为104,669.92元净资产,戴某艺同意将其补偿补助按照改制有关政策全部置换为X公司的股权。

2007年7月27日,X公司召开公司第一次股东会会议,并通过X公司章程。该章程明确:(1)股东转让其出资时,公司为第一优先受让方,其余依次为主要经营者、其他经营者、内部其他股东、外部自然人或法人;(2)公司股东因故(含辞职、辞退、退休、死亡等)离开公司,其全部出资必须按前述规定的顺序进行转让。

2008年4月,X公司召开第二次股东会会议,审议并通过《公司股权管理办法》,该办法规定:(1)公司总股本是由原S公司参加改制职工的补偿补助金、职工(含经营者)以现金认购股份和经营者岗位激励股三部分构成,总股本为3194.85万元;(2)受有限公司股东法定人数上限规定,X公司由出资人推荐若干名股权代理人,由股权代理人和出资额占股本3%及以上的出资人作为公司注册登记的股东,行使股东权利;(3)公司制定统一格式的出资人表决意见表,凡提交出资人表决的事项一律采用该表单，每名出资人在表单上签字确认“同意”、“不同意”或“弃权”的意见，作为出资人行使权利的最终意见，不明确表示意见的视为“同意”；(4)股权代理人将其代理的出资人意见按照各出资人的股权进行统计，在表决时，汇总所有出资人的意见，按照各出资人的股权进行统计，最终形成股东会决议；(5)在出资证明书正式签发后3年内，公司股东因故(含辞职、辞退、退休、死亡等)离开公司，其全部出资按原值(是指股权代理协议上的净资产份额)，即时由公司回购；(6)在出资证明书正式签发3年后，公司股东因故(含辞职、辞退、退休、死亡等)离开公司，其全部出资按公司上一年末财务报表中的所有者权益进行计算，按公司章程办理转让手续；(7)出资人符合上述股权转让条件时，公司将提前10日发出书面通知，并于15日内(股权代理人为30日)办理好转让手续，若出资人未按通知及时办理相关手续的，视同同意按上述条件转让股权，其股东权益按上述规定结算，不再享受未来收益。

2007年7月5日，戴某艺与曹某格签订股权代理协议，约定：(1)于协议签订之日，戴某艺委托曹某格以曹某格的名义出资投入改制后的X公司；(2)双方确认，曹某格为戴某艺行使股东权利的代表，股东权利实际由戴某艺享有，有关的责任和义务也由戴某艺承担；(3)在曹某格参加股东会及行使其代理权利以前，必须将股东会将要表决的全部内容通知戴某艺；(4)曹某格应按戴某艺以及由曹某格代理股权的其他被代理方的意见进行股权分类汇总作为投票依据，如实将戴某艺的意见在股东会上表达出来等。同日，徐某与曹某格签订股权代理协议，该协议中除徐某的投资比例与上述协议不同外，其余内容均与上述协议相同。

X公司第一次股东会关于公司章程表决表上的戴某艺签名非其本人所签，但在X公司第二次股东会出资人表决意见表上，戴某艺本人同意决议中的议案并签名。曹某格出具关于戴某艺在公司章程表决中签名情况的说明，称X公司在2007年7月27日召开第一次股东会时，曹某格需要收集其代理的几名职工对公司章程的意见，由于戴某艺当时不在场，经与其电话联系，戴某艺表示同意公司章程通过并请本组徐某代其签名，故X公司第一次股东会关于公司章程表决表上的戴某艺签名虽非其本人所签，但由其委托的徐某代签。

2013年11月30日，戴某艺办理了退休手续，但X公司要求戴某艺依约办理股权转让手续时，戴某艺表示暂不退股。戴某艺认为第一次股东会会议中对公司章程表决的签名非其本人签名，且其认为公司章程中规定退休后即应将股权转让给公司的规定违反公序良俗，其仍应享有股东权利。

后戴某艺将X公司诉至法院，请求如下：(1)X公司向戴某艺提供自2013年1月至2015年6月的公司账册供戴某艺查阅；(2)判令X公司支付2013年12月至2014年11月戴某艺应得的股东分红。

一审法院认为，戴某艺虽为X公司的实际出资人，但其股权由名义股东曹某格代为行使，戴某艺本人无权直接向X公司提出查阅会计账簿、要求分红等股东权利，而应由曹某格代为向X公司提起相关股东权利。另外，戴某艺已于2013年11月30日退休并办理了退休手续，根据章程和《公司股权管理办法》的相关规定，在戴某艺退休时，其全部出资按公司上一年末财务报表中的所有者权益进行计算，按公司章程办理转让手续，即戴某艺退休后应将其股权转让给X公司，其不再具有公司实际出资人的资格。在此情形下，戴某艺亦无权行使相关股东权利。

戴某艺以第一次股东会会议对公司章程表决的签名非其本人签名，且公司章程违反公序良俗为由，要求继续享有相关股东权利，对此，一审法院认为，根据戴某艺的股权代理人曹某格提交的说明，第一次股东会会议对公司章程表决的签名虽非戴某艺本人签名，但系根据戴某艺要求由他人代签并同意上述决议。另外，戴某艺在第二次股东会出资人表决意见表上签字并同意第二次股东会决议，其内容中包含了《公司股权管理办法》和关于变更公司章程的议案。也就是说，即使戴某艺并未在第一次股东会会议的公司章程表决表上签字，其在第二次表决意见表上签字时对公司章程及股权管理办法的相关内容也应知晓。X 公司章程和《公司股权管理办法》系 X 公司依照公司法的相关规定，在曹某格等股东召开的股东大会上表决通过，体现了全体股东的共同意志，是公司、股东的行为准则，两份文件中关于离职股东自离职时丧失股东资格的条款对全体股东（包括在表决时投同意票、不同意票、弃权票的股东）均有普遍约束力。

综上所述，戴某艺提起诉讼的理由缺乏事实和法律依据，一审法院判决驳回戴某艺的诉讼请求。

戴某艺不服一审判决，提出上诉。后二审法院驳回上诉，维持原判决。

延伸案例2

S 公司与谢某、邓某生股权转让纠纷

2004 年 12 月，设计院改制成立 S 公司，由职工作为发起人股东出资认购股份，S 公司决定由小股东组成股东小组，委托代理人进行注册登记，行使表决权。

2005 年 3 月，S 公司股东会表决通过了《股东股权设置、转让、增股、

变更持股的管理办法》,该办法规定:(1)董事长占总股份的10%,院长占总股份的5%,各设计室主任占总股份的3%,一般技术人员占总股份的0.6%,其他人员总股份的0.2%;(2)公司初始股值每股面值人民币1元,每年依据审计后的股值变动;(3)股份一经认购不得随意退股;(4)股东被辞退、开除、死亡、服刑或失去民事能力的,其股份必须全部转让;(5)股东调离等其他原因的,其股份必须全部转让;(6)除中层成员外,股东因个人原因申请转让部分股份的,经董事会研究同意可以转让,但受让人由董事会确定;(7)股权终止时间为离职30天后的次日;(8)因辞职、辞退、受刑事处罚或其他事项离职而转让股权的,如内部转让或在离职后30日内没有确定受让人的,由公司回购股权,按公司上一年度末账面净资产结合股权比例确定股本受让价格,但不高于股本原始价格。

谢某系设计室主任,持股9万股,占S公司总股本的3%,作为股东代表出席了第一届第一次、第二次股东代表大会,在第一次股东代表大会通过的公司章程上签字,在第二次股东代表大会上参与审议通过了《股东股权设置、转让、增股、变更持股的管理办法》。

邓某生系S公司的隐名股东,持有股份6000股,占公司总股本的0.2%。2004年9月22日,邓某生授权公司法定代表人邹某代其注册登记,参加股东大会并行使表决权,授权期限为3年。邓某生本人从未亲自参加S公司的股东大会。另外,邓某生与S公司于2007年12月18日签订了劳动合同,该劳动合同期限自2008年1月1日起至2010年12月31日止。

2008年12月,谢某提出辞职。

另有张某生等与S公司解除劳动关系。后S公司通知谢某及离职股东张某生等4人向其转让股权,遭之拒绝。

2010年6月,S公司将张某生作为被告诉至法院,要求其向公司转让股权。2010年11月9日,该案在某市中级人民法院进行二审审理,S公司委托代理人对张某生表态称,“依然给你30天时间,可以自己向其他股东转让股权,价格多少公司不干预”。

2010年11月15日,张某生、谢某等人分别与邓某生签订了股权转让协议,由邓某生以每股6元的价格收购其股权。S公司得知后,对上述股权转让行为不予认可,某市中级人民法院于2010年12月20日对S公司与张某生之间的股权转让纠纷一案作出了终审判决,支持了S公司的诉请。

后S公司起诉谢某,请求谢某按章程规定将其持有的全部股权按照股本原始价格(每股面值人民币1元)转让给S公司。

一审法院认为,在S公司诉张某生的股权转让案中,因S公司委托代理人在庭审中对张某生“依然给你30日时间,可以自己向其他股东转让股权,价格多少公司不予干涉”的表态是经S公司授权的,故该表态不仅对张某生具有法律约束力,根据股东平等原则,对谢某等其余离职股东亦具有法律约束力。根据S公司的《股东股权设置、转让、增股、变更持股的管理办法》,谢某向邓某生转让其股权不需要经过S公司董事会批准,且邓某生可以受让其他离职股东的股权。基于邓某生在诉讼前已经合法受让了谢某的股权,S公司要求谢某向其转让股权的诉讼请求无法律依据,不予支持。

S公司的章程及《股东股权设置、转让、增股、变更持股的管理办法》中股权转让价格“不得高于原始股本价格”的规定违反了2013年《公司法》的基本原则,而且不利于保护股东的合法权益,因为股权价值是由公司现有净资产决定的,公司强制回购离职股东股权的价格应当以"上一年度末账面净资产结合股权比例确定股本受让价格"为宜。遂一审判决驳回S公司的诉讼请求。

S公司不服判决,提起上诉。二审法院认为,2008年12月31日,谢某丧失职工身份,按公司章程即丧失了股东资格,必须在离职后30日内转让其全部股权,否则,由S公司董事会按不高于股本原始价格的价格受让股权。据此,二审法院撤销一审判决,改判谢某依照公司章程以9万元的价额向S公司转让其股权(9万股)。

二审判决生效后,S公司召开股东会对谢某及其他离职员工股权进行分配,分别设定了每股6.6元、7.98元的价格。

后邓某生不服二审判决结果申请再审,某省高级人民法院裁定驳回邓某生的再审申请。邓某生仍不服判决,向检察机关申诉,某省人民检察院作出民事抗诉书,后某省高级人民法院裁定提审。

检察机关抗诉认为:(1)S公司强制回购股权的条款违反法律规定,为无效条款。有限公司除2013年《公司法》第74条规定的异议股东回购权外,公司不得回购股份。S公司规定职工离职30日内没有确定受让人的,由公司回购股权,职工离职未确定股权受让人不是公司可以依法回购股权的例外情形,故该条款因与法律规定相违背而属无效条款。(2)邓某生与谢某等人签订的股权转让协议合法有效。邓某生、谢某等人均为S公司股东,《股东股权设置、转让、增股、变更持股的管理办法》规定股东之间可以转让股权,价格由转让方和受让方协商确定。(3)谢某的股权已经合法转移给了邓某生,生效判决判令谢某将股权转让给S公司,于法无据。

高级人民法院再审认为,2013年《公司法》第74条是关于有限责任公司中异议股东股份回购请求权的规定，具有该条规定的3项法定事由之一，公司即有义务回购异议股东的股份，而并非规定公司只能回购异议股东的股份以及除此之外不得回购公司其他股东的股份。法律对有限公司回购股权并无禁止性规定。S公司关于股份回购的具体规定不违反2013年《公司法》中有关注册资本维持的基本原则，也不损害第三人的合法权益，是有效条款。

S公司委托代理人虽提出30日内由张某生向其他股东转让股份的方案，但双方并未达成调解协议，不能以此作为S公司同意谢某自行转让的依据。

谢某与邓某生于2011年11月15日签订的股权转让协议虽然不违反法律的强制性规定，但不得对抗S公司的股权回购主张。谢某所持股份因受S公司回购权的限制而不能交付，事实上也没有办理股权变更登记，故检察机关抗诉提出谢某的股份已经合法转移给了邓某生的观点，高级人民法院未予采纳。

S公司明确规定股东辞职离开公司后30日内未能自主完成内部转让股份的，由公司垫付转让金，依账面净资产和股份比例按不高于股本原值的价格回购其股份的准则。但公司按不高于股本原值回购的股份溢价盈利，势必违背股权平等原则，显然也违背股东会议设定回购规则的初衷与真实意思。结合该案谢某与邓某生协议按每股6元转让以及S公司回购后再转让的溢价幅度等具体情况，以含股本原值在内按每股6元的价格确定支付较公平、妥当。

据此，再审判决谢某以每股6元的价格向S公司转让其所持S公司股份9万股，S公司将转让款54万元支付给邓某生。

12 有限公司股东通过特殊约定排除“同股同权”“同股同价”，约定的效力如何认定？

裁判要旨

有限责任公司可以通过全体股东的一致约定排除“同股同权”的适用，亦可以约定一方股东的部分出资以资本公积金的形式体现而不计入公司法定资本。

基本案情

W公司系于1998年在深圳市证券交易所上市的公司。李某奔多年来反复持有和出售W公司股份。2016年年初，李某奔开始持续持有1万股。

2016年7月26日，W公司发布2016－104号《第六届董事会第二十八次会议决议公告》，公告内容包括：(1)审议通过关于对外投资合作成立公司的议案；(2)本次对外投资成立D公司，将会增强W公司在影视文化行业的竞争能力、提升公司的营利能力，为公司财务带来积极的影响，使公司在影视文化行业快速发展，从而更好地提升公司的品牌影响力和核心竞争力(项目具体情况详见同日公告《关于对外投资的公告》，公告编号为2016－105)。此议案9名董事同意，0名董事反对，0名董事弃权。

2016年7月26日,W公司董事会发布2016－105号《关于对外投资的公告》,公告内容包括:(1)董事会审议通过了关于对外投资合作成立公司的议案,同意公司与自然人贾某、张某、孙某签署D公司合作协议。(2)公司拟以自有资金1000万元与贾某、张某、孙某共同投资成立D公司,并占成立后总注册资本的20%。(3)公司近一期经审计资产总额为142,274.57万元,净资产为101,085.65万元,净利润为2122.46万元。(4)本次对外投资不构成关联交易,也不构成《上市公司重大资产重组管理办法》规定的重大资产重组。(5)合作方基本情况。贾某,女,艺名××……(6)拟设立公司名称为D公司,拟注册资本为100万元。(7)贾某出资35万元(占股35%),孙某出资25万元(占股25%),张某出资20万元(占股20%),W公司出资1000万元(占股20%,其中20万元作为实缴注册资本,余下部分计入D公司资本公积金)。(8)贾某、孙某、张某不可撤销地承诺全职工作最少5年,如提前离职,则其他各方有权要求离职方收购其于各方持有的股份。其中,甲方股份的收购价按照本协议约定的甲方入股条件(1000万元)或按届时运营公司市场估值确定的甲方所持股份对应的价格中较高的标准执行。

李某奔认为,W公司出资1000万元,却只有20万元计入注册资本,另外的980万元计入D公司资本公积金,相当于以50元每股的高溢价出资,其他3位股东则是以1元每股的价格出资,W公司涉嫌利益输送,变相转移上市公司资产。尽管 W 公司 2016 年半年度报告显示 W 公司 2016 年上半年期末总资产为 4,420,330,770.98 元，但 2015 年的利润为 2122.46万元，上述 980 万元不合法的公积金占了 W 公司前一年度利润的 46.17%。W 公司的董事明显违反了勤勉尽责的忠实义务。因 W 公司过错导致李某奔支出律师费 32,000 元，W 公司应承担相应的赔偿责任。

后李某奔将 W 公司诉至法院，要求：(1) 确认 W 公司涉案会议关于审议通过关于对外投资合作成立公司的议案的决议无效；(2) 赔偿李某奔律师费 32,000 元；(3) W 公司承担全部诉讼费用。

裁判结果

一审、二审法院均未支持李某奔的诉请。

律师观点

该案中，李某奔认为决议无效的主要理由是：(1) 有限公司亦应遵守同股同价的基本规定；(2) W 公司以 50 倍溢价投资 D 公司，显失公平；(3) W 公司出资的 1000 万元中，20 万元计入 D 公司注册资本，剩余 980 万元计入 D 公司资本公积金，违反 2013 年《公司法》关于资本公积金等用途的规定。

针对有限公司股东出资所对应的持股比例问题，现行《公司法》及 2013 年版均无强制性规定，即法律不强求有限公司“同股同价”。D 公司全体股东就股东出资和所占股比进行约定，不违反法律、行政法规规定。同理，现行《公司法》及2013年版亦并无有限责任公司资本公积金的直接规定，对股东出资是否必须全部计入公司注册资本同样没有强制性规定，D公司将W公司投入的980万元计入D公司资本公积金并不违反法律规定。

关于案涉董事会决议是否违反公平原则的问题。笔者认为，虽然W公司出资多占股少，但不足以认定违反公平原则。结合D公司所处行业和经营目标等，W公司在对贾某等艺人的“明星价值”“劳动投入”等进行分析判断后作出投资决策，并自愿就出资及持股比例等作出商业安排，不存在无效事由，司法机关不应加以干涉。

另，《公司法》在“股份公司”章节中引入类别股制度，不再坚持“同股同权”原则，允许股份公司按照公司章程规定发行区别于普通股的类别股。

13 章程限制股权转让，股东是否必须遵守？

裁判要旨

公司章程实质性剥夺股东转让股权的基本权利，法院应当认定无效。

基本案情

2011年10月28日,Q公司作出股东会决议,内容包括:(1)公司股东之间可以相互转让其全部或部分股权;(2)股东持有的股权不允许对外转让;(3)2005年《公司法》第72条第2款、第3款的规定不适用于本公司,即不对本公司股权转让发生法律效力;(4)同意修改公司章程。前述决议由K公司签章同意、李某华签名同意,并附有"付某贵"字样签名。

上述股东会决议作出时,Q公司的登记股东为K公司(持股比例为53%)、李某华(持股比例为10%)、付某贵(持股比例为20%)、赵某(持股比例为17%),登记的法定代表人是付某贵。

2011年10月28日,Q公司根据上述股东会决议制定章程修正案并提交工商行政管理局备案。

Q公司曾于2011年10月24日向赵某邮寄"股东会通知"(具体内容不详)。另,付某贵于2013年7月31日死亡,赵某颖、付某童为付某贵法定继承人。

后赵某诉至法院要求确认Q公司于2011年10月28日作出的股东会决议、章程修正案无效。

裁判结果

一审法院判决驳回赵某的诉讼请求。

二审法院撤销一审判决,改判Q公司2011年10月28日的股东会决议及章程修正案中“本公司股东持有的股权不允许对外转让，对外转让行为无效，但经本公司持有股权100%比例同意的除外；2005年《公司法》第71条第2款、第3款的规定不适用于本公司，即不对本公司股权转让发生法律效力”的内容无效，驳回赵某其他诉讼请求。

律师观点

现行《公司法》及2005年版均允许公司章程对股权转让作出特殊规定，但如果章程规定违反法律规定，侵害股东合法权益，则当认定无效。换言之，如果章程特约构成了对股东退出公司权利的实质性剥夺，或者不承认异议股东的回购请求权等，该等特约应当认定无效。本案中，Q公司2011年10月28日的股东会决议、章程修正案在股权转让问题上规定，除非Q公司全体股东同意，否则禁止Q公司股东对外转让股权。该规定严重损害了股东对其所持股权的基本处分权，侵害股东的合法权利，应当认定无效。

当然，基于有限公司的人合性，司法裁判应避免过度介入公司自治和股东合意，比如，个别创始人股东在某些领域有其专业成就或影响力，公司章程在合理期限内禁止该等股东的股权转让，又或者公司章程对股东每次股权转让所对应的出资额进行适当限制等，司法应予尊重。

另，现行《公司法》对有限公司股权的外部转让，作出了不同于2018年版的规定，其他股东不再享有同意权，降低了股转成本。

14 公司章程规定董事长由股东推荐，在实践中应如何理解“推荐”的真实意思？

裁判要旨

当事人主张新公司章程中的“推荐”董事长系笔误，应按原公司章程中的“指定”董事长进行意思解释，除非当事人对其主张进行举证，否则不予采信。

基本案情

2004年10月6日，J公司和F公司签订的中外合资经营企业章程约定：(1)在中国境内建立合资经营企业Y公司，注册资本480.0391万美元；(2)J公司占股47.91%，F公司占股52.09%；(3)董事会由3名董事组成，其中J公司委派1名，F公司委派2名，董事长1名，由F公司指定。

2007年9月30日，J公司与F公司签订合资合同及章程修改协议，约定：(1)J公司占股63.44%，F公司占股36.56%；(2)董事会由5名董事组成，其中J公司委派3名，F公司委派2名，董事长1名，由F公司推荐。

2007年10月10日，F公司出具任免书，载明：兹任命纪某担任Y公司董事职务，免去其Y公司法定代表人及董事长职务。兹任命张某秋担任Y公司法定代表人及董事长职务。

同日,Y 公司通过董事会决议,同意免去纪某法定代表人及董事长职务,由张某秋担任 Y 公司法定代表人及董事长职务。

2015 年 6 月 28 日,F 公司出具委派书,委派纪某为法定代表人,同时撤销对张某秋作为该公司法定代表人的委派。

因 Y 公司未就 F 公司委派书作出相应董事会决议,遂 F 公司诉请法院,内容如下:(1)确认 F 公司于 2015 年 6 月 28 日作出的委派书合法有效;(2)判令 Y 公司依照委派书的规定向国家主管部门报请审批,并根据审批结果及时办理法定代表人变更登记手续。

裁判结果

一审、二审法院均未支持 F 公司的诉请。

律师观点

当公司章程前后表述不一致时,应当进入解释论层面,首先对章程内容所使用的文字、词句进行分析。该案中,修改前的章程表述是董事长由 F 公司"指定",该表述赋予了 F 公司按照自己的意志确定 Y 公司董事长人选的权利。但修改后的章程将上述表述调整为董事长由 F 公司"推荐"。在董事长的产生上,前后章程用词完全不同,通常情况下,"推荐"意为"介绍好的人或事物,希望被任用或接受",其含义显然不同于"指定",F 公司将此解释为笔误却未能举证证明,应当承担不利后果。

15 股东对外转让股权后，出让股东及受让人是否仍承担出资义务？

裁判要旨

股权转让的交易自由不得动摇法定的公司资本充实基础，不得损害公司债权人的合法利益。无论股权转让双方对后续出资履行作何种安排和约定，都仅在公司内部发生法律效力，不能当然对抗公司债权人。在受让人未按期缴纳出资的情况下，出让股东的出资义务并不因股权出让而免除，仍应对其原认缴的出资承担财产担保责任。股东基于认缴制所受到的法律保护应以初始认缴时的章程规定和公示内容为主要依据。

基本案情

Y公司与H公司均为Z公司的股东，Y公司持股3%，H公司持股23.61%。

2014年4月1日，Y公司和H公司签订Z公司股权转让协议，约定：(1)Y公司将其持有的Z公司3%的股权计1800万元出资额以3078万元的价格转让给H公司；(2)H公司同意在Z公司股权转让协议签订后7日内支付转让款的50%，即1539万元，待全部股东签署同意转让的股东会决议文件并完成相关变更资料后10日内支付转让款的30%，即923.4万元，剩余款项在完成工商变更登记后15日内付清。

2014 年 4 月 1 日，Z 公司全体股东到会并形成股东会决议，同意 Y 公司将持有的 3% 股权转让给 H 公司。当日，Z 公司完成工商变更登记。H 公司分别于 2014 年 5 月 9 日、5 月 30 日向 Y 公司支付 Y 公司股权转让款 800 万元、100 万元，尚欠 2178 万元未付。

H 公司于 2013 年 11 月 1 日成立，注册资本 2000 万元，股东为徐某松（持股 70%）和毛某露（持股 30%），徐某松为执行董事兼法定代表人，毛某露为公司监事。2013 年 9 月 9 日，H 公司章程约定：(1) 徐某松认缴出资 1400 万元，首期出资额 280 万元，出资时间 2013 年 10 月 29 日，余额 1120 万元 2 年内缴付；(2) 毛某露认缴出资 600 万元，首期出资额 120 万元，出资时间 2013 年 10 月 29 日，余额 480 万元 2 年内缴付。2013 年 10 月 29 日，上海某会计师事务所出具验资报告，载明截至 2013 年 10 月 29 日，徐某松、毛某露已分别缴付出资款 280 万元和 120 万元。

2014 年 4 月 6 日，毛某露与林某雪签订股权转让协议，约定毛某露将其持有的 H 公司 30% 股权作价 120 万元转让给林某雪。

同日，徐某松、林某雪作出股东会决议，将 H 公司注册资本由 2000 万元增至 10 亿元，徐某松认缴 68, 600 万元，林某雪认缴 29, 400 万元。

同日，H 公司章程约定，公司注册资本 10 亿元，徐某松出资额为 7 亿元，林某雪出资额为 3 亿元，出资方式均为货币，出资时间为2024年12月31日。

2014年4月17日，H公司完成上述股权转让及注册资本变更登记。

2014年8月21日，徐某松与接某建签订股权转让协议，约定徐某松将其持有的H公司70%股权作价280万元转让给接某建。同日，H公司章程约定，接某建认缴出资额7亿元，出资比例为70%，林某雪认缴出资额3亿元，出资比例为30%，出资时间均为2024年12月31日，出资方式均为货币。

2014年9月3日，H公司完成上述股权转让变更登记。

2014年7月20日，接某建、林某雪作出股东会决议，决定将公司注册资本由10亿元减至400万元，减资后，接某建认缴出资额280万元，林某雪认缴出资额120万元。

2014年9月22日，H公司、接某建、林某雪出具有关债务清偿及担保情况说明，根据2014年7月20日H公司关于减资的股东会决议，公司编制了资产负债表及财产清单，在该决议作出之日起的10日内通知了债权人，并于2014年7月30日在《××商报》上刊登了减资公告，现就减资所涉及的债务清偿及担保问题作如下说明：(1)根据公司编制的资产负债表及财产清单，公司对外债务为0万元；(2)截至2014年9月22日，公司已向要求清偿债务或提供担保的债权人清偿了全部债务或提供了相应的担保；(3)未清偿的债务由公司继续负责清偿，并由接某建、林某雪在法律规定的范围内提供相应的担保。

2014 年 10 月 10 日，H 公司注册资本变更事项经某市工商行政管理局某分局核准予以变更登记。

2015 年 7 月 22 日，接某建、林某雪作出股东会决议，将 H 公司注册资本由 400 万元增至 2000 万元，接某建认缴 1400 万元，林某雪认缴 600 万元，出资时间均为 2024 年 12 月 31 日。

2015 年 7 月 24 日，H 公司完成上述注册资本变更登记。

2014 年 2 月 11 日，R 公司向 H 公司汇入 1805 万元。2015 年 7 月 28 日，R 公司向 H 公司发出付款通知书，要求 H 公司将 1805 万元中的 1600 万元支付给 L 公司。

2015 年 8 月 6 日，接某建、林某雪分别汇入 H 公司账户 1120 万元和 480 万元，汇款用途均记载为增资款。当日，H 公司将 1600.1 万元汇入 L 公司。

后 Y 公司将 H 公司、徐某松、毛某露、接某建、林某雪诉至法院，请求如下：(1) H 公司支付欠付的股权转让款 2178 万元及利息损失；(2) 徐某松、毛某露就 H 公司的上述债务分别在其认缴出资额与实缴出资额的差额范围内（其中徐某松为 69,720 万元、毛某露为 480 万元）承担补充赔偿责任；(3) 接某建、林某雪就 H 公司的上述债务分别在减资范围内（99,600 万元）承担连带责任。

裁判结果

一审判决如下：H公司应在判决生效之日起10日内给付Y公司股权转让款2178万元，以及该款自2014年5月7日起至H公司实际付清之日止、按中国人民银行同期贷款利率计算的利息损失；接某建、林某雪在99,600万元范围内对H公司的上述判决第一项付款义务承担连带清偿责任；驳回Y公司其余诉讼请求。

二审判决如下：维持一审判决第一项、第二项；撤销一审判决第三项；被上诉人徐某松对一审判决第一项所判令原审被告H公司承担的付款义务在其尚未履行出资的69,720万元范围内承担补充赔偿责任；被上诉人毛某露对一审判决第一项所判令原审被告H公司承担的付款义务在其尚未履行出资的480万元范围内承担补充赔偿责任。

律师观点

关于毛某露出资义务应否免除的问题，涉及股权转让后的出资责任承担问题。一审法院认为，股东毛某露将其持有的H公司30%股权转让至林某雪，发生在剩余480万元出资期限届满前，即股权转让时尚未到章程确定的出资期限，故毛某露并不构成对出资义务的违反，Y公司要求毛某露在480万元范围内承担补充赔偿责任，不予支持。二审法院则认为，股权转让的交易自由不得动摇法定的公司资本充实基础，不得损害公司债权人的合法利益。认缴出资的股权转让不仅是股权交易双方内部的权利分配和义务负担，还具有显著的外部溢出效应，关系公司资本充实原则的落实，影响公司债权人的债权实现。公司债权人对公司股东已认缴出资所对应的公司偿债能力产生合理信赖和可预见的期待。股东认缴出资既有协商确定的合同意思自治属性,又因 2013 年《公司法》对股东出资义务的明确规定和公司登记公示制度而具有法定属性,故公司股东因股权转让发生变动,不能当然推定认缴股东的法定出资义务随之发生转移。案涉股权转让交易在徐某松、毛某露、接某建、林某雪之间和 H 公司内部发生法律效力,不能当然对抗公司债权人 Y 公司,在受让人未按期缴纳出资的情况下,出让股东仍应对其原认缴的出资承担财产担保责任。

认缴制下股权转让后的出资责任承担问题困扰实务界已久。《公司法司法解释(三)》第 18 条规定:“有限责任公司的股东未履行或者未全面履行出资义务即转让股权,受让人对此知道或者应当知道,公司请求该股东履行出资义务、受让人对此承担连带责任的,人民法院应予支持;公司债权人依照本规定第十三条第二款向该股东提起诉讼,同时请求前述受让人对此承担连带责任的,人民法院应予支持。受让人根据前款规定承担责任后,向该未履行或者未全面履行出资义务的股东追偿的,人民法院应予支持。但是,当事人另有约定的除外。”该条是关于瑕疵出资股权转让后出资责任承担的规定,而非期限利益股东股转后的出资责任承担规则,在期限届满前转让股权的股东并非上述规定指向的“未履行或未全面履行出资义务”的股东。但在实践中,有些法院直接以该规定作为裁判依据,判决转让人继续出资,受让人连带。

《公司法》一锤定音,对出资期限届满前,转让股东的出资义务是否随着股权转让发生转移,给出了结论,即《公司法》第 88 条规定:“股东转让已认缴出资但未届出资期限的股权的,由受让人承担缴纳该出资的义务;受让人未按期足额缴纳出资的,转让人对受让人未按期缴纳的出资承担补充责任。”受让人承担出资责任,转让人补充连带。此时,对受让人是否存在善意无须进行甄别,因为受让人受让股权时,出资期限尚未届满,受让人应当知道受让股权意味着将来必须向公司履行出资义务,也就不存在判断其善意与否的必要了。

笔者认为,《公司法》统一了股转后出资责任承担的裁判规则,也在一定程度上增加了股转磋商和交易的成本,对股权投资者提出了更高的风险识别和防范要求。

16 公务员投资入股,能否以违反法律为由,全盘否定其投资权益?

裁判要旨

“公务员不得从事或者参与营利性活动,在企业或者其他营利性组织中兼任职务”的规定,属于管理性强制性规范,而非效力性强制性规范。公务员作为隐名股东与显名股东签订的股权代持协议不因违反上述规定而无效,公务员可享有代持协议项下相应股权所对应的财产权益,但不能被登记为显名股东。

基本案情

2005 年 7 月 22 日，G 公司设立，注册资本为人民币 50 万元，陈某兰认缴及实缴出资均为 33.5 万元，占股 67%，刘某强认缴及实缴出资均为 16.5 万元，占股 33%，陈某兰任执行董事及法定代表人。事实上，刘某强未实际出资，仅为挂名股东，因陈某斌及张某霞均为公务员，遂由陈某兰、刘某强为其 2 人代持 G 公司股权。

2007 年 6 月 28 日，G 公司形成股东会决议及 G 公司章程修改条款，内容均为：同意将公司住所由某区 × × 路 × × × 号 D259 变更为某区 × × 路 × × × 号 B4 号。决议落款处签有"陈某斌""陈某兰"字样签名。

2009 年 3 月 26 日，陈某斌、张某霞与陈某兰共同签订 G 公司股东协议，主要内容为：(1) 公司投资资本金为 30 万元；(2) 陈某斌占 43.33%，折算资本金 13 万元，陈某兰占 30%，折算资本金 9 万元，张某霞占 26.67%，折算资本金 8 万元。协议落款股东签字处有"陈某斌"、"张某霞"及"陈某兰"字样签名，另盖有 G 公司公章。

之后，陈某兰与陈某斌及张某霞发生纠纷，陈某斌、张某霞诉至法院，要求确认其股东资格，并办理工商登记手续。

裁判结果

一审判决如下：陈某兰所持有的 G 公司 40% 股权、刘某强所持有的

G 公司 3.33% 股权为陈某斌所有;刘某强所持有的 G 公司 26.67% 股权为张某霞所有;对陈某斌、张某霞的其他诉讼请求不予支持。

陈某兰不服判决,提出上诉,后二审维持一审判决。

律师观点

最高人民法院《关于当前形势下审理民商事合同纠纷案件若干问题的指导意见》在《合同法司法解释(二)》①第 14 条的基础上提出了“管理性强制规定”的概念。

为统一裁判思路,《民商审判会议纪要》针对实务领域中的“效力性强制性规定”和“管理性强制性规定”认定问题进行了规定,提出:涉及金融安全、市场秩序、国家宏观政策等公序良俗的;交易标的禁止买卖的,如禁止人体器官、毒品、枪支等买卖;违反特许经营规定的,如场外配资合同;交易方式严重违法的,如违反招投标等竞争性缔约方式订立的合同;交易场所违法的,如在批准的交易场所之外进行期货交易的强制性规定,应当认定为“效力性强制性规定”。

《公务员法》第 59 条第 16 项关于公务员不得“违反有关规定从事或者参与营利性活动,在企业或者其他营利性组织中兼任职务”的规定,并非效力性强制性规定,而属管理性强制性规定。换言之,公职人员违反前述规定,其管理机关可依照《公务员法》第 61 条、第 62 条等规定追究其相应责任,但法院不得根据《民法典》第 153 条第 1 款的规定,认定案涉股东协议违反法律强制性规定无效。

---

① 《合同法司法解释(二)》于 2009 年 2 月 9 日由最高人民法院审判委员会第 1462 次会议通过,自 2009 年 5 月 13 日起施行,后于 2021 年 1 月 1 日废止。

虽然陈某斌、张某霞在代持协议项下的事实股东身份及相应股权所对应的财产权益应受法律保护，但基于《公务员法》明令禁止公职人员从事营利性活动，陈某斌、张某霞要求将其2人显名登记为G公司股东的"违法要求"不应得到法院的支持。

延伸案例1

W公司与高某股东资格确认纠纷

2013年1月10日，W公司形成的公司章程记载内容为：(1)W公司由葛某、刘某、Z公司、Y公司共同出资。(2)注册资本200万元。(3)葛某以货币、知识产权的方式出资110.82万元；刘某以货币方式出资5.84万元；Z公司以货币方式出资23.34万元；Y公司以货币方式出资60万元。(4)向股东以外的人转让股权，应当经其他股东过半数同意。经同意转让的股权，在同等条件下，其他股东有优先购买权。

2013年8月28日，W公司（甲方）与高某（乙方）签订一份劳动合同书。

同日，葛某（甲方）与高某（乙方）签署一份持股协议书，内容如下：(1)甲方为W公司的控股股东，该公司注册资本为200万元，折合1714万股，甲方占有950万股股权。(2)因乙方对W公司的经营发展作出的贡献，甲方愿将其持有股权中的51万股无偿转让给乙方。(3)乙方委托甲方在该协议约定期限内，代为持有乙方对W公司的股权。(4)乙方无须就此支付任何转让款，甲方向乙方转让股权的基准日为2013年8月28日，基准日之前的股东权利、义务由甲方享有、承担，基准日后的股东权利、义务由乙方享有、承担。甲方无偿转让给乙方股权是基于乙方已经以及将要对W公司的经营发展作出的贡献，实际上乙方付出了对价。(5)协议一经签署，甲方不得撤销转让行为。(6)甲方保证转让股权的共有权人不会就此次无偿转让提出异议，保证W公司的其他股东已经或者将会在乙方正式办理股权变更登记时放弃对转让股权的优先购买权。(7)乙方解除对甲方的委托并转让相应代为持有的股权给乙方或其另行选定的新受托人名下时，甲方应对此提供必要的协助及便利。届时，甲方同意自乙方提出转让要求之日起的180日内协助乙方完成股东名册及工商变更等一切必要手续。(8)乙方成为注册股东时，或者乙方将其委托的“代持股权”转让给其他人的，该协议终止。(9)协议自甲方及乙方共同签字之日起生效。

2014年1月24日，W公司向高某发出一份解除劳动合同通知书。

高某因工资、赔偿金等向劳动争议仲裁委员会申请仲裁，后经仲裁、一审、二审，法院最终认定W公司违法解除劳动合同，应向高某支付赔偿金及工资等。

另外，W公司于2014年6月9日变更为一人有限公司，股东为葛某。

高某依法向人民法院提起诉讼，诉讼请求为：(1)解除高某与葛某之间有关代持W公司股权的委托；(2)确认葛某在W公司持有的2.975%股权归高某所有；(3)W公司协助高某办理该公司股东名册及工商登记的一切变更手续。

一审法院认为，葛某与高某所签持股协议书明确约定高某从葛某处受让W公司相应股权。W公司章程显示，上述协议书签订时，该公司除葛某外尚有其他三方股东，但截至高某提起该案诉讼时，W公司的股东已经变更为葛某一人。此种情况下，高某要求确认其在W公司相应持股比例的情形已不涉及其他股东对优先购买权的行使问题。此外,按照公司法原理,有限公司其他股东对其优先购买权的行使问题亦非判断股权转让行为本身之效力的法定要件。

另外,持股协议书虽将高某无偿受让 W 公司相应股权的对价记载为高某已经及将要对该公司经营发展做出的贡献,但并未将高某在该公司将来的履职情况另行约定为股权转让所附之条件。再者,从持股协议书中关于股权转让基准日、股权代持、不得撤销转让行为的约定内容来看,葛某所持 W 公司的相应股权,已随持股协议书的签订而转让完毕,即协议双方当事人之间的股权变动已经完成。

一审法院判决:葛某在 W 公司所持的 2.975% 股权归高某所有;驳回高某其他诉讼请求。

W 公司认为持股协议书签订之时,高某系某公安分局在职公务员,持股协议书应认定无效,且高某仅工作 4 个月,持股协议书因高某离职丧失履行基础。遂提起上诉,请求撤销一审判决,改判驳回高某的诉讼请求。

二审法院认为,W 公司就高某签订持股协议书时的身份问题未能提交证据予以证明,且《公务员法》中的相关规定属管理性规范,并非效力性规范。若高某违反上述法律规定,可按《公务员法》的相关规定承担相应的法律责任,但其并不导致该案的持股协议书无效。针对持股协议书是否因高某离职丧失履行基础的问题,二审法院认为,持股协议书中约定:"葛某无偿转让给高某股权是基于高某已经以及将要对 W 公司的经营发展做出的贡献,实际上高某付出了对价。"首先,上述约定明确表明,葛某认为高某已经对 W 公司的经营发展作出了贡献,该部分贡献属于高某付出对价的组成部分。其次,就"已经"和"将要"的比例区分问题，经询问，W公司表示无法区分，且W公司认为高某“将要”作出的贡献应与其W公司的员工身份挂钩。最后，根据劳动纠纷案件二审判决书的认定，高某与W公司之间的劳动合同系由W公司单方违法解除，高某离开公司是因为W公司向其发出了解除合同通知书。W公司的现有证据均无法证明高某拒绝履行持股协议书约定的“将要”对W公司作出贡献的合同义务，故高某未能持续为W公司提供服务的原因不应归责于高某，W公司以此为由拒绝确认其股东资格的上诉理由，缺乏事实依据。最终，二审判决驳回W公司上诉，维持原判。

延伸案例2

A公司与Z公司、竺某莉之间的公司增资纠纷

2015年1月8日，A公司与Z公司、竺某莉签订增资协议，约定A公司根据Z公司估值6000万元增资，A公司投资300万元后，105,263元计入Z公司注册资本，2,894,737元计入公司资本公积金。增资完成后，A公司持股5%。

2015年2月6日，崔某某向Z公司投资200万元，42,965元计入Z公司注册资本，1,957,035元计入公司资本公积金。该投资完成后，Z公司股东的持股比例为：竺某莉93.1%、A公司4.9%、崔某某2%。

之后，杨某某向Z公司投资100万元，21,699元计入Z公司注册资本，978,301元计入公司资本公积金。该次投资后，Z公司股东的持股比例为：竺某莉92.169%、A公司4.851%、崔某某1.98%、杨某某1%。

其后，方某向Z公司投资550万元后，90,414元计入Z公司注册资本，5,409,586元计入公司资本公积金。该次投资后，Z公司股东的持股

比例为:竺某莉88.48224%、A公司4.65696%、崔某某1.9008%、杨某某0.96%、方某4%。

2015年3月至2016年6月,A公司的法定代表人力某与Z公司工作人员袁某通过微信沟通关于Z公司运作情况,所谈及的项目包括股货仔、股东红包、研值。

2016年6月1日之前,双方微信记录并未涉及Z公司增资工商变更登记事宜。2016年6月1日,力某要求Z公司尽快提供营业执照、董事会决议、公司章程等材料,袁某表示马上办理相关手续。

2016年6月4日,袁某告知力某工商变更登记需要A公司法定代表人的身份证等材料,力某表示不需办理了。

该案审理中,Z公司要求A公司依据案涉增资协议配合其至工商行政管理部门办理增资的变更登记手续,但A公司表示不愿意继续履行协议,坚持要求解除案涉增资协议。

A公司认为,Z公司、竺某莉违约致使其无法行使股东权,合同目的无法实现,且Z公司工作人员袁某系公务员,影响案涉增资协议的履行,遂诉至法院。请求如下:(1)判令解除A公司与Z公司、竺某莉签订的增资协议;(2)判令Z公司、竺某莉返还A公司投资款300万元及以300万元为基数,自实际付款日起至判决生效日止,按照中国人民银行同期贷款利率计算的利息。

一审法院认为,工商登记仅具有对外的公示公信效力,并非设权性登记,不会产生权利义务的变化。尽管Z公司未办理工商变更登记,A公司对外尚未登记为Z公司股东,但Z公司股东名册载明A公司系Z公司股东,未进行工商变更登记不影响A公司享有股东权利。根据袁某与力某的微信记录,2016年6月1日之前,A公司法定代表人力某并未对工商登记未办理提出异议，直到2016年6月1日才要求Z公司提供营业执照等，Z公司于2016年6月4日即告知A公司提供办理增资工商登记的相关材料，但A公司未予配合，对于A公司不配合办理Z公司增资工商变更登记的后果，应由A公司自行承担。一审法院驳回A公司诉请，A公司不服提出上诉。

二审法院认为，案涉增资协议明确约定了A公司投资金额、增资后Z公司注册资本及A公司的股权份额，内容真实合法。在案涉增资协议签订后，A公司以Z公司股东身份与Z公司、竺某莉以及此后陆续加入Z公司的投资者又签订了多份增资协议，这些增资协议均载明了Z公司、竺某莉确认A公司股东身份以及股权份额。可以认定，Z公司和案涉增资协议签署时Z公司的唯一股东竺某莉在协议签署时及此后公司运营过程中均确认A公司的投资份额，确认A公司已完成对其认缴增资的缴纳，并认可A公司依增资协议所享有的权利。另外，根据力某与袁某的微信记录，袁某一直代表Z公司就公司运营情况，包括股货仔、股东红包、研值等项目与力某进行沟通，听取力某的意见。

A公司认为，Z公司工作人员袁某系公务员，影响案涉增资协议的履行。两级人民法院均认为，袁某是否系公务员仅涉及袁某本人是否违反相关法律法规，与Z公司的运作无直接关联，且根据袁某与力某的微信记录，A公司至迟于2015年4月16日即知晓袁某的身份但并未提出异议，其以此为由要求解除增资协议有违诚实信用原则。最终，二审法院驳回A公司上诉，维持原判。

延伸案例3

钟某杰与W公司等股东出资纠纷

2016年前后,钟某杰经朋友步某介绍认识张某圆。某日,步某电话联系钟某杰称张某圆拟在某县成立一家烟花爆竹公司,步某本人也参加,询问钟某杰是否参加,并告知其如果参加,可以跟张某圆联系。2016年11月15日,钟某杰向张某圆发微信称,“张总好!我已到长沙,我想跟你一起参一股,下午就把款打给你,不知你是否同意?”“请张总予以关照!”“张总:已转款35万请查收”。张某圆回复“收到,钟局长”。当日,钟某杰打款的华夏银行个人结算业务申请凭证(回单)上载明:付款人钟某杰,收款人张某圆;汇款用途及附加信息栏内显示“投资”“钟某杰”字样。

2018年4月11日,W公司股东会议决议载明:召集人、主持人为张某圆,应到股东2名、实到2名。公司注册资本800万元,股东为张某圆、罗某。会议通过的公司章程内容为:(1)选举张某圆为执行董事兼总经理,作为公司的法定代表人;(2)选举罗某为公司监事等。

2018年5月17日,W公司登记成立。

2018年12月31日,W公司字1号电子记账凭证载明:收到股东资金投入共计269万元,其中,股东张某圆投入56万元,股东王某侨投入35万元,股东陈某林投入35万元,股东孙某兵投入35万元,股东钟某杰投入35万元,股东罗某投入73万元。另有6张收据作为附件,其中一张收据“钟某志”中的“志”字有改成“杰”字的迹象。

后钟某杰向一审法院起诉,请求:(1)确认钟某杰不是W公司的股东或隐名股东;(2)判令W公司、张某圆返还收取的款项35万元并支付资金占用期间利息；(3)判令W公司、张某圆承担本案受理费、保全费、保全担保费等。

一审法院认为，根据《民法典时间效力规定》第1条第2款“民法典施行前的法律事实引起的民事纠纷案件，适用当时的法律、司法解释的规定，但是法律、司法解释另有规定的除外”之规定，案涉合同均成立于《民法典》实施以前，且双方争议的法律事实发生于《民法典》实施以前。故该案应属于《民法典》实施前的法律事实引起的争议，应适用《民法典》实施以前的相关法律、司法解释。

一审法院归纳的主要争议焦点为：(1)钟某杰不是W公司的股东或隐名股东的理由是否成立，以及钟某杰通过张某圆转给W公司35万元的性质认定；(2)W公司、张某圆是否应当返还投资款并支付利息给钟某杰。

关于焦点(1)。根据《公司法司法解释(三)》第24条第1款的规定，有限责任公司的实际出资人与名义出资人订立合同，约定由实际出资人出资并享有投资权益，以名义出资人为名义股东，实际出资人与名义股东对该合同效力发生争议的，如无法律(原《合同法》第52条)规定的无效情形，人民法院应当认定该合同有效。钟某杰与张某圆就钟某杰投资35万元并通过张某圆入股W公司的口头约定是双方的真实意思表示，并不违反原《合同法》第52条所规定的情形，因此，应当认定该协议有效。根据钟某杰与张某圆的聊天记录及打款凭证等证据来看，钟某杰表示“想跟你(指张某圆)一起参一股，下午就把款打给你”，并及时转款，张某圆收到款后及时作了回复，这充分说明钟某杰向张某圆发出入股要约后，得到了张某圆的承诺，双方就入股一事已达成了协议。张某圆将钟某杰的投资款转给W公司可视为在履行钟某杰与张某圆之前的口头协议，并未违背钟某杰当初的入股意愿。张某圆作为公司的发起人，在公司筹建期间收取钟某杰的投资款，其行为并不违法。

公司成立之后，W公司称，已收到钟某杰通过张某圆转来的投资款35万元，也认可钟某杰是该公司的股东，且在公司2018年12月31日字1号电子记账凭证中有明确记载。因此，可以认定钟某杰通过张某圆转给W公司的35万元是投资款或者股金。

结合W公司营业执照、当事人陈述等证据综合判断，张某圆、罗某应系W公司的显名股东，钟某杰等人应系W公司的隐名股东、实际出资人。钟某杰称其就案涉款与张某圆形成了资金保管关系，张某圆在无钟某杰明确授权的情况下，擅自处分钟某杰的保管资金，已构成无权处分，要求返还与赔偿等诉请，因无事实基础与法律依据，不予认定。

关于焦点(2)。基于上述分析，钟某杰系W公司的实际出资人、隐名股东，根据2018年《公司法》第35条“公司成立后，股东不得抽逃出资”之规定，在W公司清算前，钟某杰不得请求归还投资款。故钟某杰主张判令W公司、张某圆返还35万元投资款并支付资金占用期间利息等诉请缺乏事实和法律依据，不予支持，驳回钟某杰的全部诉讼请求。

之后钟某杰上诉，二审法院认为，钟某杰因其公务员身份无法登记为显名股东，遂通过代持方式投资W公司，张某圆收到钟某杰投资款后代其出资至W公司不违反法律规定，一审判决认定事实清楚，适用法律正确，判决驳回上诉，维持原判。

17 公司在股东未全面履行出资义务时，能否通过股东会决议解除股东出资额对应的股权？

裁判要旨

股东未全面履行出资义务，公司有权根据公司章程对其股东权利进行合理限制。股东经催告在合理期间仍未履行出资义务，公司股东会决议解除该股东出资额对应股权，股东请求确认股东会决议无效的，不予支持。

基本案情

B公司注册资本为850万元，股东H公司认缴450万元，股东王某力认缴200万元，股东L公司认缴200万元。

B公司章程规定：(1)各股东出资期限均为2016年4月30日。股东不按照规定缴纳出资的，不享有相应股东权利，除足额缴纳外，还应当向已按期足额缴纳出资的股东承担违约责任。(2)公司设董事会，成员为5名，其中，H公司推荐3名，王某力推荐1名，L公司推荐1名，董事由股东会选举产生，董事长由H公司推荐的董事担任，由董事会选举产生，董事任期3年，任期届满，连选可以连任。董事任期届满未及时改选，或者董事在任期内辞职导致董事会成员低于法定人数的，在改选出的董事就任前，原董事仍应当依照法律、行政法规和公司章程的规定履行董事职务。(3)公司设财务负责人1名，由H公司推荐的董事出任。(4)公司设监事会，由3名监事组成，H公司方股东推荐1名，L公司股东方推荐1名，另1名由公司的职工代表出任。H公司方股东委派的监事会担任监事会召集人，监事会召集人不能履行职权时，由该召集人书面指定另1名监事代行其职权。监事会每年至少召开一次会议。

2016年3月14日，H公司向B公司缴纳第一笔出资90万元；2016年3月17日，王某力向B公司缴纳第一笔出资40万元；2016年3月18日，L公司向B公司缴纳第一笔出资40万元。2016年11月17日，王某力再次向B公司缴纳出资160万元。2017年11月18日，B公司向股东王某力出具出资证明书，载明货币出资金额为200万元。

2016年11月22日，B公司向H公司发送催告函，要求H公司按照公司章程约定向公司注入欠缴的出资。

2016年11月27日，H公司向B公司及股东王某力回函，称，"由于此前三方股东均未按约定注入股本金，且公司经营亏损，为此，要求公司监事会应先对公司自开办至今资金的经营情况、财务账目进行核查，并根据核查结果召开公司临时股东会会议，对公司的亏损原因及发展前景进行研判，再重新约定股东入股资金第二次交付的时间及金额"。

2016年12月7日，金某娜以B公司名义通过快递方式向H公司发送关于召开临时股东会的通知。2016年12月9日,H公司收到上述通知。

2016年12月28日,B公司召开临时股东会,王某力和L公司到会参加,H公司未到会。与会股东一致表决通过,形成了两份股东会决议。

第一份临时股东会决议修改原公司章程,内容为:(1)由王某力缴纳H公司、L公司认缴未缴公司注册资本,并将公司股东的持股比例调整为王某力占84.71%,H公司占10.59%,L公司占4.7%;(2)出资期限修改为2017年3月31日;(3)公司设董事会,成员有5名,其中王某力推荐3名、H公司推荐1名、L公司推荐1名,董事由股东会选举产生,董事长由王某力推荐的董事担任,由董事会选举产生;(4)删除"公司设财务负责人一名,由H公司推荐的董事出任"。

另外,决议通过选举公司董事的方案,由王某力、金某娜、卞某超、邵某尚担任公司董事会董事。

第二份临时股东会决议内容为:(1)修改公司章程为公司设监事会,由3名监事组成,其中王某力推荐1名,L公司推荐1名股东,另1名由公司的职工代表出任;(2)免去曹某川监事职务,聘任于林某为公司监事。

2017年1月3日,新选任的董事王某力、金某娜、卞某超、邵某尚到会表决通过B公司2017年第一次董事会决议,决议内容为:(1)选举王某力为B公司的董事长及法定代表人;(2)同意聘请北京某税务师事务所有限公司对B公司自成立至今的财务账簿及经营状况进行审计。

2017 年 1 月 19 日，王某力向 B 公司转账 360 万元。次日，B 公司向王某力出具出资证明书，载明出资货币资金 360 万元。

2017 年 1 月 20 日，王某力向 B 公司转账 160 万元。次日，B 公司向王某力出具出资证明书，载明出资货币资金 160 万元。

H 公司不满 B 公司临时股东会决议内容，遂诉至法院，请求确认 B 公司于 2016 年 12 月 28 日作出的两份临时股东会决议无效。

另外，H 公司自始至终未实缴 360 万元出资，后 H 公司又于 2017 年 7 月 18 日另案提起公司解散诉讼。

裁判结果

一审、二审法院均未支持 H 公司的诉请。

律师观点

本案发生在现行《公司法》实施之前，一审、二审法院尊重 B 公司意思自治，在充分审查合法性及合理性后，对股东会决议作出的变更出资比例相关内容的效力，应当予以肯定。

《公司法》第 52 条对《公司法司法解释（三）》的股东除名制度等进行改良，规定了瑕疵出资股东的催缴失权制度，即“股东未按照公司章程规定的出资日期缴纳出资，公司依照前条第一款规定发出书面催缴书催缴出资的，可以载明缴纳出资的宽限期；宽限期自公司发出催缴书之日起，不得少于六十日。宽限期届满，股东仍未履行出资义务的，公司经董事会决议可以向该股东发出失权通知，通知应当以书面形式发出。自通知发出之日起，该股东丧失其未缴纳出资的股权。依照前款规定丧失的股权应当依法转让，或者相应减少注册资本并注销该股权；六个月内未转让或者注销的，由公司其他股东按照其出资比例足额缴纳相应出资”。

笔者认为，相较彻底失去股东资格的股东除名，《公司法》的催缴失权更具包容性。首先，催缴失权不仅适用于有限公司，还可适用于股份公司；其次，催缴失权制度不仅适用于完全不出资的股东，还适用于瑕疵出资股东。当前，即使公司章程未明确规定股东失权，公司董事会也有权决定是否向瑕疵出资股东发出书面失权通知。当然，董事会发出失权通知前，应当同时满足已书面催缴、已给予宽限期、股东仍未履行出资义务等先决条件。

另外，《公司法》将核查催缴义务人锁定在董事会，未来，负有核查催缴义务的董事或因怠于履行该等义务被追责。相比《公司法司法解释(三)》，《公司法》不再只要求负有责任的董事在增资时忠实勤勉的履行核查催缴义务，而是要求其自公司成立之时直至公司终止始终尽到核查催缴的注意义务。

18 股东以有效知识产权增资，后该知识产权被宣告无效，增资股东是否有补充出资的义务？

裁判要旨

股东以知识产权增资,且该知识产权在增资时有效。公司后续经营过程中,该知识产权被宣告无效的,若股东出资时不存在恶意,增资股东不应承担补足出资的责任。

基本案情

2009 年 11 月 27 日,北京某评估公司对 B 公司拥有的"××的新方法"发明专利(0311×××.5 号)及相关全套工业生产技术、"××"注册商标、"×"注册商标 3 项无形资产作出 168 号评估报告。截至评估基准日 2009 年 9 月 30 日,上述 3 项无形资产的评估结果为人民币 1300 万元,评估结论使用有效期为自评估基准日起一年。

2010 年 4 月 9 日,W 公司作出股东会决议,同意 B 公司以上述 3 项无形资产向 W 公司增资,并以评估结果 1300 万元认定增资数额。嗣后,W 公司完成了无形资产的增资并依法变更工商登记。

2014 年 12 月 30 日,国家工商行政管理总局(现国家市场监督管理总局)商标评审委员会宣告“××”商标无效并进行了公告。

2016年2月25日,国家知识产权局专利复审委员会宣告0311×××.5号发明专利权(“××的新方法”发明专利)无效并进行了公告。

“×”注册商标仍在有效期内。

W公司将B公司诉至法院,请求B公司向W公司补充缴纳出资1300万元,并赔偿W公司损失。

裁判结果

一审、二审及再审法院均未支持W公司的请求。

律师观点

《公司法司法解释(三)》第15条规定:“出资人以符合法定条件的非货币财产出资后,因市场变化或者其他客观因素导致出资财产贬值,公司、其他股东或者公司债权人请求该出资人承担补足出资责任的,人民法院不予支持。但是当事人另有约定的除外。”

该案中,B公司增资时,案涉知识产权有效,且北京某评估公司作为专业评估机构对案涉知识产权的价值进行了确认。后W公司亦就B公司以所涉知识产权增资事宜召开股东会,同意B公司以无形资产增资,并以评估结果1300万元认定增资数额。W公司并未举证证明B公司在增资过程中存在恶意,且B公司、W公司原股东、W公司之间并无补足出资的特别约定，W 公司请求缺乏依据，不应支持。

在实践中，相关当事人可以提前协商或通过公司章程明确，当出资财产贬值、无形资产被宣告无效等情形发生时，以非货币出资的股东应当承担以货币补足出资的义务。

19 股东转让已具备破产原因公司之股权，能否免除其出资义务，受让股权一方是否应当承担连带责任？

裁判要旨

股东认缴出资期限尚未届满但公司已具备破产条件时，法院可认定股东在股权转让时出资义务加速到期，进而认定股东转让股权存在瑕疵出资。受让人对此明知的，应承担连带责任。

基本案情

Y 公司于 2015 年 8 月 27 日成立，注册资本为 500 万元，股东 W 公司以现金方式认缴出资 500 万元，出资时间为 2045 年 8 月，2017 年 7 月 10 日已实缴出资 60 万元。

2018 年 11 月 3 日，W 公司与 Z 公司、S 公司分别签订股权转让协议，将其在Y公司所持99%股权转让给Z公司，所持1%股权转让给S公司。

另外，W公司与Z公司、S公司签订情况说明，内容主要围绕Y公司2018年10月资产负债表情况，具体包括：(1)2018年10月底银行存款42,383.57元，应收账款1,010,603.16元，其他应收款301,374元以及存货8,280,365.14元等，合计资产金额9,634,725.87元；(2)Z公司和S公司愿意承担9,588,528.21元应付账款及其他应付款329,430.60元等，合计负债金额9,886,108.33元；(3)Y公司实收资本60万元，但经营亏损851,570.71元，所有者权益为-251,382.46元；(4)Z公司和S公司共同愿意以1元作为股权转让价格购买W公司所持全部股权。另附2018年10月Y公司资产负债表：资产合计9,634,725.87元，负债合计9,886,108.33元，实收资本600,000元，所有者权益-251,382.46元。

同日，Z公司、S公司签署Y公司章程，明确Z公司认缴出资额为495万元，S公司认缴出资额为5万元，出资时间均为2045年8月26日前。

在上述交易发生前，Y公司被多家法院判决履行金钱债务，其中包括：向C公司支付定作款1,592,504.10元、1,203,342.80元；向D公司支付价款945,058.62元；向E公司支付货款2,069,643.70元；向F公司支付货款1,719,211.57元等。

之后，D公司以Y公司不能清偿到期债务且明显缺乏清偿能力为由向法院申请破产清算。

2019 年 9 月 10 日，法院裁定受理 Y 公司的破产清算并指定管理人。

2019 年 12 月 24 日，法院裁定确认 Y 公司债权表，其中：C 公司债权 697,801.04 元、D 公司债权 582,034.22 元、E 公司债权 1,802,056.06 元、F 公司债权 2,109,676.79 元。

Y 公司认为，W 公司在 Y 公司已符合破产条件的情况下转让股权，不应免除其实缴出资的义务，遂诉至法院，请求：(1)判令 W 公司向 Y 公司支付未缴出资款人民币 440 万元并承担逾期利息（以 440 万元为基数，自 2019 年 9 月 10 日起，按照年利率 6% 计算至实际清偿之日止）；(2)判令 Z 公司、S 公司对上述第一项付款义务承担连带责任。

裁判结果

该案经过一审、二审，法院最终判决：W 公司补缴出资人民币 440 万元及利息（以人民币 440 万元为本金，自 2019 年 9 月 10 日起至实际清偿之日止，按照全国银行间同业拆借中心公布的贷款市场报价利率计算）；Z 公司就 W 公司应缴出资款人民币 435.6 万元及利息承担连带责任（利息以人民币 435.6 万元为本金，自 2019 年 9 月 10 日起至实际清偿之日止，按全国银行间同业拆借中心公布的贷款市场报价利率计算）；S 公司就 W 公司应缴出资款人民币 4.4 万元及利息承担连带责任（利息以人民币 4.4 万元为本金，自 2019 年 9 月 10 日起至实际清偿之日止，按全国银行间同业拆借中心公布的贷款市场报价利率计算)。

律师观点

《企业破产法》第35条规定:"人民法院受理破产申请后,债务人的出资人尚未完全履行出资义务的,管理人应当要求该出资人缴纳所认缴的出资,而不受出资期限的限制。"本案的特殊之处在于,首先,W公司转让股权时,虽然Y公司已具备破产原因,但因破产申请程序未启动,法院并未就Y公司破产作出受理裁定。其次,W公司转让股权时,备案的出资期限尚未届满,即W公司因享有期限利益不属于《公司法司法解释(三)》直接规制的"未履行或者未全面履行出资义务"的股东范畴。鉴于此,法院是否应当驳回Y公司的诉请?

关于备案的出资期限尚未届满,股东转让股权后是否仍应承担出资义务的问题,在现行《公司法》实施前的实践中存有争议。本案中,Y公司对法院生效判决确定的金钱债务已丧失偿付能力,且Z公司、S公司在受让W公司所持股权时,对Y公司资不抵债的事实已充分知悉。换言之,在W公司转让股权之前,Y公司就已具备破产原因,但股东W公司不仅不积极推进Y公司进入破产程序,还将所持的Y公司100%股权转让。合议庭经审理查明后认定W公司在Y公司已具备破产原因的情况下转让其股权,应加速到期其出资期限,进一步认定W公司转让股权时存在瑕疵出资,从而适用《公司法司法解释(三)》第18条的规定,判决W公司继续履行出资义务,并由Z公司和S公司承担相应的连带责任,以此规制实践中部分股东通过恶意转让股权变相"逃废债"的现象。笔者认为,本案法官在适用法律时,充分考量注册资本认缴制度设计初衷,裁判结果值得借鉴。当然,《公司法》第 88 条关于股转后的出资责任承担规则、第 54 条有限公司股东出资加速到期制度,都在一定程度上弥补了法律漏洞,对类似案件的裁判,可以提供有效指引。

20 股东将出资款转入公司账户验资后随即转出,是否构成抽逃出资?

裁判要旨

股东出资是设立有限责任公司的法定必经程序,股东出资亦是公司开展生产经营活动和对外承担责任的物质基础。股东将出资款转入公司账户验资后又转出的,可以按照《公司法司法解释(三)》第 12 条第 4 项的规定,认定股东抽逃出资。

基本案情

C 公司成立于 2017 年 10 月 30 日,注册资本为 3000 万元。设立时 Y 公司作为股东持股 20%,认缴出资 600 万元;W 公司作为股东持股 45%,认缴出资 1350 万元;G 公司作为股东持股 35%,认缴出资 1050 万元。

2018 年 5 月 2 日,Y 公司将其持有的尚未缴纳出资的 C

公司 5%股权转让给了 W 公司，转让价款为 0 元，并约定由 W 公司按章程规定的出资期限缴纳出资。转让后，Y 公司持有的股权为 15%，认缴出资额为 450 万元。王某系 C 公司法定代表人及经理，吴某娟系 C 公司的执行董事和实际控制人，亦担任 W 公司法定代表人。

Y 公司系叶某飞作为自然人股东设立的有限责任公司。2020 年 12 月 8 日，叶某飞将其持有的 Y 公司全部股权转让给了孟某程，孟某程成为 Y 公司持股 100%的股东及法定代表人。

2018 年 9 月 3 日，王某尾号为 8922 的招商银行账户向 C 公司分别汇入 450 万元（附言"Y 公司投资款"）、1050 万元（附言"G 公司投资款"）。同日，C 公司向王某账户分 3 次合计转入 14,999,997 元。

2018 年 9 月 4 日，北京某会计师事务出具审字（2018）第 NSZ7368 号验资报告书，审验确认 C 公司于 2018 年 9 月 3 日收到 Y 公司缴纳的注册资本合计 450 万元。

2018 年 10 月 29 日，Y 公司与 W 公司签订股权转让协议一份，Y 公司将其持有的 C 公司的 450 万元出资额，占公司注册资本 15%的股权转让给 W 公司，转让价款为 450 万元，转让款由双方自行交割。此后，W 公司未向 Y 公司交纳股权转让款。

2020 年 8 月 11 日，某市人民法院裁定受理尹某军、李某晴对 C 公司的破产清算申请，并指定浙江某律师事务所担任管理人。

管理人委托浙江某会计师事务所对C公司截至2020年8月11日的资产负债情况进行了审计核实，核实C公司共收到股东实缴资本3000万元，其中，2018年9月3日收到Y公司450万元和G公司1050万元，但C公司于同日将14,999,997元汇给了王某。

2020年10月14日，王某向管理人出具情况说明："2018年9月，C公司因缺乏资金需向银行贷款，遂办理股东出资验资报告，C公司按要求，由财务有关人员联系相关代理人并办理了资金的借调，办理中代理人要求找一张招商银行借记卡，因当时办理时间要求紧，我当时为了公司早日贷到资金，将本人的招商银行卡借给代理公司有关人员使用。"

管理人于2020年11月24日向Y公司邮寄了"关于股东返还出资的通知函"。

后C公司于2021年4月15日向法院提起诉讼，请求：(1)判令Y公司向C公司返还抽逃出资款并支付利息；(2)判令孟某程、叶某飞、吴某娟、王某和W公司对Y公司的上述债务承担连带清偿责任。

裁判结果

一审法院判决，Y公司向C公司返还出资并支付利息；叶某飞、孟某程、吴某娟、王某、W公司对Y公司的前述债务承担连带清偿责任。

后叶某飞、孟某程上诉，二审法院驳回上诉，维持原判。

律师观点

股东出资是设立有限公司的法定程序，也是公司开展生产经营活动，对外承担责任的物质基础。在实践中，股东为逃避法律责任，常常表面实缴出资，实则抽逃出资，侵蚀公司资本。为此，现行《公司法》及2018年版均明文禁止股东抽逃出资，《公司法司法解释（三）》第12条以列举兜底相结合的方式，细化股东抽逃出资情形，规定“公司成立后，公司、股东或者公司债权人以相关股东的行为符合下列情形之一且损害公司权益为由，请求认定该股东抽逃出资的，人民法院应予支持：（一）制作虚假财务会计报表虚增利润进行分配；（二）通过虚构债权债务关系将其出资转出；（三）利用关联交易将出资转出；（四）其他未经法定程序将出资抽回的行为”。该案中，Y公司通过王某银行卡将出资款汇入C公司账户后当天又转回王某账户，属于上述（四）其他未经法定程序将出资抽回的行为，损害C公司利益，法院认定Y公司抽逃出资，于法有据。

关于王某、吴某娟应否承担责任的问题。《公司法司法解释（三）》第14条第1款对股东抽逃出资行为法律责任进行了具体规定，即“股东抽逃出资，公司或者其他股东请求其向公司返还出资本息、协助抽逃出资的其他股东、董事、高级管理人员或者实际控制人对此承担连带责任的，人民法院应予支持”。该案中，王某作为C公司的股东及法定代表人，对Y抽逃出资的情况知情并实际操作，吴某娟作为C公司的实际控制人、执行董事，实际支配C公司行为，2人存在协助股东Y公司抽逃出资的行为和故意，应当依法承担连带责任。

关于W公司应否承担责任的问题。《公司法司法解释(三)》第18条第1款前半句规定:"有限责任公司的股东未履行或者未全面履行出资义务即转让股权,受让人对此知道或者应当知道,公司请求该股东履行出资义务、受让人对此承担连带责任的,人民法院应予支持。"股东未履行出资和未全面履行出资在行为后果上与股东抽逃出资基本相同,均侵害公司的财产权益、其他股东和债权人的合法利益。该案中,2018年10月29日,Y公司将其持有的450万元股权转让给W公司,此时,吴某娟既是W公司的法定代表人,又是C公司的实际控制人,其对Y公司向C公司的出资情况显然较熟悉,认定W公司受让股权时知道或者应当知道Y公司存在抽逃出资行为,未履行出资义务,并无不妥,法院据此判决W公司承担连带清偿责任,于法有据。《公司法》第88条第2款亦属于对此类情形的规制。

关于叶某飞、孟某程应否承担责任的问题。Y公司系一人有限公司,为避免股东滥用权利使一人有限公司"空壳化",进而沦为股东逃避债务的工具,公司法通过年度审计、股东举证证明财产独立等对一人有限公司进行规制,以降低交易风险,保护公司和债权人利益。若叶某飞、孟某程在未履行法定义务,不能提供证据证明个人财产独立于Y公司时,就应当对Y公司债务承担连带责任。

延伸案例1

X公司、李某进等追收抽逃出资纠纷、股东出资纠纷

X公司是S公司的股东之一,李某进系S公司执行董事、总经理、法定代表人。

S公司于2011年9月召开股东会，作出增资及修改公司章程的决议，X公司认购新增资本440万元，S公司依法将有关事项在工商管理部门进行登记。

2011年9月13日，X公司向S公司银行账户转账440万元，某会计师事务所出具验资报告。次日，440万元资金被转入C公司账户，用途摘要载明“往来”。

增资登记完成后，S公司及全体股东于2012年8月12日签署股东会决议，同意股东陈某雄退股。决议载明：陈某雄退股前，S公司的注册资本仍按未增资前的515万元计，各股东约定的持股比例、出资额与增资登记前一致，不因增资登记而变化。X公司称S公司在2011年9月的增资登记是S公司与股东约定的虚假出资并非真实意思表示。

S公司将X公司及李某进诉至法院，要求X公司返还抽逃出资款及利息，李某进承担连带责任。

某高级人民法院二审判决认定，S公司将资金转让给C公司的行为未经任何法定程序，亦非基于正常的交易关系。X公司知晓并许可增资以及通过中介公司垫资完成增资登记等事项。《公司法司法解释(三)》第12条规定：“公司成立后，公司、股东或者公司债权人以相关股东的行为符合下列情形之一且损害公司权益为由，请求认定该股东抽逃出资的，人民法院应予支持……(四)其他未经法定程序将出资抽回的行为。”X公司以获取验资为目的，短暂地将资金转入并转出的行为，构成抽逃出资，应当承担返还义务。2011年9月13日，S公司进行增资时，李某进担任S公司的执行董事、总经理，系公司法定代表人。根据《公司法司法解释(三)》第14条的规定，“股东抽逃出资，公司或者其他股东请求其向公司返还出资本息、协助抽逃出资的其他股东、董事、高级管理人员或者实际控制人对此承担连带责任的，人民法院应予支持”。李某进不仅未监督股东履行出资义务，还放任并协助股东抽逃出资，应对X公司的返还出资责任承担连带责任。

某省高级人民法院二审判决X公司向S公司返还出资款及利息，李某进承担连带责任。后X公司及李某进向最高人民法院申请再审，被最高人民法院裁定驳回。

延伸案例2

杨某丽等与H公司追收抽逃出资纠纷

H公司成立于2012年12月27日，注册资本为50万元，法定代表人、执行董事、经理为杨某丽。公司成立时股东及出资情况为：薛某文，出资25.5万元；杨某杰，出资24.5万元。股东薛某文与法定代表人杨某丽系夫妻关系。

2013年1月7日，H公司基本账户汇入500,000元，汇入后账户余额为500,058.33元。当日，该账户汇出500,000元至Y中心，交易备注为“往来”。

2019年11月18日，H公司被吊销营业执照。

2020年6月23日，法院受理T公司对H公司的破产清算申请。2020年7月10日，法院指定某律师事务所作为管理人。

H公司向一审法院起诉，请求：(1)判令薛某文向H公司返还出资款25.5万元及其利息(自2013年1月7日起至实际返还出资之日止，按照中国人民银行同期贷款利率标准计算)并对杨某杰的返还出资本息责任承担连带责任；(2)判令杨某杰向H公司返还出资款24.5万元及其利息(自2013年1月7日起至实际返还出资之日止,按照中国人民银行同期贷款利率标准计算)并对薛某文的返还出资本息责任承担连带责任;(3)杨某丽对薛某文、杨某杰的上述返还出资本息责任承担连带责任;(4)本案全部诉讼费用由薛某文、杨某杰、杨某丽承担。

该案的争议焦点如下:

第一,关于薛某文、杨某杰、杨某丽是否存在抽逃出资行为的问题。

一审法院认为,《公司法司法解释(三)》第12条规定:"公司成立后,公司、股东或者公司债权人以相关股东的行为符合下列情形之一且损害公司权益为由,请求认定该股东抽逃出资的,人民法院应予支持:(一)制作虚假财务会计报表虚增利润进行分配;(二)通过虚构债权债务关系将其出资转出;(三)利用关联交易将出资转出;(四)其他未经法定程序将出资抽回的行为。"H公司成立后,股东薛某文、杨某杰均已将各自认缴的合计50万元的出资额转入H公司账户,但当天50万元即从H公司银行账户转出,以往来款的名义转至Y中心账户。薛某文、杨某杰、杨某丽均未能提供证据证明H公司与Y中心订立有相关书面合同及存在商业往来活动的事实,且薛某文、杨某杰均自述该50万元用于偿还薛某文、杨某杰的个人借款,并称取得了H公司的同意。

薛某文、杨某杰抽逃出资的事实应当予以认定。杨某丽虽然不是H公司的股东,但在50万元资金发生转出交易时任H公司法定代表人、执行董事、经理,是代表法人从事民事活动的负责人,应当对公司的行为承担相应法律责任,且杨某丽与股东薛某文为夫妻关系,虽然在一审庭审中薛某文称杨某丽未参与公司实际经营,但并未提交相关证据予以证明。根据《公司法司法解释(三)》第14条第1款的规定,"股东抽逃出资,公司或者其他股东请求其向公司返还出资本息、协助抽逃出资的其他股东、董事、高级管理人员或者实际控制人对此承担连带责任的,人民法院应予支持”。故杨某丽应当对薛某文、杨某杰抽逃出资的行为承担连带责任。

第二,关于薛某文、杨某杰在公司经营期间支付的相关费用是否能够抵销出资款的问题。

其一,薛某文、杨某杰在一审庭审中提交了J公司与H公司于2013年3月29日签订的一份拆借资金协议,证明H公司向J公司借款300万元。同时提交J公司出具的情况说明,证明该公司向H公司出借的300万元已经由股东薛某文、杨某杰替H公司偿还。

薛某文、杨某杰主张上述300万元已经超额履行了出资义务,已不构成抽逃出资。法院认为,J公司出借的300万元没有被纳入H公司财务账,所以H公司的账目对该笔入资没有体现,更无法进行验资,且情况说明仅由J公司单方面出具,薛某文、杨某杰没有提供还款的转账记录作为证据,法院无法认定薛某文、杨某杰所称的300万元借款是否真实发生及该300万元款项的性质。故薛某文、杨某杰称在H公司经营过程中以替公司偿还借款的方式补足出资与事实不符,一审法院不予支持。

其二,薛某文提交H公司账户流水,证明2013年4月2日其向该公司转入3万元,应当作为股东补足的出资。H公司对上述账户流水的真实性予以认可,但提出该笔交易的备注为“汇兑”,不是出资,且该笔交易的金额与应交出资数额不一致。法院认定3万元不构成对出资义务的补足。

其三,薛某文提交2014年5月5日M公司出具的收据一份,证明薛某文垫付的改造工程设计费用4万元应当作为股东的出资,但该收据上载明“收到S分社交来改造工程设计费用预付款4万元整”，由此可见，付款方为S分社，收款方为M公司，均与H公司无关。虽然交款人处有一“薛”字的签名，但无从判断该“薛”某即为该案薛某文。故对薛某文主张该4万元系补足出资的意见，一审法院不予采纳。

第三，关于薛某文、杨某杰为H公司支付房屋租金、虚拟办公室租赁费用、“百度推广服务”费用等用于公司经营是否可以抵销出资款的问题。

薛某文、杨某杰在一审庭审中提交2012年12月18日H公司与B公司签订的房屋租赁合同，薛某文提交2013年4月12日至2014年4月11日的虚拟办公室租赁协议及薛某文的交通银行信用卡电子账单，薛某文提交2013年4月3日H公司与W公司签订的推广服务合同及付款凭证。上述薛某文、杨某杰代H公司支付经营活动必要开支的证据，仅能够证明其享有对H公司相应的债权。依据《企业破产法规定(二)》第46条之规定，“债务人的股东主张以下列债务与债务人对其负有的债务抵销，债务人管理人提出异议的，人民法院应予支持：(一)债务人股东因欠缴债务人的出资或者抽逃出资对债务人所负的债务；(二)债务人股东滥用股东权利或者关联关系损害公司利益对债务人所负的债务”。据此，在管理人提出异议的情况下，薛某文、杨某杰主张以抽逃的出资款与H公司对其负有的债务抵销于法不符，不予支持。

综上所述，薛某文、杨某杰、杨某丽在设立H公司后立即将出资款抽回，其行为构成抽逃出资，侵害了H公司的财产权益，损害了H公司财产的独立性，H公司请求薛某文、杨某杰返还各自抽逃的出资款并赔偿利息损失于法有据，予以支持。根据薛某文、杨某杰在一审庭审中自述的抽逃款项用于偿还二人债务，可以得知二人在抽逃行为上具有相互串通、协助的行为，故对H公司要求薛某文、杨某杰对彼此返还出资本息责任承担连带责任的诉讼请求，一审法院予以支持。

一审法院依照2018年《公司法》第35条，《企业破产法》第25条第1款第7项，《公司法司法解释(三)》第12条、第14条第1款，《企业破产法规定(二)》第46条之规定，判决：薛某文于判决生效之日起10日内向H公司返还出资款25.5万元并赔偿利息损失(以25.5万元为基数，自2013年1月7日起至2019年8月19日止按中国人民银行同期同档次贷款基准利率计算，自2019年8月20日至实际履行完毕之日止按同期全国银行间同业拆借中心公布的贷款市场报价利率计算)；杨某杰于判决生效之日起10日内向H公司返还出资款24.5万元并赔偿利息损失(以24.5万元为基数，自2013年1月7日起至2019年8月19日止按中国人民银行同期同档次贷款基准利率计算，自2019年8月20日起至实际履行完毕之日止按同期全国银行间同业拆借中心公布的贷款市场报价利率计算)；杨某杰对薛某文上述第一项返还出资本息义务承担连带责任；薛某文对杨某杰上述第二项返还出资本息义务承担连带责任；杨某丽对上述第一项薛某文、第二项杨某杰的返还出资本息义务承担连带责任。如果未按判决指定的期间履行给付金钱义务，应当依照《民事诉讼法》(2017年修正)第253条的规定，加倍支付迟延履行期间的债务利息。

薛某文、杨某杰、杨某丽不服一审判决提起上诉，二审法院驳回上诉，维持原判。

延伸案例3

柳某伟与M公司股东出资纠纷

M公司成立于2012年3月2日，原为自然人独资公司，股东为柳某伟,注册资本为50万元,实收资本为50万元。

2015年12月3日,M公司形成股东决定一份,该决定载明:同意股东由柳某伟变更为柳某伟、刘某。

当日,M公司再次形成股东会决议一份,该决议中载明:(1)同意公司住所变更为北京市××区××镇××街3号院4号楼710室;(2)同意增加注册资本,由50万元增加至1000万元,新增的950万元由刘某以货币形式出资500万元,由柳某伟以货币出资450万元;(3)免去柳某伟的执行董事职务,选举刘某为执行董事并为公司法定代表人;(4)同意修改公司章程。

上述股东会决议落款处有"柳某伟""刘某"签名字样。后M公司根据上述股东会决议将工商登记的法定代表人变更为刘某,注册资本变更为1000万元,并股东变更为刘某、柳某伟,认缴出资均为500万元,认缴出资时间为2061年12月31日。同时,M公司的企业信用信息公示报告中显示,柳某伟已于2012年3月2日实缴出资50万元。

2012年3月1日,柳某伟通过转账形式向M公司账户汇款50万元。2012年3月19日,M公司通过转账形式向案外人李某杰转让500,008元,用途为还款。但M公司与李某杰之间并无真实借款合同关系,时任M公司法定代表人、执行董事及总经理的柳某伟亦无证据证明M公司向李某杰转账具有合理性。M公司自始至终未向李某杰进行追偿。后M公司将柳某伟诉至法院,要求其返还抽逃出资并赔偿损失。

一审法院认为,2013年《公司法》第35条规定:"公司成立后,股东不得抽逃出资。"同时,《公司法司法解释(三)》第12条规定:"公司成立后,公司、股东或者公司债权人以相关股东的行为符合下列情形之一且损害公司权益为由,请求认定该股东抽逃出资的,人民法院应予支持:

(一)制作虚假财务会计报表虚增利润进行分配;(二)通过虚构债权债务关系将其出资转出;(三)利用关联交易将出资转出;(四)其他未经法定程序将出资抽回的行为。”柳某伟向 M 公司出资后短时间内又将出资款转出的行为属于抽逃出资,应当向 M 公司返还出资款并赔偿损失。

柳某伟不服一审判决,提出上诉。二审法院驳回上诉,维持原判。

21 股东转移公司资金,债权人能否主张股东对公司债务承担连带责任?

裁判要旨

公司向股东转移资金不具有持续性,未达到严重损害债权人利益的程度,不足以否认公司独立人格的,若转移资金的行为客观降低了公司的偿债能力,根据“举重以明轻”的原则,参照《公司法司法解释(三)》第 14 条关于股东抽逃出资情况下的责任形态之规定,可判决公司股东对公司债务不能清偿的部分在其转移资金的金额及相应利息范围内承担补充赔偿责任。

基本案情

K 公司经股东会批准,与 G 公司签订资产转让合同,约定K公司将名下资产转让至G公司,G公司向K公司支付3.2亿元诚意金。转让的先决条件是K公司完成相关地块规划调整及用地性质变更,否则G公司有权单方解除合同,K公司应3日内返还先诚意金3.2亿元,超过3日则按应付未付款每日5‰计付违约金。K公司全部资产抵押给G公司,作为K公司全面、适当履行资产转让合同项下全部义务和责任的担保,担保主债权为3.2亿元。

后K公司向G公司出具情况说明,称由于市政府2017年棚改项目政策调整,规划调整无法按合同约定完成。后G公司向K公司提出解除资产转让合同,要求K公司返还3.2亿元诚意金并依约承担责任。

另外,G公司向K公司转账3.2亿元的次日,K公司向股东张某男转账2,951.8384万元。

G公司诉请张某男对K公司债务承担连带责任。

裁判结果

二审法院判决,张某男对K公司的3.2亿元及其违约金债务不能清偿的部分在2951.8384万元及其利息范围内承担补充赔偿责任。

律师观点

一审法院认定,K公司和张某男构成人格混同,张某男对K公司债务承担连带责任,而二审法院则仅支持张某男在一定金额内对K公司债务承担补充赔偿责任。

法人人格独立和股东有限责任是公司法的基本原则,否认公司人格独立,由股东承担连带责任是例外情形。笔者认为,法院在认定股东对公司债务承担连带责任时,应当充分审查股东的行为是否达到“滥用”的程度,对债权人的损害是否达到了“严重”的程度。若债权人利益能够通过代位权等法律制度予以保护,可优先适用其他法律规定,而非动辄否认法人人格。

22 股权债务形成时为一人有限公司,能否通过变更公司股权结构避免对公司债务的连带责任?

裁判要旨

股东为逃避债务将一人有限公司变更为非一人有限公司,若该股东无法举证证明公司财产与其个人财产相互独立,则应当支持申请执行人追加该股东为被执行人,由其对公司债务承担连带责任的申请。

基本案情

2015 年 5 月,Q 公司与 Y 公司形成建设工程分包合同关系,双方约定发生争议后提交某仲裁委裁决。

2016 年 3 月,案涉工程完工,且从 2017 年 11 月 6 日就应开始计算 Y 公司所欠工程价款对应的利息。

因 Y 公司未履行付款义务,Q 公司申请仲裁。

2018 年 9 月 26 日,某仲裁委作出裁决,并出具生效证明。

之后,Q 公司向法院申请强制执行。又因 Y 公司无可供执行财产,某法院裁定终结本次执行程序。

另外,Y 公司于 2014 年 3 月 11 日成立,注册资本为 500 万元,设立时股东为常某哲。

2018 年 6 月 25 日,常某哲分别与刘某英和夏某飞签订转让协议,三方约定:(1)常某哲将其持有的 Y 公司股权 475 万元转让给刘某英,将其持有的 Y 公司股权 25 万元转让给夏某飞;(2)自 2018 年 6 月 25 日起,常某哲对已转让的出资不再享有权利,亦不再承担出资人的义务,刘某英、夏某飞以其出资额为限享有出资人的权利并承担出资人的义务;(3)此次股权转让价款为零。

2018 年 7 月 16 日,Y 公司申请变更股东为刘某英和夏某飞,同时,申请变更经理、董事、监事等,某市工商行政管理局某分局于 2018 年 7 月 17 日予以核准。

Q 公司申请追加常某哲为共同被执行人,被裁定驳回其追加请求。

Q 公司又以常某哲为被告提起执行异议之诉,请求追加常某哲为被执行人,对 Y 公司所负债务承担连带责任。

裁判结果

一审法院判决，追加常某哲为被执行人，常某哲对Y公司所负Q公司债务承担连带责任。

律师观点

《变更追加当事人规定》第20条规定："作为被执行人的一人有限责任公司，财产不足以清偿生效法律文书确定的债务，股东不能证明公司财产独立于自己的财产，申请执行人申请变更、追加该股东为被执行人，对公司债务承担连带责任的，人民法院应予支持。"该规定明确了当一人有限公司作为被执行人且股东不能完成其举证责任时，股东将作为被执行人对公司债务承担连带责任。

该案的特别之处在于，Q公司申请追加常某哲时，Y公司已不再是一人有限公司。此种情形发生时，是否不得根据上述规定判决常某哲承担连带责任？

笔者认为，法院不应将申请追加被执行人时公司须为一人有限公司，作为上述规定的适用前提。考虑仲裁、诉讼等案件均有其特殊的程序规则，若要求申请执行人提出追加被执行人申请时，公司必须为一人有限公司，则容易诱发道德风险，一人有限公司股东可轻易通过股权转让方式逃避债务，上述规定可能因恶意逃债不再有其适用空间。

在实践中，法院应当重点审查申请执行人的债权形成时间、一人有限公司股东出资情况，以及股东身份解除的时间、方式、真实原因等。若债权债务形成时间早于公司从一人有限公司变为非一人有限公司的时间，原股东通过股权转让、卸任公司重要职务等手段逃避债务的目的明显，且原股东无法举证证明一人有限公司公司财产独立于自己的财产，则应当追加原股东为被执行人，由其对公司债务承担连带责任。

23 不具备公司股东身份，法院能否以“过度支配与控制”为由否认法人人格，判令其承担连带责任？

裁判要旨

对公司过度支配与控制，是指公司控制股东对公司过度支配与控制，操纵公司的决策过程，使公司完全丧失独立性，沦为控制股东的工具或躯壳，严重损害公司债权人利益。由此可见，构成人格混同及过度支配与控制的主体应为公司股东与公司，若两主体之间不存在持股关系，不能认定构成过度支配与控制。

基本案情

2018年4月18日，B公司与D公司签订产品采购合同，约定：(1)D公司向B公司供货；(2)合作期限自2018年4月18日起至2019年4月17日止……；(6)货款结算账期为

60 天。

2019 年 11 月 1 日，X 公司向 D 公司出具未结货款确认函，确认：截至 2019 年 10 月 31 日，未付款金额合计 1,172,804.42 元。2019 年 11 月以后，D 公司继续向 B 公司供货，金额为 23,137.69 元。前述两项金额共计 1,195,942.11 元。X 公司及 B 公司对供货金额在一审中予以确认。

B 公司的法定代表人周某亦在 X 公司担任运营部副总经理职务。

D 公司认为，B 公司、X 公司、H 公司之间存在人员混同、财务混同、办公场所混同的情形，丧失独立性，同受实际控制人韩某、杨某夫妇二人控制，且天津某区法院判决认定 H 公司提交的财务资料证明有数百万元资金从 B 公司转入 H 公司。

D 公司以 B 公司、X 公司、H 公司为共同被告，请求法院判决 X 公司、B 公司、H 公司连带支付货款 1,195,942.11 元。

裁判结果

一审法院判决 B 公司和 X 公司对货款承担连带责任，对 D 公司要求 H 公司连带支付货款的请求，未予支持。

D 公司不服上诉，二审法院驳回 D 公司上诉，维持原判。

律师观点

二审法院认为,构成过度支配与控制的主体应为公司股东与公司。

笔者认为,并非所有对公司的控制都通过显名持股方式进行,公司法中亦有“实际控制人”的概念,这些人虽不是公司的股东,但能够实际支配公司行为,且《民商审判会议纪要》关于过度支配与控制的规定,也涉及了公司人格否认类型中的“横向否认”问题。

从实践来看,对“控制股东”的理解不应过于局限,仅关注控制人是否在各公司显名持股,可能导致一些股东和公司利用恶意的“结构设计”,逃避“过度支配与控制”规定的司法适用。个案中,法官应当更注重各公司之间财产边界是否清晰、财务是否混同,是否存在利益输送,是否严重损害债权人利益等事实的查明。当然,债权人对存在“过度支配与控制”的事实应当充分举证,否则,法院亦不得轻易作出横向否认的判决。

上述观点系笔者在《公司法》公布前形成的,随着《公司法》将最高人民法院指导案例的裁判观点正式引入公司法中,未来,法人人格的横向否认将不再无法可依。另外,《公司法》对双控人、影子董事的规定都在一定程度上拓宽了小股东、债权人等的维权路径和可能性。

24 股东会已作出延长股东出资期限的决议，债权人能否主张股东在未出资范围内对公司债务承担补充赔偿责任？

裁判要旨

公司债务产生后，股东延长其出资期限，侵害债权人利益。若未变更前的出资期限已届满，债权人有权主张股东在其未出资范围内对公司债务承担补充赔偿责任。

基本案情

L公司成立于2015年11月6日，股东为王某宇、杨某鹤。2016年5月，股东变更为王某宇一人。2016年6月22日，股东变更为赵某科、郭某星。2016年8月22日，股东变更为郭某星、曲某博。

经郭某星、曲某博签字的2016年7月25日L公司章程载明：L公司的注册资本为5000万元。曲某博认缴出资额为2550万元，持股比例51%；郭某星认缴出资额为2450万元，持股比例49%。两名股东认缴出资时间均为2018年12月31日。曲某博任执行董事，郭某星任监事。

2018年3月27日，工商登记显示L公司股东郭某星、曲某博的认缴出资时间为2045年11月4日，但L公司并无出资人认缴期限变更的公司章程或股东会决议等文件。

2015年12月30日，王某杰与L公司签订服务协议，约定：(1)L公司居间介绍并协助王某杰与资金需求方办理资金出借等相关事宜；(2)出借金额100万元，年化利率15%，出借起止日期为2015年12月30日至2016年12月29日；(3)若资金需求方违约，L公司承担连带责任，维护王某杰合法权益，并积极协助王某杰向资金需求方进行催收及追讨，一旦资金需求方不能兑现或不能及时兑现王某杰的本金和利息，王某杰可将债权依法转让给L公司，由L公司代为支付确保王某杰本金及利息的回收。

同日，王某杰向L公司支付款项100万元，L公司向王某杰出具收据。服务协议约定的借期届满后，因王某杰未收到借款本息，遂与L公司进行交涉。L公司委托前员工葛某某向王某杰还款35万元。

2017年11月22日，蔡某涛与王某杰签订担保协议，约定蔡某涛应偿还借款本金65万元及相应利息，以翡翠珠宝进行质押担保。担保协议签订后，蔡某涛向王某杰交付了质押物。王某杰及L公司各有一份担保协议原件。

王某杰的担保协议原件借款人处有蔡某涛签名，贷款人处有王某杰签名，而L公司的担保协议原件除借款人处有蔡某涛签名，贷款人处有王某杰签名外，空白处还有“同意此笔债务转让”的字样，并在该文字内容处盖有L公司公章。

后王某杰将L公司、郭某星、曲某博诉至法院，请求如下：

(1)判令L公司归还王某杰借款100万元,并支付自2015年12月30日起至实际清偿之日止的利息(以100万元为基数,按年利率15%计算);(2)判令郭某星、曲某博对L公司的还款义务承担连带还款责任。

裁判结果

法院判决:L公司应于判决生效之日起10日内返还王某杰借款本金65万元;L公司应于判决生效之日起10日内偿还王某杰2015年12月30日至2017年10月2日的利息247,750元及自2017年10月3日起至实际清偿之日止的利息(以65万元为基数,按年利率15%计算);郭某星应在2450万元未出资本息范围内对L公司上述第一项、第二项付款义务不能清偿的部分承担补充赔偿责任;曲某博应在2550万元未出资本息范围内对L公司上述第一项、第二项付款义务不能清偿的部分承担补充赔偿责任;驳回王某杰其余诉讼请求。

律师观点

注册资本认缴制在一定程度上激发了市场活力,避免投资人的资金或资产被低效利用。在通常情况下,发起人有权根据实际情况确定出资期限,并在市场监督管理部门进行备案。在无法定或约定情形时,股东依法享有期限利益,债权人无权要求股东对公司债务承担给付义务。直至2019年《民商事审判会议纪要》,规定了债务产生后延长股东出资期限的,股东出资加速到期。笔者认为,股东虽享有期限利益,但该利益并非毫无边界。当股东认缴出资的期限经市场监督管理部门备案或通过企业信用信息公示系统向社会公示时,债权人即对股东实缴时间产生合理期待,若允许股东恣意延长已备案的出资期限,则股东仅需在每次出资期限届满前以股东会决议等方式变更出资期限就可幸免其实缴义务,公司债权人利益将难以得到有效维护,甚至公司利益、社会利益也将遭受重大损失。案涉借款到期日为2016年12月,此时,工商档案载明的股东出资认缴期限为2018年12月31日。换言之,若L公司未还款,王某杰仍可寄希望于2018年12月股东出资认缴期限届满时以股东出资获得还款。而L公司股东未经债权人王某杰同意将出资期限延后,实质损害了王某杰利益,股东仅以其出资期限尚未届满进行抗辩,显然缺乏法律依据,不应支持。

《公司法》第54条明确规定了股东出资加速到期制度。简言之,公司不能清偿到期债务时,即使股东的出资期限未届期,也不妨碍股东提前履行其缴纳出资的义务。当然,从文义上看,《公司法》第54条似乎采入库规则,这不同于《民商事审判会议纪要》的股东的补充赔偿责任,但截至本书定稿时,已有地方法院在执行异议之诉中判决股东缴纳出资的义务加速到期,债权人则根据代位权规则,向股东主张补充赔偿责任。笔者认为,对《公司法》第54条的理解,还有待于新司法解释的出台。

25 公司无可供执行财产，股东未届期限的认缴出资能否加速到期？

裁判要旨

法院穷尽执行措施，公司无财产可供执行，已具备破产原因不申请破产的，债权人以公司不能清偿到期债务为由，请求未届出资期限的股东在未出资范围内对公司不能清偿的债务承担补充赔偿责任的，应予支持。

基本案情

就B公司与A公司委托合同纠纷一案，法院判决：(1)A公司于判决生效之日起10日内支付B公司货款1,232,751元；(2)A公司于判决生效之日起10日内赔偿B公司利息损失(以1,232,751元为基数，自2018年5月21日起至实际支付之日止，按照中国人民银行同期同类人民币贷款基准利率计算)；(3)驳回B公司其他诉讼请求。该判决已于2019年11月1日生效。

2020年1月6日，B公司申请强制执行。

2020年5月29日，法院因穷尽财产调查措施后未发现A公司名下有可供执行的财产，遂裁定终结本次执行程序。

2020年12月28日，B公司向法院提出申请，请求追加陈某娟为被执行人。法院裁定驳回B公司的追加请求。

B公司不服判决诉至法院,请求追加陈某娟为被执行人,由其在尚未缴纳出资的本息范围内,对生效判决所确定的A公司所负全部债务,向B公司承担补充赔偿责任。

A公司的基本情况如下:

2013年8月6日,A公司成立,注册资本100万元,实收资本40万元。股东陈某娟出资10万元,薄某源出资30万元,其余60万元在公司成立之日起2年内出资。

2017年12月6日,A公司召开股东会,全体股东表决同意公司注册资本从100万元增至500万元。陈某娟认缴出资额为150万元,于2013年8月6日实际出资10万元,另140万元于2050年12月30日出资;薄某源认缴出资额为350万元,于2013年8月6日出资90万元,另260万元于2050年12月30日出资。

2019年12月20日,陈某娟与许某云签订股权转让协议,该协议载明:出让方陈某娟将其持有A公司的股权150万元(占股30%),以人民币0元的价格转让给受让方许某云。

2020年3月19日,A公司办理相关变更登记。

另外,薄某源与陈某娟系夫妻关系,陈某娟与许某云系母女关系。

裁判结果

一审、二审法院均支持追加陈某娟为被执行人，并判决陈某娟于判决生效后7日内，在未出资范围内就A公司对B公司不能清偿的债务承担补充赔偿责任。

律师观点

《变更追加当事人规定》第17条规定："作为被执行人的营利法人，财产不足以清偿生效法律文书确定的债务，申请执行人申请变更、追加未缴纳或未足额缴纳出资的股东、出资人或依公司法规定对该出资承担连带责任的发起人为被执行人，在尚未缴纳出资的范围内依法承担责任的，人民法院应予支持。"

在注册资本认缴制下，股东依法享有期限利益。债权人以公司不能清偿到期债务为由，请求未届出资期限的股东在未出资范围内对公司不能清偿的债务承担补充赔偿责任的，人民法院原则上不应支持。

当然，有原则就有例外。《企业破产法》第35条对股东期限利益作出了例外规定，即"人民法院受理破产申请后，债务人的出资人尚未完全履行出资义务的，管理人应当要求该出资人缴纳所认缴的出资，而不受出资期限的限制"。另外，《公司法司法解释(二)》第22条规定："公司解散时，股东尚未缴纳的出资均应作为清算财产。股东尚未缴纳的出资，包括到期应缴未缴的出资，以及依照公司法第二十六条和第八十条的规定分期缴纳尚未届满缴纳期限的出资。公司财产不足以清偿债务时，债权人主张未缴出资股东，以及公司设立时的其他股东或者发起人在未缴出资范围内对公司债务承担连带清偿责任的,人民法院应依法予以支持。”简言之,一旦公司破产、解散清算,公司将面临终止,此时,股东不得再以其期限利益对抗公司债权人,章程规定的出资期限视为届至,即我们通常所说的“加速到期”。

《民商审判会议纪要》第6条关于公司在非破产与解散情形下股东出资应否加速到期的规定,进一步明确“在注册资本认缴制下,股东依法享有期限利益。债权人以公司不能清偿到期债务为由,请求未届出资期限的股东在未出资范围内对公司不能清偿的债务承担补充赔偿责任的,人民法院不予支持。但是,下列情形除外:(1)公司作为被执行人的案件,人民法院穷尽执行措施无财产可供执行,已具备破产原因,但不申请破产的;(2)在公司债务产生后,公司股东(大)会决议或以其他方式延长股东出资期限的”。

该案中,A公司作为被执行人,人民法院已穷尽执行措施无财产可供执行,属于不能清偿到期债务且明显缺乏清偿能力,已具备破产原因,尚未进入破产程序,此时,A公司股东出资期限应加速到期。该案执行依据的生效判决作出时间为2019年11月1日,A公司却在此后将股东变更为许某云。结合陈某娟、薄某源、许某云之间的关系,陈某娟在A公司财产不足以清偿债务且明显缺乏清偿能力,已具备破产原因的情况下,转让股权逃避其出资义务的加速到期,应当承担相应责任。

以上观点,形成于《公司法》公布前,《公司法》对上述问题已有相应规定,此处不再赘述。

26 京牌小汽车实际出资企业非名义所有权人，实际出资企业是否享有排除债权人强制执行的民事权益？

裁判要旨

公司明知其在购买涉案车辆时不享有北京市车辆配置指标，不具备在北京市购买车辆并办理车辆登记手续的资格，即使购买车辆也不能在北京市办理车辆登记手续，仍采取“租赁牌照”的方式，规避北京市小客车数量调控规定，其行为构成对机动车登记管理公共秩序的损害，不享有足以排除强制执行的民事权益。

基本案情

因L公司未履行法律文书确定的义务，F公司向法院申请强制执行。

2018年4月8日，法院立案执行。2018年8月17日，法院查封了L公司名下车辆。

2019年1月21日，T公司向法院提出执行异议。经查，2017年2月14日，T公司与Z公司签订买卖合同一份，载明车辆购买方为T公司，车辆购车款共计3,670,000元。同日，T公司向Z公司支付购车款及临时牌照费3,670,500元。

机动车销售统一发票载明涉案机动车的购买方为L公

司，价税合计为3,670,000元。涉案车辆登记在L公司名下，税收缴款书显示的纳税人为L公司，机动车登记证书载明的涉案机动车所有人为L公司。

T公司为车辆交纳了2018年3月17日至2019年3月16日的机动车交通事故责任强制保险及机动车综合商业保险。

2019年3月29日，法院裁定驳回T公司的异议请求。

2019年4月8日，T公司提起案外人执行异议之诉。

T公司向法院起诉，请求：(1)停止对L公司名下车辆的执行，解除查封措施；(2)确认上述车辆归T公司所有，不包括车牌；(3)该案诉讼费由F公司和L公司承担。

裁判结果

一审法院判决驳回T公司诉请。

T公司不服判决提起上诉，最终二审法院驳回T公司上诉，维持原判。

律师观点

该案争议焦点是案外人T公司对执行过程中查封的涉案车辆是否享有所有权，是否享有足以排除执行的民事权益。

该案两级法院均认为，T公司虽然已提交买卖合同、交通银行电子回执单凭证、保险单等证据，证明其实际支付了购车款、保险费用等。但是，根据《道路交通安全法》第9条第1款关于申请机动车登记应当提交机动车所有人的身份证明的规定，机动车应当登记在所有权人名下，且《北京市小客车数量调控暂行规定》及其实施细则规定，在北京市购置车辆需有车辆配置指标，如此方可办理车辆所有权登记。T公司明知其不具备在北京市购买车辆并办理车辆登记手续的资格，仍以租赁方式规避《北京市小客车数量调控暂行规定》，其行为损害公共秩序，不应受到法律保护。故T公司不享有足以排除强制执行的民事权益，要求停止案涉车辆的执行并解除查封缺乏合法依据，不应支持。

笔者对此持不同观点。首先，《民法典》第224条规定："动产物权的设立和转让，自交付时发生效力，但法律另有规定的除外。"该法第225条规定："船舶、航空器和机动车等物权的设立、变更、转让和消灭，未经登记，不得对抗善意第三人。"《民法典物权编解释(一)》第6条规定："转让人转让船舶、航空器和机动车等所有权，受让人已经支付合理价款并取得占有，虽未经登记，但转让人的债权人主张其为民法典第二百二十五条所称的'善意第三人'的，不予支持，法律另有规定的除外。"根据前述规定，T公司向Z公司支付购车款，Z公司将案涉车辆交付T公司时，T公司即取得所有权；T公司所有权不能对抗的债权人，不应包括F公司。

其次，T公司确有置北京市购车指标管控规定于不顾，将案涉车辆登记于L公司名下，造成登记表象与实际不符的行为，但两级法院以T公司承租指标损害公共秩序为由，直接驳回T公司本案诉请，缺乏法律依据。笔者认为，《民法典》中的背俗无效，其立法旨意是将法律原则以及法外的道德引入民事法律行为效力判断之中，而法律原则和法律道德较法律规则而言，更抽象、不确定，应当谨慎适用并充分说理。通过支付合理对价取得机动车所有权是民事主体应平等享有的民事权利，而北京市人民政府出台《北京市小客车数量调控暂行规定》的目的是实现小客车数量合理、有序增长,有效缓解交通拥堵、改善生态环境。T公司租用L公司名下指标,客观上不会造成北京市小客车数量的增长,不存在破坏生态环境的情形。对于T公司和L公司的租赁行为,可以由车辆管理部门对其进行处罚,如一定时期内不得参与“摇号”、收回京牌指标等,而不必动辄适用背俗无效规则。

再次,《合同编通则解释》第17条第2款规定:“人民法院在认定合同是否违背公序良俗时,应当以社会主义核心价值观为导向,综合考虑当事人的主观动机和交易目的、政府部门的监管强度、一定期限内当事人从事类似交易的频次、行为的社会后果等因素,并在裁判文书中充分说理。当事人确因生活需要进行交易,未给社会公共秩序造成重大影响,且不影响国家安全,也不违背善良风俗的,人民法院不应当认定合同无效。”笔者认为,该条款内容旨在避免公序良俗被泛化。即使合同违反地方性法规或者行政规章的强制性规定,并且可能已经对公共秩序造成了一定影响,也不能直接以此得出背俗无效的结论,若当事人确因生活需要进行交易,其行为对公共秩序的影响不显著,未影响国家安全、社会稳定,不违背善良风俗,裁判者就不应动辄以行为违背公序良俗为由认定当事人之间的合同无效。

最后,T公司已充分举证证明其系出资购买车辆、缴纳保险的实际权利人,在该案中排除F公司对案涉车辆的强制执行申请并不会造成L公司责任财产的实质性减少,不会侵害F公司的权益。

以上仅为笔者个人看法,供读者参考。

延伸案例1

M公司与李某国案外人执行异议之诉

2018年7月5日，卢某杰与李某国签订小客车指标使用协议，约定卢某杰将自有闲置的机动车号牌的使用权免费提供给李某国使用，李某国将购买的汽车登记在卢某杰的车牌下，但该机动车的实际所有权归李某国所有，该机动车的购车发票、车辆行驶证、机动车登记证、保险单、车辆原始发票等全部有关证件、资料均由李某国持有。

2018年7月10日，李某国自云某处购买二手奔驰轿车一辆，车辆一直登记在卢某杰名下，由李某国实际使用并负担了车辆保险等有关费用。

在M公司与卢某杰买卖合同纠纷一案中，法院对登记在被执行人卢某杰名下的奔驰车辆采取了执行措施。

此后，李某国向执行法院提出异议，主张拥有该车所有权，请求解除执行措施。

执行法院于2020年12月25日作出执行裁定书驳回李某国的异议申请。之后李某国向作出裁定的法院提起执行异议之诉。

法院认为，案件争议焦点为李某国对涉案车辆是否享有所有权，以及其享有的权利是否足以排除强制执行。首先，关于李某国对涉案车辆是否享有所有权的问题。原《物权法》①第23条规定："动产物权的设立和转让，自交付时发生效力，但法律另有规定的除外。"涉案车辆由李某

① 该法被《民法典》(2020年5月28日发布，2021年1月1日实施)取代。《民法典》第224条规定："动产物权的设立和转让，自交付时发生效力，但是法律另有规定的除外。"

国出资购买、支付保险费用并由李某国使用至今，已经符合机动车这一动产物权取得构成要件，故应认定李某国为涉案车辆的实际所有权人。其次，关于李某国对涉案车辆享有所有权能否对抗 M 公司的执行权益的问题。根据物权优先于债权的原则，M 公司申请执行的依据是普通债权，其不能直接对抗李某国对涉案车辆的所有权。李某国与卢某杰之间违反机动车管理和北京市小汽车指标管理的行为应通过相关管理部门进行处理。故李某国对涉案执行措施享有足以排除执行的权利，遂判决不得执行卢某杰名下车辆，驳回李某国其他诉讼请求。

M 公司不服提起上诉。二审法院认为，涉案车辆注册登记机动车信息载明机动车所有人为卢某杰，该登记信息具有公示公信效力。《执行异议和复议案件若干规定》第 25 条第 1 款规定："对案外人的异议，人民法院应当按照下列标准判断其是否系权利人……（二）已登记的机动车、船舶、航空器等特定动产，按照相关管理部门的登记判断；未登记的特定动产和其他动产，按照实际占有情况判断。"《道路交通安全法》第 9 条第 1 款规定："申请机动车登记，应当提交以下证明、凭证：（一）机动车所有人的身份证明；（二）机动车来历证明；（三）机动车整车出厂合格证明或者进口机动车进口凭证；（四）车辆购置税的完税证明或者免税凭证；（五）法律、行政法规规定应当在机动车登记时提交的其他证明、凭证。"根据上述规定，机动车应当登记在所有人名下。涉案车辆系在北京市购买并在北京市登记使用的车辆，根据《北京市小客车数量调控暂行规定》及其实施细则，在北京市购置车辆，需要有车辆配置指标，方可办理车辆所有权登记。因此，购车指标是取得车辆所有权的相应资格条件。李某国购买涉案车辆时不享有车辆配置指标，系明知自己当时并不具备在本市购买车辆并办理车辆登记手续的资格。在这种情形下，其通过与卢某杰签订小客车指标使用协议的方式，规避《机动车登记规定》和《北京市小客车数量调控暂行规定》，主观上存在明显过错，客观上构成对机动车登记管理公共利益的损害，其行为不应受到法律的肯定评价，由此出现纠纷时，应由行为人即李某国自行承担不利后果。涉案车辆登记在卢某杰名下，具有公示公信效力，M公司作为申请执行人有理由相信该车辆由卢某杰所有。由于卢某杰未履行已生效的裁判文书，法院依法查封登记在其名下的车辆并无不妥，李某国对涉案车辆不享有足以排除强制执行的民事权益，其要求停止对涉案车辆的执行，缺乏依据，不予支持。

最终二审法院判决撤销一审判决，驳回李某国的全部诉讼请求。

延伸案例2

张某与郭某雨案外人执行异议之诉

对于张某与赵某民间借贷纠纷一案，一审法院于2019年3月15日作出民事调解书，确认赵某偿还张某借款本金100,000元并支付利息，并于2020年3月31日前还清。

赵某未履行生效法律文书确定义务，张某向一审法院提出强制执行申请。在执行过程中，一审法院于2020年5月12日查封了赵某名下小汽车一辆。

上述车辆被查封后，郭某雨作为案外人提出异议，主张其为涉案车辆的所有权人，要求解除对该车辆的查封。

2021年2月4日，一审法院作出驳回郭某雨异议请求的执行裁定书。郭某雨不服上述裁定向该法院提起执行异议之诉。

郭某雨主张涉案车辆系其于2014年12月26日从保时捷4S店购买，于2015年2月11日借用老乡马某的北京车牌指标登记在马某名下。2018年年底马某提出要买车，让其尽快退还车牌指标。2019年1月11日经中间人介绍，其与赵某签订期限为20年的小客车指标租赁协议，当日其将车牌租赁费90,000元转入赵某账户。

2019年1月15日，涉案车辆登记在赵某名下，但一直由郭某雨占有使用。为证明其主张，郭某雨提交银行交易明细、汽车销售合同、税收缴款书、车辆购置税完税证明、北京市个人小客车更新指标确认通知书、北京市小客车指标使用协议书、二手车销售统一发票、机动车登记证书、机动车交通事故强制保险单(电子保单)、机动车商业保险单、机动车辆保险索赔书、交通事故认定书、实物赔付确认书等证据予以证明。

张某表示无法核实郭某雨所提交证据的真实性，称郭某雨只能证明出资购买了涉案车辆，不能证明是基于何种情况将涉案车辆登记在马某名下的，不能证明郭某雨与赵某之间没有其他债权债务关系，且郭某雨租赁赵某的车牌指标是20年90,000元，时间跨度和交易金额与市场情况不符，转账也有可能只是表面形式，是赵某为了逃避债务制造的假象，2人之间的租赁协议值得怀疑。

郭某雨主张赵某向张某借款的时间是2017年2月28日，郭某雨借用赵某车牌指标的时间是2019年1月11日，由此能够看出赵某不可能有经济能力购买涉案车辆，进一步证实郭某雨与赵某之间是借用车辆指标的关系。郭某雨称因租用赵某车牌指标才认识赵某，2021年1月15日法院将涉案车辆拖走当天才通过合同中的电话联系上赵某，并加了赵某微信沟通车辆被执行的问题。为此，郭某雨提交了与赵某的微信聊天记录。

一审法院通过郭某雨出示的微信拨通对方语音，对方认可是赵某，称其是在2019年1月办理车辆过户时认识的郭某雨，与郭某雨就是车辆指标租赁关系，没有其他资金往来，因为其名下还有另一个车牌号，所以就将这个车牌指标租出去了，之前租给了一个奔驰车主，对方到期不租就空下来，故又通过中间人租给了郭某雨。

张某认可微信聊天记录，也认可一审法院当庭微信语音联系的是赵某本人，但表示不清楚2人微信聊天的目的，也不认可赵某的陈述，不清楚赵某是否隐匿了财产。

一审法院认为，当事人对自己提出的诉讼请求所依据的事实或者反驳对方诉讼请求所依据的事实有责任提供证据加以证明。没有证据或者证据不足以证明当事人的事实主张的，由负有举证责任的当事人承担不利后果。

该案争议焦点为郭某雨是否对涉案车辆享有所有权以及是否足以阻止执行。

该案中，根据郭某雨提交的证据，结合郭某雨和赵某的陈述，一审法院能够认定郭某雨为涉案车辆的实际购买人，且实际占有、使用涉案车辆。张某虽主张郭某雨和赵某之间关系存疑，赵某存在以此种形式故意转移财产的情况，但并未提交证据予以证明，应承担举证不能的不利后果。

郭某雨支付了购车款，保时捷4S店向郭某雨交付了涉案车辆，涉案车辆一直由郭某雨实际占有使用，故郭某雨要求确认对涉案车辆享有所有权，一审法院予以支持。

《执行异议和复议案件若干规定》第24条规定："对案外人提出的排除执行异议，人民法院应当审查下列内容：(一)案外人是否系权利人；（二）该权利的合法性与真实性；（三）该权利能否排除执行。”最高人民法院《关于适用〈中华人民共和国民事诉讼法〉的解释》[①]（2020年修正）第312条规定：“对案外人提起的执行异议之诉，人民法院经审理，按照下列情形分别处理：（一）案外人就执行标的享有足以排除强制执行的民事权益的，判决不得执行该执行标的；（二）案外人就执行标的不享有足以排除强制执行的民事权益的，判决驳回诉讼请求。案外人同时提出确认其权利的诉讼请求的，人民法院可以在判决中一并作出裁判。”[②]因一审法院确认郭某雨对涉案车辆享有所有权，该民事权益足以排除执行案件中对涉案车辆的强制执行，故郭某雨要求停止对涉案车辆的执行，一审法院予以支持。

但需要指出的是，根据《北京市小客车数量调控暂行规定》，小客车配置指标按照公开、公平、公正的原则，以摇号方式无偿分配，且指标不得转让。《〈北京市小客车数量调控暂行规定〉实施细则》（2020年修订）第33条规定：“小客车指标确认通知书仅限指标所有人使用。对于经公安、司法机关等调查确认有买卖、变相买卖、出租或者承租、出借或者借用小客车指标确认通知书行为的，由指标管理机构公布指标作废；已使用指标完成车辆登记的，由公安机关交通管理部门依法撤销机动车登记，由指标管理机构公布指标作废。同时，三年内不予受理该申请人提出的指标申请。”虽一审法院确认郭某雨对涉案车辆享有所有权，但一

---

① 根据2022年3月22日最高人民法院审判委员会第1866次会议通过的最高人民法院《关于修改〈最高人民法院关于适用《中华人民共和国民事诉讼法》的解释〉的决定》第二次修正，自2022年4月10日起施行。

② 该条内容规定在最高人民法院《关于适用〈中华人民共和国民事诉讼法〉的解释》（2022年修正）第310条。

审法院对郭某雨、赵某之间租赁小客车指标的行为不持肯定评价。

最终，一审法院确认郭某雨对案涉车辆享有所有权，支持了郭某雨停止对车辆执行的诉请。

张某不服提出上诉。二审中，当事人均未提交新的证据，二审法院对一审法院查明的事实予以确认。

二审法院认为，赵某系出租北京市小客车购车指标，而非转让涉案车辆的所有权，故张某更不得以其对赵某享有的债权对抗涉案车辆的实际所有人郭某雨。最终，二审法院驳回张某的上诉请求，维持原判。

27 减资程序违法，股东是否必然构成抽逃出资，应否在本息范围内担责？

裁判要旨

公司减资程序违法，不等于股东利用公司减资抽逃出资。法院仍应实质审查股东在公司减资程序中是否存在抽逃出资的行为，若公司减资程序有违法情形，但股东并未实际抽回资金，则不能因公司减资程序不合法直接认定股东抽逃出资。

基本案情

2008年11月,N公司投资5000万元设立了J公司。

2011年12月13日,N公司与F公司等四方签订增资扩股协议书,约定F公司以货币资金9800万元出资入股J公司。嗣后,F公司分3次将9800万元汇入J公司账户。

2012年7月13日,N公司与F公司等四方作出会议决议,四方终止合作。

2012年9月18日、10月11日,Z公司和M公司分别出资2000万元和4000万元入股J公司,J公司注册资本增至1.1亿元。

2013年1月6日,J公司发布减资公告,内容为:“经J公司股东决定,公司注册资本由1.1亿元减至3000万元,特此公告。”

2013年1月10日,J公司召开全体股东会议,决定将J公司注册资本1.1亿元减至3000万元,股东Z公司和M公司的出资全部撤出,N公司以经营期间亏损为由将出资减至3000万元,J公司股东变更为N公司。

事实上,N公司于2013年1月6日以企业经营亏损为名减资2000万元,J公司提交给工商部门的股东会议决议和债务清偿及债务担保情况说明中明确J公司无债务。而某会计师事务所出具的财务报表中显示,2012年12月31日尚有86,977,805.38元流动负债。

2014 年 7 月 11 日，F 公司与 J 公司在履行增资扩股协议书时发生纠纷，F 公司提起民事诉讼，法院判决 J 公司返还 F 公司投资款 1500 万元及利息。

在案件执行过程中，某中级人民法院追加 N 公司为被执行人，并裁定 N 公司在其抽逃注册资本 2000 万元的范围内对 F 公司承担责任。

N 公司提出异议，2016 年 12 月 13 日，某中级人民法院以（2016）X01 执异 × × 号执行裁定驳回 N 公司的异议请求。

N 公司提出复议，2017 年 3 月 3 日，某省高级人民法院作出（2017）× 执复 × 号执行裁定，以 N 公司应通过提起执行异议之诉程序解决为由，撤销（2016）×01 执异 × × 号执行裁定，发回重新审查。

2017 年 8 月 16 日，某中级人民法院作出（2017）×01 执异 × × 号执行裁定书，法院认为，N 公司在未通知债权人的情况下，提供虚假材料申请减资 2000 万元的变更登记，违反减资程序的规定，致使被执行人 J 公司无可供执行财产，该行为应认定为名为减资，实为抽逃出资，N 公司的异议缺乏事实及法律依据，裁定驳回 N 公司的异议。

之后，N 公司诉请法院撤销（2017）×01 执异 × × 号执行裁定书，判决不得变更、追加 N 公司为被执行人，N 公司不承担给付 F 公司 1500 万元及利息的义务。

裁判结果

一审法院驳回N公司的诉讼请求。

二审法院撤销一审民事判决,判决不得追加N公司为被执行人,(2017)×01执异××号执行裁定书于判决送达之日起自动失效。

F公司不服二审判决,向某高级人民法院申请再审。某高级人民法院最终维持二审判决。

律师观点

一审法院认为,J公司在未通知债权人F公司的情况下发布减资公告,且其减资公告早于减资决议作出时间,减资程序明显违法。再者,N公司作为J公司的股东,在J公司尚有流动负债的情况下,提供减资2000万元的虚假材料变更登记行为致使J公司无可供执行财产。J公司资产减少降低了其对外承担责任的能力,直接影响到F公司的利益,属于名为减资,实为抽逃出资,N公司应当在其抽逃出资的范围内承担责任。

该案的争议焦点是公司违反法定程序减少注册资本是否属于抽逃出资,执行程序中能否追加N公司为被执行人。

2013年《公司法》第177条规定:"公司需要减少注册资本时,必须编制资产负债表及财产清单。公司应当自作出减少注册资本决议之日起十日内通知债权人,并于三十日内在报纸上公告。债权人自接到通知书之日起三十日内,未接到通知书的自公告之日起四十五日内,有权要求公司清偿债务或者提供相应的担保。"《变更追加当事人规定》第18条规定:"作为被执行人的企业法人,财产不足以清偿生效法律文书确定的债务，申请执行人申请变更、追加抽逃出资的股东、出资人为被执行人，在抽逃出资的范围内承担责任的，人民法院应予支持。”

根据上述法律规定可知，公司减资需要召开股东会、编制资产负债表和财产清单、书面通知债权人、登报公告、办理减资登记手续等，抽逃出资的股东应当在其抽逃出资的范围内对公司债务承担相应的补充赔偿责任。笔者认为，追加N公司为被执行人的基本前提是N公司确实存在抽逃出资的行为，而J公司的减资行为是否合法不属于追加被执行人程序审查的范围。

该案法官认为，J公司因亏损将注册资本由5000万元减至3000万元，虽未严格遵循法定减资程序，但并无证据证明N公司抽逃出资，J公司减资前与减资后的财产未发生变化，J公司对外承担责任的财产未减少，偿债能力未因减资下降，不应追加N公司为被执行人。

随着《公司法》落地，违法减资的法律后果作为立法漏洞被填补。根据《公司法》第226条规定，股东应退还其收到的资金或将其被减免的出资义务恢复原状。该类案件的裁判结果或将在此后发生变化。

28 公司权益受损，股东是否必须履行前置程序方可代表公司提起诉讼？

裁判要旨

在能够证明依法有权代表公司提起诉讼的公司机关基本不存在提

起诉讼的可能性，由公司股东履行前置程序已无意义的情况下，不宜以股东未履行代表诉讼的前置程序为由驳回起诉。

基本案情

2002年11月20日，H公司成立，类型为有限责任公司（台港澳与境内合资），股东（发起人）为X公司和周某春，营业期限自2002年11月20日起至2012年11月20日止。

H公司提交的中外合资经营企业章程记载：(1)公司投资总额为人民币5000万元，注册资本为人民币2500万元；(2)周某春以人民币出资250万元，占注册资本10%；(3)X公司以港币出资2046万（按国家外汇管理局公布的当日汇价折算为人民币2250万元），占注册资本90%；(4)董事会是公司的最高权力机构，决定公司的一切重大事宜。

李某从2005年起担任X公司董事，2005年至2011年10月任H公司董事，2011年11月开始担任H公司董事长、法定代表人。彭某自2005年起担任X公司董事及H公司董事、总经理。Z公司实际控制H公司、X公司。

2005年9～10月，Z公司、李某、彭某利用对H公司的控制和管理地位，将H公司的700余万元分4次转入Y公司账户，将10万元转入F公司账户。前述资金被Y公司和F公司兑换成港币后分4次汇入X公司。X公司收到上述款项后，向H公司发传真确认收到H公司通过第三方汇入的港币700余万，并承诺于2005年10月10日转回。但X公司并未转回上述款项。

2017 年 2 月 8 日，某省工商行政管理局作出的关于 H 公司来函申请经营期限延期事项的复函载明：H 公司营业执照记载的营业期限已经逾期，因 2013 年度、2014 年度、2015 年度均未按照规定报送年度报告，已连续 3 个年度被列入经营异常名录，因 H 公司中方（内地）股东与港方股东之间多年以来存在内部管理和民事纠纷，矛盾比较尖锐和对立，港方股东要求延期继续经营，中方（内地）自然人股东坚决反对延期，要求清算，地方政府和有关部门先后多次出面调解一直未能就包括经营期限延期在内的一些公司重大事项达成一致意见，公司经营与管理实际上已经陷入僵局，如果合营各方不能就有关公司存续等重大事项取得一致意见，各方应通过民事诉讼途径来解决公司僵局。

2017 年 5 月 25 日，周某春针对延长公司营业期限的问题向 H 公司董事会答复称：鉴于 H 公司的经营管理发生严重困难，公司继续存续会使股东利益遭受重大损失，故不同意延长 H 公司营业期限。

2017 年 6 月 2 日，H 公司就延长 H 公司登记的营业期限问题在中国香港特别行政区召开董事会，李某等董事参加会议并在会议纪要上签名。

2017 年 8 月 2 日，某省工商行政管理局以上述会议纪要在中国香港特别行政区召开，影响和限制了内地董事周某春出席，且周某春在会前已通过挂号信函向会议召集人就董事会关于经营期限延期的议题明确表达了书面的反对意见为由,作出外商投资企业变更登记驳回通知,驳回了H公司提交的变更登记申请书。

周某春认为,彭某作为H公司董事,Z公司作为H公司实际控制人,故意将H公司资产转给Z公司关联公司的行为,损害H公司利益,Z公司和彭某理应对此行为给H公司造成的损失承担赔偿责任。李某作为H公司的董事长,明知H公司资金被其他公司占用,不积极主张返还,不履行法定勤勉忠实义务,造成H公司财产损失,应承担赔偿责任,遂向法院提起诉讼,请求判令Z公司、李某、彭某共同赔偿H公司人民币700余万元、利息损失以及H公司遭受的其他经济损失等。

另外,H公司董事会由李某、彭某、周某春等五人组成。除周某春以外,其他4名董事会成员均为Z公司董事或高层管理人员,与Z公司具有利害关系;H公司实际上没有工商登记的监事和监事会。

裁判结果

一审法院以周某春未履行前置程序为由,驳回周某春起诉。

二审法院认为,周某春可不经前置程序直接起诉,最终撤销一审裁定,指令某高级人民法院审理。

律师观点

2013年《公司法》第151条规定："董事、高级管理人员有本法第一百四十九条规定的情形的，有限责任公司的股东、股份有限公司连续一百八十日以上单独或者合计持有公司百分之一以上股份的股东，可以书面请求监事会或者不设监事会的有限责任公司的监事向人民法院提起诉讼；监事有本法第一百四十九条规定的情形的，前述股东可以书面请求董事会或者不设董事会的有限责任公司的执行董事向人民法院提起诉讼。监事会、不设监事会的有限责任公司的监事，或者董事会、执行董事收到前款规定的股东书面请求后拒绝提起诉讼，或者自收到请求之日起三十日内未提起诉讼，或者情况紧急、不立即提起诉讼将会使公司利益受到难以弥补的损害的，前款规定的股东有权为了公司的利益以自己的名义直接向人民法院提起诉讼。他人侵犯公司合法权益，给公司造成损失的，本条第一款规定的股东可以依照前两款的规定向人民法院提起诉讼。"《公司法司法解释(四)》第23条规定："监事会或者不设监事会的有限责任公司的监事依据公司法第一百五十一条第一款规定对董事、高级管理人员提起诉讼的，应当列公司为原告，依法由监事会主席或者不设监事会的有限责任公司的监事代表公司进行诉讼。董事会或者不设董事会的有限责任公司的执行董事依据公司法第一百五十一条第一款规定对监事提起诉讼的，或者依据公司法第一百五十一条第三款规定对他人提起诉讼的，应当列公司为原告，依法由董事长或者执行董事代表公司进行诉讼。"

简言之，当有限责任公司股东认为董事有2013年《公司法》第149条规定之情形造成公司损失时，应书面请求监事会或未设监事会的公司监事向法院提起诉讼；当有限责任公司股东认为他人侵犯公司权益造成公司损失时，应书面请求董事会或未设董事会的公司执行董事向法院提起诉讼。股东未履行前述前置程序而直接作为原告诉至法院的，其起诉将面临被法院裁驳的风险。

笔者认为，前置程序是股东代表诉讼的基本前提和一般原则，但原则之下还应考虑例外情形。该案中，H 公司并无监事会或监事，周某春向董事李某、彭某主张权利前，客观上无法履行前置程序，而周某春诉请 Z 公司赔偿 H 公司损失，正常情况下，应当向 H 公司董事会提出书面请求，经过 30 日等待期后，周某春方可代表 H 公司提起诉讼。但是，H 公司共 5 名董事，除周某春外的其他 4 名董事均为 Z 公司董事或高层管理人员，与 Z 公司具有利害关系，基本不存在 H 公司董事会对 Z 公司提起诉讼的可能性，此时再要求周某春完成股东代表诉讼的前置程序已无实际必要，法院此时裁量允许周某春不经前置程序直接诉讼并无不当。

另外，《公司法》对股东代表诉讼制度进行了重大修订，新增双重股东代表诉讼制度，即母公司的股东在全资子公司的合法权益被侵害时，得以自己名义直接向法院提起诉讼，体现了对少数股东权益的保护。但遗憾的是，双重股东代表诉讼制度限定在全资子公司范畴，《公司法》未对控股、参股、协议安排等关系，预留出双重股东代表诉讼规则的适用空间。

延伸案例

黄某龙与郑某云损害公司利益责任纠纷

2004 年 1 月 2 日，某区对外贸易经济合作局批复：(1) 同意成立 L

公司;(2)同意杨某出资640,000元,占注册资本34%,郑某云出资620,000元,占注册资本33%,黄某龙出资620,000元,占注册资本33%,各方以现汇投入;(3)同意公司不设董事会,由黄某龙任执行董事兼总经理。

2004年2月3日,L公司正式成立。

2003年12月10日,在L公司筹建过程中,L公司缴纳土地预付款644,540元,取得科技园内面积约32.227亩的土地使用权。

2005年7~12月,L公司出具收条,共收取退还的土地款及补偿款人民币1,864,553.68元,其中,2005年7月22日收取800,000元,同年8月23日收取176,000元,同年12月27日收取888,553.68元。付款单位依黄某龙的指示将款项汇入黄某龙在农业银行的个人账户。

郑某云将黄某龙诉至法院,要求其返还L公司款项及利息。

一审法院认为,黄某龙为L公司的执行董事,在执行公司职务过程中将属于公司的土地款转入个人账户,侵害了L公司的利益,应承担赔偿责任。因L公司未设立董事会和监事会,也未设立监事,只设立了一名执行董事由黄某龙担任,在此情况下,L公司的股东郑某云有权为了公司的利益以自己的名义直接向法院提起诉讼,黄某龙应返还给L公司款项及利息。

黄某龙不服判决,提起上诉,二审法院认为,其上诉理由不能成立,驳回上诉,维持原判。

29 瑕疵出资股东是否享有知情权，对加入公司前的信息是否享有知情权？

裁判要旨

股东知情权系股东固有权利，瑕疵出资股东亦享有法定知情权，公司不得拒绝股东对其加入公司之前的信息享有知情权。

基本案情

2011年11月16日，N公司登记设立，注册资本为1000万元，股东王某维占股30%、股东王某占股30%、股东王某某占股40%。

N公司章程载明：(1)股东会由全体股东组成，是公司的权力机构；(2)公司不设董事会，设执行董事一人，由股东会选举产生；(3)公司不设监事会，设监事一人，由股东会选举产生。王某担任N公司执行董事、法定代表人和经理，王某维担任监事。

2016年4月20日，王某维就行使知情权事宜向N公司邮寄申请书。王某维将邮寄申请书的过程委托某公证处进行了公证，并为此支出公证费1030元。2016年5月7日，邮件显示本人签收。

N公司认为，王某维未履行出资义务，在未履行出资义务之前王某维无权享有相应的股东权利，且王某维对于2013年以前N公司的经营状况知情，2013年年底王某维退出了N公司的经营，并注册了与N公司雷同的企业，其行使股东知情权的目的不正当。

2016年10月24日，N公司股东会会议记载如下：(1)根据公司2016年7月4日通知的精神，股东王某某、王某维没有按期交纳注册资本；(2)解除股东王某某、王某维股东资格；(3)注册资本由1000万元减至300万元；(4)同意变更公司章程。王某在该份股东会决议股东签字处签字确认。

2017年6月，王某维将N公司诉至法院，请求确认N公司2016年10月24日的股东会决议不成立。一审、二审法院均支持王某维诉请，确认N公司2016年10月24日的股东会决议不成立。

王某维又以N公司侵犯其股东知情权为由，向法院提出诉讼请求：(1)判决N公司向王某维提供2011年1月1日至2015年12月31日的股东会会议记录、董事会会议决议、监事会会议决议和财务会计报告供王某维查阅和复制，查阅时间不少于7天；(2)判决N公司向王某维提供2011年11月16日至2016年7月31日期间的会计账簿（含总账、明细账、日记账、其他辅助性账簿）和会计凭证（含记账凭证和相关原始凭证及作为原始凭证附件入账备查的有关资料）进行查阅和复制，查阅时间不少于7天；(3)判决N公司给付王某维公证费1030元；(4)诉讼费用由N公司承担。

裁判结果

一审法院判决如下:N公司于判决生效之日起10日内在其住所地将自2011年11月16日起至2015年12月31日止的N公司股东会会议记录、财务会计报告供王某维查阅和复制,查阅时间不少于7日;N公司于判决生效之日起10日内在其住所地将2011年11月16日起至2016年7月31日止的N公司会计账簿和会计凭证供王某维查阅,查阅时间不少于7日;驳回王某维的其他诉讼请求。

N公司不服判决,提起上诉,二审法院认为N公司的上诉请求不能成立,遂判决驳回上诉,维持原判。

律师观点

2013年《公司法》第33条规定:"股东有权查阅、复制公司章程、股东会会议记录、董事会会议决议、监事会会议决议和财务会计报告。股东可以要求查阅公司会计账簿。股东要求查阅公司会计账簿的,应当向公司提出书面请求,说明目的。公司有合理根据认为股东查阅会计账簿有不正当目的,可能损害公司合法利益的,可以拒绝提供查阅,并应当自股东提出书面请求之日起十五日内书面答复股东并说明理由。公司拒绝提供查阅的,股东可以请求人民法院要求公司提供查阅。"王某维系N公司股东,其基于股东身份要求行使股东知情权,于法有据。

《公司法司法解释(三)》第16条规定:"股东未履行或者未全面履行出资义务或者抽逃出资,公司根据公司章程或者股东会决议对其利润分配请求权、新股优先认购权、剩余财产分配请求权等股东权利作出相应的合理限制,该股东请求认定该限制无效的,人民法院不予支持。”由此可见,公司有权对未尽出资义务股东的股东权利进行限制。那么,N公司能否依据前述规定限制或剥夺王某维的股东知情权?

首先,股东向公司全面履行其出资义务是股东获得股东权利所应支付的对价。股东失信未尽出资义务,可能导致公司丧失财产基础,有碍公司资本充实。因此,公司对未尽出资义务股东的股东权利进行必要限制,符合权利义务相一致和诚信原则,应当予以支持。

其次,公司对股东权利的限制应当在合理范围内。一方面,公司有权对股权部分权能进行限制,如股东的利润分配请求权、新股优先认购权、剩余财产分配请求权等财产性权益,以督促其尽快履行出资义务;另一方面,对“……利润分配请求权、新股优先认购权、剩余财产分配请求权等股东权利……”中的“等”,应作等外理解,即不限于前述3项权利,以避免不当缩小应受限制的股东权利范围。笔者认为,此时可结合《民商审判会议纪要》的规定,即“7.【表决权能否受限】股东认缴的出资未届履行期限,对未缴纳部分的出资是否享有以及如何行使表决权等问题,应当根据公司章程来确定。公司章程没有规定的,应当按照认缴出资的比例确定。如果股东(大)会作出不按认缴出资比例而按实际出资比例或者其他标准确定表决权的决议,股东请求确认决议无效的,人民法院应当审查该决议是否符合修改公司章程所要求的表决程序,即必须经代表三分之二以上表决权的股东通过。符合的,人民法院不予支持;反之,则依法予以支持”。简言之,对于未届出资期限的股东,公司尚可通过决议限制其表决权,举重以明轻,对于已届出资期限仍未实缴出资的股东,公司当然有权对其表决权进行合理限制。

再次,若公司可对表决权进行限制,其是否等于公司可对股东参与公司重大事务管理的所有股东权利进行限制或剥夺？例如，股东会召集请求权、知情权、解散请求权等。笔者认为，除非经过除权程序，否则，对股东知情权等固有权利不应仅以股东未尽出资义务为由进行限制。就该案而言，在N公司未依法对王某维除名之前，王某维仍是其股东，仍有权了解N公司的经营情况，除非N公司能够证明王某维查阅复制相关材料的目的不正当，否则，法院应当对其知情权予以保护。

最后，《公司法》对有限公司股东知情权进行了重大修订，在引入了《公司法司法解释(四)》部分规定的基础上，同时扩大了股东查阅和复制范围，比如，查阅复制股东名册的权利、查阅会计凭证的权利、股东无须在场的委托查阅权利、穿透查阅复制全资子公司相关资料的权利等。

30 营利性民办学校的举办者，能否享有“股东知情权”？

裁判要旨

民办学校的举办者可以自主选择设立非营利性或者营利性民办学校。营利性民办学校举办者主张行使知情权的，人民法院可以类推适用2013年《公司法》相关规定。

基本案情

2010年4月,J公司出资设立J学院,占100%的出资份额。J学院系法人型民办非企业单位,发证机关为区民政局,业务主管单位为区教育局。

2010年4月9日,J学院章程规定学院实行董事会领导下的院长负责制,决策机构是董事会等。

2012年9月,J公司与唐某凤、赵某友、王某洪订立资产、开办资金转让暨共同办学合同,就设立机动车驾驶培训基地、转让及交换出资股份等事宜达成协议。

2012年10月15日,J学院董事会通过董事会决议,约定唐某凤等人持有J学院90%的出资份额、J公司持有J学院10%的出资份额。

后因机动车驾驶培训基地终止申办等,J公司与唐某凤等发生纠纷。J公司遂向法院提起诉讼,法院最终判决确认J公司共持有J学院50%的出资份额,且判决已生效。

2015年11月中旬,J公司向J学院发函,要求J学院提供财务、董事会会议决议、监事会会议决议等材料。

因J学院未回复,故J公司将J学院诉至法院,要求判令:(1)J学院提供自2010年4月成立至今的章程(含章程修正案)、董事会会议决议、监事会会议决议和财务会计报告(包括但不限于资产负债表、损益表、财务状况变动表、财务状况说明表、利润分配表、纳税申报表)供J公司查阅、复制;(2)J

学院提供自2010年4月成立至今的会计账簿(含总账、各自明细账、往来账、现金日记账、银行日记账、固定资产卡片明细表、原始凭证、银行对账单交易明细等)供J公司查阅。

裁判结果

一审法院判决驳回J公司全部诉讼请求。

二审法院撤销一审民事判决,改判:J学院于判决生效之日起10日内提供自2010年4月成立至本判决生效日止的章程(含章程修正案)、董事会会议决议、监事会会议决议和财务会计报告(包括但不限于资产负债表、损益表、财务状况变动表、财务状况说明表、利润分配表、纳税申报表)供J公司查阅、复制;J学院于判决生效之日起10日内提供自2010年4月成立至判决生效日止的会计账簿(含总账、各自明细账、往来账、现金日记账、银行日记账、固定资产卡片明细表、原始凭证、银行对账单交易明细等)供J公司查阅。

律师观点

该案系社会资本面向社会开办教育机构引发的纠纷,应当适用《民办教育促进法》《民办教育促进法实施条例》等,认定J公司作为举办者是否享有知情权。但是,相关法律规定并未对民办学校举办者是否有权查阅、复制章程、董事会会议决议、监事会会议决议、财务会计报告等予以明确。

笔者认为,寻找上述问题的答案应当回归法律规范本身,通过体系解释、目的解释等方法，对J公司诉求作出公正裁决。

《民办教育促进法》第5条第2款规定："国家保障民办学校举办者、校长、教职工和受教育者的合法权益。"《民办教育促进法实施条例》第10条第1款规定："举办民办学校，应当按时、足额履行出资义务。民办学校存续期间，举办者不得抽逃出资，不得挪用办学经费。"该条例第11条规定："举办者依法制定学校章程，负责推选民办学校首届理事会、董事会或者其他形式决策机构的组成人员。举办者可以依据法律、法规和学校章程规定的程序和要求参加或者委派代表参加理事会、董事会或者其他形式决策机构，并依据学校章程规定的权限行使相应的决策权、管理权。"①

上述法律规定说明，举办者对民办教育机构负有出资义务，不得抽逃挪用，与此同时，举办者也享有对民办教育机构的决策权和管理权。前述权利义务与股东对公司的权利义务具有相似性，而举办者的管理权必然涉及民办教育机构的组织和活动，决策权的行使必然以举办者知晓民办教育机构人员、财务、资产等事实为基本前提。简言之，没有知情权的管理权和决策权就形同虚设，无从谈起。

2013年《公司法》第33条对有限公司的股东知情权进行了规定，笔者认为，J学院虽并非公司法人，J公司亦非J学院股东，但参照有限公司股东知情权的相关规定，准允J公司行使知情权应是《民办教育促进法》

---

① 2004年《民办教育促进法实施条例》第8条第1款规定："民办学校的举办者应当按时、足额履行出资义务。民办学校存续期间，举办者不得抽逃出资，不得挪用办学经费。"第9条规定："民办学校的举办者应当依照民办教育促进法和本条例的规定制定学校章程，推选民办学校的首届理事会、董事会或者其他形式决策机构的组成人员。民办学校的举办者参加学校理事会、董事会或者其他形式决策机构的，应当依据学校章程规定的权限与程序，参与学校的办学和管理活动。"

等应有之义。当然,实践中,知情权的客体范围存在的争议较大,不同时期不同法院的审判观点不尽相同,仍有讨论空间。

31 股东行使知情权,是否当然有权查阅公司原始会计凭证?

裁判要旨

对股东知情权和公司利益应当进行平衡保护,不应当随意超越法律规定扩张解释股东知情权的范畴。股东主张行使股东知情权的,仅有权查阅会计账簿和财务会计报告,无权查阅原始凭证。

基本案情

H公司于2015年2月27日设立,公司类型为有限责任公司(台港澳与境内合资),注册资本为3000万美元,股东为B公司、F公司。

2018年3月27日,某律师事务所律师代表F公司向H公司、贾某爽发出律师函,该函显示:“H公司成立至今已近3年时间,但F公司至今不了解其经营状况及财务状况。为准确了解H公司真正的经营管理状况和财务状况,现F公司依据我国公司法及有关规定，特委托律师以本律师函方式对H公司提出书面请求，要求H公司将自公司成立以来的全部公司章程、股东会会议记录、董事会会议决议、监事会会议决议、财务会计报告、公司会计账簿（含总账、明细账、日记账、其他辅助性账簿）和会计凭证（含记账凭证、相关原始凭证及作为原始凭证附件入账备查的合同等有关资料）的原件完整备置于H公司的住所地以供F公司律师查阅和复制，并向其完整提供上述材料的纸质复印件。”

H公司于2018年3月28日收到律师函后始终未答复F公司。F公司认为，2013年《公司法》和《会计法》等，对公司股东知情权有详细规定，H公司的不作为侵害了F公司的股东知情权。

遂F公司向一审法院起诉，请求：(1)H公司将其成立以来的公司章程、股东会会议记录、董事会会议决议、监事会会议决议、财务会计报告的原件完整备置于其住所地以供F公司查阅和复制，并向F公司完整提供上述材料的纸质复印件；(2)H公司将其成立以来的公司会计账簿（含总账、明细账、日记账、其他辅助性账簿）和会计凭证（含记账凭证、相关原始凭证及作为原始凭证附件入账备查的有关资料）的原件完整备置于其住所地以供F公司查阅。

裁判结果

一审法院判决:(1)H公司于判决生效之日起10日内在公司住所地提供2015年2月27日至今的公司章程、股东会会议决议、董事会会议决议、监事会会议决议、财务会计报告供F公司查阅、复制;(2)H公司于判决生效之日起10日内在公司住所地提供2015年2月27日至今的会计账簿及原始凭证供F公司查阅;(3)驳回F公司的其他诉讼请求。

H公司不服上诉,后二审法院撤销一审判决,改判:(1)H公司于判决生效之日起10日内在公司主要办事机构所在地提供2015年2月27日至今的公司章程、股东会会议记录、董事会会议决议、监事会会议决议、财务会计报告供F公司查阅、复制;(2)H公司判决生效之日起10日内在公司主要办事机构所在地提供2015年2月27日至今的会计账簿供F公司查阅。

F公司不服二审判决,向最高人民法院申请再审,后最高人民法院裁定驳回F公司再审申请。

律师观点

一审法院支持了F公司查阅原始凭证的诉请,而二审法院和最高人民法院的观点则与之截然相反,其主要依据是《会计法》第13条第1款"会计凭证、会计账簿、财务会计报告和其他会计资料,必须符合国家统一的会计制度的规定"和第14条第1款"会计凭证包括原始凭证和记账凭证"的规定。法院认为,前述规定说明会计账簿不等于会计凭证,即会计账簿不包括原始凭证和记账凭证,而2013年《公司法》仅将股东可查阅财会资料的范围限定为财务会计报告与会计账簿，并未涉及原始凭证。

有些法院认为，公司股东若仅能查阅会计账簿而无权查阅原始凭证，则无法真正行使其知情权，法院在理解适用2013年《公司法》和《会计法》等规定时，不应过于机械，对知情权范围是否涵盖原始凭证的问题，应充分考量国内某些企业财务造假情况，通过支持股东查阅原始凭证，使其能够真正地对会计账簿的真实性、完整性进行核查和判断。此类观点在北京市高级人民法院、江苏省高级人民法院等出台的地方指导意见中亦有体现。

对于有限公司股东知情权范围应否包括查阅原始凭证的问题，至今尚无统一司法解释予以规制，结合目前“同案同判”“类案检索”等司法政策，最高人民法院作出的说理和裁判结果内容值得关注。笔者建议有议价能力和条件的股东，在有限公司设立之初，将查阅原始凭证列入知情权行使范围，并在发起人协议或公司章程中予以明确。

上述观点系笔者在现行《公司法》公布前形成的。《公司法》引入股东对“会计凭证”的查阅权，拓宽了股东知情权的范围。至此，股东有权依法查阅公司的原始凭证和记账凭证。关于公司的重要合同及相关资料是否属于股东可查阅的范围，《公司法》未置可否。

延伸案例1

D公司与刘某营股东知情权纠纷

D公司于2013年6月21日成立，注册资本100万元，法定代表人为杨某萍。公司成立时，登记股东杨某萍持有D公司95%的股权，刘某营持有D公司5%的股权。

2020年9月24日,刘某营就行使股东知情权事宜向D公司邮寄关于查阅D公司会计账簿的律师函,D公司于次日签收。

上述函件载明:"1. 刘某营先生为D公司股东,自公司成立至今,公司始终未向刘某营先生送交任何财务会计报告、附属报表等财务资料。2. 为全面了解公司的运营及财务状况,维护股东知情权,依据2018年《公司法》的相关规定,刘某营先生现要求公司提供:公司成立至今的会计报告及附属财务报表、公司全部会计账簿(含总账、明细账、日记账、其他辅助性账簿)和会计凭证(含记账凭证、相关原始凭证及作为原始凭证的相关文件资料),由刘某营先生委托的律师查阅、复制。3. 请公司于收到本函之日起15日内告知我方查阅时间及地点。否则,我方将采取相应法律措施。请贵司予以足够重视,并于上述期限回复我方。"

因D公司未回应,刘某营诉至法院,请求D公司提供D公司自2013年6月21日起至2021年9月30日止的财务会计报告及附属财务报表、公司全部会计账簿(含总账、明细账、日记账、其他辅助性账簿)和会计凭证(含记账凭证、相关原始凭证及作为原始凭证的相关文件资料)供刘某营查阅、复制。

一审法院认为,D公司系依法设立的有限责任公司,刘某营系该公司股东。2018年《公司法》第33条第1款规定:"股东有权查阅、复制公司章程、股东会会议记录、董事会会议决议、监事会会议决议和财务会计报告。"因此,刘某营有权申请查阅、复制D公司自2013年6月21日成立之日起至2021年9月30日的财务会计报告。根据《会计法》第20条第2款的规定,财务会计报告由会计报表、会计报表附注和财务情况说明书组成,刘某营要求查阅和复制财务会计报告所附属的财务报表属于财务会计报告的一部分,故查阅和复制财务会计报告即可。2018年《公司法》第33条第2款规定:“股东可以要求查阅公司会计账簿。股东要求查阅公司会计账簿的,应当向公司提出书面请求,说明目的。公司有合理根据认为股东查阅会计账簿有不正当目的,可能损害公司合法利益的,可以拒绝提供查阅,并应当自股东提出书面请求之日起十五日内书面答复股东并说明理由。公司拒绝提供查阅的,股东可以请求人民法院要求公司提供查阅。”《会计法》第15条第1款第2句规定:“会计账簿包括总账、明细账、日记账和其他辅助性账簿。”

该案中,对于D公司自2013年6月21日起至2020年9月24日止的会计账簿,刘某营向D公司送达了查阅通知律师函,说明了查阅目的,D公司亦认可收到律师函,但D公司未提供查阅,亦未书面答复刘某营,一审法院认为刘某营已经履行了法律规定的前置程序,有权通过诉讼保证其知情权的行使。

对于D公司自2020年9月25日起至2021年9月30日止的会计账簿,因D公司在诉讼中明确拒绝查阅会计账簿,不存在再次通过前置程序提供查阅的可能性,故此时不宜以律师函中未包括上述期间为由而要求刘某营再次履行前置程序,以免增加当事人不必要的诉累。因D公司未举证证明刘某营查阅会计账簿具有不正当目的,可能损害公司合法利益,故一审法院对于刘某营要求查阅自2013年6月21日起至2021年9月30日止的会计账簿(包括总账、明细账、日记账、其他辅助性账簿)予以支持。

对刘某营要求复制会计账簿的诉讼请求,于法无据,一审法院未予支持。对于刘某营要求查阅、复制D公司的会计凭证(含记账凭证、相关原始凭证及作为原始凭证的相关文件资料)的诉讼请求,一审法院认为2018年《公司法》第33条规定的股东法定知情权范围系股东最低限度的知情权,并未包含会计凭证。同时,股东权利的救济不仅依靠公司法领域的股东知情权救济,还可以通过公司法上其他权利保护及其他民事法律和公法渠道进行,故在法无明文规定且D公司章程对此无特殊约定的情形下,刘某营无权查阅、复制会计凭证。

一审法院判决如下:D公司于判决生效后10日内在其经营场所提供自2013年6月21日起至2021年9月30日止的财务会计报告供刘某营查阅、复制;D公司于判决生效后10日内在其经营场所提供自2013年6月21日起至2021年9月30日止的会计账簿(包括总账、明细账、日记账、其他辅助性账簿)供刘某营查阅;驳回刘某营其他诉讼请求。

D公司不服上诉。二审期间,D公司提交新证据:(1)刘某营与D公司员工的微信聊天记录,用于证明刘某营通过诸如"怎么成立的,怎么让它黄了""我上你会场"等词汇威胁杨某萍、扬言破坏公司订购会,上述言行与股东身份不符,刘某营没有参与公司运营管理,不是公司股东;(2)刘某营自书,用于证明刘某营未参与D公司经营管理,没有担任公司股东的能力,其行使知情权并非出于真实意思表示。

二审法院认为,股东知情权是股东固有的、法定的基础权利,公司认为股东查阅会计账簿具有不正当目的、可能损害公司合法利益的,应当对此承担举证责任,未能提供证据或者证据不足的,应当承担不利的法律后果。

D公司主张刘某营要求查阅公司会计账簿的不当目的是在双方同居关系析产纠纷中获得威胁杨某萍的筹码。对此,二审法院认为,公司拒绝查阅权所保护的是公司的合法利益,而非法定代表人或其他股东与公司经营无关的个人利益。D公司拒绝刘某营查阅公司账簿是为了避免D公司股东、法定代表人在其与刘某营的同居关系析产纠纷案件中处于不利地位，该利益并非2018年《公司法》第33条意欲保护的公司的合法利益。因此，D公司未能举证证明刘某营查阅会计账簿有不正当目的，可能损害公司合法利益，应当承担不利后果。二审法院最终判决驳回D公司上诉，维持原判。

延伸案例2

N公司与Y合伙企业股东知情权纠纷

2009年3月27日，N公司设立。

2009年11月20日，公司性质变更为有限责任公司（中外合资）。

2015年11月27日，Y合伙企业经工商登记成为N公司的股东，持股15%。

2018年8月2日，Y合伙企业向某仲裁委员会申请仲裁，要求李某、J公司连带回购Y合伙企业所持N公司15%的股权，并连带支付股权回购款3769.5万元、迟延付款违约金、投资总额10%的违约金等。

2019年4月23日，某仲裁委员会作出（2019）××裁字第0586号裁决书（以下简称0586号裁决书），裁决如下：李某、J公司连带回购Y合伙企业所持N公司15%的股权，并连带支付股权回购款3769.5万元；李某、J公司向Y合伙企业连带支付股权回购款的迟延付款违约金（按照每日18,847.5元，自2018年7月18日起计算至实际付清之日止）；李某、J公司和N公司协助Y合伙企业办理第一项裁决所涉及的N公司15%的股权回购的工商变更登记等事宜；N公司向Y合伙企业支付违约金300万元；该案仲裁费及保全费由李某、J公司负担353,175.76元，N

公司负担25,226.84元;驳回Y合伙企业的其他仲裁请求。对前述第一项、第二项、第四项、第五项裁决所涉款项,李某、J公司、N公司应自裁决作出之日起15日之内支付完毕。

2019年5月13日,Y合伙企业申请强制执行。2019年6月6日,N公司就上述强制执行案件向法院交纳案款3,025,226.84元。

2020年5月14日,Y合伙企业通过EMS快递向N公司寄送行使股东知情权通知函,该快递已于2020年5月15日显示签收。上述通知函载明:(1)N公司提供自成立之日起至今的公司章程、股东会会议记录、董事会会议决议、监事会会议决议、财务报告,供Y合伙企业查阅、复制;(2)N公司提供自成立之日起至今的会计账簿(包括总账、明细账、日记账、原始凭证和记账凭证),供Y合伙企业查阅;(3)Y合伙企业在必要时可委托注册会计师予以协助查阅;(4)N公司在Y合伙企业查阅会计账簿时安排财务人员回答Y合伙企业可能提出的问题,并提供与财务数据相关的重要合同、重大资产产权证明及纳税资料。对上述要求,请N公司依法于收到本通知函之日起15日内作出书面答复。

2020年7月24日,Y合伙企业委托律师向N公司寄送律师函,要求N公司于收到该函后15日内,向Y合伙企业作出书面答复并根据此前通知函的要求配合Y合伙企业进行查阅、复制。

Y合伙企业认为,因李某、J公司尚未支付股权回购款,故其仍享有N公司的股东身份。Y合伙企业向一审法院起诉,请求:(1)判令N公司提供自公司设立之日起至实际提供之日止的公司章程、股东会会议记录及决议、董事会会议决议、监事会会议决议,供Y合伙企业及其委托的律师、会计师协助查阅并复制;(2)判令N公司提供自公司设立之日起至实际提供之日止的会计账簿(包括总账、明细账、日记账和其他辅助性账簿)、会计凭证(包括记账凭证、相关原始凭证及作为原始凭证附件入账备查的有关资料)和财务会计报告(包括资产负债表、损益表、现金流量表、财务情况说明书和利润分配表等)供Y合伙企业及其委托的律师、会计师协助查阅并复制。

一审法院总结案件争议焦点为:(1)Y合伙企业行使股东知情权的主体是否适格;(2)如其主体适格,则其有权行使股东知情权的范围。

就争议焦点一,一审法院认为,虽然生效的裁决书已裁决要求案外人对Y合伙企业所持的N公司股权进行回购,但该案件尚在执行过程中,且双方均认可回购款尚未付清。股权转让生效时点应以股东名册变更为准,现N公司认可公司的章程、股东名册就股东情况未进行变更,故在完成股权交割及变更之前,Y合伙企业仍为N公司的股东,有权行使股东知情权。

就争议焦点二,根据2018年《公司法》第33条第1款的规定,股东有权查阅、复制公司章程、股东会会议记录、董事会会议决议、监事会会议决议和财务会计报告。Y合伙企业作为N公司的股东,有权查阅、复制N公司的上述材料。就其能否查阅、复制其成为股东之前的上述材料。一审法院认为,公司的经营、发展是一个动态的、连续的过程,公司现在的情况不可能与之前的经营、财务状况完全脱节或毫无关联,如果不允许股东查阅其成为股东之前的公司材料,则显然不利于对股东权益的保护。同时,公司法亦未禁止股东查阅、复制其成为股东之前的公司材料。故Y合伙企业要求查阅、复制N公司自公司设立之日即2009年3月27日至本判决作出之日的上述材料,有法律依据,予以支持。

2018年《公司法》第33条第2款规定:“股东可以要求查阅公司会计账簿。股东要求查阅公司会计账簿的,应当向公司提出书面请求,说明目的。公司有合理根据认为股东查阅会计账簿有不正当目的,可能损害公司合法利益的,可以拒绝提供查阅,并应当自股东提出书面请求之日起十五日内书面答复股东并说明理由。公司拒绝提供查阅的,股东可以请求人民法院要求公司提供查阅。"Y合伙企业起诉前已向N公司发函并说明其要求查阅会计账簿的目的,N公司收到函件后未在规定期限内提供上述材料,应认定Y合伙企业已履行相应前置程序。

现Y合伙企业要求查阅N公司自公司设立之日即2009年3月27日至本判决作出之日的会计账簿(包括总账、明细账、日记账和其他辅助性账簿),符合前述法律规定,应予支持,而Y合伙企业要求复制上述材料,缺乏法律依据,不予支持。

就Y合伙企业是否有权查阅会计凭证,一审法院认为,公司法仅将股东查阅财会资料的范围限定为会计账簿和财务会计报告,并未涉及会计凭证。现Y合伙企业仅以会计账簿的记载是否属实需要结合会计凭证来确定为由要求查阅、复制N公司所有的会计凭证,缺乏法律依据,不予支持。

另外,《公司法司法解释(四)》第10条第2款规定:"股东依据人民法院生效判决查阅公司文件材料的,在该股东在场的情况下,可以由会计师、律师等依法或者依据执业行业规范负有保密义务的中介机构执行人员辅助进行。"故Y合伙企业有权聘请律师或会计师辅助其查阅上述材料,对其该项诉请,予以支持。

一审法院判决如下:N公司于判决生效之日起10日内,将该公司自2009年3月27日起至本判决作出之日止的公司章程、股东会会议记录、董事会会议决议、监事会会议决议、财务会计报告置备于该公司住所地,供Y合伙企业及其委托的一名律师或会计师查阅、复制,查阅、复制期间自查阅、复制之日起不得超过10个工作日；N公司于判决生效之日起10日内，将该公司自2009年3月27日起至本判决作出之日止的会计账簿（包括总账、明细账、日记账和其他辅助性账簿）置备于该公司住所地，供Y合伙企业及其委托的一名律师或会计师查阅，查阅期间自查阅之日起不得超过10个工作日；驳回Y合伙企业的其他诉讼请求。

N公司不服判决，提起上诉。二审法院驳回上诉，维持原判。

32 股东会未对利润分配作出决议，股东是否有权请求公司进行利润分配？

裁判要旨

公司弥补亏损、提取公积金后确有税后利润，且公司股东会已通过向股东分配利润的相关决议时，股东有权请求公司分配利润。未满足前述条件，股东请求分配利润的，法院通常不予支持。

基本案情

G公司成立于2005年10月25日，注册资本50万元，登记股东为卞某霞、陈某安，实际股东为尤某德。

2018年4月10日，尤某德与翁某荣签订股权转让协议，约定:(1)尤某德将其持有的G公司25%的股权转让至翁某荣,价格根据评估报告中G公司评估总资产的20%计算,翁某荣以现金方式分期向尤某德支付;(2)尤某德、翁某荣同意年底扣除当年度法定公积金、相关税费等费用后,以尤某德75%、翁某荣25%的方式对G公司利润进行分配,税费各自承担;(3)聘任翁某荣为总经理,全权负责G公司生产、运营等;(4)翁某荣担任总经理前的亏损由尤某德负责,与翁某荣无关。

G公司章程载明:(1)公司注册资本为1000万元人民币,股东为陈某安、翁某荣;(2)陈某安认缴出资额为750万元,出资方式为货币,增资前认缴的50万元已于2005年10月25日缴清,增资认缴的出资额700万元于2023年8月2日前缴清;(3)翁某荣认缴及实缴金额为250万元,出资方式为货币,本次增资认缴的出资额250万元于2023年8月2日前缴清;(4)公司成立后,股东不得抽逃出资;(5)股东会由全体股东组成,是公司的权力机构,行使下列职权……(6)审议批准公司的利润分配方案和弥补亏损方案;(7)对公司增加或减少注册资本作出决议等。

之后,G公司任命翁某荣为公司总经理,全面负责公司的生产、经营、技术、质量、研发、采购、人员、分配等,任期8年。

2018年4月23日,翁某荣以机器设备等作价10万元,将其作为投资款,入股G公司。

2019年1月,因G公司解除翁某荣的总经理职务,翁某荣委托某律师事务所律师向G公司及股东发函,要求召开股东会，组织第三方对翁某荣经营期间的经营及财务进行审计。

另外，2019 年 4 月 4 日，某会计师事务所接受委托，出具 G 公司财务报表审计报告，对 G 公司 2018 年 12 月 31 日的资产负债表和 2018 年年度利润表进行审计，报告显示 G 公司净利润为 –1,292,505.38 元。

翁某荣诉至法院请求判令 G 公司支付其分红款 39.25 万元，退还股权款 10 万元。

裁判结果

法院判决驳回翁某荣全部诉请。

律师观点

2018 年《公司法》第 166 条第 4 款规定："公司弥补亏损和提取公积金后所余税后利润，有限责任公司依照本法第三十四条的规定分配……"另，《公司法司法解释（四）》第 15 条规定："股东未提交载明具体分配方案的股东会或者股东大会决议，请求公司分配利润的，人民法院应当驳回其诉讼请求，但违反法律规定滥用股东权利导致公司不分配利润，给其他股东造成损失的除外。"

G 公司 2018 年经审计的净利润为负，不满足分配利润的法定条件。同时，G 公司公司章程规定，由股东会审议批准公司的利润分配方案，在公司股东会尚无已通过的利润分配方案时，股东无权要求公司进行利润分配。

33 股东未提交载明具体利润分配方案的股东会决议时，法院能否强制公司利润分配？

裁判要旨

在公司盈余分配纠纷中，股东有证据证明公司有盈余且存在部分股东变相分配利润、隐瞒或转移公司利润等滥用股东权利情形的，法院可强制盈余分配。司法干预的强制盈余分配，在盈余分配判决未生效之前，公司不负有法定给付义务，故不应计付利息。若公司的应分配资金因被部分股东变相分配利润、隐瞒或转移公司利润而不足以现实支付时，利益受损的股东可向滥用股东权利的公司股东主张赔偿责任。

基本案情

R公司注册资本为1000万元，由李某军和张某龙2人于2006年6月设立，李某军占股65%，张某龙占股35%。

张某龙将其在R公司的350万元股权转让至J公司；李某军将其在R公司的600万元股权转让给G公司，50万元转让给J公司。至此，R公司股东变更为G公司和J公司，G公司持股比例60%，J公司持股比例40%，李某军担任R公司执行董事、法定代表人。

2009年10月6日，某政府与R公司约定由其收购R公司资产，并对收购价格和支付时间等进行了约定。

2010年6月17日，某市国土资源局与R公司签订了《国有土地使用权出让合同变更协议》，约定某市国土资源局于2006年10月14日出让给R公司的土地用途变更为商业、住宅用地，变更后的土地使用权出让年限为商业40年、住宅70年。同日，某市政府就前述土地向李某军名下T公司颁发国有土地使用证。

李某军担任R公司、G公司法定代表人期间，未经R公司股东会决策同意，将R公司大量资产转让所得款项转入X公司，形成R公司账面巨额应收款项。

J公司向法院起诉，请求判令R公司将盈余向J公司进行分配，并判令李某军对R公司上述分配款承担连带责任。

裁判结果

一审法院判决，R公司支付J公司盈余分配款，并按中国人民银行同期贷款利率向J公司支付自2010年7月11日起至实际付清之日的利息，如R公司到期不能履行上述给付，由李某军承担赔偿责任。

二审法院撤销一审判决，改判R公司支付J公司盈余分配款，若R公司到期不能履行上述给付义务，由李某军承担赔偿责任。

律师观点

笔者认为，在通常情况下，是否向股东分配利润属于公司自治范畴，司法不应多度干预。若股东请求公司分配利润，但未向法院提交载明具体分配方案的股东会决议，原则上不应当支持股东的利润分配请求。但是，当大股东或董事高管转移公司利润，严重侵害小股东利益时，仅以公司自治已无法充分保障小股东利益，司法机关有权判决公司分配利润，或者判决公司作出分配利润的决议。

受损股东有权依据2013年《公司法》第20条第2款的规定，向滥用权利的股东主张赔偿责任，也有权依据第21条的规定，向利用其关联关系损害公司利益的控股股东、实际控制人、董事、监事、高级管理人员主张赔偿责任；对于违反法律、行政法规或公司章程给公司造成损失的董监高，受损股东亦有权依据第149条的规定，向其主张赔偿责任。此时，即使公司已作出不分配利润的决议，受损股东也可直接请求公司分配利润，无须先提起决议无效或撤销之诉。

当然，法院在处理股东利润分配请求之诉时，应当根据实际情况，在行使自由裁量权的过程中尊重公司自治原则，公司章程、股东协议等对分配期限、分配比例、分配范围等已有约定的，应当遵从约定。

延伸案例

王某莉与W公司公司盈余分配纠纷

2004年1月13日，王某莉、郑某平、杨某青共同出资成立W公司，注册资本450万元。其中，杨某青、王某莉各认缴出资90万元，郑某平认缴出资270万元。

2004年5月12日，股东出资变更为杨某青、王某莉各认缴出资150万元，郑某平认缴出资450万元，注册资本变更为750万元。

2004年2月23日，W公司与缪某华共同出资成立F公司，注册资本120.48万元。其中，W公司认缴出资84.34万元，缪某华认缴出资

36.14 万元。

另,王某莉曾以 W 公司为被告,郑某平、杨某青为第三人,另案提起诉讼要求依法判令解散 W 公司,该案尚在审理中。

王某莉因 W 公司未分红,将 W 公司、F 公司、郑某平、杨某青作为被告诉至法院,要求向其分红 800 万元。

法院认为,首先,股东主张分红的前提是公司税后利润依法提取法定公积金之后尚有盈余,且在程序上须有公司股东会审议批准的利润分配方案。这显然属于公司内部事务,司法应尊重公司独立决定自己事务的自治权。

其次,《公司法司法解释(四)》第 15 条规定:“股东未提交载明具体分配方案的股东会或者股东大会决议,请求公司分配利润的,人民法院应当驳回其诉讼请求,但违反法律规定滥用股东权利导致公司不分配利润,给其他股东造成损失的除外。”就该案而言,W 公司并未就利润分配问题召开股东大会,公司章程中没有具体的利润分配方案,现王某莉要求 W 公司支付公司成立至今的股东分红 800 万元,证据不足,不应支持。如王某莉认为,权利受到侵害或公司陷入僵局,可以依据 2013 年《公司法》的规定通过转让股权或请求公司按照合理价格收购其股权、解散公司等途径主张权利,亦可在股东会对公司利润分配方案形成决议后,另行主张权利。而且王某莉现已另案起诉要求解散 W 公司。

最后,王某莉并非 F 公司股东,要求 F 公司分配盈余款,于法无据,不予支持。另,公司是利润分配的主体而非股东个人。王某莉起诉要求郑某平、杨某青支付利润分配款,于法无据,不予支持。

法院最终判决驳回王某莉关于 W 公司、F 公司、郑某平、杨某平向其分红 800 万元的诉讼请求。

34 股权代持情形下，被代持方是否享有公司盈余分配请求权？

裁判要旨

当事人基于其股东身份依法享有公司盈余分配请求权，因此，当事人的出资事实及其具有股东身份是法院认定其享有公司盈余分配请求权的基本前提。若当事人主张其系公司隐名股东，法院应当就其隐名持股事实、实际出资额及资金性质、是否已具备公司股东身份等进行审理，从而确定其是否享有公司盈余分配请求权。

基本案情

2013 年 7 月 19 日，H 公司召开股东会议，达成如下协议：(1)确认股东 X 公司持有的 70% 股份中，杨某辉出资 2000 万元(持股比例 25%)、严某针出资 700 万元(持股比例 10%)；(2)杨某辉将其所持有的 25% 股权转让给 K 公司，K 公司支付杨某辉 2000 万元投资款，严某针将其持有的 10% 股权作价 700 万元转让给 K 公司；(3)严某针、杨某辉投资款到账至抽离期间按月息三分作为投资回报，H 公司分配某房地产项目房产给严某针、杨某辉作为“投资回报”；(4)分配的房产由 H 公司代为销售，取得销售款后 5 日内将该款汇入指定账户，销售过程中产生的税费由 H 公司自理。

2014 年 3 月 27 日，H 公司工商登记的股东变更为 X 公司、K 公司。

2013 年 12 月 28 日，H 公司又召开股东会并形成决议，主要内容为：截至 2013 年 12 月 31 日，严某针、杨某辉的投资回报款共合计 29,603,000 元，以某房地产项目房产抵扣，同时明确了严某针、杨某辉投资回报的具体房产位置及价格。

2015 年 10 月 13 日，H 公司召开股东会，该次会议决议主要内容为：(1) 截至 2015 年 10 月 12 日，投资人严某针的投资回报由两部分组成，即本金 600 万元及自 2014 年 1 月 1 日起至 2015 年 10 月 12 日止的股息 2,600,749 元 (2014 年 1 月 1 日前的股息已在 2013 年 12 月 28 日结清)；(2) 股权本金及股息合计 8,600,749 元。

严某针、杨某辉向法院起诉，请求判令 H 公司向严某针、杨某辉支付盈余分配款 38,203,749 元及从起诉之日起至款项付清之日止按年利率 6% 计算支付利息。

裁判结果

一审法院判决 H 公司于判决生效之日起 10 日内向严某针、杨某辉支付公司盈余分配款 38,203,749 元，并自 2017 年 4 月 24 日起按年利率 6% 计算逾期利息损失至盈余分配款付清之日。

二审法院改判 H 公司于本判决生效之日起 10 日内向严某针、杨某辉支付公司投资回报 32,203,749 元，并自 2017 年 4 月 24 日起按年利率

6% 支付利息至付清之日止。

再审撤销一审、二审判决，发回一审法院重审。

律师观点

2018 年《公司法》第 4 条规定："公司股东依法享有资产收益、参与重大决策和选择管理者等权利。"第 34 条规定："股东按照实缴的出资比例分取红利；公司新增资本时，股东有权优先按照实缴的出资比例认缴出资。但是，全体股东约定不按照出资比例分取红利或者不按照出资比例优先认缴出资的除外。"第 166 条规定："公司分配当年税后利润时，应当提取利润的百分之十列入公司法定公积金。公司法定公积金累计额为公司注册资本的百分之五十以上的，可以不再提取。公司的法定公积金不足以弥补以前年度亏损的，在依照前款规定提取法定公积金之前，应当先用当年利润弥补亏损。公司从税后利润中提取法定公积金后，经股东会或者股东大会决议，还可以从税后利润中提取任意公积金。公司弥补亏损和提取公积金后所余税后利润，有限责任公司依照本法第三十四条的规定分配；股份有限公司按照股东持有的股份比例分配，但股份有限公司章程规定不按持股比例分配的除外。股东会、股东大会或者董事会违反前款规定，在公司弥补亏损和提取法定公积金之前向股东分配利润的，股东必须将违反规定分配的利润退还公司。公司持有的本公司股份不得分配利润。"

该案中，一审、二审法院判决 H 公司向原告分配利润前，应当对原告是否系 H 公司股东、是否向 H 公司出资及出资的真实性质、H 公司是否已经作出利润分配的相关决议、是否已经依法提取法定公积金等基础事实进行审查。

笔者认为,利润分配请求权是股东作为公司成员享有的基本权利,通常情况下,任何人、任何组织不得随意剥夺。但在司法实践领域,法院应对当事人身份、抽象及具体利润分配请求权、公司法定公积金及任意公积金提取情况等进行查证,当案件涉及银行、证券、保险等金融机构时,还应根据监管规定,审查金融监管部门是否依法对金融机构作出监管指令限制其向股东分红等。在未查清事实的基础上,法院不宜作出强制分红的判决。

35 担任法定代表人的董事长辞职,股东会不作为导致无法变更登记,离职董事能否通过司法途径维权?

裁判要旨

虽然法律规定董事辞任和离任导致董事会成员低于法定人数时,原董事仍应继续履职,但该规定应当有必要的限制。当公司股东怠于召开股东会改选董事长,使原董事长可能长期无法离任被迫担任公司法定代表人,利益严重受损时,应当对其变更法定代表人的主张予以支持。

基本案情

N公司和S公司作为股东，共同出资设立A公司。

2016年6月28日，A公司召开股东会，审议通过公司章程，并选举黄某国、郁某霞、李某为公司董事，选举黄某国为公司董事长。

A公司公司章程显示：(1)股东会由公司全体股东组成，是公司的权力机构，有权选举和更换非由职工代表担任的董事，决定有关董事的报酬事项；(2)有权修改公司章程；(3)公司设董事会，成员为3人，由股东会选举产生，董事任期3年，可以连选连任；(4)董事会设董事长1人，由股东会选举产生，董事长为公司的法定代表人，并依法登记。

2016年11月23日，A公司选举郁某霞为公司董事长，法定代表人由黄某国变更为郁某霞。

2017年1月23日，A公司通过股东会决议，同意S公司将其所持的公司股权转让给T公司，并于2017年3月7日办理了股东变更登记。

2017年7月，A公司召开股东会时，郁某霞曾口头向T公司及N公司提出辞去董事长和法定代表人职务，并于2017年8月4日、2018年10月24日向T公司及N公司提交了书面辞职报告，但T公司及N公司均未理会。

郁某霞遂于2019年3月13日提起诉讼，请求法院判令A公司进行法定代表人工商变更登记，N公司、T公司予以配合。

诉讼中,郁某霞分别于2020年3月22日、5月11日两次向T公司、N公司发函,要求召开股东会改选公司董事并变更A公司法定代表人,T公司、N公司均未予理会。

裁判结果

一审判决驳回郁某霞的诉讼请求。

二审法院撤销一审判决,改判A公司于判决生效之日起30日内办理法定代表人变更登记,N公司、T公司予以配合。如A公司未按期变更,则郁某霞自上述期限届满后不再具有A公司法定代表人身份,不再履行法定代表人职务。

律师观点

在实践中,已经从公司离任的董事长、执行董事或经理仍被公司登记为法定代表人的现象较常见。若公司对外负债被强制执行,则被登记为法定代表人的自然人大概率会被法院"限高"。为避免个人利益持续受损,被迫担任法定代表人的自然人常常通过行政、司法等途径维权。该案虽并非最高人民法院指导案例,在司法实务领域的影响力有限,但其仍代表了一种司法观点和态度。

二审法院认为,2018年《公司法》第45条第2款关于董事会成员低于法定人数原董事应当继续履职的规定,在适用时当有必要的限制。本案中,A公司的股东N公司、T公司因怠于履行改选董事之义务,致使郁某霞长期处于无法离任的状态，其作为董事的权利义务严重失衡，前述规定已成为 A 公司及股东“绑定”郁某霞董事身份之借口，使郁某霞实体权利遭受侵害，故上述规定在本案中已无适用之必要。

笔者认为，2018 年《公司法》第 45 条第 2 款规定是为了保障公司正常的经营管理，避免公司因董事人员低于法定人数而陷入混乱或停滞，绝非支持和鼓励公司或其股东怠于改选董事的行为。在实践中，董事向公司递交辞呈说明董事主观上不愿继续参与公司经营管理，此时，若公司股东置公司正常运营于不顾，牺牲公司利益，逃避或拒绝改选董事，而法院又机械适用 2018 年《公司法》第 45 条第 2 款的规定，不加区分地驳回辞职董事诉请，则辞职董事客观上将无法脱离公司董事身份，长远来看，对公司的经营管理并无益处。

在此提示，当辞职董事担任董事长，公司章程规定公司法定代表人由董事长担任时，若公司被法院判令变更法定代表人，公司应积极履行生效判决所确定的义务，否则，可能因欠缺登记必要事项，使公司遭受登记机关的行政处罚。

上述观点形成于现行《公司法》公布前，《公司法》第 10 条第 2 款“担任法定代表人的董事或者经理辞任的，视为同时辞去法定代表人”的规定是对前述问题的积极回应，包括《公司法》关于公司章程有限公司章程绝对必要记载事项的规定，要求公司章程载明法定代表人的产生、变更办法，而不再列明法定代表人的具体人选，也体现了立法技术的进步。

36 大股东单方决定将公司资金出借给其关联公司，小股东能否诉请解散公司？

裁判要旨

大股东利用优势地位单方决策，擅自将公司资金出借给其关联公司，损害小股东利益，致使股东之间矛盾激化，公司经营管理出现严重困难，经营目的无法实现，且通过其他途径已无法解决，小股东诉请解散公司的，人民法院应予支持。

基本案情

2014 年 12 月 31 日，某省政府向金融办发出关于设立 Z 公司的批复，同意设立 Z 公司。

2015 年 2 月 26 日，H 公司与 K 公司（股份公司）签订 Z 公司出资协议书，约定共同出资设立 Z 公司。

同日，H 公司和 K 公司通过 Z 公司章程，内容包括：(1) Z 公司是依照 2013 年《公司法》及原银监会、省政府等管理部门的有关规定，经省政府批准成立的有限责任公司。(2) 经营宗旨是按照省政府金融管理部门的要求，开展收购、受托经营金融机构不良资产，对不良资产进行管理、投资和处置，对外投资等业务。(3) 股东会分为股东年会和临时会议。股东年会每年召开一次，并应于上一个会计年度结束之日起 6 个月之内召开。因特殊情况需要延期召开,应将延期召开原因报告股东。(4)董事会例会每年召开2次,分别在每年第一季度和第四季度召开。

2015年2月28日,Z公司成立,注册资本10亿元。K公司出资2亿元,占注册资本的20%;H公司出资8亿元,占注册资本的80%。法定代表人由时任H公司法定代表人的王某军担任,Z公司董事长、总裁(总经理)职务亦由其担任。

省政府于2015年3月13日作出关于Z公司申请备案的函,函请银监会批准金融管理公司备案。该函指出:根据贵会《关于地方资产管理公司开展金融企业不良资产批量收购处置业务资质认可条件等有关问题的通知》(银监发〔2013〕45号)的要求,为切实有效防范和化解地方金融风险,我省决定依法设立Z公司,开展金融企业不良资产批量收购、处置业务。

收到上述函件后,银监会办公厅于2015年7月10日公布了包括该省在内的五省(区)分别批准设立或授权的五家地方资产管理公司名单,名单中包含Z公司。

Z公司成立当日召开第一次股东会会议,选举了董事、监事。

2015年4月27日,Z公司召开第一次董事会会议,决议设立F公司。

Z公司成立后不久,在未经股东之间进行充分协商及董事会批准的情况下,即将9.65亿元资金借给H公司实际控制的T公司、L公司、S公司。

2015年10月19日，K公司向H公司指出，Z公司成立以来尚未召开股东会、董事会、监事会，经营团队尚不健全，K公司向H公司发出《关于尽快完善Z公司治理有关工作的几点意见》，并提出意见：委派监事会主席进驻开展监事工作、每月提供财务报表和重要业务及人事任免情况报告，借出资金于月底前归位，不迟于11月10日前召开股东会、董事会和监事会，完善公司治理结构等要求。

2015年11月9日，K公司董事长李某华与H公司董事局主席王某军（兼Z公司法定代表人）在沈阳进行会谈，K公司明确要求把资产公司处置不良金融资产的主业做好，发挥资产公司在本省处置地方金融不良资产、化解地方金融风险中应有的作用。H公司表示将协调控股子公司于月末或年底前，将借款本金及收益归还Z公司。

某会计师事务所于2017年2月24日作出《Z公司专项审计报告》，其记载：截至2016年12月31日，该公司库存现金为0.00元，银行存款余额为2,686,465.85元，该公司债务人T公司，应收款项余额为520,608,827.78元（其中，其他应收款417,600,000.00元，应收账款103,008,827.78元）占该公司资产总额的47.18%；债务人S公司，应收款项余额为522,006,944.44元（其中，其他应收款500,000,000.00元，应收账款52,006,944.44元）占该公司资产总额的50.02%。

2015年12月18日，Z公司召开第二次股东会会议，同意制定《监事会议事规则》，审议并否决了《关于增资扩股的议案》。

同日，Z公司召开第二次董事会会议，原则上同意执行组织架构与岗位编制管理规定，原则上同意暂行执行行政、财务、投资、人事、风控、不良债权资产收购及处置办法等基本管理制度，并决议设立X公司。

2016年10月18日，省金融办向H公司发出关于Z公司有关事宜的函，指出：2014年年末，按照财政部银监会《关于印发〈金融企业不良资产批量转让管理办法〉的通知》（财金〔2012〕6号）及银监会《关于地方资产管理公司开展金融企业不良资产批量收购处置业务资质认可条件等有关问题的通知》（银监发〔2013〕45号）文件的精神，组建Z公司。经多次洽谈遴选，H公司作为有资金、有实力的战略投资者被引入。Z公司作为省内唯一可开展地方金融机构不良资产批量收购处置业务的地方性资产管理公司，自2015年2月28日成立以来，公司运营没有进入正轨，治理结构不规范，公司重大事项未按照章程规定履行股东会、董事会决策程序，经营班子和内部组织机构不健全，特别是各股东投入的注册资本由H公司以合作形式长期主导使用，不良资产处置业务一直没有开展，虽经多次沟通但仍无改善，不仅严重影响地方金融机构不良资产处置业务的开展，而且受到社会各界质疑，带来了一定的负面影响。作为Z公司大股东，请尽快规范Z公司运营，配齐经营班子，健全内部组织机构，务必于2016年10月31

日前将长期借出资金全部归位于Z公司，尽快开展不良资产收购处置业务。

2017年3月3日，K公司向H公司发出《关于商请配合调整Z公司股权结构的函》，内容如下：公司资金长期被贵集团以合作运营名义占用，以致不能开展地方金融企业不良资产收购和处置主业，未能起到防范和化解地方金融风险的作用，影响了区域金融业和地方经济的发展，考虑到处于贵股权结构调整事宜商谈阶段，请贵集团在谈判期间，不得单方面对外转让股权。

2017年6月19日，K公司再次向H公司发出关于配合转让Z公司股权的函，要求H公司配合调整Z公司的股权。

另外，工商登记信息及资料显示，H公司已于2015年12月15日将其持有的Z公司出资额8亿元的股权全部质押给D银行，被担保债权数额8亿元，且该股权已因其他诉讼案件被法院冻结。王某军、陈某持有的H公司出资额20亿元的股权也于2015年11月25日全部质押给G银行。

K公司将Z公司作为被告、H公司作为第三人诉至法院，请求：(1)判令解散Z公司；(2)诉讼费由Z公司承担。

裁判结果

该案历经一审、二审、再审，三级法院均支持K公司诉请，判决解散Z公司。

律师观点

K 公司系持有 Z 公司 20% 表决权的股东,有权作为原告提起公司解散之诉。

关于其诉请应否予以支持的问题,应具体判断该案是否同时符合以下条件:(1)Z 公司经营管理发生严重困难;(2)Z 公司继续存续会使股东利益受到重大损失;(3)不能通过其他途径解决。

首先,从 Z 公司的股东会、董事会等组织机构的运行状态来看,Z 公司自成立以来,未依照公司法和公司章程的规定定期召开股东会,也未依照公司章程的规定定期召开董事会,且逾期时间已超过 2 年。而股东会、董事会长期无法形成有效决议,从客观上说明公司股东之间、董事之间的矛盾已经激化,已造成股东会、董事会机制不能正常运行和发挥作用。

其次,Z 公司刚成立便将 9.65 亿元的巨额资金出借至大股东关联公司,该等重大经营决策未经股东会、董事会审议,说明 Z 公司内部运行机制失灵。

再次,Z 公司绝大多数资金长期外借,导致 Z 公司成立后未开展主营业务,且无法通过公司内部治理机制和股东间协商解决,经营管理严重困难,公司成立之目标难以实现。

最后,Z 公司账面虽是盈利状态,但库存现金为 0 元,银行存款余额仅为 2,686,465.85 元。所谓盈利仅存在于账面,在资金被大量出借且无法及时收回的情况下,公司的继续存续不仅会造成股东利益的持续损失,还存在巨额资金不能收回的重大风险。为此,K 公司与 H 公司商议并作出收回资金的安排,但 H 公司并未履行承诺。

综上,Z 公司僵局已无法通过其他途径解决,应当解散。

37 董监高是否负有配合破产清算的义务，未配合应否承担不利后果？

裁判要旨

人民法院受理破产申请的裁定自送达债务人之日起至破产程序终结之日止，债务人的有关人员有善管、移交财务账册及章证照，配合管理人清算的义务。对不履行法定配合义务的有关人员，若其行为致使债务人财产状况不明，管理人无法执行清算职务，给债权人造成损害的，管理人有权代表债务人提起诉讼，追究其损害赔偿责任。

基本案情

2007年7月10日，L公司成立，注册资本为100万元。股东张某英，出资51万元，占比51%；股东王某出资40万元，占比40%；股东黄某出资9万元，占比9%。王某为L公司法定代表人及执行董事，黄某为L公司监事。

2007年8月2日，L公司向陶某以支票形式支付49,500元，用途为差旅费；同日，L公司向陶某支付347,754元，用途为还款；8月10日，L公司向陶某支付49,500元，用途为备用金；8月14日，L公司向陶某支付49,500元，用途为差旅费；8月28日，L公司向陶某支付49,500元，用途为差旅费。以上合计向陶某支付545,754元。

2008年6月30日，王某向L公司汇款16万元，摘要为转账。7月9日，王某向L公司汇款7万元，摘要为某威。8月15日，王某向L公司汇款30万元，未注明摘要。2009年9月4日，王某向L公司汇款30万元，摘要为还款。以上合计83万元。

2009年8月31日，L公司向王某汇款50万元，摘要为借款。

2008年9月19日、10月8日，张某英向L公司汇款80万元，未注明摘要。11月28日，张某英向L公司汇款55万元，摘要为借款。2009年2月5日、3月18日、10月12日，张某英向L公司汇款180万元，摘要为实时清算。11月9日，张某英向L公司汇款90万元，摘要为借款。2011年3月7日，张某英向L公司汇款200万元，未注明摘要。6月2日，张某英向L公司汇款100万元，摘要为实时清算。以上合计705万元。

L公司于2009年8月24日向张某英汇款8笔，合计800万元，摘要为还款。

2020年6月22日，某中级人民法院裁定受理债权人申请L公司破产清算一案，并于同年7月6日指定某律师事务所为管理人。

2020年9月16日，管理人向张某英、王某、黄某户籍地址寄送了交接通知，要求3人将公司证照、印章、财务凭证、办公设备等材料和资产与管理人进行交接，但因无人签收，邮件均被退回。

管理人于2021年6月18日前往张某英和王某户籍地上门寻找,但无人回应,在其门口张贴了关于要求配合管理人接管L公司的通知。同日,管理人在全国企业破产重整案件信息网发布公告,要求王某和张某英配合管理人接管工作并及时移交印章、证照、财务账册等,未果。

2021年1月22日,某中级人民法院裁定确认L公司无争议债权金额总计801,830.38元。

另查明,管理人从税务机关调取了L公司报税材料,其中,2011年7月资产负债表显示,L公司当期流动资产、应收账款、固定资产等资产合计24,537,026.53元,应付工资、其他应付款等负债合计28,095,457.67元,所有者权益合计-3,558,431.14元。

L公司将张某英、周某、黄某作为被告诉至法院,请求:(1)判令张某英、周某、黄某对L公司全体债权人的利益损失共801,830.38元承担连带赔偿责任;(2)判令上述第一项的胜诉利益归于L公司财产;(3)判令诉讼费用由3名被告共同承担。

裁判结果

一审判决如下:被告王某、被告张某英于本判决生效之日起10日内共同赔偿L公司损失801,830.38元,并归入L公司财产;驳回L公司的其余诉讼请求。

律师观点

该案系债务人有关人员不履行法定义务，导致无法清算给债权人造成损失，由债务人的管理人在破产程序中对有关人员提起损害赔偿之诉。

《企业破产法》第15条规定："自人民法院受理破产申请的裁定送达债务人之日起至破产程序终结之日，债务人的有关人员承担下列义务：(一)妥善保管其占有和管理的财产、印章和账簿、文书等资料；(二)根据人民法院、管理人的要求进行工作，并如实回答询问；(三)列席债权人会议并如实回答债权人的询问；(四)未经人民法院许可，不得离开住所地；(五)不得新任其他企业的董事、监事、高级管理人员。前款所称有关人员，是指企业的法定代表人；经人民法院决定，可以包括企业的财务管理人员和其他经营管理人员。"简言之，债务人的有关人员，如债务人的法定代表人、财务管理人员和其他经营管理人员有配合管理人对债务人进行清算的法定义务。此处所指的"配合清算义务"主要包括妥善保管其占有和管理的财产、印章和账簿、文书等资料，将该等资料完整、及时移交管理人，并配合清算工作，如实回答法院、管理人、债权人询问等。

该案中，被告王某担任L公司的法定代表人和执行董事，对外代表L公司，并负责L公司经营管理，当然负有配合清算的义务。被告黄某持股9%，并担任L公司的监事，通常情况下，监事不参与公司的管理经营，不负责保管印章及财务账册，仅对公司的业务、财务等状况进行检查监督，在无证据证明L公司小股东、监事黄某实际管理章证照等情况下，黄某不负有配合清算的义务。被告张某英系持股51%的控股股东，实际掌控L公司的经营决策权，在被告张某英未提出相反证据的情况下，其负有配合破产清算的义务。管理人已经通过向户籍地址寄送配合接管信件、上门寻找、在全国企业破产重整案件信息网发布公告等方式联系王某及张某英，但2人自始至终未主动联系管理人，致使管理人无法接管L公司的财产、印章、账簿等，王某、张某英不配合管理人清算，导致L公司财产状况不明，该2人应当承担损害赔偿责任。

当然，债务人的有关人员所承担的民事责任归属侵权责任范畴。确定有关人员责任时，应当以债权人的损失与有关人员的行为之间存在因果关系为必要前提。若有关人员不存在滥用法人独立地位、股东有限责任，以逃避债务的情形，则不应仅以违反配合破产清算义务为由，判定有关人员对债务人的全部债务承担连带清偿责任。

38 少数股东能否以多数股东侵害公司利益，可能妨害公司清算为由，向法院申请强制清算？

裁判要旨

多数股东因故意损害公司权益对公司负有巨额债务，且拒不清偿的，如果由多数股东主导对公司进行自行清算，将与清算事务发生直接的利益冲突，使清算程序存在故意拖延或者违法清算的现实可能性。其他股东基于上述理由申请对公司实行强制清算，而多数股东不能提出足以确保依法及时自行清算的有效措施或者提供有效担保的，人民法院应当参照《公司法司法解释（二）》的有关规定，对少数股东提出的公司强制清算申请裁定予以受理。

基本案情

X公司于2009年4月21日设立，注册资本50万元。股东S公司出资24万元，持股48%；股东陈某胜出资17.5万元，持股35%；股东M公司出资8.5万元，持股17%。

X公司设立后，其主要经营活动是投资开发位于徐行镇的一处工业用地及工业房产项目（以下简称徐行项目）。

2011年，S公司及M公司计划增加X公司注册资本。2011年5月30日，S公司与M公司共同参加X公司临时股东会（陈某胜收到该会议通知但未实际与会），并作出一项股东会决议，即若2011年6月8日陈某胜应追加的投资款仍未到账，届时公司将放弃徐行项目。因三方股东间存在分歧，陈某胜未理会X公司发出的追加投资的通知，S公司与Z公司签订了在建工程转让合同，以17,841,300元受让了涉案工业用房建设项目。

另，2011年8月30日，徐行项目通过竣工验收。

2013年3月18日，陈某胜以S公司、M公司等共同损害

X公司利益为由起诉至某区法院，要求赔偿损失500万元。

某区人民法院作出驳回陈某胜全部诉讼请求的01号民事判决书。

陈某胜不服判决，提起上诉，后某市中级人民法院于2015年6月23日作出撤销01号民事判决书，发回某区法院重审的02号民事裁定书。

2017年6月30日，某区法院作出03号民事判决书，判决S公司、M公司支付X公司价款44,492,000元及利息损失等。

陈某胜及S公司、M公司均不服03号判决并上诉，某市中级人民法院于2018年5月11日作出04号民事判决书，判决驳回上诉，维持原判。

陈某胜、S公司均不服，向某市检察院申诉。某市检察院认为符合法律规定，向当地高级人民法院提出抗诉。

当地高级人民法院于2019年3月6日作出提审该案的05号民事裁定书，再审期间，中止04号民事判决书的执行。

当地高级人民法院审查后认为，S公司、M公司未对涉案工业用房建设项目进行评估，即由S公司取得原属于X公司的徐行项目，损害了X公司的利益。因此，S公司、M公司应当对由此给X公司造成的损失承担赔偿责任。2019年12月24日，当地高级人民法院作出06号民事判决书，维持了某市中级人民法院作出的04号民事判决书。06号民事判决书发生法律效力后，S公司、M公司未按生效裁判文书履行义务。

另外,2018 年 8 月 8 日,陈某胜将 X 公司诉至法院,要求解散 X 公司,某区法院作出解散 X 公司的 07 号民事判决书。X 公司不服上诉,因未缴纳上诉费,某市中级人民法院于 2019 年 4 月 28 日作出按撤回上诉处理的 08 号民事裁定书。

2019 年 4 月 19 日,X 公司向陈某胜发出《关于召开临时股东会的通知》,通知各股东于 2019 年 5 月 5 日 14:00 时在公司会议室召开临时股东会,会议审议事项包括:(1)审议公司经营期限届满后是否延续经营期限;(2)若不再延续公司经营期限,确定清算组的成员名单;(3)若不再延续公司经营期限,确定清算组的议事规则。

陈某胜收到上述通知后,向 X 公司寄送了《关于对召开临时股东会的意见函》,表示在 X 公司具备清算条件的情形下,无论是基于客观事实和证据还是基于法律规定,X 公司均应在人民法院主导下进行强制清算,而非自行清算。

2019 年 4 月 29 日,X 公司再次书面通知陈某胜,要求其务必参加 2019 年 5 月 5 日的临时股东会。

2019 年 5 月 5 日,在陈某胜未参会的情况下,X 公司召开股东会并作出决议,内容如下:(1)成立清算组;(2)清算组成员由三方股东各指派一人共同组成;(3)S 公司指派郑某华,M 公司指派陈某川。

陈某胜不满 X 公司 2019 年 5 月 5 日临时股东会决议内容,遂向某市中级人民法院申请强制清算 X 公司。

裁判结果

一审法院裁定不予受理陈某胜的强制清算申请。

二审法院撤销一审裁定，指令原审法院裁定受理陈某胜对 X 公司的强制清算申请。

律师观点

公司清算是其退出市场的重要环节，过程中既要充分保护债权人利益，又要兼顾职工利益、股东利益和社会利益。若清算组故意拖延清算，势必造成相关利害关系人的损失，不利于社会资源的有效利用。此时，强制清算作为公司退出市场机制的重要途径，应当充分发挥其制度作用，及时助推公司有序退出市场，实现资源有效配置。

该案中，X 公司股东之间的矛盾冲突由来已久，股东与股东之间、股东与公司之间牵涉多起诉讼。经生效判决确认，X 公司对 S 公司、M 公司享有巨额债权，S 公司、M 公司始终未履行判决确定的义务，而 X 公司清算事务之一便是向 S 公司、M 公司进行追收，且 S 公司、M 公司曾滥用股东权利，将徐行项目贱卖，严重损害 X 公司和股东陈某胜利益。

如果由 S 公司、M 公司主导 X 公司的自行清算，将难以确保清算过程公平公正。在 S 公司、M 公司未能提出足以确保依法及时清算的有效措施，或者提供相应担保的前提下，对 X 公司进行强制清算具有现实必要性。

第二部分

行政争议解决与风险管理

企业法律风险防控是全面依法治国战略的必然要求，对于推动企业实现治理体系和治理能力现代化具有重要作用。在当前经贸关系复杂多变的背景下，建立科学有效的法律风险防控体系是企业应对国际、国内多变市场环境和复杂监管政策的必然选择。

法律风险防控的目标是减少企业因违法行为而遭受的经济损失并对潜在法律风险进行预防。企业若违反法律法规，可能会面临政府监管机构的罚款、没收违法所得，甚至吊销营业执照等处罚。企业违法行为会损害企业的声誉，导致客户和合作伙伴资源的流失，从而影响企业的收入和市场地位。更重要的是，某些行业对企业的法律风险防控要求极高，违法行为可能导致企业失去市场准入资格，法律风险防控有助于企业持续参与市场竞争。

为此，我们梳理了实践中的一些典型案例，通过案例了解行政处罚依据，以期帮助企业避免因违法行为而产生的直接经济损失，提升企业的整体管理水平和风险控制能力。

1 当事人委托代办注册公司，代办提交虚假材料的，公司会被处罚吗？

案件要旨

当事人积极配合调查，且当事人在公司设立登记中提交虚假材料的行为并未造成危害后果的，行政机关可以减轻处罚。

基本案情

2022年4月，苏州市某区市场监督管理局收到举报，称住所为苏州市高新区某广场某室的A公司注册登记时提供的房屋租赁合同为虚假材料。A公司的行为涉嫌违反《市场主体登记管理条例》第17条的规定，市场监督管理局依法立案调查。

经查实，A公司于2021年8月与B公司签订代办公司注册协议书，由B公司员工提交了苏州市高新区某广场某室房屋租赁合同并办理了公司设立登记。经现场检查，市场监督管理局执法人员在上述地址未发现A公司，A公司注册登记时提供的房屋租赁合同为虚假材料。

依据2018年《公司法》第10条[①]“公司以其主要办事机

① 现行《公司法》第8条规定：“公司以其主要办事机构所在地为住所。”

构所在地为住所”的规定，住所是公司应依法登记的事项。A公司提交虚假的租赁合同取得公司设立，上述行为违反了《市场主体登记管理条例》第17条“申请人应当对提交材料的真实性、合法性和有效性负责”之规定，构成了提交虚假材料取得公司登记的违法行为。由于A公司积极配合市场监督管理局调查，且A公司在公司设立登记中提交虚假材料的行为并未造成危害后果，因此建议减轻处罚。2022年6月，市场监督管理局对A公司处以罚款1万元。

合规提示

该案中，A公司委托代办公司处理公司注册事宜，因代办公司提交了虚假的房屋租赁合同导致A公司被市场监督管理局处罚。该案有两处值得注意：一是根据《市场主体登记管理条例》第8条规定，市场主体名称、主体类型、经营范围、住所或主要经营场所、注册资本或出资额、法定代表人、执行事务合伙人或负责人姓名等是一般登记事项，市场主体应对提交材料的真实性、合法性、有效性负责。虽然《市场主体登记管理条例》准许市场主体委托其他自然人或者中介机构代其办理市场主体登记，但市场主体仍要对上述材料尽到注意、审核义务。二是该案中A公司积极配合市场监督管理局的调查工作，主动向行政机关说明情况，提交委托代办协议，最终市场监督管理局依据《行政处罚法》第5条第2款和第6条的规定，对其减轻了处罚。

【法条链接】

2018 年《公司法》第 198 条[①] 违反本法规定，虚报注册资本、提交虚假材料或者采取其他欺诈手段隐瞒重要事实取得公司登记的，由公司登记机关责令改正，对虚报注册资本的公司，处以虚报注册资本金额百分之五以上百分之十五以下的罚款；对提交虚假材料或者采取其他欺诈手段隐瞒重要事实的公司，处以五万元以上五十万元以下的罚款；情节严重的，撤销公司登记或者吊销营业执照。

《市场主体登记管理条例》第 44 条 提交虚假材料或者采取其他欺诈手段隐瞒重要事实取得市场主体登记的，由登记机关责令改正，没收违法所得，并处 5 万元以上 20 万元以下的罚款；情节严重的，处 20 万元以上 100 万元以下的罚款，吊销营业执照。

---

① 现行《公司法》第 250 条规定："违反本法规定，虚报注册资本、提交虚假材料或者采取其他欺诈手段隐瞒重要事实取得公司登记的，由公司登记机关责令改正，对虚报注册资本的公司，处以虚报注册资本金额百分之五以上百分之十五以下的罚款；对提交虚假材料或者采取其他欺诈手段隐瞒重要事实的公司，处以五万元以上二百万元以下的罚款；情节严重的，吊销营业执照；对直接负责的主管人员和其他直接责任人员处以三万元以上三十万元以下的罚款。"

2 股东向他人借款出资，经验资后转出，账上记应收账款，属于抽逃出资的行为吗？

案件要旨

实行注册资本实缴登记制的市场主体的发起人、股东虚假出资，未交付或者未按期交付作为出资的货币或者非货币财产的，或者在市场主体成立后抽逃出资的，由登记机关责令改正，处虚假出资金额5%以上、15%以下的罚款。

基本案情

张某与颜某于2017年3月出资成立上海A人才咨询有限公司，根据公司章程，注册资本为200万元，法定代表人是颜某，出资140万元，股东张某出资60万元，出资方式为货币，出资时间为2017年2月20日。2017年2月20日，上海某会计师事务所有限公司出具了验资报告，证明截至2017年2月20日，公司收到全体股东缴纳的注册资本（实收资本）为人民币200万元，各股东以货币出资。

上海某会计师事务所有限公司于2019年6月13日出具的《关于上海A人才咨询有限公司2017年度公示信息的专项审计和复核报告》的第3条专项审计结果载明：第（一）项股东/发起人及出资信息中公示张某认缴出资额60万元，实缴出资时间2017年2月20日，出资方式为货币，审计结果是张某实缴出资额0万元，实缴出资时间无，出资方式无。

经市场监督管理局查实，上海A人才咨询有限公司成立时因办理劳务派遣经营许可证需要实缴出资到位，法定代表人颜某和股东张某向朋友各借款140万元和60万元凑足200万元，将200万元资金存入公司账户，并经验资。公司成立后，再将公司账户上的资金200万元分别转入案外人与张某的个人账户上，并由会计在做账时将该笔200万元款项挂在其他应收款项目下。

张某抽逃出资的行为违反了《公司法》第35条的规定，鉴于张某在案发后积极改正违法行为，根据《公司法》第200条的规定，并根据《行政处罚法》(2017年修正)第27条第1款第1项的规定，决定对其处以罚款1.8万元整。

合规提示

2013年12月28日，第十二届全国人民代表大会常务委员会第六次会议通过了《关于修改〈中华人民共和国公司法〉的决定》，自2014年3月1日起施行。此次修改后的《公司法》将注册资本实缴登记制改为认缴登记制，除对公司注册资本实缴有另行规定的以外，取消了公司法定出资期限的规定，采取公司股东(发起人)自主约定认缴出资额、出资方式、出资期限等并记载于公司章程的规定。该案中，张某出资设立的公司经营范围包括“劳务派遣”，根据现行有效的《劳务派遣行政许可实施办法》第7条"申请经营劳务派遣业务应当具备下列条件:(一)注册资本不得少于人民币200万元……"之规定,张某与颜某出资设立的公司注册资本实缴不得少于200万元,故市场监督管理局对张某"垫资"注册公司后又抽逃出资的行为进行处罚。在此提示公司股东(发起人)对公司注册资本实缴另有规定的情形应特别注意。对公司注册资本实缴另有规定的情形主要有:经营证券类公司、基金类公司、信托公司、商业银行、金融租赁、保险类公司、文化出版类公司、建筑类公司、典当行、旅游类公司、通信类公司、劳务派遣公司等。上述公司股东(发起人)若存在抽逃出资的情形,除承担行政责任外,还有民事和刑事责任的风险。股东通过循环转账制造出资流水的,属于虚假出资,在强制执行过程中,法院有权依申请将其追加为被执行人,要求其在虚假出资的范围内依法承担清偿责任。

需要注意的是,根据最高人民法院《关于对帮助他人设立注册资金虚假的公司应当如何承担民事责任的请示的答复》,代垫出资方的不当行为虽然没有直接给当事人造成损害后果,但其行为使资本不充实的公司得以成立,并从事与之实际履行能力不相适应的交易活动,给他人造成不应有的损害后果。因此,代垫出资方是有过错的。代垫出资方应在被代垫出资的公司注册资本不实的范围内对该公司债权人承担补充赔偿责任。

【法条链接】

《公司法》第200条　公司的发起人、股东在公司成立后,抽逃其出资的,由公司登记机关责令改正,处以所抽逃出资金额百分之五以上百分之十五以下的罚款。

《市场主体登记管理条例》第45条　实行注册资本实缴登记制的市场

主体虚报注册资本取得市场主体登记的，由登记机关责令改正，处虚报注册资本金额5%以上15%以下的罚款；情节严重的，吊销营业执照。

实行注册资本实缴登记制的市场主体的发起人、股东虚假出资，未交付或者未按期交付作为出资的货币或者非货币财产的，或者在市场主体成立后抽逃出资的，由登记机关责令改正，处虚假出资金额5%以上15%以下的罚款。

3 实行认缴资本制的公司，股东未交付或未按时缴付出资款，公司会被行政处罚吗？

案件要旨

实行认缴资本制的公司股东未按时出资的，由公司登记机关责令改正，处以虚假出资金额5%以上、15%以下的罚款。

基本案情

2020年11月19日，市场监督管理局执法人员在受理位于乐平市人民东路的“L公司”移出异常名录时，发现L公司年报不规范，通过查阅公司章程第五章，发现L公司注册资本为50万元，2019年11月1日设立时缴付4万元，剩下的46万元于2039年12月31日前缴付，出资方式为货币。经了解，L公司股东段某、黄某、杨某和王某有未交付注册资本的嫌疑。市场监督管理局依法立案调查。

经查，L公司注册资本为认缴制，企业注册资本为50万元，2019年11月1日设立时缴付4万元，剩下的46万元于2039年12月31日前缴付，出资方式为货币，而L企业股东段某、黄某、杨某和王某并未将应实缴的注册资本存入公司账户。执法人员当场向当事人下达（乐）市监（企）责改〔2020〕141号《责令改正通知书》，责令当事人在7个工作日内将4万元人民币缴入公司账户。至调查终结时止，L公司股东段某、黄某、杨某和王某分别在2020年11月24日和11月25日将未缴的4万元注册资本缴入公司账户。依据2018年《公司法》第199条"公司的发起人、股东虚假出资，未交付或者未按期交付作为出资的货币或者非货币财产的，由公司登记机关责令改正，处以虚假出资金额百分之五以上百分之十五以下的罚款"的规定，决定对L公司处以罚款2000元整，上缴国库。

合规提示

该案L公司为注册资本认缴制企业，因股东未按照公司章程约定的出资期限出资而被处罚。笔者认为，2018年《公司法》第199条[①]针对的

① 现行《公司法》第252条规定，公司的发起人、股东虚假出资，未交付或者未按期交付作为出资的货币或者非货币财产的，由公司登记机关责令改正，可以处以五万元以上二十万元以下的罚款；情节严重的，处以虚假出资或者未出资金额百分之五以上百分之十五以下的罚款；对直接负责的主管人员和其他直接责任人员处以一万元以上十万元以下的罚款。

是违反出资缴纳期限的发起人、股东，市场监督管理局应对行为人进行处罚，而非处罚公司。此外，发起人、股东未交付或未按时交付出资并不意味着其会因未出资或未按时出资而丧失股东资格。值得注意的是，该案线索是执法机关通过公司年报发现的，在此提示公司应重视企业信息填写公示工作。《企业信息公示暂行条例》第10条规定："企业应当自下列信息形成之日起20个工作日内通过企业信用信息公示系统向社会公示：（一）有限责任公司股东或者股份有限公司发起人认缴和实缴的出资额、出资时间、出资方式等信息；（二）有限责任公司股东股权转让等股权变更信息；（三）行政许可取得、变更、延续信息；（四）知识产权出质登记信息；（五）受到行政处罚的信息；（六）其他依法应当公示的信息。工商行政管理部门发现企业未依照前款规定履行公示义务的，应当责令其限期履行。"企业应对其公示信息的真实性、及时性负责。

【法条链接】

《公司法》第199条　公司的发起人、股东虚假出资，未交付或者未按期交付作为出资的货币或者非货币财产的，由公司登记机关责令改正，处以虚假出资金额百分之五以上百分之十五以下的罚款。

4 公司可以将资金以个人名义存储于银行进行体外循环吗？

案件要旨

公司职工以借款形式将公司资金转入个人账户，形成公司资金在个人账户存储并在公司账外循环使用的，属于以个人名义开立账户存储公司资金。

基本案情

2019 年，某省省财政厅与省医疗保障局组成检查组，对 E 公司遵守会计法律法规、财务会计制度、内部控制规范以及国家财税政策等有关情况进行了检查，发现 E 公司存在收入（含税）未入账 200 万元、少缴税费 34.53 万元、以个人名义开立账户存储公司资金 6836.4 万元的问题。

经查，E 公司 2018 年将部分销售退回的近效期药品直接以现金结算方式出售给乡村诊所、城郊个体药店，由 E 公司仓储部按日将现金上交股东金某用于偿还个人拆借的借款，未纳入公司法定账簿内核算管理合计 200 万元（含增值税），相应少缴税费 34.53 万元，其中，增值税 27.6 万元、企业所得税 3.58 万元、其他税费 3.35 万元。

E 公司存在以个人名义开立账户存储公司资金的情况，

其中以“促消费”名义支付给经销商个人1749.6万元。2018年,E公司以公司职工王某等14人借款的形式将公司资金6836.4万元从公司银行账户分别转入以股东金某及其亲属郑某个人名义开立的银行卡,当年有部分资金陆续转回公司银行账户,形成公司资金在个人账户存储并在公司账外循环使用的情形。其中,以支付“促消费”名义转入经销商谢某等66人的个人银行卡合计1749.6万元,截至检查日,E公司未提供与谢某等66人签订的“促销”合同,未提供合法票据和中介服务资质。

依据《会计法》第43条的规定,某省省财政厅对E公司收入(含税)未入账200万元、少缴税费34.53万元的问题,作出处以5万元罚款的行政处罚;对E公司以个人名义开立账户存储公司资金6836.4万元,其中以“促消费”名义支付给经销商个人1749.6万元的问题,作出处以5万元罚款的行政处罚。以上两项合计罚款10万元。

// 合规提示

该案中,E公司的行为违反《会计法》第9条“各单位必须根据实际发生的经济业务事项进行会计核算,填制会计凭证,登记会计账簿,编制财务会计报告。任何单位不得以虚假的经济业务事项或者资料进行会计核算”和第17条“各单位应当定期将会计账簿记录与实物、款项及有关资料相互核对,保证会计账簿记录与实物及款项的实有数额相符、会计账簿记录与会计凭证的有关内容相符、会计账簿之间相对应的记录相符、会计账簿记录与会计报表的有关内容相符”,以及2018年《公司法》第171条[①]“公司除法定的会计账簿外,不得另立会计账簿。对公司资产,不得以任何个人名义开立账户存储”和《企业会计准则——基本准则》第12条“企业应当以实际发生的交易或者事项为依据进行会计确认、计量和报告,如实反映符合确认和计量要求的各项会计要素及其他相关信息,保证会计信息真实可靠,内容完整”的规定。

【法条链接】

2018年《公司法》第201条　公司违反本法规定,在法定的会计账簿以外另立会计账簿的,由县级以上人民政府财政部门责令改正,处以五万元以上五十万元以下的罚款。

《会计法》第42条　违反本法规定,有下列行为之一的,由县级以上人民政府财政部门责令限期改正,可以对单位并处三千元以上五万元以下的罚款;对其直接负责的主管人员和其他直接责任人员,可以处二千元以上二万元以下的罚款;属于国家工作人员的,还应当由其所在单位或者有关单位依法给予行政处分:(一)不依法设置会计账簿的;(二)私设会计账簿的;(三)未按照规定填制、取得原始凭证或者填制、取得的原始凭证不符合规定的;(四)以未经审核的会计凭证为依据登记会计账簿或者登记会计账簿不符合规定的;(五)随意变更会计处理方法的;(六)向不同的会计资料使用者提供的财务会计报告编制依据不一致的;(七)未按照规定使用会计记录文

---

① 现行《公司法》第254条规定:“有下列行为之一的,由县级以上人民政府财政部门依照《中华人民共和国会计法》等法律、行政法规的规定处罚:(一)在法定的会计账簿以外另立会计账簿;(二)提供存在虚假记载或者隐瞒重要事实的财务会计报告。”

字或者记账本位币的；（八）未按照规定保管会计资料，致使会计资料毁损、灭失的；（九）未按照规定建立并实施单位内部会计监督制度或者拒绝依法实施的监督或者不如实提供有关会计资料及有关情况的；（十）任用会计人员不符合本法规定的。有前款所列行为之一，构成犯罪的，依法追究刑事责任。会计人员有第一款所列行为之一，情节严重的，五年内不得从事会计工作。有关法律对第一款所列行为的处罚另有规定的，依照有关法律的规定办理。

5 公司已召开股东会成立清算组，但未按规定通知债权人，会被处罚吗？

案件要旨

公司在合并、分立、减少注册资本或者进行清算时，不依照本法规定通知或者公告债权人的，由公司登记机关责令改正，对公司处以1万元以上、10万元以下的罚款。

基本案情

2019年9月30日，某市场监督管理局执法人员在检查中发现H公司涉嫌在公司清算时未按规定公告债权人，经批准，对H公司立案调查。

经查,H公司于2015年7月30日在公司会议室召开股东会,会议一致形成以下决议:(1)同意公司注销;(2)同意成立清算组,清算组成员为户某、邢某、Y公司(委派人荣某),邢某为清算组负责人;(3)同意将上述决定登报,公告公司注销情况及告知公司债权债务人,并于2015年8月12日进行了备案申请。2017年5月15日,H公司再次召开股东会,会议决议事项如下:(1)因公司经营不善、严重亏损,经股东会研究决定,决议解散;(2)公司成立清算组,清算组成员为邢某、户某,任命邢某为清算组负责人;(3)同意决议事项,持赞同意见股东所代表的股份数为200万元,占公司股份总数的100%,并于2017年5月16日进行了备案申请,H公司自清算组成立之日起60日内未按规定在报纸上公告债权人。

鉴于H公司在案件调查过程中能够认识到行为的违法性,积极配合调查,如实陈述违法事实,主动在报纸上公告债权人,结合该案调查事实,H公司符合从轻减轻处罚的情形。

依据2018年《公司法》第204条第1款“公司在合并、分立、减少注册资本或者进行清算时,不依照本法规定通知或者公告债权人的,由公司登记机关责令改正,对公司处以一万元以上十万元以下的罚款”之规定,市场监督管理局决定对当事人处罚如下:(1)责令改正;(2)罚款人民币1万元,上缴国库。

// 合规提示

该案中,H 公司已经召开了股东会成立清算组,但由于未在规定时间内在报纸上对债权人公告而被行政处罚,这说明 H 公司对清算组的职权还了解得不够深入。清算组在清算期间行使以下职权:(1)清理公司财产,分别编制资产负债表和财产清单。(2)在公司财产不足以清偿债务时,追缴股东尚未缴纳的出资。(3)通知、公告债权人。通过对公司资产的清理,清算组对公司债权情况应有所了解。对于姓名、通信地址明确的债权人,清算组应以电话、邮件、信函等形式直接通知;对于姓名或地址不详的债权人,则应通过报刊等新闻媒体予以公告。(4)处理公司未了结的业务。公司在清算期间不允许开展新的营业活动,原来公司未了结的一切业务活动,应当由清算组进行处理。(5)清缴所欠税款以及清算过程中产生的税款。(6)清理债权、债务。(7)处理公司清偿债务后的剩余财产。(8)代表公司参与民事诉讼活动。(9)及时提出破产申请。清算组若未按照规定履行通知和公告债权人的义务,除要承担行政责任外,根据《公司法司法解释(二)》(2014 年修正)第 11 条第 2 款的规定,清算组成员还要承担债权人因此造成的损失。

【法条链接】

2018 年《公司法》第 204 条　公司在合并、分立、减少注册资本或者进行清算时,不依照本法规定通知或者公告债权人的,由公司登记机关责令改正,对公司处以一万元以上十万元以下的罚款。

公司在进行清算时,隐匿财产,对资产负债表或者财产清单作虚假记载或者在未清偿债务前分配公司财产的,由公司登记机关责令改正,对公司处以隐匿财产或者未清偿债务前分配公司财产金额百分之五以上百分之十以下的罚款；对直接负责的主管人员和其他直接责任人员处以一万元以上十万元以下的罚款。

现行《公司法》第255条　公司在合并、分立、减少注册资本或者进行清算时，不依照本法规定通知或者公告债权人的，由公司登记机关责令改正，对公司处以一万元以上十万元以下的罚款。

《市场主体登记管理条例》第32条　市场主体注销登记前依法应当清算的，清算组应当自成立之日起10日内将清算组成员、清算组负责人名单通过国家企业信用信息公示系统公告。清算组可以通过国家企业信用信息公示系统发布债权人公告。

清算组应当自清算结束之日起30日内向登记机关申请注销登记。市场主体申请注销登记前，应当依法办理分支机构注销登记。

6　公司主管人员提供不真实的财务会计报告会被罚款吗？

案件要旨

公司直接负责主管人员和其他直接人员在企业信息公示中隐瞒真实情况提交虚假财务会计报告的，有关机关可以对相关人员处以罚款。

基本案情

经查，Y公司财务负责人黄某向公司提交的2020年年度财务会计报表（资产负债表、利润表）上的营业收入数据为5544.55元，固定资产未填报。而实际营业收入有30万元，2020年购买的一台叉车为固定资产也未填报。公司没有依法设置会计账簿，上述财务报表数据系当事人随意填写作虚假记载，黄某作为Y公司的法定代表人和财务负责人，对此负有主管和直接责任。Y公司的上述行为构成了2018年《公司法》第202条规定的“公司在依法向有关主管部门提供的财务会计报告等材料上作虚假记载”的违法行为。

2018年《公司法》第202条规定：“公司在依法向有关主管部门提供的财务会计报告等材料上作虚假记载或者隐瞒重要事实的，由有关主管部门对直接负责的主管人员和其他直接责任人员处以三万元以上三十万元以下的罚款。”但鉴于黄某积极配合市场监督管理局调查，如实陈述违法事实并主动提供证据材料，积极整改，可以依法对当事人减轻行政处罚。责令黄某立即改正上述违法行为，并拟对黄某处以2万元罚款的行政处罚。

合规提示

该案中，Y公司的财务负责人及法人以编造不实的账务数据填写财务报告被市场监督管理局罚款2万元。在此提示，除被市场监督管理局依据2018年《公司法》第202条的规定对主要负责的主管人员及其他直接责任人员处以罚款外，根据《企业信息公示暂行条例》第17条第1款第2项“有下列情形之一的，由县级以上工商行政管理部门列入经营异常名录，通过企业信用信息公示系统向社会公示，提醒其履行公示义务；情节严重的，由有关主管部门依照有关法律、行政法规规定给予行政处罚；造成他人损失的，依法承担赔偿责任；构成犯罪的，依法追究刑事责任……（二）企业公示信息隐瞒真实情况、弄虚作假的”的规定，企业还可能会被列入经营异常名录，影响企业对外形象和未来发展。

【法条链接】

2018年《公司法》第202条　公司在依法向有关主管部门提供的财务会计报告等材料上作虚假记载或者隐瞒重要事实的，由有关主管部门对直接负责的主管人员和其他直接责任人员处以三万元以上三十万元以下的罚款。

7　公司成立后无正当理由可以超过6个月未开业吗？

案件要旨

公司成立后无正当理由超过6个月未开业的，或者开业后自行停业连续6个月以上的，可以由公司登记机关吊销营业执照。

基本案情

2020年10月，某区市场监督管理局向国家税务总局某区分局发函，函请协助调查区内2年及2年以上未年报企业税务状态。某区市场监督管理局接到区税务局复函，显示B公司税务状态为非正常。

2020年11月，某区市场监督管理局对B公司注册地进行现场调查，发现B公司未在登记的住所开展经营活动。B公司的行为违反《公司登记管理条例》[①]第67条的规定，属于公司成立后无正当理由超过6个月未开业的，或者开业后自行停业连续6个月以上的违法行为。某区市场监督管理局对B公司作出吊销营业执照的处罚。

合规提示

该案中B公司因成立后无正当理由自行停业连续6个月以上而被市场监督管理局吊销营业执照。吊销营业执照是最严厉的行政处罚，因此市场监督管理局在执法过程中通常经过深入细致的调查后作出。2022年3月1日，《市场主体登记管理条例实施细则》施行，《公司登记管理条例》同时废止。《主体登记管理条例实施细则》建立了市场主体歇业制度，明确因自然灾害、事故灾难、公共卫生事件、社会安全事件等造成经营困难的，市场主体可以自主决定在一定时期内歇业。对歇业的

① 该条例被《市场主体登记管理条例》（2021年7月27日发布，2022年3月1日实施）废止。

市场主体,《市场主体登记管理条例实施细则》明确市场主体应当在歇业前向登记机关办理备案,登记机关通过国家企业信用信息公示系统向社会公示歇业期限、法律文书送达地址等信息,终止歇业后,市场主体应当通过公示系统向社会公示。市场主体歇业期限累计不超过3年。歇业的市场主体应按时公示年度报告,自主决定开展或者已实际开展经营活动的,应当于30日内在国家企业信用信息公示系统上公示终止歇业。

【法条链接】

2018年《公司法》第211条　公司成立后无正当理由超过六个月未开业的,或者开业后自行停业连续六个月以上的,可以由公司登记机关吊销营业执照。

公司登记事项发生变更时,未依照本法规定办理有关变更登记的,由公司登记机关责令限期登记;逾期不登记的,处以一万元以上十万元以下的罚款。

现行《公司法》第260条　公司成立后无正当理由超过六个月未开业的,或者开业后自行停业连续六个月以上的,公司登记机关可以吊销营业执照,但公司依法办理歇业的除外。公司登记事项发生变更时,未依照本法规定办理有关变更登记的,由公司登记机关责令限期登记;逾期不登记的,处以一万元以上十万元以下的罚款。

《市场主体登记管理条例实施细则》第70条　市场主体未按照法律、行政法规规定的期限公示或者报送年度报告的,由登记机关列入经营异常名录,可以处1万元以下的罚款。

第74条　市场主体未按照本实施细则第四十二条规定公示终止歇业

的，由登记机关责令改正；拒不改正的，处3万元以下的罚款。

8 用人单位直接涉及劳动者切身利益的规章制度违反法律、法规规定的，会被处罚吗？

案件要旨

用人单位直接涉及劳动者切身利益的规章制度违反法律、法规规定的，由劳动行政部门责令改正，并给予警告。

基本案情

某区人力资源和社会保障局于2021年10月12日接到举报，举报称Z单位制定的规章制度涉嫌存在违反劳动保障法律法规或规章的行为。

经立案调查查明，Z单位于2021年10月制定的涉及职工切身利益的《Z单位规章制度(修改版)》存在未经职工代表大会或者全体职工讨论，提出方案和意见，与工会或者职工代表平等协商确定，且未进行公示或告知全体职工的行为。

同时，Z单位使用的《Z单位规章制度(修改版)》规定的

"如员工不同意政审家访,原则上不能办理转正手续"违反《劳动合同法》第19条第2款的规定。《Z单位规章制度(修改版)》规定的"员工提出正式辞职后一个月内仍算在职员工,需照常上班,否则需向单位支付一个月工资总额作为补偿金"违反《劳动法》第50条和《劳动合同法实施条例》第26条的规定。《Z单位规章制度(修改版)》规定的"不能完成岗位工作任务与目标,经和领导交流,沟通并培训或调岗后,依旧不能胜任工作岗位的情形,单位有权给予辞退,解除劳动合同,用人单位无须给付补偿金,Z单位有权不予员工补偿金"违反《劳动合同法》第46条第3项的规定。《Z单位规章制度(修改版)》规定的"因工作需要经过领导审批或领导安排工作,加班到20点以后,员工在次日上午顺延半天(顺延调休无须审批),考勤打卡可调整至14点前,若次日已有工作安排,可延期调休。加班到晚上10点以后,按照50元/次的标准发放加班补贴"违反《劳动法》第41条和第44条第1项的规定。《Z单位规章制度(修改版)》规定的"需在周末或国家法定节假日继续工作的,尽量安排本月调休,调休尽量在两个月内使用完毕,不累计到第三个月"违反《劳动法》第44条第2项、第3项的规定。《Z单位规章制度(修改版)》规定的"各类假期超过7天(含)的,请假天数一律包括法定节假日"违反《职工带薪年休假条例》第3条第2款的规定。《Z单位规章制度(修改版)》规定的"员工正常产假为90天,其中产前假15天,难产增加15天,多胞胎每多育一胎增加15天;员工怀孕3

个月以内自然流产的产假为7天,3个月以上7个月以内的自然流产的产假15天”违反《女职工劳动保护特别规定》第7条的规定。《Z单位规章制度(修改版)》规定的“男员工妻子生育的,可享受陪产假5天,须提供医院证明”违反《北京市人口与计划生育条例》第19条第1款的规定。

上述事实有《某区人力资源和社会保障局劳动保障监察询问笔录》、《Z单位规章制度(修改版)》复印件等材料为证。上述行为违反了《劳动法》第4条、《劳动合同法》第4条的规定,构成了用人单位制定的规章制度违反法律、法规规定的情形。依据《劳动法》第89条、《劳动合同法》第80条的规定,行政机关决定对该单位作出警告的行政处罚。

合规提示

该案中,Z单位因其制定的规章制度在程序上、内容上存在违法违规,经人力资源和社会保障局调查后被处以警告处罚。用人单位有权自主制定规章制度,但制定的规章制度内容上应具有合法性,制定和通过应经过民主决策,规章制度应经过公示。用人单位制定的规章制度,首先,内容上应符合法律、法规、规章,包括宪法、法律、行政法规、地方性法规、行政规章的规定,与上述法律法规相抵触的规章制度是无效的,法律法规没有详细规定的,用人单位可以根据自身情况细化规章制度。其次,对涉及劳动者切身利益的规章制度,用人单位应履行民主程序。民主程序主要包括以下步骤:一是讨论,即与全体职工或职工代表讨论规章制度草案,全体职工或职工代表可提出方案和意见。二是协商确定程序，即用人单位与工会或者职工协商确定规章制度文本。如果规章制度经平等协商确定程序无法达成一致，用人单位可最终决定规章制度的内容。三是用人单位内部的规章制度必须对其适用的劳动者公示，未经公示的企业内部规章制度对劳动者不具有约束力。

劳动保障监察部门在调查此类案件时，一般会固定用人单位现行的规章制度，对用人单位法定代表人或负责人或其他相关人员进行调查询问，核实规章制度的制定和实施时间。笔者建议用人单位留存规章制度制定过程的资料，如讨论会议记录、邮件回复记录等，对经过平等协商确定后的规章制度，用人单位可通过电子邮件方式发送劳动者并要求回复，或将规章制度制定为员工手册，请劳动者确认签收。

【法条链接】

《劳动合同法》第 4 条　用人单位应当依法建立和完善劳动规章制度，保障劳动者享有劳动权利、履行劳动义务。

用人单位在制定、修改或者决定有关劳动报酬、工作时间、休息休假、劳动安全卫生、保险福利、职工培训、劳动纪律以及劳动定额管理等直接涉及劳动者切身利益的规章制度或者重大事项时，应当经职工代表大会或者全体职工讨论，提出方案和意见，与工会或者职工代表平等协商确定。

在规章制度和重大事项决定实施过程中，工会或者职工认为不适当的，有权向用人单位提出，通过协商予以修改完善。

用人单位应当将直接涉及劳动者切身利益的规章制度和重大事项决定公示，或者告知劳动者。

9 用人单位可以不建立职工名册吗?

案件要旨

用人单位自用工之日起即与劳动者建立劳动关系。用人单位应当建立职工名册备查。职工名册应当包括劳动者姓名、性别、公民身份号码、户籍地址及现住址、联系方式、用工形式、用工起始时间、劳动合同期限等内容。

基本案情

案例一:G公司自2018年8月成立至2019年6月以来,未与劳动者以书面形式订立劳动合同,违反了《劳动法》第19条的规定。依据《劳动保障监察条例》第24条的规定,某区人力资源和社会保障局于2020年3月13日向G公司发出《劳动保障监察限期改正指令书》,责令G公司限期改正。G公司已在限期内与劳动者订立书面劳动合同,并提交了书面的整改报告。另查明,G公司未建立2018年8月至2019年6月期间的用工管理台账,违反了《某省劳动保障监察条例》第14条第1款的规定。某区人力资源和社会保障局对G公司处罚如下:(1)责令限期改正未按规定建立用工台账的行为;(2)处罚款人民币6000元。

案例二:2019 年 4 月 1 日,某区人力资源和社会保障局对 B 单位进行日常巡视检查,发现 B 单位存在未按《劳动合同法》规定建立职工名册的违法行为。经立案调查查明,B 单位提供的花名册未包括劳动者现住址、联系方式、用工形式、用工起始时间、劳动合同期限的必备内容。依据《劳动合同法实施条例》第 33 条的规定,某区人力资源和社会保障局于 2019 年 4 月 4 日对 B 单位下达了《某区人力资源和社会保障局责令(限期)改正通知书》,责令 B 单位限期改正违法行为,但 B 单位逾期未改正。上述事实有 B 公司被委托人调查笔录和 B 公司提供的人员花名册(仍然没有用工形式、用工起始时间)为证。上述行为违反《劳动合同法》第 7 条和《劳动合同法实施条例》第 8 条的规定。某区人力资源和社会保障局决定对 B 单位处 4000 元罚款。

合规提示

案例一中,G 公司在责令改正限期内与劳动者签订书面劳动合同,因未建立用工管理台账被处罚款 6000 元。案例二中,B 单位因未建立职工名册且逾期未改正被劳动行政部门处罚 4000 元。用人单位建立用工档案可以起到加强用工管理的作用。根据《劳动合同法实施条例》第 8 条的规定,职工名册应当包括劳动者姓名、性别、公民身份号码、户籍地址及现住址、联系方式、用工形式、用工起始时间、劳动合同期限等内容。

【法条链接】

《劳动合同法》第 7 条　用人单位自用工之日起即与劳动者建立劳动关系。用人单位应当建立职工名册备查。

第 10 条　建立劳动关系,应当订立书面劳动合同。

已建立劳动关系,未同时订立书面劳动合同的,应当自用工之日起一个月内订立书面劳动合同。

用人单位与劳动者在用工前订立劳动合同的,劳动关系自用工之日起建立。

第 69 条　非全日制用工双方当事人可以订立口头协议。

从事非全日制用工的劳动者可以与一个或者一个以上用人单位订立劳动合同;但是,后订立的劳动合同不得影响先订立的劳动合同的履行。

《劳动合同法实施条例》第 33 条　用人单位违反劳动合同法有关建立职工名册规定的,由劳动行政部门责令限期改正;逾期不改正的,由劳动行政部门处 2000 元以上 2 万元以下的罚款。

《劳动保障监察条例》第 30 条　有下列行为之一的,由劳动保障行政部门责令改正;对有第(一)项、第(二)项或者第(三)项规定的行为的,处 2000 元以上 2 万元以下的罚款:(一)无理抗拒、阻挠劳动保障行政部门依照本条例的规定实施劳动保障监察的;(二)不按照劳动保障行政部门的要求报送书面材料,隐瞒事实真相,出具伪证或者隐匿、毁灭证据的;(三)经劳动保障行政部门责令改正拒不改正,或者拒不履行劳动保障行政部门的行政处理决定的;(四)打击报复举报人、投诉人的。违反前款规定,构成违反治安管理行为的,由公安机关依法给予治安管理处罚;构成犯罪的,依法追究刑事责任。

10 用人单位与劳动者签订的协议中缺乏劳动合同必备条款，会被视为未签订书面劳动合同吗?

案件要旨

用人单位虽然形式上与员工签订了所谓的员工协议,但该协议对法定必备条款内容均未规定,协议更多体现的是对用人单位规章制度的确认和申明,用人单位的抗辩意见不能成立,应认定双方未签订书面劳动合同,劳动者有权要求酒店依法支付未签书面劳动合同2倍工资差额。

基本案情

田某等9名劳动者于2015年11月9日进入某酒店工作,当日,酒店与田某等9人签署员工协议,约定:1.培训期间截止至开业为止,培训期间按照培训期工资标准发放,开业后,享有所在岗位的工资及相应其他待遇;2.公司实行考勤机记录出勤状况,员工……需打卡上下班;3.员工如需申请假期,需提前一天填写假期申请单……;4.员工应遵守公司管理制度……;5.申请离职者……。酒店未为劳动者缴纳社保。2016年3月,双方发生劳动争议,田某等9名劳动者向法院起诉,要求酒店支付未签书面劳动合同2倍工资差额。该酒店辩称,双方在入职时已签订了员工协议,对权利义务进行了约定，故无须支付工资差额。

法院经审理认为，因双方签订的员工协议并不具备劳动合同必备条款，故不应视为双方已签订书面劳动合同，最终判决支持了劳动者的全部诉讼请求。

合规提示

该案中，用人单位与劳动者签订了员工协议，但由于该协议不具备劳动合同的必备条款而被法院认定为未与劳动者签订劳动合同，支持了劳动者的诉讼请求。法院的裁判理由是，根据《劳动合同法》第17条的规定，劳动合同应当具备劳动合同期限、工作内容和工作地点、工作时间和休息休假、劳动报酬、社会保险、劳动保护、劳动条件、职业危害防护等条款。该案中，酒店方虽形式上与员工签订了所谓的员工协议，但该协议对法定必备条款内容均未规定，协议更多体现的是对酒店规章制度的确认和申明，故酒店方的抗辩意见不能成立。笔者提示，用人单位应注意与劳动者签订劳动合同，一方面，合同要具备内容的合法性；另一方面，要体现用人单位履行了诚实磋商的义务，劳动合同应具有双方意思表达的合意。如果用人单位履行了诚实磋商义务后与劳动者签订的文件未包含劳动合同的必备条款，但明确了双方基本的权利义务，则不会必然导致未订立书面劳动合同的后果。

如果劳动合同缺少必备条款，根据《劳动合同法》第81条的规定，用人单位提供的劳动合同文本未载明本法规定的劳动合同必备条款或者用人单位未将劳动合同文本交付劳动者的，由劳动行政部门责令改正；给劳动者造成损害的，应当承担赔偿责任。

【法条链接】

《劳动合同法》第 17 条　劳动合同应当具备以下条款:(一)用人单位的名称、住所和法定代表人或者主要负责人;(二)劳动者的姓名、住址和居民身份证或者其他有效身份证件号码;(三)劳动合同期限;(四)工作内容和工作地点;(五)工作时间和休息休假;(六)劳动报酬;(七)社会保险;(八)劳动保护、劳动条件和职业危害防护;(九)法律、法规规定应当纳入劳动合同的其他事项。劳动合同除前款规定的必备条款外,用人单位与劳动者可以约定试用期、培训、保守秘密、补充保险和福利待遇等其他事项。

第 81 条　用人单位提供的劳动合同文本未载明本法规定的劳动合同必备条款或者用人单位未将劳动合同文本交付劳动者的,由劳动行政部门责令改正;给劳动者造成损害的,应当承担赔偿责任。

第 82 条　用人单位自用工之日起超过一个月不满一年未与劳动者订立书面劳动合同的,应当向劳动者每月支付二倍的工资。

用人单位违反本法规定不与劳动者订立无固定期限劳动合同的,自应当订立无固定期限劳动合同之日起向劳动者每月支付二倍的工资。

11 用人单位初次约定的试用期没有达到法定的试用期最高限，是否可以在初次约定的试用期期满后延长试用期？

案件要旨

同一用人单位与同一劳动者只能约定一次试用期。试用期即使没有达到法定最高限，也不能延长试用期，一旦延长，即为“第二次约定试用期”，属于违法行为。

基本案情

案例一：2019年7月9日，某区人力资源和社会保障局在对B公司进行双随机检查时，发现B公司涉嫌存在规章制度违反法律法规规定的行为。经立案调查查明，B公司员工手册中第四项工作制度规定的内容违反《劳动合同法》第19条第1款“劳动合同期限三个月以上不满一年的，试用期不得超过一个月；劳动合同期限一年以上不满三年的，试用期不得超过二个月；三年以上固定期限和无固定期限的劳动合同，试用期不得超过六个月”的规定，上述事实有询问笔录、员工手册为证，属于直接涉及劳动者切身利益的规章制度违反法律法规规定的行为。某区人力资源和社会保障局对B公司处以警告。

案例二:2012 年 11 月 13 日,劳动者 R 女士入职某公司。双方于当日签订劳动合同,合同期限自当日至 2022 年 11 月 12 日,合同约定 R 女士担任公司常务副总经理,试用期 2 个月,月工资 5 万元,试用期期间月工资 4 万元。因公司对 R 女士的工作表现不是很认可,故双方于 2013 年 1 月 10 日签订试用期延长协议,该协议载明:试用期将于 2013 年 1 月 14 日结束,经公司管理层调查考核,综合考核结果与实际表现,R 女士未能达到公司要求,故根据《劳动合同法》第 19 条的相关规定,延长试用期 2 个月,直至 2013 年 3 月 14 日,以作深入考核,合同其他条款不变。R 女士认为公司违法延长试用期侵犯其合法权益,故要求公司支付其 2013 年 1 月 14 日至 2013 年 3 月 14 日期间违法约定试用期的赔偿金。

合规提示

案例一中,B 公司因员工手册中关于试用期的规定违法,被劳动行政执法部门处以警告;

案例二中,用人单位与劳动者约定了两次试用期,劳动者认为公司违法延长试用期,最终法院支持了劳动者的请求。

《劳动合同法》第 19 条规定,同一用人单位与同一劳动者只能约定一次试用期。法律规定的立法原意在于保护劳动者与用人单位之间建立稳定的劳动合同关系,避免用人单位以多次约定试用期的形式侵犯劳动者的权益。因此,即使劳动合同约定的试用期没有达到法定最高限,用人单位与劳动者也不能“协商一致”延长试用期,一旦延长,即为“第二次约定试用期”，属于违法行为，应当支付劳动者赔偿金。

试用期是用人单位与劳动者相互考察的期间，如果在约定的试用期内，由于劳动者病假、客观情况，用人单位无法对劳动者进行实质考察的，劳动合同可以约定试用期可以顺延。根据北京市高级人民法院、北京市劳动人事争议仲裁委员会《关于审理新型冠状病毒感染肺炎疫情防控期间劳动争议案件法律适用问题的解答》第5条的规定，劳动者在试用期内因客观原因不能返岗上班，用人单位可以采取灵活的试用考察方式考核劳动者是否符合录用条件。无法采取灵活考察方式实现试用期考核目的的，用人单位与劳动者协商顺延试用期，不违反《劳动合同法》第19条第2款关于“同一用人单位与同一劳动者只能约定一次试用期”的规定精神。劳动者因上述原因导致无法正常提供劳动的期间不应计算在原约定的试用期内，不应视为延长了原约定的试用期。

【法条链接】

《劳动合同法》第19条　劳动合同期限三个月以上不满一年的，试用期不得超过一个月；劳动合同期限一年以上不满三年的，试用期不得超过二个月；三年以上固定期限和无固定期限的劳动合同，试用期不得超过六个月。

同一用人单位与同一劳动者只能约定一次试用期。

以完成一定工作任务为期限的劳动合同或者劳动合同期限不满三个月的，不得约定试用期。

试用期包含在劳动合同期限内。劳动合同仅约定试用期的，试用期不成立，该期限为劳动合同期限。

第83条　用人单位违反本法规定与劳动者约定试用期的，由劳动行政部门责令改正；违法约定的试用期已经履行的，由用人单位以劳动者试用期满月工资为标准，按已经履行的超过法定试用期的期间向劳动者支付赔偿金。

12 用人单位可以向劳动者收取“风险押金”吗？

案件要旨

用人单位违反法律规定，向劳动者收取押金或其他费用的，应予退还。

基本案情

某市人力资源和社会保障局查明，2019 年 11 月至 2020 年 1 月，Y 公司从职工周某的工资中每月扣除 1000 元，累计扣除 3000 元作为风险押金，该行为损害了劳动者合法权益。某市人力资源和社会保障局于 2020 年 3 月 30 日对 Y 公司下达了《某市人力资源和社会保障局责令（限期）改正通知书》，要求 Y 公司于 2020 年 3 月 31 日前退还周某的押金 3000 元。2020 年 3 月 30 日，Y 公司按规定退还了押金。某市人力资源和社会保障局认为，Y 公司向职工收取押金的行为违反了《劳动合同法》第 9 条“用人单位招用劳动者,不得扣押劳动者的居民身份证和其他证件,不得要求劳动者提供担保或者以其他名义向劳动者收取财物”的规定,已构成违法。依据《劳动合同法》第 84 条第 2 款“用人单位违反本法规定,以担保或者其他名义向劳动者收取财物的,由劳动行政部门责令限期退还劳动者本人,并以每人五百元以上二千元以下的标准处以罚款”的规定,某市人力资源和社会保障局决定对 Y 公司作出罚款人民币 500 元整的行政处罚。

合规提示

该案中,Y 公司以“风险押金”的形式每月从劳动者工资中扣 1000 元,经劳动行政执法部门责令改正后将押金退回劳动者,Y 公司被处以 500 元罚款的行政处罚。用人单位向劳动者以各种名义收取财物、无故扣发劳动者工资的行为属于违法行为。除法定情形外,用人单位无权扣发劳动者工资,且需要就减少劳动报酬行为的正当性承担举证责任。如果用人单位想要将劳动者的表现与其工资挂钩,可以通过绩效考核的方式设计结构工资制,具体列明基本工资、岗位工资、奖金、津贴、补贴等数额,而不是通过扣工资的方式实现。

此外,上海市高级人民法院《关于适用〈劳动合同法〉若干问题的意见》第 12 条规定,在劳动合同履行过程中,对于劳动者占有单位价值较高的财物,单位为防止财物灭失或被轻易毁坏,与劳动者约定设置了相应的合理担保的,法律没有禁止,可以认定有效。但该约定为流押、流质担保,或者名义上为财务“担保”实际上却是要求劳动者购买该财务的,该约定无效。

【法条链接】

《劳动合同法》第9条 用人单位招用劳动者，不得扣押劳动者的居民身份证和其他证件，不得要求劳动者提供担保或者以其他名义向劳动者收取财物。

第50条 用人单位应当在解除或者终止劳动合同时出具解除或者终止劳动合同的证明，并在十五日内为劳动者办理档案和社会保险关系转移手续。

劳动者应当按照双方约定，办理工作交接。用人单位依照本法有关规定应当向劳动者支付经济补偿的，在办结工作交接时支付。

用人单位对已经解除或者终止的劳动合同的文本，至少保存二年备查。

第84条 用人单位违反本法规定，扣押劳动者居民身份证等证件的，由劳动行政部门责令限期退还劳动者本人，并依照有关法律规定给予处罚。

用人单位违反本法规定，以担保或者其他名义向劳动者收取财物的，由劳动行政部门责令限期退还劳动者本人，并以每人五百元以上二千元以下的标准处以罚款；给劳动者造成损害的，应当承担赔偿责任。

劳动者依法解除或者终止劳动合同，用人单位扣押劳动者档案或者其他物品的，依照前款规定处罚。

13 用人单位未向劳动者出具解除劳动合同书面证明导致劳动者失去工作机会的，需要赔偿劳动者损失吗？

案件要旨

劳动关系解除后，用人单位未及时为劳动者出具离职证明，劳动者要求用人单位赔偿损失的，法院予以支持。

基本案情

案例一：经深圳市某区人力资源局调查，S公司未按规定向劳动者出具解除或者终止劳动合同的书面证明，且拒绝、阻挠劳动保障监察员进行调查、检查，经责令限期改正逾期未改正。依据《广东省劳动保障监察条例》第52条第1款第1项，《深圳市劳动监察行政处罚自由裁量标准》第26条、第146条的规定，劳动行政执法部门对S公司处以罚款1.5万元。

案例二：劳动者张某于2013年6月入职某光电公司，2013年8月14日，张某辞职，某光电公司未为张某出具离职证明。此后某科技公司聘用张某，但随后又以张某与上家公司的劳动关系未解除，无法为其办理就业登记及社保登记等手续为由，解除了与张某的劳动关系。张某先后提起诉讼，请求某光电公司支付因无法提供离职证明和未及时办理网上退工手续而导致张某被某科技公司解雇的赔偿金。

// 合规提示

案例一中，S公司因未及时为劳动者出具离职证明，且拒绝、阻挠劳动保障监察员进行调查、检查，被劳动行政执法部门罚款1.5万元。案例二中，法院审理认为，解除或终止劳动合同后及时出具相关证明，办理相关离职手续，系用人单位的法定义务。用人单位在为劳动者出具离职证明的同时，还应当为劳动者办理网上退工及社保减退等手续，某光电公司未依法及时办理上述手续，应赔偿张某相应损失。

离职证明是用人单位出具的解除或终止劳动合同的书面证明，通常包括劳动者和单位的基本信息、入职时间和离职时间、工作岗位、离职原因、出具时间、单位公章等内容。对于劳动者来说，用人单位在终止或者解除劳动合同时拒不出具终止或者解除劳动关系的证明，可能导致劳动者无法享受社会保险待遇，以及造成劳动者无法入职新单位的经济损失和其他损失，劳动者可以要求赔偿相应损失。对于用人单位来说，用人单位未向劳动者出具解除或者终止劳动合同的书面证明的，由劳动行政部门责令改正。

【法条链接】

《劳动合同法》第50条　用人单位应当在解除或者终止劳动合同时出具解除或者终止劳动合同的证明，并在十五日内为劳动者办理档案和社会保险关系转移手续。

劳动者应当按照双方约定，办理工作交接。用人单位依照本法有关规定应当向劳动者支付经济补偿的,在办结工作交接时支付。

用人单位对已经解除或者终止的劳动合同的文本,至少保存二年备查。

第 89 条　用人单位违反本法规定未向劳动者出具解除或者终止劳动合同的书面证明,由劳动行政部门责令改正;给劳动者造成损害的,应当承担赔偿责任。

14 用人单位未与劳动者协商一致增加其工作任务,可以直接延长劳动者的工作时间吗?

案件要旨

用人单位应当严格执行劳动定额标准,不得强迫或者变相强迫劳动者加班。用人单位安排加班的,应当按照国家有关规定向劳动者支付加班费。

基本案情

案例一:经某市人力资源和社会保障局调查,Z公司存在非法延长劳动者工作时间的违法行为。根据《劳动合同法》第31条第1句"用人单位应当严格执行劳动定额标准,不得强迫或者变相强迫劳动者加班”的规定，劳动行政执法部门对Z公司处以罚款5万元。

案例二：劳动者张某于2018年9月入职某报刊公司从事投递员工作，每天工作6小时，每周工作6天，月工资3500元。2020年6月，因同区域另外一名投递员离职，某报刊公司在未与张某协商的情况下，安排其在第三季度承担该投递员的工作任务。张某认为，要完成加倍的工作量，其每天工作时间至少需延长4小时，故拒绝上述安排。某报刊公司依据员工奖惩制度，以张某不服从工作安排为由与其解除劳动合同。张某向劳动人事争议仲裁委员会（以下简称仲裁委员会）申请仲裁。仲裁委员会裁决某报刊公司支付张某违法解除劳动合同赔偿金14,000元（该裁决为终局裁决）。

合规提示

案例一中，Z公司因非法延长劳动者工作时间被劳动执法部门罚款5万元，对于上述情况，劳动执法部门通常通过用人单位某月全体员工的考勤记录，查明违反了上述违法情形的一类或几类，同时确认违法情形涉及的具体劳动者及人数。案例二中，用人单位在未与劳动者协商一致的情况下，增加劳动者的工作量，被劳动者拒绝后，又以劳动者违反员工奖惩制度为由解除合同，最终被仲裁委员会裁决支付解除劳动合同赔偿金。案例二中，某报刊公司超出合理限度大幅增加张某的工作任务的行为应视为变更劳动合同约定内容的行为，违反了关于“协商一致”变更劳动合同的法律规定，已构成变相强迫劳动者加班。因此，张某有权依法拒绝上述安排。某报刊公司以张某不服从工作安排为由与其解除劳动合同不符合法律规定。因此,仲裁委员会依法裁决某报刊公司支付张某违法解除劳动合同赔偿金。《劳动合同法》第31条第1句规定:“用人单位应当严格执行劳动定额标准,不得强迫或者变相强迫劳动者加班。”第35条第1款第1句规定:“用人单位与劳动者协商一致,可以变更劳动合同约定的内容。”由此可见,劳动合同是明确用人单位和劳动者权利义务的书面协议,未经变更,双方均应严格按照约定履行,特别是涉及工作时间等劳动定额标准的内容。

【法条链接】

《劳动合同法》第31条　用人单位应当严格执行劳动定额标准,不得强迫或者变相强迫劳动者加班。用人单位安排加班的,应当按照国家有关规定向劳动者支付加班费。

《劳动保障监察条例》第25条　用人单位违反劳动保障法律、法规或者规章延长劳动者工作时间的,由劳动保障行政部门给予警告,责令限期改正,并可以按照受侵害的劳动者每人100元以上500元以下的标准计算,处以罚款。

15 用人单位要求劳动者选择调岗降薪或离职，劳动者选择离职的，用人单位需要支付劳动者补偿金吗？

案件要旨

用人单位要求劳动者要么选择调岗降薪要么选择离职，劳动者能够证明其要求离职并非基于个人原因的，若劳动者选择离职，属于用人单位与劳动者双方协商一致解除劳动合同，用人单位应支付解除劳动合同经济补偿金。

基本案情

案例一：经天津市某区人力资源和社会保障局调查并经T公司确认，T公司于2017年8月招用职工李某某，2020年3月通过邮寄送达方式与职工李某某解除劳动关系，T公司未支付职工解除劳动合同的经济补偿，该行为已违反了《劳动合同法》第36条、第46条第2项、第47条之规定，且经责令改正逾期未改正。依据《劳动保障监察条例》第30条第1款第3项之规定，天津市某区人力资源和社会保障局决定对T公司作出罚款人民币2万元的行政处罚。

案例二：劳动者张某于2016年5月1日入职用人单位F公司，当日签订劳动合同，2018年6月1日，双方签订无固定期限劳动合同，约定张某担任副总经理，月工资标准为11,300元。2018年7月11日，F公司与张某谈话，沟通调岗降薪或由张某自行离职，未果。2018年7月13日，F公司向张某发送转岗通知，要求其自2018年7月16日起被调整担任公司初级行政经理，岗位薪酬按照每月3000元执行。2018年7月18日，张某向F公司其他工作人员发送微信，表示不同意公司调岗调薪安排，同意离职，关于补偿的问题，可以另行单独协商。2018年7月19日和20日，F公司通知张某返岗。几日后，张某向北京市西城区劳动人事争议仲裁委员会提出仲裁申请，要求确认与F公司存在劳动关系，支付其工资差额、工资、未休年休假工资和解除劳动合同经济补偿金等。该仲裁委员会支持其部分请求后，张某不服，诉至北京市西城区人民法院。

合规提示

案例一中，T公司因未支付劳动者经济补偿金被劳动行政部门处以2万元罚款。关于解除或者终止劳动合同，用人单位未依照《劳动合同法》《劳动合同法实施条例》的规定向劳动者支付经济补偿金的违法情形，劳动执法机关的调查重点主要是三个层面：一是用人单位与劳动者确认已经解除或终止劳动合同的事实，即解除或终止的时间、事由等；二是确认该种情形用人单位依法应支付经济补偿金；三是确认用人单位未依法支付经济补偿金的事实。

案例二中，对于劳动者关于解除劳动合同经济补偿金的请求，法院根据双方所述的劳动关系解除过程，F公司建议张某要么调岗降薪要么离职，并实际向张某发送了调岗降薪的邮件，而张某于2018年7月18日发出的要求离职的信息可以证明其并非基于个人原因离职，而是基于F公司提供的两个方案而做出同意离职的选择。因此，F公司应向张某支付解除劳动关系补偿金。故法院判令确认F公司与张某存在劳动关系，F公司应支付张某工资差额和解除劳动合同经济补偿金，驳回张某其他诉讼请求。该案中，用人单位看似给劳动者两种选择，但从实质上看，用人单位是在逼迫劳动者离职。如果劳动者选择离职，属于用人单位与劳动者双方协商一致解除劳动合同，用人单位应支付解除劳动合同经济补偿金。

【法条链接】

《劳动合同法》第46条　有下列情形之一的，用人单位应当向劳动者支付经济补偿：

（一）劳动者依照本法第三十八条规定解除劳动合同的；

（二）用人单位依照本法第三十六条规定向劳动者提出解除劳动合同并与劳动者协商一致解除劳动合同的；

（三）用人单位依照本法第四十条规定解除劳动合同的；

（四）用人单位依照本法第四十一条第一款规定解除劳动合同的；

（五）除用人单位维持或者提高劳动合同约定条件续订劳动合同，劳动者不同意续订的情形外，依照本法第四十四条第一项规定终止固定期限劳动合同的；

（六）依照本法第四十四条第四项、第五项规定终止劳动合同的；

（七）法律、行政法规规定的其他情形。

第 85 条　用人单位有下列情形之一的，由劳动行政部门责令限期支付劳动报酬、加班费或者经济补偿；劳动报酬低于当地最低工资标准的，应当支付其差额部分；逾期不支付的，责令用人单位按应付金额百分之五十以上百分之一百以下的标准向劳动者加付赔偿金：

（一）未按照劳动合同的约定或者国家规定及时足额支付劳动者劳动报酬的；

（二）低于当地最低工资标准支付劳动者工资的；

（三）安排加班不支付加班费的；

（四）解除或者终止劳动合同，未依照本法规定向劳动者支付经济补偿的。

《劳动合同法实施条例》第 22 条　以完成一定工作任务为期限的劳动合同因任务完成而终止的，用人单位应当依照劳动合同法第四十七条的规定向劳动者支付经济补偿。

《劳动保障监察条例》第 30 条　有下列行为之一的，由劳动保障行政部门责令改正；对有第（一）项、第（二）项或者第（三）项规定的行为的，处 2000 元以上 2 万元以下的罚款：

（一）无理抗拒、阻挠劳动保障行政部门依照本条例的规定实施劳动保障监察的；

（二）不按照劳动保障行政部门的要求报送书面材料，隐瞒事实真相，出具伪证或者隐匿、毁灭证据的；

（三）经劳动保障行政部门责令改正拒不改正，或者拒不履行劳动保障行政部门的行政处理决定的；

（四）打击报复举报人、投诉人的。

违反前款规定，构成违反治安管理行为的，由公安机关依法给予治安管理处罚；构成犯罪的，依法追究刑事责任。

16 用人单位不与劳动者签订无固定期限合同会被处罚吗？

案件要旨

劳动者在用人单位连续工作满10年的，劳动者提出或者同意续订、订立劳动合同的，除劳动者提出订立固定期限劳动合同外，应当订立无固定期限劳动合同。因此，符合无固定期限劳动合同签订条件的，只要劳动者提出签订无固定期限劳动合同的要求，用人单位即应与之签订。

基本案情

劳动者夏某于2001年4月3日入职A公司，2011年双方签订一份自2011年7月1日至2014年6月30日止的劳动合同。2014年7月18日A公司以合同到期为由，通知夏某不再续签合同并要求办理交接手续。夏某不同意终止合同，实际工作至2014年7月21日。此后夏某提起仲裁，要求A公司支付违法终止劳动合同赔偿金及未签订无固定期限劳动合同的双倍工资。法院经审理判决支持了夏某的请求。

// 合规提示

夏某在A公司连续工作时间超过10年,符合签订无固定期限劳动合同的条件,A公司未按夏某的要求签订,须自应当订立无固定期限劳动合同之日起向劳动者每月支付二倍的工资,即自2014年7月1日至2014年7月21日期间的二倍工资。此外,A公司不仅不与夏某续签合同,还以劳动合同期满为由终止了双方劳动合同,剥夺了夏某续签无固定期限劳动合同的权利,其行为属于违法终止劳动合同,应当向夏某支付违法终止劳动合同赔偿金。

【法条链接】

《劳动法》第98条　用人单位违反本法规定的条件解除劳动合同或者故意拖延不订立劳动合同的,由劳动行政部门责令改正;对劳动者造成损害的,应当承担赔偿责任。

《劳动合同法》第48条　用人单位违反本法规定解除或者终止劳动合同,劳动者要求继续履行劳动合同的,用人单位应当继续履行;劳动者不要求继续履行劳动合同或者劳动合同已经不能继续履行的,用人单位应当依照本法第八十七条规定支付赔偿金。

第87条　用人单位违反本法规定解除或者终止劳动合同的,应当依照本法第四十七条规定的经济补偿标准的二倍向劳动者支付赔偿金。

《劳动合同法实施条例》第34条　用人单位依照劳动合同法的规定应当向劳动者每月支付两倍的工资或者应当向劳动者支付赔偿金而未支付的,劳动行政部门应当责令用人单位支付。

17 用人单位可以在劳动者孕产假期间与劳动者签订解除劳动合同证明书吗?

案件要旨

用人单位与劳动者签署暂时解除劳动合同证明书的目的为规避劳动者在休产假期间依法应享有的工资、社会保险等各项待遇的,因证明书侵犯劳动者的劳动权、生育权,属无效合同。

基本案情

案例一:经杭州市某区人力资源和社会保障局调查,Z公司违反女职工和未成年工特殊保护规定,劳动执法部门依据《未成年人保护法》第68条“非法招用未满十六周岁的未成年人,或者招用已满十六周岁的未成年人从事过重、有毒、有害等危害未成年人身心健康的劳动或者危险作业的,由劳动保障部门责令改正,处以罚款”、《劳动法》第95条“用人单位违反本法对女职工和未成年工的保护规定,侵害其合法权益的,由劳动行政部门责令改正,处以罚款;对女职工或者未成年工造成损害的,应当承担赔偿责任”、《女职工劳动保护特别规定》第13条第1款“用人单位违反本规定第六条第二款、第七条、第九条第一款规定的,由县级以上人民政府人力资源社会保障行政部门责令限期改正,按照受侵害女职工每人

1000元以上5000元以下的标准计算,处以罚款”、《劳动保障监察条例》第23条“用人单位有下列行为之一的,由劳动保障行政部门责令改正,按照受侵害的劳动者每人1000元以上5000元以下的标准计算,处以罚款……(四)安排怀孕7个月以上的女职工夜班劳动或者延长其工作时间的;(五)女职工生育享受产假少于90天的……(七)安排未成年工从事矿山井下、有毒有害、国家规定的第四级体力劳动强度的劳动或者其他禁忌从事的劳动的;(八)未对未成年工定期进行健康检查”的规定,对Z公司处以罚款。

案例二:2012年9月,劳动者田某入职用人单位J学校工作。2018年4月7日,J学校(甲方)与田某(乙方)签订劳动合同书,合同载明:合同期限为2018年4月7日至2023年4月6日;用人单位每月30日前以货币形式支付劳动者工资,月工资为2800元;实行标准工时工作制;劳动者在合同期内休息休假、患病或非因工负伤、患职业病或因工负伤、生育、死亡等待遇,以及医疗期、孕期、产期、哺乳期的期限及待遇,按国家和吉林省的法律、法规的规定执行。合同落款甲方处加盖J学校印章及法定代表人名章,乙方处田某签字。合同还对双方的其他权利义务作了规定。

2020年,田某怀孕待产。休产假前期即2020年5月4日,J学校(甲方)与田某(乙方)签订暂时解除劳动合同证明书,证明书载明:田某因个人原因自愿与J学校于2020年5月4日暂时解除劳动合同。在暂时解除劳动合同期间,乙方无工资、无分红并自愿承担五险一金全部费用；乙方暂时解除劳动合同的时长105天及以下，学期剩余时间计入分红；105天以上，甲方会降低乙方的工资待遇并取消本学期分红；超过158天，视为乙方自动离职。乙方复职后，因个人原因多次请假或不胜任工作，甲方有权提出警告。如乙方仍不能按甲方统一标准执行工作，甲方有权与乙方解除劳动合同。甲方已经按照劳动合同之约定，足额支付给乙方工资等所有应得款项。特此证明。证明书落款甲方处加盖J学校印章及法定代表人名章，乙方处田某签字。签署暂时解除劳动合同当天，田某与J学校进行工作交接，并签署保密协议。2020年5月27日，田某生产。2020年6月，J学校向田某发放慰问金1000元。2020年8月，田某休完产假，向J学校申请复岗，J学校未给其安排工作，并于2020年12月8日通知田某已没有其工作岗位，解除与其的劳动关系。2021年9月，田某以J学校为被申请人到吉林市某区劳动人事争议仲裁委员会申请仲裁。该仲裁委员会作出仲裁裁决书，裁决如下：第一，2012年9月至2020年12月田某与J学校存在劳动关系。第二，自仲裁裁决书发生法律效力之日起5日内，J学校一次性支付田某73,300.50元。其中待岗期间工资3388元、违法解除劳动合同赔偿金69,912.501元。第三，自仲裁裁决书发生法律效力之日起5日内，J学校返还田某生育保险金已支付的生育津贴。

// 合规提示

案例一中,Z 公司违反女职工和未成年工特殊保护规定,劳动行政部门对 Z 公司处以罚款。案例二中,J 学校与田某签订暂时解除劳动合同证明书的目的是规避劳动者在休产假期间依法应享有的工资、社会保险等各项待遇,上述约定均是单方限制且损害田某的权利,且暂时解除劳动合同的时长与田某休产假期间基本一致,J 学校未提供证据证明田某签署该暂时解除劳动合同是具有其他可能获益的目的,田某签署完暂时解除劳动合同证明书后与 J 学校进行工作交接并签署保密协议的行为应属休产假前的正常工作交接而不能视为双方正式解除劳动合同。《女职工劳动保护特别规定》第 5 条规定,用人单位不得因女职工怀孕、生育、哺乳降低其工资、予以辞退、与其解除劳动或者聘用合同。《劳动合同法》第 42 条第 4 项规定:"劳动者有下列情形之一的,用人单位不得依照本法第四十条、第四十一条的规定解除劳动合同……(四)女职工在孕期、产期、哺乳期的。"《劳动合同法》第 87 规定:"用人单位违反本法规定解除或者终止劳动合同的,应当依照本法第四十七条规定的经济补偿标准的二倍向劳动者支付赔偿金。"依据上述法律规定,J 学校在田某哺乳期内与其解除劳动合同,违反法律规定,构成违法解除劳动合同。

【法条链接】

《劳动合同法》第 42 条　劳动者有下列情形之一的,用人单位不得依照本法第四十条、第四十一条的规定解除劳动合同:

(一)从事接触职业病危害作业的劳动者未进行离岗前职业健康检查,或者疑似职业病病人在诊断或者医学观察期间的;

（二）在本单位患职业病或者因工负伤并被确认丧失或者部分丧失劳动能力的；

（三）患病或者非因工负伤，在规定的医疗期内的；

（四）女职工在孕期、产期、哺乳期的；

（五）在本单位连续工作满十五年，且距法定退休年龄不足五年的；

（六）法律、行政法规规定的其他情形。

《女职工劳动保护特别规定》第 7 条　女职工生育享受 98 天产假，其中产前可以休假 15 天；难产的，增加产假 15 天；生育多胞胎的，每多生育 1 个婴儿，增加产假 15 天。

女职工怀孕未满 4 个月流产的，享受 15 天产假；怀孕满 4 个月流产的，享受 42 天产假。

第 13 条　用人单位违反本规定第六条第二款、第七条、第九条第一款规定的，由县级以上人民政府人力资源社会保障行政部门责令限期改正，按照受侵害女职工每人 1000 元以上 5000 元以下的标准计算，处以罚款。

用人单位违反本规定附录第一条、第二条规定的，由县级以上人民政府安全生产监督管理部门责令限期改正，按照受侵害女职工每人 1000 元以上 5000 元以下的标准计算，处以罚款。用人单位违反本规定附录第三条、第四条规定的，由县级以上人民政府安全生产监督管理部门责令限期治理，处 5 万元以上 30 万元以下的罚款；情节严重的，责令停止有关作业，或者提请有关人民政府按照国务院规定的权限责令关闭。

18 用人单位安排劳动者每周工作6天、休息1天合法吗?

案件要旨

用人单位必须保证劳动者每周至少有一次24小时不间断的休息。法律并不强制用人单位每周必须安排两个休息日,用人单位安排劳动者每周工作6天休息1天是可以的,但必须满足每日工作时间不超过8小时、平均每周工作时间不超过40小时。

基本案情

案例一:北京市某区人力资源和社会保障局于2021年8月5日对J单位在北京市某区西单北大街某号的用工地址进行日常巡视检查时,发现该单位2021年6月涉嫌存在违反劳动保障法律、法规或者规章延长劳动者工作时间的行为。经立案调查查明,J单位在用工期间执行标准工时制度。2021年6月应出勤时间为168小时,但J单位2021年6月安排张某实际工作时间为232小时,当月延长劳动者张某工作时间超过36小时。上述事实有《北京市某区人力资源和社会保障局劳动保障监察询问笔录》《职工名册》《劳动合同书》《某店6月工时表》《某店7月工时表》等复印件为证。该单位上述行为违反了《劳动法》第36条、第41条、第43条及国务院《关于职工工作时间的规定》第3条的规定，构成了违反劳动保障法律、法规或者规章延长劳动者工作时间的行为。依据《劳动法》第90条、《劳动保障监察条例》第25条的规定，行政机关决定对J单位违反劳动保障法律、法规或者规章延长劳动者工作时间的行为作出如下行政处罚：(1)警告；(2)按照每人400元的标准，计1人，罚款400元。

案例二：李某是某商店的销售人员，商店实行每周上6天班，休息1天，每天工作8小时的工作时间制度。李某认为，别的单位都是“工作5日、休息2日”，商店只休息1天不符合法律规定，如果只休1天，在休息日工作店里应当按200%支付加班工资。李某要求店长解释。店长认为法律没有规定一周必须休2天，商店的工时制度是合法的，因此不需要支付李某加班工资。

合规提示

案例一中，劳动行政机关对J单位违反劳动保障法律、法规或者规章延长劳动者工作时间的行为作出了警告和罚款的行政处罚。关于用人单位违法延长工作时间的情形，劳动行政部门一般要固定用人单位某月全体员工的考勤记录，查明违法情形及涉及的具体劳动者和人数。查明上述事实时，劳动行政部门一般要通过调取职工名册、考勤记录、工资表以及对用人单位代表、相关人员、普通职工作调查询问笔录的方式进行调查。

案例二中,根据《劳动法》的规定,用人单位必须保证劳动者每周至少有一次24小时不间断的休息。法律并不强制用人单位每周必须安排两个休息日,用人单位安排劳动者每周工作6天休息1天是可以的。目前,我国实行的标准工时制是1995年3月25日国务院发布的《关于修改〈国务院关于职工工作时间的规定〉的决定》规定的标准,即“职工每日工作8小时,每周工作40小时”。该案中,商店实行的工作制度虽然每天工作未超过8小时,但每周工作达到48小时,超过了上限,因此,商店的做法是违法的。超出的部分,李某可以主张加班工资。

【法条链接】

《劳动法》第36条　国家实行劳动者每日工作时间不超过八小时、平均每周工作时间不超过四十四小时的工时制度。

第38条　用人单位应当保证劳动者每周至少休息一日。

第41条　用人单位由于生产经营需要,经与工会和劳动者协商后可以延长工作时间,一般每日不得超过一小时;因特殊原因需要延长工作时间的,在保障劳动者身体健康的条件下延长工作时间每日不得超过三小时,但是每月不得超过三十六小时。

《劳动保障监察条例》第25条　用人单位违反劳动保障法律、法规或者规章延长劳动者工作时间的,由劳动保障行政部门给予警告,责令限期改正,并可以按照受侵害的劳动者每人100元以上500元以下的标准计算,处以罚款。

19 用人单位未按规定给予员工休假或年休假工资报酬的，会被处罚吗？

案件要旨

年休假天数根据职工累计工作时间确定，应将其在同一或不同用人单位的工作时间，包括视同工作时间累计计算。职工休病假时间未达到不享受当年带薪年休假相应情形的，用人单位应依法安排带薪年休假。用人单位未举证证明已安排劳动者带薪年休假或已支付未休年休假工资报酬的，应承担相应不利后果。

基本案情

案例一：北京市某区人力资源和社会保障局经调查发现，K公司制定的规章制度违反了《职工带薪年休假条例》第2条的规定，依据《劳动合同法》第80条的规定，对K公司给予警告。

案例二：劳动者田某于1980年2月被原某农业局招聘为员工，工作至2001年2月被清退。2015年9月25日，田某与某物业公司建立劳动关系。2018年10月27日，田某因交通事故受伤后休病假3个月零7天。2019年8月31日，田某与某物业公司解除劳动关系。田某于2020年8月25日申请劳动仲裁，主张带薪年休假工资报酬。该物业公司辩称，田某之前的工作经历与物业公司无关，不应作为累计工作时间计算，且2018年10月发生的交通事故，田某承担主要责任，医疗期间休假3个月零7天，应抵扣年休假。

合规提示

案例一中，K公司因规章制度违反了《职工带薪年休假条例》第2条的规定被处以警告的行政处罚。劳动行政部门对于此类违法行为通常需要调查如下事实：一是确认被侵害职工的累计工作年限；二是查明用人单位在某年度未按规定安排年休假的天数；三是查明用人单位未按规定给予职工未休年休假工资报酬。

案例二中，根据《企业职工带薪年休假实施办法》第4条的规定，年休假天数根据职工累计工作时间确定。职工在同一或者不同用人单位工作期间，以及依照法律、行政法规或者国务院规定视同工作期间，应当记为累计工作时间，故田某1980年2月至2001年2月的工作期间应计入关于带薪年休假的累计工作年限。田某于2015年9月25日与该物业公司建立劳动关系，职工连续工作满12个月以上的，享受带薪年休假。根据《职工带薪年休假条例》第3条第1款、第4条第5项的规定，田某累计工作满20年以上，年休假15天，其2018年请病假不足4个月，不属于不享受当年带薪年休假的相应情形，仍应享受带薪年休假15天。某物业公司未举证证明其已依法安排申请人休带薪年休假或已支付未休年休假工资报酬。综上，仲裁委员会裁决该物业公司承担相应的带薪年休假工资报酬支付责任。

【法条链接】

《职工带薪年休假条例》第 2 条　机关、团体、企业、事业单位、民办非企业单位、有雇工的个体工商户等单位的职工连续工作 1 年以上的，享受带薪年休假（以下简称年休假）。单位应当保证职工享受年休假。职工在年休假期间享受与正常工作期间相同的工资收入。

第 3 条　职工累计工作已满 1 年不满 10 年的，年休假 5 天；已满 10 年不满 20 年的，年休假 10 天；已满 20 年的，年休假 15 天。

国家法定休假日、休息日不计入年休假的假期。

第 5 条　单位根据生产、工作的具体情况，并考虑职工本人意愿，统筹安排职工年休假。年休假在 1 个年度内可以集中安排，也可以分段安排，一般不跨年度安排。单位因生产、工作特点确有必要跨年度安排职工年休假的，可以跨 1 个年度安排。单位确因工作需要不能安排职工休年休假的，经职工本人同意，可以不安排职工休年休假。对职工应休未休的年休假天数，单位应当按照该职工日工资收入的 300% 支付年休假工资报酬。

《企业职工带薪年休假实施办法》第 10 条　用人单位经职工同意不安排年休假或者安排职工年休假天数少于应休年休假天数，应当在本年度内对职工应休未休年休假天数，按照其日工资收入的 300% 支付未休年休假工资报酬，其中包含用人单位支付职工正常工作期间的工资收入。用人单位安排职工休年休假，但是职工因本人原因且书面提出不休年休假的，用人单位可以只支付其正常工作期间的工资收入。

《劳动法》第 85 条　县级以上各级人民政府劳动行政部门依法对用人单位遵守劳动法律、法规的情况进行监督检查，对违反劳动法律、法规的行为有权制止，并责令改正。

20 用人单位可以未复工复产为由拒绝向劳动者发放生活费吗？

案件要旨

用人单位应当按照劳动合同约定和国家规定，向劳动者及时足额支付劳动报酬。劳动报酬权是劳动权利的核心。用人单位应当保障劳动者的基本生存权利，用人单位不得以未复工复产为由拒绝向劳动者发放生活费。

基本案情

案例一：重庆市某区人力资源和社会保障局经调查发现，C公司未办理社会保险登记、拖欠劳动者李某工作期间工资、未出具解除劳动关系通知书，违反了《社会保险法》第57条和《劳动合同法》第30条第1款、第50条第1款之规定，责令其限期办理社会保险登记，限期足额支付拖欠员工的工资。C公司拒绝执行《劳动保障监察限期整改指令书》，根据《劳动保障监察条例》的相关规定，对其处以罚款1.4万元。

案例二：2008年5月1日，梁某到某体育用品公司工作，双方签订书面劳动合同，某体育用品公司自2008年5月起为梁某缴纳社会保险费。2020年2月，因新冠疫情暴发，某体育用品公司在春节假期后未复工。自2020年2月起，梁某未向某体育用品公司提供劳动，某体育用品公司也未向梁某发放工资。2020年6月17日，梁某向劳动人事争议仲裁委员会申请仲裁，请求依法裁决解除双方劳动关系，某体育用品公司支付梁某2020年2～6月欠发的工资20,000元。劳动人事争议仲裁委员会经审理裁决：解除梁某与某体育用品公司之间的劳动关系，某体育用品公司支付梁某2020年2月至6月17日拖欠的工资8781.61元。某体育用品公司对仲裁裁决不服，向法院提起诉讼，请求判决其不支付梁某2020年2月至6月17日的工资8781.61元。

合规提示

案例一中，劳动执法部门对于调查用人单位未及时足额支付工资(拖欠或者克扣工资)的违法行为，首先是确认劳动关系的事实，即受侵害的劳动者与用人单位之间建立了劳动关系。其次是确认劳动者应发工资的数额、日期。最后是确认未及时足额支付工资即拖欠或克扣工资的事实。目前，国家层面未明确规定工资最迟发放日期，如地方性法规有明确规定的从其规定，如无规定的，对于实行月工资制的，可以理解为劳动合同约定的工资支付日期为不迟于工资支付周期届满后30日，即工资不得迟于次月最后一日发放。未按照国家规定足额支付工资，包括低于当地最低工资标准支付工资、未依法足额支付加班工资，以及劳动者依法享受法定休假日、年休假、婚假等假期期间，用人单位未视同其正常劳动并支付正常工作时间的工资等。

案例二中，一审法院认为，人力资源和社会保障部办公厅《关于妥善处理新型冠状病毒感染的肺炎疫情防控期间劳动关系问题的通知》第2条规定,企业因受疫情影响导致停工停产在一个工资支付周期内的,企业应按劳动合同规定的标准支付职工工资;超过一个工资支付周期的,若职工没有提供正常劳动,企业应当发放生活费。青岛市人力资源和社会保障局《关于妥善处理新型冠状病毒感染的肺炎疫情防控期间劳动关系问题的通知》第3条第3项规定,企业因受疫情影响导致停工停产在一个工资支付周期内的,应当按劳动合同规定的标准支付职工工资;超过一个工资支付周期的,企业安排劳动者工作的,按照双方新约定的标准支付工资,但不得低于本市最低工资标准;企业没有安排劳动者工作的,应当按照不低于本市最低工资标准的80%支付劳动者基本生活费。遂判决某体育用品公司支付梁某2020年2月至6月17日期间的工资、生活费8781.61元。某体育用品公司不服一审判决提起上诉,请求改判支持其一审诉讼请求。二审法院驳回上诉,维持原判。

【法条链接】

《劳动合同法》第30条　用人单位应当按照劳动合同约定和国家规定,向劳动者及时足额支付劳动报酬。用人单位拖欠或者未足额支付劳动报酬的,劳动者可以依法向当地人民法院申请支付令,人民法院应当依法发出支付令。

第85条　用人单位有下列情形之一的,由劳动行政部门责令限期支付劳动报酬、加班费或者经济补偿;劳动报酬低于当地最低工资标准的,应当支付其差额部分;逾期不支付的,责令用人单位按应付金额百分之五十以上百分之一百以下的标准向劳动者加付赔偿金:(一)未按照劳动合同的约定或者国家规定及时足额支付劳动者劳动报酬的;(二)低于当地最低工资标准支付劳动者工资的;(三)安排加班不支付加班费的;(四)解除或者终止劳动合同,未依照本法规定向劳动者支付经济补偿的。

21 内部测试报告能否作为广告宣传的有效证明材料?

案件要旨

使用虚构、伪造或者无法验证的科研成果、统计资料、调查结果、文摘、引用语等信息作为证明材料的,为虚假广告。广告中使用科研成果、统计资料、调查结果、文摘、引用语等信息作为证明材料,本身应当真实、准确。如果证明材料本身是虚构、伪造或者无法验证,产生欺骗、误导消费者的后果的,构成虚假广告。

基本案情

上海市某区市场监督管理局接到投诉和广告监督平台移送的线索,反映O公司在其经营的官网宣传某精华液30ml时出现"对抗色斑""使黯沉斑点变淡"的字样,宣传"深彻洁净套组"时宣称其有"专利声波",宣传某淡斑精华乳时出现"直击源头,阻断色斑反复再生""斑点更小、更浅、不反复"的字样。上述行为涉嫌虚假宣传，市场监督管理局对O公司并案调查。

经查验，某精华液30ml的《国产非特殊用途化妆品备案凭证》及配方表显示其为国产非特殊用途化妆品，该产品配方中含有使用目的为皮肤调理剂、溶剂、增稠剂、防腐剂、螯合剂、芳香剂的多种成分，未见祛斑剂。O公司未能提供与该产品相匹配的功效报告及其他证据材料证明上述宣传用语的真实性。上述产品宣传页面由O公司提供具体的内容和素材，委托上海某文化传播股份有限公司进行制作，再经O公司对广告内容进行确认后发布。因上海某文化传播股份有限公司每月固定收取O公司的广告费用，且与O公司合作的广告内容较多，上述广告的设计、制作费用无法单独核算，故广告费用无法计算。O公司已对上述产品的宣传内容进行删除。

经查验，"某精华乳"的《进口特殊用途化妆品行政许可批件》及化妆品产品技术要求显示其为"祛斑类"进口特殊用途化妆品，该产品配方中含有使用目的为祛斑剂的抗坏血酸葡糖苷、鞣花酸成分。O公司提供的上述产品公司内部测试报告显示：上述产品在使用8周后和停用产品3周后，能使脸部色斑明显淡化，皮肤色度得到均匀提升。O公司无证据材料证明上述宣传效果的持续性。上述产品宣传页面由O公司提供具体的内容和素材，委托上海某商务咨询有限公司进行制作，再经O公司对广告内容进行确认后发布。上述产品网页宣传页面制作费用为1990元。O公司已对上述产品的宣传内容进行删除。

经查，O公司在其经营的官方网站销售“某深彻洁净套组”时，在其销售宣传页面标示“专利声波”字样。经核实，上述商品具备中国专利。

上海市某区市场监督管理局对O公司发布“某精华液30ml”虚假广告的违法行为，依据《广告法》第55条第1款“违反本法规定，发布虚假广告的，由市场监督管理部门责令停止发布广告，责令广告主在相应范围内消除影响，处广告费用三倍以上五倍以下的罚款，广告费用无法计算或者明显偏低的，处二十万元以上一百万元以下的罚款……”，以及《行政处罚法》(2017年修正)第23条“行政机关实施行政处罚时，应当责令当事人改正或者限期改正违法行为”的规定，责令O公司立即改正违法行为，并对O公司作出行政处罚如下：(1)责令停止发布违法广告，消除影响；(2)罚款人民币20万元整。

上海市某区市场监督管理局对O公司发布“某精华乳”虚假广告的违法行为，依据《广告法》第55条第1款“违反本法规定，发布虚假广告的，由市场监督管理部门责令停止发布广告，责令广告主在相应范围内消除影响，处广告费用三倍以上五倍以下的罚款，广告费用无法计算或者明显偏低的，处二十万元以上一百万元以下的罚款……”，以及《行政处罚法》(2017年修正)第23条“行政机关实施行政处罚时，应当责令当事人改正或者限期改正违法行为”的规定，责令O公司立即改正违法行为，并对O公司作出行政处罚如下：(1)责令停止发布违法广告，消除影响；(2)罚款人民币5970元整。

上海市某区市场监督管理局对O公司广告中涉及专利产品，未标明专利号和专利种类的违法行为，依据《广告法》第59条第1款第3项“有下列行为之一的，由市场监督管理部门责令停止发布广告，对广告主处十万元以下的罚款：……(三)涉及专利的广告违反本法第十二条规定的”，以及《行政处罚法》(2017年修正)第27条第2款“违法行为轻微并及时纠正，没有造成危害后果的，不予行政处罚”和第23条“行政机关实施行政处罚时，应当责令当事人改正或者限期改正违法行为”的规定，责令O公司立即改正违法行为，并对O公司不予行政处罚。

// 合规提示

广告作为一种艺术形式，可以有艺术的夸张色彩，但内容必须真实。如果内容虚假，将可能构成虚假广告。虚假广告同时包含两个特征：形式上，广告的内容虚假或者引人误解；效果上，造成了欺骗、误导消费者的客观后果，或者有欺骗、误导消费者的可能性。

该案中，O公司销售“某精华液30ml”“某精华乳”的宣传行为，违反了《广告法》第28条第1款“广告以虚假或者引人误解的内容欺骗、误导消费者的，构成虚假广告”及第2款第2项“广告有下列情形之一的，为虚假广告……(二)商品的性能、功能、产地、用途、质量、规格、成分、价格、生产者、有效期限、销售状况、曾获荣誉等信息，或者服务的内容、提供者、形式、质量、价格、销售状况、曾获荣誉等信息，以及与商品或者服务有关的允诺等信息与实际情况不符，对购买行为有实质性影响的”规定，构成了发布虚假广告的违法行为。O公司“深彻洁净套组”广告宣传“专利声波”，未标明专利号和专利种类的行为，违反了《广告法》第12条第1款“广告中涉及专利产品或者专利方法的，应当标明专利号和专利种类”的规定，构成广告中涉及专利产品，未标明专利号和专利种类的违法行为。

对于化妆品行业企业来说，其在进行广告宣传时，首先，注意区别特殊用途化妆品和非特殊用途化妆品。特殊用途化妆品，是指用于育发、染发、烫发、脱毛、美乳、健美、除臭、祛斑、防晒的化妆品。其次，关注证明材料的问题，广告中使用科研成果、统计资料、调查结果、文摘、引用语等信息作为证明材料的，证明材料本身应当真实、准确。如果证明材料本身是虚构、伪造或者无法验证，产生欺骗、误导消费者的后果的，构成虚假广告。最后，可参考上海市广告协会编制发布的《化妆品广告发布标准》，涉及性能、功能的数据源于实验结果或者调查结果的，如果实验或调查的条件、方法、范围等具体内容对消费者正确理解相关广告数据宣称有重大影响的，应当同时以显著、清晰的方式在广告中标注。

【法条链接】

《化妆品监督管理条例》第4条　国家按照风险程度对化妆品、化妆品原料实行分类管理。

化妆品分为特殊化妆品和普通化妆品。国家对特殊化妆品实行注册管理，对普通化妆品实行备案管理。

化妆品原料分为新原料和已使用的原料。国家对风险程度较高的化妆品新原料实行注册管理，对其他化妆品新原料实行备案管理。

第 16 条　用于染发、烫发、祛斑美白、防晒、防脱发的化妆品以及宣称新功效的化妆品为特殊化妆品。特殊化妆品以外的化妆品为普通化妆品。

国务院药品监督管理部门根据化妆品的功效宣称、作用部位、产品剂型、使用人群等因素，制定、公布化妆品分类规则和分类目录。

22 公司员工在微信朋友圈发布投资理财广告，公司会被处罚吗？

案件要旨

根据原《互联网广告管理暂行办法》①第 3 条“本办法所称互联网广告，是指通过网站、网页、互联网应用程序等互联网媒介，以文字、图片、音频、视频或者其他形式，直接或者间接地推销商品或者服务的商业广告”的规定，若公众号文章、微信朋友圈等文案所使用的用语、含义和已推送的历史文章所表达的主要内容或主题可以明确指向其推广宣传所经营的品牌产品的，案涉文案内容可以定性为广告行为。

---

① 《互联网广告管理办法》自 2023 年 5 月 1 日起施行，2016 年 7 月 4 日国家工商行政管理总局令第 87 号公布的《互联网广告管理暂行办法》同时废止。《互联网广告管理办法》第 2 条规定：“在中华人民共和国境内，利用网站、网页、互联网应用程序等互联网媒介，以文字、图片、音频、视频或者其他形式，直接或者间接地推销商品或者服务的商业广告活动，适用广告法和本办法的规定。法律、行政法规、部门规章、强制性国家标准以及国家其他有关规定要求应当展示、标示、告知的信息，依照其规定。”

基本案情

市场监督管理局发现Z公司在2018年7~8月的《今日象山》上刊登了含有明示或暗示保本、无风险或者保收益等内容的投资回报广告，上述广告内容涉嫌违反《广告法》第25条第1款之规定，涉嫌委托发布对可能存在的风险以及风险责任承担无合理提示或者警示，明示或者暗示保本、无风险或者保收益的投资回报广告，经批准，市场监督管理局于2019年3月21日立案。

经查，Z公司于2018年7月与浙江象山经济开发区某有限公司签订合同，以浙江象山经济开发区某有限公司为主体非公开发行"浙江象山经济开发区某有限公司2018年定向债务投资回报工具"理财产品(以下简称产品)。Z公司为销售该产品委托某广告有限公司在《今日象山》上刊登了4期投资回报广告，花费广告费用共计18,500元，并通过公司员工的微信朋友圈发布"产品规模：不超过2亿元产品期限；18个月收益分配；半年付息发行主体；浙江某有限公司预期收益：10万元~30万元7.4%/年30万元~50万元7.6%/年50万元以上7.8%/年"等内容，该广告费用无法认定。市场监督管理局向Z公司送达了象市监处告〔2019〕264号《行政处罚告知书》，Z公司于法定期限内未提出陈述、申辩要求。

市场监督管理局认为，Z公司作为该投资回报理财产品的承销商，在《今日象山》及微信朋友圈发布产品投资回报广告，广告中含有产品预期收益，未对该产品存在的风险以及风险责任承担有合理提示或者警示，并宣传投资安全、回款安全，该行为违反了《广告法》第 25 条第 1 项之规定，属于对产品存在的风险无合理提示，暗示产品无风险、保收益的行为。

Z 公司共在《今日象山》上刊登了 4 期上述广告，广告费用为 18,500 元，但微信朋友圈中发布上述广告的费用无法计算，综上，Z 公司发布广告费用无法计算。

依据《广告法》第 58 条第 1 款第 7 项之规定进行处理，因 Z 公司未曾发生过相同违法行为及积极配合本局调查，应减轻处罚。综上，市场监督管理局决定对 Z 公司作如下行政处罚：(1) 责令停止发布广告；(2) 责令在相应范围内消除影响；(3) 罚款 3 万元。

合规提示

该案中，Z 公司因在报纸及朋友圈发布产品预期收益广告，且未对产品存在的风险以及风险责任承担有合理提示或者警示的行为，被行政部门处以停止发布广告、消除影响并罚款的行政处罚。其处罚依据是《广告法》第 25 条的规定，“招商等有投资回报预期的商品或者服务广告，应当对可能存在的风险以及风险责任承担有合理提示或者警示，并不得含有下列内容：(一) 对未来效果、收益或者与其相关的情况作出保证性承诺，明示或者暗示保本、无风险或者保收益等，国家另有规定的除外；(二) 利用学术机构、行业协会、专业人士、受益者的名义或者形象作推荐、证明”。

投资理财类销售企业应注意：在进行广告宣传时，不能违规承诺收益或者承担损失；不得承诺或者变相承诺除保证收益以外的任何可获得收益；不得约定利益分成或亏损分担；不得无条件向客户承诺高于同期存款利率的保证收益率；不得夸大或者片面宣传理财产品，违规使用安全、保证、承诺、保险、避险、有保障、高收益、无风险等与产品风险收益特性不匹配的表述；不得将理财产品作为存款进行宣传；不得登载单位或者个人的推荐性文字；若提及第三方专业机构的评价结果，应当列明第三方专业评价机构的名称和刊登或发布评价渠道与日期；不得在未提供客观证据的情况下，使用"业绩优良""名列前茅""位居前列""最有价值""最大""最好""最强""唯一"等夸大过往业绩的表述。广告中宣传风险揭示内容的，应当与理财产品类型相对应，保证收益理财产品风险揭示应当至少包含"本理财产品有投资风险，只能保证获得合同明确承诺的收益，您应充分认识投资风险，谨慎投资"等内容。

【法条链接】

《广告法》第25条　招商等有投资回报预期的商品或者服务广告，应当对可能存在的风险以及风险责任承担有合理提示或者警示，并不得含有下列内容：

（一）对未来效果、收益或者与其相关的情况作出保证性承诺，明示或者暗示保本、无风险或者保收益等，国家另有规定的除外；

（二）利用学术机构、行业协会、专业人士、受益者的名义或者形象作推荐、证明。

第58条　有下列行为之一的，由市场监督管理部门责令停止发布广告，责令广告主在相应范围内消除影响，处广告费用一倍以上三倍以下的罚款，广告费用无法计算或者明显偏低的，处十万元以上二十万元以下的罚款；情节严重的，处广告费用三倍以上五倍以下的罚款，广告费用无法计算或者明显偏低的，处二十万元以上一百万元以下的罚款，可以吊销营业执照，并由广告审查机关撤销广告审查批准文件、一年内不受理其广告审查申请……（七）违反本法第二十五条规定发布招商等有投资回报预期的商品或者服务广告的。

23 房地产企业可以在广告中以“时间概念表示距离”的方式宣传吗？

案件要旨

房地产企业在广告宣传中不得以项目到达某一具体参照物的所需时间表示项目位置。房地产项目到某一具体参照物的物理距离是确定的，但是项目到达某一具体参照物的所需时间因所选道路条件、交通工具、交通状况、个人状况等的不同而可能有较大差异。统一用一个时间表示项目到某一具体参照物所需的时间，进而表示项目位置，是不客观的，容易误导消费者，行政机关有权对违法广告进行处罚。

基本案情

案例一：2019年3月15日，市场监督管理局执法人员根据举报线索对L公司运营的微信公众号进行检查。经查，该微信公众号2018年10月27日发布的文章“这个浏河的楼盘，彻底点燃了看房团的热情”内有一标题“便捷交通升值潜力巨大”。文章内容为“随后在置业顾问的带领下，共同来到了项目区位图前，距离某车行9公里，驾车15分钟车程的高铁站，即将于2020年6月正式建成通车；沿江高铁也已正式开工建设，将30分钟直达上海，坐拥高铁一线辐射，升值潜力巨大”。该文章阅读量为1000余次，因该微信公众号为自建，故其广告费用无法计算。

2019年3月18日，执法人员对L公司在某超市内房产宣传柜台进行检查，该展台上摆放了24张宣传页，边上的展架上摆放了约40张宣传页，地上有1000余张宣传页，所有宣传页背面均印有“上海人民广场40公里内最具性价比的洋房”。上述宣传页反面还印有“高铁一响黄金万两沪通高铁站落户，距离项目直线仅6公里，高铁经济引擎即将启动，快速路一通价值再升首条快速线位于项目门口，再次缩短近10分钟行程；某地均价15,500~16,500元/m^2；某新城均价32,615元/m^2；某地均价36,000元/m^2；某站均价39,635元/m^2……”的内容。上述宣传页共印制8000份，至案发已派发4000份。宣传页广告费用为1500元。

市场监督管理局认为L公司广告宣传中有如下违法行为：

1. L公司通过宣传单页发布的广告含有“上海人民广场

40公里内最低房价”“上海人民广场40公里内最具性价比的洋房”的内容，违反了《广告法》第9条第3项“广告不得有下列情形：（三）使用‘国家级’、‘最高级’、‘最佳’等用语”的规定，应当按照该法第57条第1项“有下列行为之一的，由市场监督管理部门责令停止发布广告，对广告主处二十万元以上一百万元以下的罚款……（一）发布有本法第九条、第十条规定的禁止情形的广告的”规定予以处罚。

2. L公司通过自建微信公众号发布的内容含有“随后在置业顾问的带领下，共同来到了项目区位图前，距离某车行9公里，驾车15分钟车程的高铁站，即将于2020年6月正式建成通车；沿江高铁也已正式开工建设，将30分钟直达上海，坐拥高铁一线辐射，升值潜力巨大”。上述内容违反了《广告法》第26条第1项、第2项，“房地产广告，房源信息应当真实……并不得含有下列内容：（一）升值或者投资回报的承诺；（二）以项目到达某一具体参照物的所需时间表示项目位置”，以及《房地产广告发布规定》第12条“房地产广告中涉及的交通、商业、文化教育设施及其他市政条件等，如在规划或者建设中，应当在广告中注明”的规定，应当按照《广告法》第58条第8项“有下列行为之一的，由市场监督管理部门责令停止发布广告，责令广告主在相应范围内消除影响，处广告费用一倍以上三倍以下的罚款，广告费用无法计算或者明显偏低的，处十万元以上二十万元以下的罚款……（八）违反本法第二十六条规定发布房地产广告的”及《房地产广告发布规定》第21条“违反本规定发布广告,《广告法》及其他法律法规有规定的,依照有关法律法规规定予以处罚。法律法规没有规定的,对负有责任的广告主、广告经营者、广告发布者,处以违法所得三倍以下但不超过三万元的罚款;没有违法所得的,处以一万元以下的罚款”的规定予以处罚。

3. L公司通过宣传页发布的广告内容含有40公里周边,某地均价15,500～16,500元/㎡,某新城均价32,615元/㎡,某地均价36,000元/㎡,某站均价39,635元/㎡……,上述内容使用了数据但未表明出处。上述行为违反了《广告法》第11条“广告使用数据、统计资料、调查结果、文摘、引用语等引证内容的,应当真实、准确,并表明出处”的规定,应当按照《广告法》第59条第2项“有下列行为之一的,由市场监督管理部门责令停止发布广告,对广告主处十万元以下的罚款:(二)广告引证内容违反本法第十一条规定的”规定予以处罚。

综上,L公司通过自建微信公众号、宣传单页两个媒介发布违法广告,违反了《广告法》第9条第3项、第11条、第26条第1项和第2项及《房地产广告发布规定》第12条的相关规定,依法予以惩处,且该两个媒介发布违法广告都是用以对同一项目的宣传,依照择一从重的法律原则,按照违反《广告法》第9条第3项的规定予以惩处。

案发后,L公司积极配合调查取证工作,立即撤下相关宣传页广告,删除微信公众号文章,综合考虑微信公众号阅读量较少，且已改正相关违法行为等因素，依法从轻处罚。市场监督管理局责令L公司停止发布违法广告，改正违法行为，并对L公司处以罚款300,000元，上缴国库。

案例二：赵某与甲房地产开发公司签订《济南市商品房买卖合同》一份，约定赵某购买甲房地产开发公司开发的某项目商品房，单价为每平方米16,451.55元，房屋总价款为1,697,800元。合同签订后，赵某依约向甲房地产开发公司支付了购房款项。

在甲房地产开发公司销售其开发的涉案项目商品房过程中，济南市某区市场监督管理局认为，该公司就其开发建设的该房地产项目做虚假或引人误解的商业宣传，违反了《反不正当竞争法》第20条的规定，对其作出行政处罚决定。甲房地产开发公司对该行政处罚决定不服，遂提起行政诉讼。经审理，济南市中级人民法院作出生效行政判决，认定：

1. 关于“千亩大盘”的宣传。甲房地产开发公司通过网站和印刷品宣传涉案项目为千亩大盘，但实际上仅取得约450亩的土地，与千亩大盘存在较大差距，存在规模夸大的虚假宣传。

2. 关于M5轻轨的宣传。地铁是否经过房地产项目显然会影响房地产的价格和价值。在M5轻轨未投入建设的情况下，甲房地产开发公司仅凭政府发布的规划信息即作出宣传，意在借此提升房价，认为其构成虚假宣传符合客观事实。

3. 关于三甲医院的问题。甲房地产开发公司在其沙盘中有“三甲医院”字样及模型，宣传片区规划有“三甲医院”，该宣传内容与实际情况不符，该宣传容易误导购房者，构成虚假宣传。

现赵某主张甲房地产开发公司涉嫌虚假宣传，导致其以明显偏高的房价与甲房地产开发公司签订商品房买卖合同，造成其信赖利益损失，要求甲房地产开发公司退还房屋差价款并支付相应的利息损失。

// 合规提示

案例一中，L 公司发布的广告几乎罗列了全部房地产广告需要关注的审查点。

首先，L 公司通过宣传单页发布的广告含有“最低房价”“最具性价比”，违反了《广告法》第 9 条第 3 项“广告不得有下列情形：（三）使用‘国家级’、‘最高级’、‘最佳’等用语”的规定。

其次，L 公司宣传“30 分钟直达上海”“距离项目直线仅 6 公里”“缩短近 10 分钟行程”违反了《广告法》第 26 条第 1 项和第 2 项“房地产广告，房源信息应当真实……并不得含有下列内容：（一）升值或者投资回报的承诺；（二）以项目到达某一具体参照物的所需时间表示项目位置”的规定。房地产广告中用地图表示地理位置的，应当以测绘管理部门公布的地图为标准，按比例表示。涉及项目位置表示的，可以以该项目与具体参照物的实际距离表示，也可以具体路名路牌号表示，不得使用时间概念来表示距离，不得使用“紧邻”“周边”等模糊不清的地理概念。房地产广告中涉及的交通、商业、文化教育设施及其他市政条件等如在规划或者建设中,应当在广告中注明“规划中”或“建设中”。

最后,L 公司通过宣传页发布的广告内容含有周边房价均价,使用了数据但未表明出处,违反了《广告法》第 11 条“广告使用数据、统计资料、调查结果、文摘、引用语等引证内容的,应当真实、准确,并表明出处”的规定。房地产广告中对价格有表示的,应当清楚表示为实际的销售价格,一律以人民币标价,明示价格的有效期限。房地产广告中涉及价格优惠的,应当标明优惠的期限和方法,不得采用购房者无法辨明的数量限制来表示;涉及有奖销售的,应当按照有奖销售的有关法规进行宣传。

案例二中,房地产公司广告被认定为虚假广告,消费者向法院起诉请求房地产公司承担信赖利益的损失。该案裁判的是明确商品房买卖合同成立并生效后,房地产开发商对其违反先合同义务的虚假宣传行为应如何承担责任。笔者认为,房地产开发商应承担缔约过失责任。缔约过失责任是行为人对对方信赖利益损失承担的责任。信赖利益损失可以从以下几个方面予以把握:(1)信赖利益损失限于直接损失,一般不包括因此错失的机会损失等间接损失,否则信赖利益损失就可能会漫无边际,不当加重当事人的责任;(2)不能参照合同约定来确定信赖利益的范围,信赖利益不得超过履行利益;(3)信赖利益损失属于财产损失,不包括人身损害或精神损害,当事人在缔约过程中遭受的人身或精神损害,应当根据侵权责任的相关规定提出请求,而不能基于缔约过失责任提出。《民法典》生效后拓展了缔约过失责任适用的外延,即当事人承担违约责任还是缔约过失责任并非根据合同成立和生效来判断,而是根据其违反的合同义务性质来判断,进一步明确了合同成立生效后当事人仍可承担缔约过失责任。

【法条链接】

《广告法》第 26 条　房地产广告，房源信息应当真实，面积应当表明为建筑面积或者套内建筑面积，并不得含有下列内容：（一）升值或者投资回报的承诺；（二）以项目到达某一具体参照物的所需时间表示项目位置；（三）违反国家有关价格管理的规定；（四）对规划或者建设中的交通、商业、文化教育设施以及其他市政条件作误导宣传。

《房地产广告发布规定》第 12 条　房地产广告中涉及的交通、商业、文化教育设施及其他市政条件等，如在规划或者建设中，应当在广告中注明。

第 20 条　房地产广告中涉及房地产价格评估的，应当表明评估单位、估价师和评估时间；使用其他数据、统计资料、文摘、引用语的，应当真实、准确，表明出处。

24　医疗机构可以在广告中宣传“治愈率”吗？

案件要旨

医疗广告中不得说明治愈率或者有效率。治愈率、有效率一般是根据某些医疗机构、过往某一段时期内、经抽样选中的病例的统计得出的结果，该结果并不一定适用于所有医疗机构、所有时期、所有使用者，特别是对个别患者来说。因此这些数据并无实际意义，容易造成误导，在医疗广告中宣传“治愈率”是《广告法》禁止的行为。

基本案情

经上海市某区市场监督管理局调查，S公司存在如下违法行为：

1.2018年5月至8月30日，S公司在前来就诊患者疾病未治愈的情况下，通过其官方网站对外发布“乳腺癌病危奇迹复现，多学科联合会诊，拯救患者于顷刻，救‘不治之症’，成功获得第二次生命……”“柬埔寨患者的康复之路，如今我的身体康复了……”“中大成功救治胃癌广泛转移患者，助患者战胜胃癌……”“瘫痪肺癌患者中大求医获新生，粒子植入助患者重获新生……”“滚蛋吧，淋巴瘤，结束了耗时一年的抗癌之旅”“巨大肿瘤正待治疗发现怀孕……妙手回春，肿瘤患者的康复奇迹……”等含有虚假宣传诊疗效果内容的文章。

2.自2017年3月1日起，S公司在未获得上海市质子重离子医院授权的情况下，擅自在微信公众平台申请开通名为“上海质子重离子医院”的微信小程序作为上海中大肿瘤医院对外宣传平台，宣传其诊疗信息等内容，使相关公众误认为该微信小程序由上海市质子重离子医院开设或者与其存在特定联系。S公司于2018年8月25日关闭该微信小程序。在此期间，患者无法通过该微信小程序预约挂号，S公司没有违法经营额。

3.2018年5月至8月25日,S公司在名为“上海质子重离子医院”的微信小程序中发布“微创介入、粒子植入、氩氦刀冷冻消融、冰火双刀高温低温消瘤……”等含有医疗技术或诊疗方法内容的广告。

4.2018年5月至10月10日,S公司在官方网站中发布“微创介入,局部精准化疗;粒子植入,立体定向消瘤;冰火双刀,高低温消瘤;氩氦刀冷冻消融,冷冻穿刺针反复消融……”等含有医疗技术或诊疗方法内容的广告。

5.2018年5月1日至10月10日,S公司在百度推广平台中购买关键词“CCRT综合抗瘤”,自行设计推广创意并对外发布“治瘤病选专科‘上海中大肿瘤医院’多科室医生多对一会诊,明确病症后推选CCRT综合抗瘤医术专业给患者……”等含有医疗技术或诊疗方法内容的广告。

6.2018年5月至7月3日,S公司在没有质子重离子技术,无法为患者提供质子重离子治疗,也没有“质子重离子(评估)中心”的情况下,在百度推广平台购买“质子重离子、质子重离子放疗”等关键词,自行设计推广创意并对外发布“质子重离子评估中心,如果要去预约可进入网站咨询并挂号。在线服务:质子重离子中心上海中大肿瘤医院”“质子重离子评估医院—上海中大肿瘤医院,现支持在线预约挂号”等含有虚假内容的广告,广告费用为264.22元。

7.2018年7月1日至9月22日,S公司在百度推广平台购买关键词“靶向治疗”,自行设计推广创意并对外发布“靶向治疗……改变生活质量，生命延长5~15年”等含有对诊疗效果作出保证性承诺内容的广告，广告费用为20.31元。

市场监督管理局于2019年3月19日向S公司直接送达了《行政处罚听证告知书》（沪工商检听告字〔2019〕第320201810046号），将拟作出行政处罚的事实、理由、依据及处罚内容告知S公司，规定期限内，S公司未提出陈述、申辩，未要求听证。

市场监督管理局认为：

1. S公司在网站中对诊疗效果进行虚假宣传的行为，违反了《反不正当竞争法》第8条第1款“经营者不得对其商品的性能、功能、质量、销售状况、用户评价、曾获荣誉等作虚假或者引人误解的商业宣传，欺骗、误导消费者”之规定。鉴于S公司发布多篇虚构癌症治疗效果的宣传文章，且文章的点击量高，根据《反不正当竞争法》第20条第1款“经营者违反本法第八条规定对其商品作虚假或者引人误解的商业宣传，或者通过组织虚假交易等方式帮助其他经营者进行虚假或者引人误解的商业宣传的，由监督检查部门责令停止违法行为，处二十万元以上一百万元以下的罚款；情节严重的，处一百万元以上二百万元以下的罚款，可以吊销营业执照”之规定，决定对S公司处罚如下：(1)责令停止违法行为；(2)罚款人民币35万元整。

2. S公司未经权利人同意擅自使用“上海质子重离子医院”名称的行为，违反了《反不正当竞争法》第6条第2项“经营者不得实施下列混淆行为，引人误认为是他人商品或者与他人存在特定联系……（二）擅自使用他人有一定影响的企业名称（包括简称、字号等）、社会组织名称（包括简称等）、姓名（包括笔名、艺名、译名等）”之规定，构成实施混淆的不正当竞争行为。鉴于S公司混淆行为多次被投诉，给权利人造成不良影响，且S公司未及时整改违法行为。根据《反不正当竞争法》第18条第1款“经营者违反本法第六条规定实施混淆行为的，由监督检查部门责令停止违法行为，没收违法商品。违法经营额五万元以上的，可以并处违法经营额五倍以下的罚款；没有违法经营额或者违法经营额不足五万元的，可以并处二十五万元以下的罚款。情节严重的，吊销营业执照”之规定，决定对S公司处罚如下：（1）责令停止违法行为；（2）罚款人民币10万元整。

3. S公司在微信小程序中发布含有医疗技术或诊疗方法等内容的医疗广告行为，违反了《医疗广告管理办法》第7条第1项“医疗广告的表现形式不得含有以下情形：（一）涉及医疗技术、诊疗方法、疾病名称、药物的”规定。根据《医疗广告管理办法》第22条“工商行政管理机关对违反本办法规定的广告主、广告经营者、广告发布者依据《广告法》、《反不正当竞争法》予以处罚，对情节严重，造成严重后果的，可以并处一至六个月暂停发布医疗广告、直至取消广告经营者、广告发布者的医疗广告经营和发布资格的处罚。法律法规没有规定的，工商行政管理机关应当对负有责任的广告主、广告经营者、广告发布者给予警告或者处以一万元以上三万元以下的罚款;医疗广告内容涉嫌虚假的,工商行政管理机关可根据需要会同卫生行政部门、中医药管理部门作出认定”之规定,决定对S公司处罚如下:罚款人民币1万元整。

4. S公司在官方网站发布含有医疗技术或诊疗方法等内容的医疗广告行为,违反了《医疗广告管理办法》第7条第1项“医疗广告的表现形式不得含有以下情形:(一)涉及医疗技术、诊疗方法、疾病名称、药物的”规定。根据《医疗广告管理办法》第22条“工商行政管理机关对违反本办法规定的广告主、广告经营者、广告发布者依据《广告法》、《反不正当竞争法》予以处罚,对情节严重,造成严重后果的,可以并处一至六个月暂停发布医疗广告、直至取消广告经营者、广告发布者的医疗广告经营和发布资格的处罚。法律法规没有规定的,工商行政管理机关应当对负有责任的广告主、广告经营者、广告发布者给予警告或者处以一万元以上三万元以下的罚款;医疗广告内容涉嫌虚假的,工商行政管理机关可根据需要会同卫生行政部门、中医药管理部门作出认定”之规定,决定对S公司处罚如下:罚款人民币1万元整。

5. S公司在百度推广中发布含有医疗技术或诊疗方法等内容的医疗广告行为,违反了《医疗广告管理办法》第7条第1项“医疗广告的表现形式不得含有以下情形:(一)涉及医疗技术、诊疗方法、疾病名称、药物的”规定。根据《医疗广告管理办法》第22条“工商行政管理机关对违反本办法规定的广告主、广告经营者、广告发布者依据《广告法》、《反不正当竞争法》予以处罚，对情节严重，造成严重后果的，可以并处一至六个月暂停发布医疗广告、直至取消广告经营者、广告发布者的医疗广告经营和发布资格的处罚。法律法规没有规定的，工商行政管理机关应当对负有责任的广告主、广告经营者、广告发布者给予警告或者处以一万元以上三万元以下的罚款；医疗广告内容涉嫌虚假的，工商行政管理机关可根据需要会同卫生行政部门、中医药管理部门作出认定”之规定，决定对S公司处罚如下：罚款人民币1万元整。

6. S公司在百度推广中发布“质子重离子”等含有虚假内容的广告行为，违反了《广告法》第4条“广告不得含有虚假或者引人误解的内容，不得欺骗、误导消费者。广告主应当对广告内容的真实性负责”之规定，构成第28条第1款、第2款第1项“广告以虚假或者引人误解的内容欺骗、误导消费者的，构成虚假广告。广告有下列情形之一的，为虚假广告：(一)商品或者服务不存在的”规定的虚假广告行为。根据《广告法》第55条第1款“违反本法规定，发布虚假广告的，由市场监督管理部门责令停止发布广告，责令广告主在相应范围内消除影响，处广告费用三倍以上五倍以下的罚款，广告费用无法计算或者明显偏低的，处二十万元以上一百万元以下的罚款；两年内有三次以上违法行为或者有其他严重情节的，处广告费用五倍以上十倍以下的罚款，广告费用无法计算或者明显偏低的，处一百万元以上二百万元以下的罚款，可以吊销营业执照,并由广告审查机关撤销广告审查批准文件、一年内不受理其广告审查申请”之规定,决定对S公司处罚如下:(1)责令停止发布违法广告;(2)责令在相应范围内消除影响;(3)处广告费用4倍罚款,计人民币1056.88元。

7. S公司在百度推广中对医疗效果作出保证性承诺的行为,违反了《广告法》第16条第1款第1项“医疗、药品、医疗器械广告不得含有下列内容:(一)表示功效、安全性的断言或者保证”之规定。根据《广告法》第58条第1款第1项“有下列行为之一的,由市场监督管理部门责令停止发布广告,责令广告主在相应范围内消除影响,处广告费用一倍以上三倍以下的罚款,广告费用无法计算或者明显偏低的,处十万元以上二十万元以下的罚款;情节严重的,处广告费用三倍以上五倍以下的罚款,广告费用无法计算或者明显偏低的,处二十万元以上一百万元以下的罚款,可以吊销营业执照,并由广告审查机关撤销广告审查批准文件、一年内不受理其广告审查申请:(一)违反本法第十六条规定发布医疗、药品、医疗器械广告的”规定,决定对S公司处罚如下:(1)责令停止发布违法广告;(2)责令在相应范围内消除影响;(3)处广告费用2倍罚款,计人民币40.62元。

以上7项违法行为罚款共计人民币481,097.5元。

// 合规提示

该案中,S公司因发布的医疗广告存在7项违法事实而被行政机关处罚,最终罚款48万余元。医疗机构利用各种媒介或者形式直接或间接介绍医疗机构或医疗服务的广告为医疗广告。发布医疗广告应当按照《医疗广告管理办法》的规定在发布前申请医疗广告审查,并按照核准的广告成品样件内容与媒体类别发布医疗广告。非医疗机构不得发布医疗广告,医疗机构不得以内部科室名义发布医疗广告。

根据《医疗广告管理办法》第6条的规定,医疗广告内容仅限于以下项目:(1)医疗机构第一名称;(2)医疗机构地址;(3)所有制形式;(4)医疗机构类别;(5)诊疗科目;(6)床位数;(7)接诊时间;(8)联系电话。第(1)项至第(6)项发布的内容必须与卫生行政部门、中医药管理部门核发的《医疗机构执业许可证》或其副本载明的内容一致。

医疗广告中不得含有表示功效、安全性的断言或者保证,不得说明治愈率或者有效率,不得与其他药品、医疗器械的功效和安全性或者其他医疗机构相比较,医疗机构不得利用广告代言人作推荐、证明。由于医疗、药品、医疗器械是直接作用于人体的特殊商品和服务,其作用对象存在个体差异,不宜作出功效、安全性、治愈率等确定性保证,也不宜利用广告代言人作推荐、证明。为防止误导患者,保护群众生命健康,《广告法》禁止医疗广告存在上述宣传内容。

【法条链接】

《广告法》第16条　医疗、药品、医疗器械广告不得含有下列内容:(一)表示功效、安全性的断言或者保证;(二)说明治愈率或者有效率;

(三)与其他药品、医疗器械的功效和安全性或者其他医疗机构比较;(四)利用广告代言人作推荐、证明;(五)法律、行政法规规定禁止的其他内容。

药品广告的内容不得与国务院药品监督管理部门批准的说明书不一致,并应当显著标明禁忌、不良反应。处方药广告应当显著标明"本广告仅供医学药学专业人士阅读",非处方药广告应当显著标明"请按药品说明书或者在药师指导下购买和使用"。

推荐给个人自用的医疗器械的广告,应当显著标明"请仔细阅读产品说明书或者在医务人员的指导下购买和使用"。医疗器械产品注册证明文件中有禁忌内容、注意事项的,广告中应当显著标明"禁忌内容或者注意事项详见说明书"。

《医疗广告管理办法》第 8 条　医疗机构发布医疗广告,应当向其所在地省级卫生行政部门申请,并提交以下材料:

(一)《医疗广告审查申请表》;

(二)《医疗机构执业许可证》副本原件和复印件,复印件应当加盖核发其《医疗机构执业许可证》的卫生行政部门公章;

(三)医疗广告成品样件。电视、广播广告可以先提交镜头脚本和广播文稿。

中医、中西医结合、民族医医疗机构发布医疗广告,应当向其所在地省级中医药管理部门申请。

25 “软文”是“广告”吗？

案件要旨

“软文”仍属于“广告”，仍需要符合《广告法》的相关规定。教育培训的效果受到考核难度变化，教育、培训方的师资差异，接受培训方的基础、学习态度差异等多方面因素影响，企业在广告中利用受益者的名义或者形象作推荐、证明，容易使消费者产生盲目相信的心理，并可能造成误导。《广告法》禁止利用受益者的名义或者形象作推荐、证明。

基本案情

某市市场监督管理局根据国家市场监督管理总局广告监测平台线索发现：A梦编程、D优势评估、D国逻辑狗、H小象书法课、R校长专家团、数学×天特训营、某网校学习“大作文”写作阅读提升课、Y数学思维提升计划、Z绘四大名著全彩连环画、某ABC英语、VX教育培训的广告宣传存在违法行为。经执法人员初步调查，以上11条广告均为S公司在其微信公众号“桔子妈妈讲故事”及微信公众号“家长百宝盒”对外发布。

经查明，S公司以公司名义注册设立微信公众号“桔子妈妈讲故事”“家长百宝盒”。S公司对外承接广告宣传业务后，在“桔子妈妈讲故事”“家长百宝盒”上对外发布并获利。经查实，S 公司在微信公众号“桔子妈妈讲故事”上对外发布广告的相关情况如下：

广告一：“Y 数学思维提升计划”。

在该篇广告软文中有以下内容：“我给表姐推荐了 Y 出品的、针对 3～8 岁孩子的数学启蒙课。不贵……万万没想到，蕾蕾居然玩着玩着就上瘾了，专注力也提高了，不再像以前那样坐不住了。”该软文广告存在利用受益人名义对教育培训成效作推荐证明的违法行为。委托方是杭州 M 公司。发布时间：2019 年 9 月 16 日。推送费用 3000 元。

广告二：“某网校学习‘大语文’写作阅读提升课”。

文章标题：《告别作文流水账，这个方法百试百灵，妈妈们快给孩子收藏！》。

在该软文广告中，有以家长名义发表留言评论的截屏图片，含有以下内容：“自从我的孩子在某网校学了‘大语文’一个学期之后，作文竟然被老师当范文来宣读。”该广告软文存在利用受益人名义对教育培训成效作推荐证明的违法行为。委托方是北京 Y 有限公司。发布时间：2019 年 5 月 14 日。推送费用 3000 元。

广告三：“数学×天特训营”。

文章标题：《未来数学一半分数都在这！家有 7～15 岁孩子，一定要看看！》。

在该软文广告中有以下内容：“往期课程好评如潮，一次选择,可能改变孩子一生!”同时附有家长与老师聊天的截屏图片,含有以下内容:“谢谢老师关心,还没有来得及告诉您,孩子这次考了100分,他们班考满分的就5个人,这段时间的辛苦没有白费”,“儿子今天告诉我,今天老师在学校表扬了,一个难度有点高的数学题目,全部只有3个人做对,他就是其中之一,嘚瑟得不得了”。该软文广告存在利用受益人名义对教育培训成效作推荐证明的违法行为。委托方是北京M公司。发布时间:2019年6月25日。推送费用3000元。

广告四:“R校长专家团”。

该软文广告有以下内容:“在‘R校长专家团’的耐心指导下,儿子惊人的变化让我始料不及,写作业再也不拖拉磨蹭了,之前2小时甚至更长时间的作业,现在基本1小时就可以搞定了。背诵单词、古诗、文言文基本看两遍就可以通篇背诵。并且阅读速度也可以得到提升,有的时候一天可以阅读几万字的书籍,这对儿子的阅读理解帮助太大了”,“小学5年级的昊昊(化名)通过R校长专家团教练以及《HX通乐学派》一个月的学习及训练后,可以将厚厚的文言文《道德经》《中庸》《大学》倒背如流……”,同时插入小学生昊昊(化名)的展示视频。该软文广告存在利用受益人名义、形象对教育培训成效作推荐证明的违法行为。委托方是湖南Z公司。发布时间:2019年9月18日。推送费用3000元。

广告五:“H小象书法课”。

该软文广告主要是对“H小象书法课”6天体验课的推

荐。文中，有学生家长“Z 妈妈”“J 妈妈”“I 妈妈”“Y 妈妈”发表点评的图片截屏，具体内容有：“孩子开始练字的时候……很多字都不认识，边认边写……现在已经通过了硬笔书法3级考试……真感谢H小象让我的孩子有了如此大的进步”，“H小象是非常专业的线上书法平台，有着专业的书法老师和点评团队，孩子受益匪浅”等。该软文广告存在利用受益人名义对教育培训成效作推荐证明的违法行为。委托方是H公司。发布时间：2019年10月10日。推送费用3000元。

广告六：“A梦编程”。

该软文广告具体内容为推广A梦编程公司“49元畅学A梦编程2周4课时”的编程启蒙课，文中出现了家长与老师的聊天截屏图，其具体内容为：“这次我们小阳在学校的创新比赛中用编程编了个作品，还获得了一等奖，孩子高兴坏了，真的很感谢A梦，为孩子开启了全新的世界。”该软文广告存在利用受益人名义对教育培训成效作推荐证明的违法行为。委托方是杭州Y公司。发布时间：2019年10月11日。推送费用2800元。

广告七：“D国逻辑狗儿童思维升级训练系统”。

文章标题：《6岁前不培养这种能力，当心孩子比同龄娃落后好几倍！》。该篇软文广告中有以下内容：“毫不夸张地讲，逻辑狗是目前我见过的把数字、图形、空间、计算、逻辑结合得最好最系统的一套益智教具。”该软文广告存在使用绝对化用语的违法行为。该软文广告发布时间是2019年7月23日，为S公司自行售卖的《D国逻辑狗儿童思维升级训练系统精装版&简装版》的团购广告宣传软文，系S公司加盟“有赞”微商城平台，参与其团购活动，并复制转发相关宣传文案，没有委托方和广告费用。

广告八：“D优势评估”。

文章标题：《秦岚从会计到“最美皇后”：我们如何找到自己的隐藏潜能|D优势评估》。

在这篇广告软文中，含有以下内容：“通过D优势评估，将从生理上评估你的脑优势区域，不仅分析你的优势和劣势，还会分析你在工作和恋爱中的表现，帮助你找到并完善自身的大脑优势，为你的社交和决策提供建议，找到最适合你的道路”，“我们联合国内专业的心理学品牌壹心理，由9位权威心理学专家集体研发【D优势评估】，近三万人好评，专业保证，请放心测试”。S公司无法提供该软文广告中“近三万人好评”数据，且存在虚构接受服务的效果的违法行为。“D优势评估”系S公司加盟“有赞”微商城平台，参与其团购活动，并复制转发相关宣传文案，没有委托方和广告费用。发布时间2019年5月12日。

广告九：“Z绘四大名著全彩连环画”。

文章标题为：《读经典的孩子，格局肯定不一样！Z绘四大名著，78元100册！|团》。在该篇广告软文中，有以下内容：“所以今天为大家带来的是Z绘《四大名著》全彩连环画。百册百故事，故事分册整理，篇幅适中，最具有可读性和收藏价值的版本。”该软文广告存在使用绝对化用语的违法行为。

发布时间为2019年11月7日。该软文广告系S公司加盟“有赞”微商城平台，参与其团购活动，并复制转发相关宣传文案。没有委托方和广告费用。

广告十：“某ABC英语”。

该软文广告的主要内容是某ABC英语0~6岁幼儿英语启蒙精品课的宣传，有以下内容：“往期用户这样说：很遗憾没有早点遇见某ABC的学习平台，错过最佳的母语学习时间，不过现在开始还不太晚，之后的路我们携手同行，一起加油——@bobo妈妈；小孩子真单纯……——@壮壮妈妈。”该软文广告存在利用受益人名义对教育培训成效作推荐证明的违法行为。广告委托方：杭州C公司。发布时间：2019年11月18日。推送费用3000元。

广告十一：S公司在微信公众号“家长百宝盒”上对外发布软文，广告标题为：《你越骂，孩子越没出息！用这1招，孩子想不优秀都难！（家长必读）》。

该广告是“H教育一对一跟踪辅导”课程的推广软文。主要内容有：“……我女儿曾经就因为成绩的事情经常让我头疼……在学习了老师的方法持续2个月后，我女儿简直是变了个人，最明显的变化：上课能听懂了，作业也写的比以前快了，错误也很少，周末也会要求我带她去图书馆看书……三年级的神童晓华在遇到老师之前，晓华也是个‘学困生’，家长花了3万学英语，硬是没点成效，在老师的帮助下，一个暑假的时间不仅单词记得快，成绩更是直线上升……”该软文广告存在利用受益人名义对教育培训成效作推荐证明的行为。广告委托方:江西X公司。发布时间:2019年11月8日。推送费用500元。

综上,S公司广告费用共计21,300元。2020年5月13日,市场监督管理局依法向S公司送达《行政处罚听证告知书》。

S公司对外发布"Y数学思维提升计划""某网校学习'大语文'写作阅读提升课""数学×天特训营""R校长专家团""H小象书法课""A梦编程""某ABC英语""H教育一对一跟踪辅导"共计8条软文广告,违反了《广告法》第24条第1款第3项"教育、培训广告不得含有下列内容……(三)利用科研单位、学术机构、教育机构、行业协会、专业人士、受益者的名义或者形象作推荐、证明"的规定,构成利用受益者名义或形象为教育培训机构作推荐证明的违法行为。

S公司对外发布的"D国逻辑狗儿童思维升级训练系统""Z绘四大名著全彩连环画"两条软文广告,违反了《广告法》第9条第1款第3项"广告不得有下列情形:……(三)使用'国家级'、'最高级'、'最佳'等用语"的规定,构成在广告中使用绝对化用语的违法行为。

S公司对外发布的"D优势评估"软文广告,违反了《广告法》第28条第2款第2项、第4项"广告有下列情形之一的,为虚假广告……(二)商品的性能、功能、产地、用途、质量、规格、成分、价格、生产者、有效期限、销售状况、曾获荣誉等信息,或者服务的内容、提供者、形式、质量、价格、销售状况、曾获荣誉等信息,以及与商品或者服务有关的允诺等信息与实际情况不符,对购买行为有实质性影响的……(四)虚构使用商品或者接受服务的效果”的规定,构成发布虚假广告的违法行为。

市场监督管理局对S公司在广告中使用绝对化用语的违法行为,根据《市场轻微违法违规经营行为免罚清单》第1条第1款第5项“违反《中华人民共和国广告法》第九条第(三)项,广告中使用‘国家级’、‘最高级’、‘最佳’等用语,但广告是在广告主自有经营场所或者互联网自媒体发布,且属于首次被发现的”之规定,决定不予处罚。

市场监督管理局对S公司利用受益者名义或形象为教育培训机构作推荐证明的违法行为,以及S公司发布虚假广告的违法行为,根据《广告法》第58条第3款“广告经营者、广告发布者明知或者应知有本条第一款规定违法行为仍设计、制作、代理、发布的,由市场监督管理部门没收广告费用,并处广告费用一倍以上三倍以下的罚款,广告费用无法计算或者明显偏低的,处十万元以上二十万元以下的罚款……”和《广告法》第55条第3款“广告经营者、广告发布者明知或者应知广告虚假仍设计、制作、代理、发布的,由市场监督管理部门没收广告费用,并处广告费用三倍以上五倍以下的罚款,广告费用无法计算或者明显偏低的,处二十万元以上一百万元以下的罚款”以及《行政处罚法》第32条第1款第1项“当事人有下列情形之一,应当从轻或者减轻行政处罚:(一)主动消除或者减轻违法行为危害后果的……”之规定,决定对S公司行政处罚如下:(1)没收广告费用21,300元整;(2)罚款221,300元。

// 合规提示

该案属于“软文”类广告被处罚的案例。相对硬性广告而言，软文类广告主要以微信公众号或短视频等方式传播，是由市场策划人员或广告公司的文案人员撰写的“文字广告”。但是“软文”仍属于“广告”，仍需要符合广告法的相关规定。

教育培训企业应重点关注利用受益人名义对教育培训成效作推荐证明、使用绝对化用语、发布虚假广告的情形。广告法禁止教育培训企业发布对升学、通过考试、获得学位学历或者合格证书，或者对教育、培训的效果作出明示或者暗示的保证性承诺类型的广告。企业不得发布具有明示或者暗示有相关考试机构或者其工作人员、考试命题人员参与教育、培训的广告，不得利用科研单位、学术机构、教育机构、行业协会、专业人士、受益者的名义或者形象作推荐、证明。在广告中利用科研单位、学术机构、教育机构、行业协会、专业人士、受益者的名义或者形象作推荐、证明，容易使消费者产生盲目相信的心理，并可能造成误导。因此，广告法禁止利用上述机构和人员的名义或者形象作推荐、证明。

【法条链接】

《广告法》第 24 条　教育、培训广告不得含有下列内容：(一)对升学、通过考试、获得学位学历或者合格证书，或者对教育、培训的效果作出明示或者暗示的保证性承诺；(二)明示或者暗示有相关考试机构或者其工作人员、考试命题人员参与教育、培训；(三)利用科研单位、学术机构、教育机构、行业协会、专业人士、受益者的名义或者形象作推荐、证明。

26 保健食品广告可以宣传安全、放心有保障吗?

案件要旨

保健食品有相应的功效、适用人群、用法用量要求,效果也可能随着服用时间的推移发生变化,服用不当还可能产生副作用。同时,由于服用者自身身体条件、生活习惯、所处环境均存在差异,可能影响服用效果。因此保健食品广告不能对其功效、安全性作出断言或者保证。

基本案情

经某市市场监督管理局调查,S公司主要从事食品销售、电子商务等经营活动。

2021年11月1日,S公司在京东商城"某氏保健品旗舰店"店铺内的"泰国进口某氏传统鸡精……"产品的销售页面发布"安全放心有保障"的广告内容,上述产品为进口保健食品,在推介药品、医疗器械、保健食品时使用了"安全放心有保障"的安全性断言或者保证的广告用语。上述广告系S公司委托北京悦兰得国际贸易有限公司设计制作并发布,广告费用1000元。

2022年1月12日,S公司自行停止发布上述违法广告。

S公司发布含有安全性断言或者保证的药品、医疗器械、保健食品广告的行为,违反了《药品、医疗器械、保健食品、特殊医学用途配方食品广告审查管理暂行办法》第11条第1款第5项“药品、医疗器械、保健食品和特殊医学用途配方食品广告不得违反《中华人民共和国广告法》第九条、第十六条、第十七条、第十八条、第十九条规定，不得包含下列情形：（五）含有‘安全’‘安全无毒副作用’‘毒副作用小’；明示或者暗示成分为‘天然’，因而安全性有保证等内容”的规定。

鉴于S公司在发布违法广告期间，未造成人体健康和人身、财产受损，无社会影响。在案件调查期间，积极配合市场监管部门调查，如实陈述违法事实并主动提供证据材料。

某区市场监督管理局依据《广告法》第58条第1款第1项“有下列行为之一的，由市场监督管理部门责令停止发布广告，责令广告主在相应范围内消除影响，处广告费用一倍以上三倍以下的罚款，广告费用无法计算或者明显偏低的，处十万元以上二十万元以下的罚款……（一）违反本法第十六条规定发布医疗、药品、医疗器械广告”的规定，责令S公司停止发布违法广告，并决定作出行政处罚如下：（1）责令在相应范围内消除影响；（2）罚款人民币2000元整。

合规提示

该案中，S公司在推介药品、医疗器械、保健食品时使用了含“安全放心有保障”的安全性断言或者保证的广告用语，被行政机关处以罚款的行政处罚。保健食品类广告中不得含有表示功效、安全性断言或者保证,不得涉及疾病预防、治疗功能,不得声称或者暗示广告商品为保障健康所必需,不能通过渲染、夸大某种不良健康状况或者疾病,或者通过描述某种疾病容易导致的身体危害,使公众对自身健康产生担忧、恐惧,误认为不使用广告宣传的保健食品会患某种疾病或者导致身体健康状况恶化。保健食品广告不得与药品、其他保健食品进行比较,不得利用广告代言人作推荐、证明。保健食品广告应当显著标明"本品不能代替药物"。如前所述,保健食品是调节机体功能,不以治疗疾病为目的的食品。保健食品广告应当显著标明忠告语,即"本品不能代替药物"。所谓"显著标明",即应当在广告的显著位置,以显而易见、足以引起广告受众注意、能够使受众清晰获知的方式标示。

【法条链接】

《广告法》第 18 条　保健食品广告不得含有下列内容:(一)表示功效、安全性的断言或者保证;(二)涉及疾病预防、治疗功能;(三)声称或者暗示广告商品为保障健康所必需;(四)与药品、其他保健食品进行比较;(五)利用广告代言人作推荐、证明;(六)法律、行政法规规定禁止的其他内容。保健食品广告应当显著标明"本品不能代替药物"。

《药品、医疗器械、保健食品、特殊医学用途配方食品广告审查管理暂行办法》第 11 条　药品、医疗器械、保健食品和特殊医学用途配方食品广告不得违反《中华人民共和国广告法》第九条、第十六条、第十七条、第十八条、第十九条规定,不得包含下列情形:(一)使用或者变相使用国家机关、国家机关工作人员、军队单位或者军队人员的名义或者形象,或者利用军队装备、设施等从事广告宣传;(二)使用科研单位、学术机构、行业协会或者专家、学者、医师、药师、临床营养师、患者等的名义或者形象作推荐、证明;(三)违反科学规律，明示或者暗示可以治疗所有疾病、适应所有症状、适应所有人群，或者正常生活和治疗病症所必需等内容；（四）引起公众对所处健康状况和所患疾病产生不必要的担忧和恐惧，或者使公众误解不使用该产品会患某种疾病或者加重病情的内容；（五）含有“安全”“安全无毒副作用”“毒副作用小”；明示或者暗示成分为“天然”，因而安全性有保证等内容；（六）含有“热销、抢购、试用”“家庭必备、免费治疗、免费赠送”等诱导性内容，“评比、排序、推荐、指定、选用、获奖”等综合性评价内容，“无效退款、保险公司保险”等保证性内容，怂恿消费者任意、过量使用药品、保健食品和特殊医学用途配方食品的内容；（七）含有医疗机构的名称、地址、联系方式、诊疗项目、诊疗方法以及有关义诊、医疗咨询电话、开设特约门诊等医疗服务的内容；（八）法律、行政法规规定不得含有的其他内容。

27 平台运营商未尽到广告审核义务，会被处罚吗？

案件要旨

网络交易平台经营者知道或者应当知道平台内经营者销售的商品或者提供的服务不符合保障人身、财产安全的要求，或者有其他侵害消费者合法权益的行为，未采取必要措施的，依法与该平台内经营者承担连带责任。

基本案情

经某区市场监督管理局调查，S 公司于 2009 年 8 月开始经营“某码头”网络交易平台，从事跨境电商海淘业务。“某码头”平台上有“NITTO 株式会社”和“大吉澳洲臻品直邮”等入网食品经营者销售婴幼儿乳粉。“NITTO 株式会社”和“大吉澳洲臻品直邮”从 2020 年 11 月开始在其网店销售的部分婴幼儿乳粉商品介绍中刊载了明示或者暗示具有益智、增加抵抗力、提高免疫力、保护肠道等功能或者保健作用的商品信息。其中，“NITTO 株式会社”在其网店内部分婴幼儿乳粉商品介绍中宣传“有助于建立健康的肠道环境，帮助宝宝有一个良好的内环境，让宝宝从小拥有棒棒的身体，粉质细腻，口味清淡香醇，宝宝易接受，好吸收，调肠道，身体棒棒不奶胖”；“大吉澳洲臻品直邮”在其网店内部分婴幼儿乳粉商品介绍中宣传“澳版爱他美金装，一直是澳洲销量较高，国内妈妈长期之选，含丰富的 DHA，对宝宝的脑、眼、神经发育非常重要。奶粉中丰富的 VC 帮助铁质的吸收，特别添加的菊粉可以增加肠胃消化能力，预防或改善腹泻情况”。上述两家网店刊载的商品信息违反《网络食品安全违法行为查处办法》第 17 条第 1 款第 3 项“入网食品生产经营者不得从事下列行为……（三）网上刊载的婴幼儿配方乳粉产品信息明示或者暗示具有益智、增加抵抗力、提高免疫力、保护肠道等功能或者保健作用”之规定。

S公司作为平台运营者未对上述两家店铺的违法行为予以制止，S公司承认应当知道上述违法广告页面的存在，未尽到平台审核义务。S公司已于2021年3月15日将上述违法广告页面删除，并对其他相关婴幼儿乳粉店铺开展全面排查。上述宣传是平台内经营者行为，对此行为S公司未收费，未获利，S公司无违法所得。

S公司的行为违反原《互联网广告管理暂行办法》[①]第17条"未参与互联网广告经营活动，仅为互联网广告提供信息服务的互联网信息服务提供者，对其明知或者应知利用其信息服务发布违法广告的，应当予以制止"之规定，构成互联网信息服务提供者对其应知利用其信息服务发布违法广告的，未予以制止的违法行为。

---

① 《互联网广告管理办法》第16条规定："互联网平台经营者在提供互联网信息服务过程中应当采取措施防范、制止违法广告，并遵守下列规定：(一)记录、保存利用其信息服务发布广告的用户真实身份信息，信息记录保存时间自信息服务提供行为终了之日起不少于三年；(二)对利用其信息服务发布的广告内容进行监测、排查，发现违法广告的，应当采取通知改正、删除、屏蔽、断开发布链接等必要措施予以制止，并保留相关记录；(三)建立有效的投诉、举报受理和处置机制，设置便捷的投诉举报入口或者公布投诉举报方式，及时受理和处理投诉举报；(四)不得以技术手段或者其他手段阻挠、妨碍市场监督管理部门开展广告监测；(五)配合市场监督管理部门调查互联网广告违法行为，并根据市场监督管理部门的要求，及时采取技术手段保存涉嫌违法广告的证据材料，如实提供相关广告发布者的真实身份信息、广告修改记录以及相关商品或者服务的交易信息等；(六)依据服务协议和平台规则对利用其信息服务发布违法广告的用户采取警示、暂停或者终止服务等措施。"

依据原《互联网广告管理暂行办法》[1]第 27 条“违反本办法第十七条规定，互联网信息服务提供者明知或者应知互联网广告活动违法不予制止的，依照广告法第六十四条规定予以处罚”及《广告法》第 64 条“违反本法第四十五条规定，公共场所的管理者和电信业务经营者、互联网信息服务提供者，明知或者应知广告活动违法不予制止的，由市场监督管理部门没收违法所得，违法所得五万元以上的，并处违法所得一倍以上三倍以下的罚款，违法所得不足五万元的，并处一万元以上五万元以下的罚款；情节严重的，由有关部门依法停止相关业务”的规定，市场监督管理局决定对 S 公司处罚如下：罚款人民币 1 万元整。

合规提示

该案中，S 公司作为平台运营者未对上述两家店铺的违法行为予以制止，S 公司承认应当知道上述违法广告页面的存在，未尽到平台审核义务。S 公司的行为违反原《互联网广告管理暂行办法》第 17 条“未参与互联网广告经营活动，仅为互联网广告提供信息服务的互联网信息服务提供者，对其明知或者应知利用其信息服务发布违法广告的，应当予

① 《互联网广告管理办法》第 29 条规定：“互联网平台经营者违反本办法第十六条第一项、第三项至第五项规定，法律、行政法规有规定的，依照其规定；法律、行政法规没有规定的，由县级以上市场监督管理部门责令改正，处一万元以上五万元以下的罚款。互联网平台经营者违反本办法第十六条第二项规定，明知或者应知互联网广告活动违法不予制止的，依照广告法第六十三条规定予以处罚。

以制止"之规定,构成互联网信息服务提供者对其应知利用其信息服务发布违法广告的,未予以制止的违法行为被行政机关罚款1万元。

广告需求方平台经营者、媒介方平台经营者、广告信息交换平台经营者以及媒介方平台的成员,在订立互联网广告合同时,应当查验合同相对方的主体身份证明文件、真实名称、地址和有效联系方式等信息,建立登记档案并定期核实更新。媒介方平台经营者、广告信息交换平台经营者以及媒介方平台成员,对其明知或者应知的违法广告,应当采取删除、屏蔽、断开链接等技术措施和管理措施,予以制止。

网络交易平台经营者知道或者应当知道平台内经营者销售的商品或者提供的服务不符合保障人身、财产安全的要求,或者有其他侵害消费者合法权益行为,未采取必要措施的,依法与该平台内经营者承担连带责任。对关系消费者生命健康的商品或者服务,网络交易平台经营者对平台内经营者的资质资格未尽到审核义务,或者对消费者未尽到安全保障义务,造成消费者损害的,依法承担相应的责任。

【法条链接】

《广告法》第45条　公共场所的管理者或者电信业务经营者、互联网信息服务提供者对其明知或者应知的利用其场所或者信息传输、发布平台发送、发布违法广告的,应当予以制止。

第63条　违反本法第四十五条规定,公共场所的管理者和电信业务经营者、互联网信息服务提供者,明知或者应知广告活动违法不予制止的,由市场监督管理部门没收违法所得,违法所得五万元以上的,并处违法所得一倍以上三倍以下的罚款,违法所得不足五万元的,并处一万元以上五万元以下的罚款;情节严重的,由有关部门依法停止相关业务。

28 经营者实施横向垄断协议，申请宽大制度后是否能免除全部罚款？

案件要旨

该案中，当事人递交了《关于横向垄断协议的宽大申请》及相关证据材料、《四川某水泥股份有限公司主动提供材料清单》、原四川省发展和改革委员会价格监督检查与反垄断局《关于受理四川某水泥股份有限公司宽大申请报告的函》，证明当事人主动向反垄断执法机构报告达成垄断协议的有关情况并提供重要证据的事实，最终免除了罚款和没收违法所得的行政处罚。

基本案情

四川省水泥协会组织6家水泥经营者达成并实施垄断协议案。

2017年7月，四川省反垄断执法机构对四川省水泥协会组织本行业部分经营者涉嫌达成并实施垄断协议的行为依法立案调查。

经调查，2016年10月，四川省水泥协会组织并推动具有竞争关系的6家水泥经营者，在市场占有率高、下游用户集中的成都区域内推涨散装水泥价格，计划将所有品种散装水泥于2016年10月17日8时前上调50元/吨，达成并实施统一散装水泥涨价时间、调价幅度的垄断协议。在实施涨价的同时，以上当事人采用联合办公的形式监督各水泥生产企业对拒不接受调价的下游企业采取联合停供措施，以保障垄断协议的顺利实施。6家水泥经营者实施的上述行为，违反了《反垄断法》[①](2007年发布)第13条第1款第1项“禁止具有竞争关系的经营者达成下列垄断协议：(一)固定或者变更商品价格”的规定，四川省水泥协会实施的行为违反了《反垄断法》(2007年发布)第16条“行业协会不得组织本行业的经营者从事本章禁止的垄断行为”的规定。2020年12月，四川省市场监督管理局依法责令四川省水泥协会停止违法行为，并处罚款50万元；1家水泥经营者主动向反垄断执法机构报告达成和实施垄断协议的有关情况并提供重要证据，依法对其作出免予行政处罚的决定；对其余5家水泥经营者依法作出没收违法所得并处2016年度销售额1%～2%罚款的行政处罚决定。以上罚没款共计5981.13万元。

合规提示

该案是在行业协会的组织下，6个经营者达成横向垄断协议的案件。6个经营者之间彼此具有竞争关系，其在行业协会的组织下，达成并实施“固定或者变更商品价格”这种典型的横向垄断协议。水泥、砂

① 本法已根据2022年6月24日第十三届全国人民代表大会常务委员会第三十五次会议《关于修改〈中华人民共和国反垄断法〉的决定》修正。

石、混凝土企业作为重要的工程建设上游企业，其商品由于自身特点，无法运送到较远地方销售，本地化销售特征明显，各相关市场经营主体应当根据市场情况，独立做出定价、销售决策，禁止达成垄断协议。经营者在与具有竞争关系的其他经营者之间，要注意不要参与讨论价格、成本、数量、库存量、交易条件、交易对象、销售市场、限制新技术新产品、新产品、联合抵制交易等与竞争有关的敏感信息，做好未参与讨论相关证据的记录，更不要以书信、电子邮件、微信、QQ、电话、短信、会议等方式参与讨论。经营者参加行业协会组织的会议前，应要求主办方提供会议议程及内容，不要在行业协会组织的会议中与竞争者讨论前述敏感信息。经营者应注意与其他具有竞争关系的经营者之间建立“信息防火墙”，对竞争者价格信息的获取渠道应仅限于公开信息。

当经营者受到反垄断执法调查时，可以通过主动向执法机关报告，积极地消除、减轻相关后果及其影响，积极履行法律责任和社会责任，正确地予以应对和处置，争取部分或者全部免除、从轻或者减轻处罚。具体到参与横向垄断协议的经营者，可适用《国务院反垄断委员会横向垄断协议案件宽大制度适用指南》争取宽大。

【法条链接】

《反垄断法》(2022 年修正) 第 16 条　本法所称垄断协议，是指排除、限制竞争的协议、决定或者其他协同行为。

第 17 条　禁止具有竞争关系的经营者达成下列垄断协议：(一) 固定或者变更商品价格；(二) 限制商品的生产数量或者销售数量；(三) 分割销售市场或者原材料采购市场；(四) 限制购买新技术、新设备或者限制开发新技术、新产品；(五) 联合抵制交易；(六) 国务院反垄断执法机构认定的其他垄断协议。

第20条　经营者能够证明所达成的协议属于下列情形之一的，不适用本法第十七条、第十八条第一款、第十九条的规定：（一）为改进技术、研究开发新产品的；（二）为提高产品质量、降低成本、增进效率，统一产品规格、标准或者实行专业化分工的；（三）为提高中小经营者经营效率，增强中小经营者竞争力的；（四）为实现节约能源、保护环境、救灾救助等社会公共利益的；（五）因经济不景气，为缓解销售量严重下降或者生产明显过剩的；（六）为保障对外贸易和对外经济合作中的正当利益的；（七）法律和国务院规定的其他情形。

属于前款第一项至第五项情形，不适用本法第十七条、第十八条第一款、第十九条规定的，经营者还应当证明所达成的协议不会严重限制相关市场的竞争，并且能够使消费者分享由此产生的利益。

第21条　行业协会不得组织本行业的经营者从事本章禁止的垄断行为。

第56条　经营者违反本法规定，达成并实施垄断协议的，由反垄断执法机构责令停止违法行为，没收违法所得，并处上一年度销售额百分之一以上百分之十以下的罚款，上一年度没有销售额的，处五百万元以下的罚款；尚未实施所达成的垄断协议的，可以处三百万元以下的罚款。经营者的法定代表人、主要负责人和直接责任人员对达成垄断协议负有个人责任的，可以处一百万元以下的罚款。

经营者组织其他经营者达成垄断协议或者为其他经营者达成垄断协议提供实质性帮助的，适用前款规定。

经营者主动向反垄断执法机构报告达成垄断协议的有关情况并提供重要证据的，反垄断执法机构可以酌情减轻或者免除对该经营者的处罚。

行业协会违反本法规定，组织本行业的经营者达成垄断协议的，由反垄断执法机构责令改正,可以处三百万元以下的罚款;情节严重的,社会团体登记管理机关可以依法撤销登记。

29 协议中的“排除、限制竞争”条款,是否一定要达到“具有排除、限制竞争的效果”才会被认定为垄断协议?

案件要旨

《反垄断法》(2007 年发布)遵循本身违法原则,若达成了《反垄断法》(2007 年发布)第 14 条第 1 款第 1 项、第 2 项规定“固定向第三人转售商品的价格”“限定向第三人转售商品的最低价格”的协议,执法机关一般可以直接认定其为垄断协议;如存在《反垄断法》(2007 年发布)第 14 条第 3 款“国务院反垄断执法机构认定的其他垄断协议”,则需要执法机构根据合理原则进行判断。《反垄断法》(2022 年修正)针对纵向垄断设置了所谓“安全港”规则,即第 18 条第 3 款规定,“经营者能够证明其在相关市场的市场份额低于国务院反垄断执法机构规定的标准,并符合国务院反垄断执法机构规定的其他条件的,不予禁止”。

基本案情

2019 年 11 月,执法机关根据举报,对某药业集团有限公司涉嫌达成并实施垄断协议的行为立案调查。经查,2015年至2019年,某药业集团在全国范围内(不含我国港澳台地区)通过签署合作协议、下发调价函、口头通知等方式,与药品批发商、零售药店等下游企业达成固定药品转售价格和限定药品最低转售价格的协议,并通过制定实施规则、强化考核监督、惩罚低价销售经销商、委托中介机构监督线上销售药品价格等措施保证该协议实施。某药业集团上述行为排除、限制了竞争,损害了消费者合法权益和社会公共利益,违反《反垄断法》(2007年发布)第14条第1款第2项、第3项“禁止经营者与交易相对人达成下列垄断协议:(一)固定向第三人转售商品的价格;(二)限定向第三人转售商品的最低价格”的规定。

2021年4月15日,执法机关根据《反垄断法》(2007年发布)第46条、第49条规定作出行政处罚决定,责令某药业集团停止违法行为,并处以其2018年销售额254.67亿元3%的罚款,共计7.64亿元。

合规提示

该案是纵向垄断协议违法行为,同样也是执法机构重点打击的对象。《反垄断法》(2007年发布)第13条和第14条通过列举方式,对若干类严重限制竞争的横向和纵向垄断协议作出禁止性规定,并以兜底条款形式禁止经营者达成国务院反垄断执法机构认定的其他垄断协议,对此类协议的适用原则为原则禁止加例外豁免。如果经营者能够证明其协议符合《反垄断法》(2007 年发布)第 15 条规定的豁免条件,即证明其协议属于第 15 条规定的法定情形,不会严重限制相关市场的竞争,并能够使消费者分享由此产生的利益,则该协议不适用第 13 条或第 14 条的禁止性规定。纵向垄断协议案件经营者可适用承诺制度,申请中止和终止反垄断调查。

纵向垄断协议相关规定在《反垄断法》(2007 年发布)第 14 条中:"禁止经营者与交易相对人达成下列垄断协议:(一)固定向第三人转售商品的价格;(二)限定向第三人转售商品的最低价格;(三)国务院反垄断执法机构认定的其他垄断协议。"在该案中,某药业集团有限公司固定转售价格、限定最低转售价格的垄断行为属于典型的实施纵向垄断协议。

对于协议中的"排除、限制竞争"条款,是否一定要达到"具有排除、限制竞争的效果"才会被认定为垄断协议?《反垄断法》(2007 年发布)遵循本身违法原则,若达成了《反垄断法》(2007 年发布)第 14 条第 1 款第 1 项、第 2 项规定"固定向第三人转售商品的价格""限定向第三人转售商品的最低价格"的协议,执法机关一般可以直接认定其为垄断协议;如存在《反垄断法》(2007 年发布)第 14 条第 3 款"国务院反垄断执法机构认定的其他垄断协议",则需要执法机构根据合理原则进行判断。《反垄断法》(2022 年修正)第 18 条第 3 款规定,"经营者能够证明其在相关市场的市场份额低于国务院反垄断执法机构规定的标准,并符合国务院反垄断执法机构规定的其他条件的,不予禁止",即针对纵向垄断设置了所谓"安全港"规则。根据《禁止垄断协议规定》、《反垄断法》(2022 年修正)第 18 条第 3 款项下的"标准"和"其他条件"包括"经营者与交易相对人在相关市场的市场份额低于15%，国务院反垄断执法机构另有规定的从其规定”；“交易相对人为多个的，在同一相关市场的市场份额应合并计算”；“无相反证据证明其排除、限制竞争”。

经营者可适用《承诺指南》的规定申请中止调查。2019年1月对外发布的《承诺指南》进一步细化了《反垄断法》(2007年发布)规定的中止调查和承诺制度，《承诺指南》第7条第2款、第3款规定“经营者承诺的措施可以是结构性措施、行为性措施和综合性措施。承诺的措施需要明确、可行且可以自主实施。如果承诺的措施需经第三方同意方可实施，经营者需要提交第三方同意的书面意见。前款所指的行为性措施包括调整定价策略、取消或者更改各类交易限制措施、开放网络或者平台等基础设施，许可专利、技术秘密或者其他知识产权等；结构性措施包括剥离有形资产、知识产权等无形资产或者相关权益等”；执法机构对承诺措施的分析审查主要规定在第11条第2款：“(一)经营者实施涉嫌垄断行为的主观态度；(二)经营者实施涉嫌垄断行为的性质、持续时间、后果及社会影响；(三)经营者承诺的措施及其预期效果。”

该案中，当事人在执法集团立案调查后提出中止调查的申请并提交了书面申请书，但执法机关未接受当事人的中止调查申请，且没有披露具体理由。在该案之前，有两起涉嫌维持转售价格的案件成功适用了中止调查程序而使被调查企业免于处罚。在这两起案件中，反垄断执法机构均基于当事人“积极配合调查、对存在的问题认识较深刻、提出并予以积极落实的整改措施能够消除和挽回其行为造成的影响”作出中止调查决定。

【法条链接】

《反垄断法》(2022 年修正)第 18 条　禁止经营者与交易相对人达成下列垄断协议:(一)固定向第三人转售商品的价格;(二)限定向第三人转售商品的最低价格;(三)国务院反垄断执法机构认定的其他垄断协议。

对前款第一项和第二项规定的协议,经营者能够证明其不具有排除、限制竞争效果的,不予禁止。

经营者能够证明其在相关市场的市场份额低于国务院反垄断执法机构规定的标准,并符合国务院反垄断执法机构规定的其他条件的,不予禁止。

30　若交易相对人曾有不良信用记录,是经营者拒绝与其交易的正当理由吗?

案件要旨

禁止具有市场支配地位的经营者在没有正当理由的情况下,通过下列方式拒绝与交易相对人进行交易:(1)实质性削减与交易相对人的现有交易数量;(2)拖延、中断与交易相对人的现有交易;(3)拒绝与交易相对人进行新的交易;(4)设置限制性条件,使交易相对人难以与其进行交易;(5)拒绝交易相对人在生产经营活动中,以合理条件使用其必需设施。但因不可抗力等客观原因无法进行交易;交易相对人有不良信用记录或者出现经营状况恶化等情况，影响交易安全；与交易相对人进行交易将使经营者利益发生不当减损；能够证明行为具有正当性的其他理由的情形除外。

基本案情

根据举报，2020 年 9 月，执法机关依据《反垄断法》对某药业集团有限公司涉嫌实施滥用市场支配地位行为开展了调查。其间，执法机关进行了现场检查、询问调查，提取了相关证据材料，对本案涉及的主要问题召开专家会进行了研究论证，并多次与某药业集团沟通，听取陈述意见。

某药业集团取得中国 A 原料药销售市场的支配地位后，2019 年 11 月以后，下游制剂企业多次通过邮件、信函、口头等形式向某药业集团进行询价，希望购买 A 原料药，某药业集团以下游制剂企业面临众多诉讼、债务负担沉重、曾被纳入失信被执行人名单、需要面谈等为由，始终不予报价。为获得原料药供应，自 2020 年 2 月起，下游制剂企业法定代表人等多次与某药业集团相关负责人进行面谈，某药业集团提出希望收购下游制剂企业股权，将 A 原料药的供应作为股权谈判的一部分，不单独销售 A 原料药。此后，某药业集团一直未向下游制剂企业报价和供应 A 原料药，导致下游制剂企业于 2020 年 6 月起停产，A 注射液不能稳定供应。

经查，某药业集团知晓下游制剂企业实际控制人已发生变更，诉讼逐步解决，且已不在失信人名单，所谓影响交易安全的因素均已不存在;某药业集团知晓下游制剂企业A原料药库存将于2020年上半年用尽,采购原料药是为维持制剂生产,同时上述仲裁已于2020年3月结束,此后某药业集团仍未向下游制剂企业提供报价;根据调查掌握的证据,某药业集团掌控A原料药货源、拒绝向下游制剂企业出售,是为达到控制下游制剂企业、进入A注射液市场的目的,交易安全、商业纠纷只是其拒绝向下游制剂企业出售原料药的借口。某药业集团滥用在中国A浓缩液原料药销售市场的支配地位,实施了没有正当理由,拒绝与交易相对人进行交易的行为,排除了市场竞争,损害了消费者利益。2021年1月,执法机关根据《反垄断法》(2007年发布)第47条、第49条规定作出行政处罚决定,责令某药业集团停止违法行为,并处以其2019年销售额50.367亿元2%的罚款,计1.007亿元。

合规提示

《反垄断法》(2007年发布)第17条第1款规定:“禁止具有市场支配地位的经营者从事下列滥用市场支配地位的行为:(一)以不公平的高价销售商品或者以不公平的低价购买商品;(二)没有正当理由,以低于成本的价格销售商品;(三)没有正当理由,拒绝与交易相对人进行交易;(四)没有正当理由,限定交易相对人只能与其进行交易或者只能与其指定的经营者进行交易;(五)没有正当理由搭售商品,或者在交易时附加其他不合理的交易条件;(六)没有正当理由,对条件相同的交易相对人在交易价格等交易条件上实行差别待遇;(七)国务院反垄断执法机构认定的其他滥用市场支配地位的行为。”

笔者经检索发现,不公平高价销售以及拒绝交易或附加不合理交易条件是被执法机构处罚相对较多的两类滥用市场支配地位的行为。就不公平销售行为而言,经营者销售价格明显高于同一经营者在其他相同或者相似市场条件区域销售价格;在市场环境稳定、成本(进价)未受显著影响的情况下,超过合理幅度提高销售价格;在成本(进价)增长的情况下,销售提价幅度明显高于成本增长幅度等情形,均有可能被反垄断执法机构认定为不公平高价销售。就拒绝交易行为而言,经营者没有正当理由,在与交易相对人开展交易的过程中实质性削减与交易相对人的现有销售数量或者拖延、中断与交易相对人的现有交易、拒绝与交易相对人开展新的交易、设置限制性条件,变相导致交易相对人难以与其进行交易的情形下,即使当事企业以存在独家包销协议、无货等原因进行抗辩,依然可能被反垄断执法机构认定为构成拒绝交易。

此外,经营者没有正当理由,限定交易相对人只能向其指定经营者购买或者销售产品,不得与其他经营者进行交易,或者限定交易相对人不得与特定的经营者进行交易等行为,均可能被执法机构认定为构成附加不合理条件的行为。

经营者及员工应注意不得因具有市场支配地位而任意制定过高的商品销售价格或过低的商品购买价格,尤其要避免短期内大幅提价或降价行为;不得实施掠夺性定价,即无正当理由不得以低于成本的价格销售商品,从而排挤竞争者;无正当理由不得拒绝交易,尤其是拒绝其他经营者使用已构成生产经营活动一部分的必需设施。对于具有市场支配地位的原材料经营者,不得在销售原材料时以包销或者独家销售下游经营者生产的成品为条件变相拒绝交易，也不得凭借原材料市场的支配地位与下游经营者达成、实施固定成品价格等垄断协议；无正当理由不得限制交易相对人只能在特定区域内或者与特定对象进行交易；无正当理由不得搭售商品或服务，如使用搭售应允许交易相对人分别购买单项商品，也不得在交易时附加其他不合理的交易条件；无正当理由不应对交易相对人提出不同的产品价格或其他差别待遇；不要向交易相对人提供奖励其特定形式购买行为的忠诚折扣。

【法条链接】

《反垄断法》(2022 年修正)第 22 条　禁止具有市场支配地位的经营者从事下列滥用市场支配地位的行为：(一)以不公平的高价销售商品或者以不公平的低价购买商品；(二)没有正当理由，以低于成本的价格销售商品；(三)没有正当理由，拒绝与交易相对人进行交易；(四)没有正当理由，限定交易相对人只能与其进行交易或者只能与其指定的经营者进行交易；(五)没有正当理由搭售商品，或者在交易时附加其他不合理的交易条件；(六)没有正当理由，对条件相同的交易相对人在交易价格等交易条件上实行差别待遇；(七)国务院反垄断执法机构认定的其他滥用市场支配地位的行为。

具有市场支配地位的经营者不得利用数据和算法、技术以及平台规则等从事前款规定的滥用市场支配地位的行为。

本法所称市场支配地位，是指经营者在相关市场内具有能够控制商品价格、数量或者其他交易条件，或者能够阻碍、影响其他经营者进入相关市场能力的市场地位。

第 57 条　经营者违反本法规定，滥用市场支配地位的，由反垄断执法机构责令停止违法行为，没收违法所得，并处上一年度销售额百分之一以上百分之十以下的罚款。

31 经营者集中未达到经营者集中申报标准，一定不需要申报吗？

案件要旨

经营者集中未达到规定的申报标准，但有证据证明该经营者集中具有或者可能具有排除、限制竞争效果的，国务院反垄断执法机构可以要求经营者申报。对于未达申报标准的经营者集中，若执法机构要求经营者申报的，尚未实施的，经营者未申报或申报后未获得批准前不得实施集中；已经实施的，总局可以要求经营者停止实施集中或者采取其他必要措施。

基本案情

2020 年 11 月，国家市场监督管理总局对 Y 集团收购 X 公司股权未依法申报违法实施经营者集中案依法立案调查。

经调查，2018 年 8 月，Y 集团与曹某益等签署购股协议，以 51 亿元的现金和约 104 亿元的 Y 集团股票作为对价，收购

X公司100%股权。2018年10月，X公司完成股权变更登记。Y集团是腾讯控股有限公司的控股子公司，主要从事阅读服务、版权商业化、作家培养及经纪等业务。X公司主要从事电视剧制作、电影制作、网络剧制作、全球节目发行、娱乐营销和艺人经纪等业务。

该案构成未依法申报违法实施的经营者集中，但不具有排除、限制竞争的效果。Y集团收购X公司100%股权，取得单独控制权，属于《反垄断法》(2007年发布)第20条规定的经营者集中。Y集团和X公司2017年度营业额达到国务院《关于经营者集中申报标准的规定》第3条规定的申报标准，属于应当申报的情形。2018年10月，X公司完成股权变更登记，在此之前未向国家市场监督管理总局申报，违反《反垄断法》(2007年发布)第21条规定，构成未依法申报违法实施的经营者集中。在案件调查中，国家市场监督管理总局全面评估了集中对市场竞争状况的影响，既考察了目标公司所在相关市场的竞争状况和发展趋势，也考察了收购方与目标公司的业务关联以及平台特征可能带来的影响，评估认为该案不具有排除、限制竞争效果。

2020年12月，国家市场监督管理总局依法作出行政处罚决定，给予Y集团人民币50万元罚款的行政处罚。

合规提示

2022年6月24日，全国人民代表大会常务委员会作出《关于修改〈中华人民共和国反垄断法〉的决定》，首次对《反垄断法》(2007年发布)进行修正。6月27日，国家市场监督管理总局公布了《申报标准征求意见稿》和部门规章《审查规定征求意见稿》配套法规的征求意见稿。

《申报标准征求意见稿》第3条、第4条规定："经营者集中达到下列标准之一的，经营者应当事先向国务院反垄断执法机构申报，未申报的不得实施集中：(一)参与集中的所有经营者上一会计年度在全球范围内的营业额合计超过120亿元人民币，并且其中至少两个经营者上一会计年度在中国境内的营业额均超过8亿元人民币；(二)参与集中的所有经营者上一会计年度在中国境内的营业额合计超过40亿元人民币，并且其中至少两个经营者上一会计年度在中国境内的营业额均超过8亿元人民币。经营者集中未达到本规定第三条规定的申报标准，但同时满足下列条件的，经营者应当事先向国务院反垄断执法机构申报，未申报的不得实施集中：(一)其中一个参与集中的经营者上一会计年度在中国境内的营业额超过1000亿元人民币；(二)本规定第二条第(一)项所规定的合并其他方或第二条第(二)项和第(三)项所规定的其他经营者市值(或估值)不低于8亿元人民币，并且上一会计年度在中国境内的营业额占其在全球范围内的营业额比例超过三分之一。"

《反垄断法》(2022年修正)第26条第2款规定，经营者集中未达到国务院规定的申报标准，但有证据证明该经营者集中具有或者可能具有排除、限制竞争效果的，国务院反垄断执法机构可以要求经营者申报。同时赋予执法机构在经营者未申报情形下，主动调查的权利。

【法条链接】

《反垄断法》(2022 年修正)第 25 条　经营者集中是指下列情形:(一)经营者合并;(二)经营者通过取得股权或者资产的方式取得对其他经营者的控制权;(三)经营者通过合同等方式取得对其他经营者的控制权或者能够对其他经营者施加决定性影响。

第 26 条　经营者集中达到国务院规定的申报标准的,经营者应当事先向国务院反垄断执法机构申报,未申报的不得实施集中。

经营者集中未达到国务院规定的申报标准,但有证据证明该经营者集中具有或者可能具有排除、限制竞争效果的,国务院反垄断执法机构可以要求经营者申报。

经营者未依照前两款规定进行申报的,国务院反垄断执法机构应当依法进行调查。

第 27 条　经营者集中有下列情形之一的,可以不向国务院反垄断执法机构申报:(一)参与集中的一个经营者拥有其他每个经营者百分之五十以上有表决权的股份或者资产的;(二)参与集中的每个经营者百分之五十以上有表决权的股份或者资产被同一个未参与集中的经营者拥有的。

第 58 条　经营者违反本法规定实施集中,且具有或者可能具有排除、限制竞争效果的,由国务院反垄断执法机构责令停止实施集中、限期处分股份或者资产、限期转让营业以及采取其他必要措施恢复到集中前的状态,处上一年度销售额百分之十以下的罚款;不具有排除、限制竞争效果的,处五百万元以下的罚款。

32 企业销售的产品中可以带有他人标识吗?

案件要旨

混淆行为以“引人误认为是他人商品或者与他人存在特定联系”作为判断标准,以被仿冒的标识在相关领域中有一定影响为前提。

基本案情

某市场监督管理局对S公司的淘宝网店进行检查,发现S公司在其淘宝网店内销售有“19英寸小米白色家用电子液晶大黑板学习画画上网课教学一键擦除”商品,涉嫌违反了《反不正当竞争法》第6条第1款第1项的规定。

经查,S公司于2016年6月初申请注册一个淘宝网店域名,网店名称是某好写企业店,并于同时正式对外经营该网店。2021年10月底,S公司在上述淘宝网店内发布了一款标题为“19英寸小米白色家用电子液晶大黑板学习画画上网课教学一键擦除”的商品,并对外销售。实际上,S公司所售商品的名称为彩色液晶绘画板,生产商为深圳做真科研有限公司,品牌为“HowShow/好写”,与“小米”品牌及北京小米科技有限责任公司均无关联。2022年2月12日,S公司将该商品下架,并于2022年4月11日将上述店铺转让。自2021年10

月底至 2022 年 2 月 12 日，上述商品于在售期间共销售了 8 件，货值金额共计 624 元，没有库存。

S 公司上述行为违反了《反不正当竞争法》第 6 条第 1 款第 1 项的规定，依据《反不正当竞争法》第 18 条第 1 款和《行政处罚法》第 32 条第 1 款第 1 项规定，市场监督管理局责令 S 公司停止违法行为，并处罚款人民币 1 万元整。

合规提示

该案中，S 公司对于在淘宝店铺内销售的商品擅自使用与他人有一定影响的商品名称、包装、装潢等相同或者近似的标识，被执法机关处以 1 万元罚款。S 公司违法时间较短，且在案发后当事人能够积极配合执法人员调查，如实陈述违法事实，并积极整改，停止违法行为，主动消除违法行为危害后果，符合《行政处罚法》中从轻处罚的情形。经营者用于实施混淆行为的标识一般有 3 类：一是他人有一定影响的商品名称、包装、装潢等标识，包括使用与他人完全相同及近似的标识；包括商品标识，也包括服务标识；包括明确列举的商品名称、包装、装潢，也可以视具体情况包括未明确列举的他人商标、商品形状等。二是主体标识，包括企业名称及其简称、字号等，也包括社会组织名称及其简称等以及自然人姓名、笔名、艺名、译名等。三是网络活动中的一些特殊标识，如他人有一定影响的域名主体部分、网站名称、网页等。经营者的不正当竞争行为，应当是用于生产经营活动的商业标识。《反不正当竞争法》第 6 条第 1 款第 4 项内容为“其他足以引人误认为是他人商品或者与他人存在特定联系的混淆行为”，足以引人误认为是他人商品或者与他人存在特定联系时，才构成混淆行为。是否混淆，最终要从结果上进行判断。其中，“引人误认”一般以相关公众（相关领域的普通消费者，区别于专业人士、无关人员）以与商品价值相适应的一般注意力对商品形成的整体印象来判断。

【法条链接】

《反不正当竞争法》第6条　经营者不得实施下列混淆行为，引人误认为是他人商品或者与他人存在特定联系：（一）擅自使用与他人有一定影响的商品名称、包装、装潢等相同或者近似的标识；（二）擅自使用他人有一定影响的企业名称（包括简称、字号等）、社会组织名称（包括简称等）、姓名（包括笔名、艺名、译名等）；（三）擅自使用他人有一定影响的域名主体部分、网站名称、网页等；（四）其他足以引人误认为是他人商品或者与他人存在特定联系的混淆行为。

第18条　经营者违反本法第六条规定实施混淆行为的，由监督检查部门责令停止违法行为，没收违法商品。违法经营额五万元以上的，可以并处违法经营额五倍以下的罚款；没有违法经营额或者违法经营额不足五万元的，可以并处二十五万元以下的罚款。情节严重的，吊销营业执照。

经营者登记的企业名称违反本法第六条规定的，应当及时办理名称变更登记；名称变更前，由原企业登记机关以统一社会信用代码代替其名称。

33 经营者在交易活动中，可以向交易相对方支付折扣吗？

案件要旨

经营者在交易活动中，可以以明示方式向交易相对方支付折扣，或者向中间人支付佣金。经营者向交易相对方支付折扣、向中间人支付佣金的，应当如实入账。接受折扣、佣金的经营者也应当如实入账。

基本案情

2020年7月，市场监督管理局接到公安部门有关行政违法的线索，反映M公司在经营过程中，向客户单位H大酒店及L酒店员工行贿。

市场监督管理局于2020年8月5日，依法对当事人涉嫌实施商业贿赂行为立案调查。经查：M公司系食品生产企业，其主营业务为糕点、糖果制品的生产和销售。2016年6月至2017年1月，M公司向时任L酒店饼房厨师长蒋某行贿9次，行贿金额20,100.00元，上述行贿款对应含税销售收入213,429.29元。另外，2016年3月至2019年8月，M公司向时任H酒店饼房厨师长孙某行贿31次，行贿金额173,465.90元，上述行贿款对应含税销售收入2,275,852.41元。

综上，M公司涉案业务的含税销售收入合计2,489,281.70

元，其不含税销售收入合计2,127,591.19元，不含税销售成本合计1,919,076.23元，不含税利润合计208,514.96元，违法所得合计208,514.96元。

鉴于M公司积极配合市场监管部门调查，如实陈述违法事实并主动提供证据材料，依照《反不正当竞争法》第19条“经营者违反本法第七条规定贿赂他人的，由监督检查部门没收违法所得，处十万元以上三百万元以下的罚款。情节严重的，吊销营业执照”的规定，市场监督管理局决定对当事人作如下处罚：(1)没收违法所得人民币208,514.96元；(2)罚款人民币15万元。

合规提示

M公司在经营过程中为取得交易机会，给予交易相对方的工作人员贿赂的行为违反了《反不正当竞争法》第7条第1款第1项“经营者不得采用财物或者其他手段贿赂下列单位或者个人，以谋取交易机会或者竞争优势：(一)交易相对方的工作人员”之规定，构成商业贿赂行为。

经营者本人直接进行的商业贿赂行为应当适用本条的规定，而且经营者通过其工作人员进行的商业贿赂行为，也应当认定为经营者的行为。无论经营者谋取的是不正当还是正当的交易机会或者竞争优势，都可能构成商业贿赂。

为防止以折扣、佣金为名，行商业贿赂之实，合法的折扣、佣金要以明示方式进行，经营者与交易相对方应如实入账。如果经营者账外、暗中给予交易相对方、中间人财物或者其他利益，则不属于合法的折扣、佣金;如果交易相对方、中间人收到折扣、佣金后,没有入账,或者虽然入账但没有按照会计制度的规定记入相应收入科目,而是记入其他收入科目,也不属于合法的折扣、佣金。

【法条链接】

《反不正当竞争法》第 7 条　经营者不得采用财物或者其他手段贿赂下列单位或者个人,以谋取交易机会或者竞争优势:(一)交易相对方的工作人员;(二)受交易相对方委托办理相关事务的单位或者个人;(三)利用职权或者影响力影响交易的单位或者个人。

经营者在交易活动中,可以以明示方式向交易相对方支付折扣,或者向中间人支付佣金。经营者向交易相对方支付折扣、向中间人支付佣金的,应当如实入账。接受折扣、佣金的经营者也应当如实入账。

经营者的工作人员进行贿赂的,应当认定为经营者的行为;但是,经营者有证据证明该工作人员的行为与为经营者谋取交易机会或者竞争优势无关的除外。

第 19 条　经营者违反本法第七条规定贿赂他人的,由监督检查部门没收违法所得,处十万元以上三百万元以下的罚款。情节严重的,吊销营业执照。

34 经营者可以对销售商品的“销售状况”“用户评价”刷单宣传吗？

案件要旨

针对电子商务领域通过虚假交易进行虚假宣传的问题，经营者不得对其商品的“销售状况”“用户评价”作虚假宣传。经营者不得通过组织虚假交易等方式，帮助其他经营者进行虚假或者引人误解的商业宣传。

基本案情

根据相关线索，市场监督管理局依法对M公司经营标签不符合规定的进口预包装食品及虚假宣传的行为立案调查。经查证，M公司于2015年10月22日注册成立，从事进口食品线上销售等业务。

M公司自2019年12月起在其拼多多店铺“某健康世界”经营的“普丽普莱烟酰胺100粒/瓶”“普丽普莱锌片50mg100粒/瓶”“普丽普莱锌片25mg100粒/瓶”“普丽普莱生物素60粒/瓶”“普丽普莱维生素B族90粒/瓶”5款进口食品的外包装标签上皆未载明境内代理商的名称、地址以及联系方式。截至案发当日，M公司经营标签不符合规定的进口预包装食品的货值金额共计7829元，违法所得共计2693.75元。

自2021年7月15日起，M公司为提高其相关产品的网上交易数量，通过虚假交易的方式对商品的销售状况进行虚假宣传。具体流程如下：M公司通过微信联系刷单人，事先通过微信转账至刷单人，令其在拼多多店铺对指定产品进行下单，随即发送空包裹至刷单人完成交易。M公司通过上述方式对其拼多多店铺"某健康世界"经营的"普丽普莱烟酰胺100粒/瓶"及"普丽普莱维生素B族90粒/瓶"两款产品进行虚假交易，提高了上述产品的网上销售数量。截至2021年8月9日案发，M公司通过上述方式对店铺内的两款产品共虚构交易记录2030条，交易金额为人民币68,980元。案发后，M公司停止了相关违法行为。

市场监督管理局依据《食品安全法》第125条第1款第2项的规定，责令M公司停止违法行为，并处罚如下：(1)没收"普丽普莱烟酰胺100粒/瓶"23瓶、"普丽普莱维生素B族90粒/瓶"11瓶、"普丽普莱锌片25mg100粒/瓶"9瓶、"普丽普莱锌片50mg100粒/瓶"12瓶、"普丽普莱生物素60粒/瓶"10瓶；(2)没收违法所得2693.75元；(3)罚款5000元。

M公司的虚假宣传行为违反了《反不正当竞争法》第8条第1款"经营者不得对其商品的性能、功能、质量、销售状况、用户评价、曾获荣誉等作虚假或者引人误解的商业宣传，欺骗、误导消费者"的规定。鉴于M公司积极配合市场监管部门调查，如实陈述违法事实并主动提供证据材料，当事人仅涉及一项虚假的违法信息点即虚假宣传，违法行为持续时间不足3个月，未造成财产损失，未被媒体作敏感性报道，未造成负面社会影响，根据《行政处罚法》第32条第1款第1项“当事人有下列情形之一，应当从轻或者减轻行政处罚：（一）主动消除或者减轻违法行为危害后果”的规定，对M公司的上述违法行为，应当减轻处罚。

依据《反不正当竞争法》第20条第1款的规定，除责令M公司停止违法行为外，市场监督管理局另决定对M公司处罚如下：罚款2万元整。

合规提示

电子商务领域利用虚假交易进行虚假宣传的情况较为普遍，一些经营者通过虚假交易给自己虚构成交量、交易额、用户好评，以吸引消费者点击、购买，不当谋取交易机会或者竞争优势。根据《反不正当竞争法》的规定，经营者不得对其商品的“销售状况”“用户评价”等作虚假或者引人误解的商业宣传，欺骗、误导消费者。经营者雇用他人假扮消费者在店门口排队购物、传播好口碑，伪造其商品热销的假象，欺骗、误导消费者购买的，同样适用这一规定。经营者不得通过组织虚假交易等方式，帮助其他经营者进行虚假或者引人误解的商业宣传。

【法条链接】

《反不正当竞争法》第8条　经营者不得对其商品的性能、功能、质量、销售状况、用户评价、曾获荣誉等作虚假或者引人误解的商业宣传，欺骗、误导消费者。

经营者不得通过组织虚假交易等方式，帮助其他经营者进行虚假或者引人误解的商业宣传。

第20条　经营者违反本法第八条规定对其商品作虚假或者引人误解的商业宣传，或者通过组织虚假交易等方式帮助其他经营者进行虚假或者引人误解的商业宣传的，由监督检查部门责令停止违法行为，处二十万元以上一百万元以下的罚款；情节严重的，处一百万元以上二百万元以下的罚款，可以吊销营业执照。

经营者违反本法第八条规定，属于发布虚假广告的，依照《中华人民共和国广告法》的规定处罚。

35　前员工离职后创办公司使用曾接触到的商业秘密，构成不正当竞争吗？

案件要旨

经营者不得实施下列侵犯商业秘密的行为：(1)以盗窃、贿赂、欺诈、胁迫、电子侵入或者其他不正当手段获取权利人的商业秘密；(2)披露、使用或者允许他人使用以前项手段获取的权利人的商业秘密；(3)违反保密义务或者违反权利人有关保守商业秘密的要求，披露、使用或者允许他人使用其所掌握的商业秘密；(4)教唆、引诱、帮助他人违反保密义务或者违反权利人有关保守商业秘密的要求，获取、披露、使用或者允许他人使用权利人的商业秘密。

基本案情

市场监督管理局收到权利人F公司的举报信及相关材料，F公司反映该公司前员工吴某涉嫌通过不正当手段获取权利人公司的风机产品技术图纸，离职后入职G公司，通过G公司向外协加工单位提供风机加工图纸，委托外协加工单位生产制造与F公司相同或相似型号的风机产品，对权利人造成巨大损失，涉嫌侵犯商业秘密。执法人员对外协加工单位光菱公司及畅彦公司进行现场检查，发现G公司委托加工风机的上述两家外协加工单位现场车间及电脑内存有的部分风机加工图纸与权利人图纸相同或近似。

经市场监督管理局委托，由福建某司法鉴定中心的鉴定人员对光菱公司办公电脑内涉嫌侵权的图纸进行电子数据证据保全和固定。另委托某服务中心对光菱公司电脑内的部分风机产品图纸进行商业秘密鉴定，并由权利人提供对应风机型号图纸，鉴定是否具有同一性。经鉴定：(1)F公司的3套图纸在2020年12月31日之前属于“不为公众所知悉”的技术信息。(2)G公司的3套图纸与F公司相应3套图纸实质相同。

经查，权利人F公司对该公司的技术加工图纸采取了以下保密措施：(1)权利人公司每年都会制定培训计划，在培训时向每个员工发放员工手册，讲解公司的保密规定；(2)权利人公司所有电脑的USB接口都是禁用的，按照员工岗位配置办公电脑，并要求员工必须设置电脑用户密码；(3)权利人公司购买了专门的软件和系统对公司的图纸、文档办公进行管理，在图纸管理这方面，只有部分人员的账号才可以查阅图纸，其中只有"administrators"这个账户才有下载、修改、重命名等权限，其余人员只有查看的权限。

另查，G公司的总经理吴某曾是F公司员工，2005年10月入职，2015年3月离职，其间担任质量检验员、生产主管、生产总监等职务，G公司成立后担任总经理至今。

现已查明，G公司的总经理吴某在F公司任职期间曾是"administrators"账户的使用者，离职后将获取的部分风机图纸带到当事人企业，并对相关风机图纸中的机壳、进风、进风侧板、叶轮前盘等对性能不产生影响的部件进行修改后投入生产。

截至案发，G公司总计生产销售涉案型号风机产品20台，合同总金额275,190元，涉及侵权的风机产品销售额115,200元，获利28,915.30元(含税)。侵犯商业秘密产品的销售额115,200元，违法所得25,588.76元。

根据《反不正当竞争法》第21条"经营者以及其他自然人、法人和非法人组织违反本法第九条规定侵犯商业秘密的，由监督检查部门责令停止违法行为，没收违法所得，处十万元以上一百万元以下的罚款；情节严重的，处五十万元以上五百万元以下的罚款”的规定，市场监督管理局责令 G 公司停止违法行为，并决定处罚如下：(1)没收违法所得 25,588.76 元；(2)罚款 20 万元整。

// 合规提示

G 公司在明知 F 公司前员工吴某实施了上述违法行为的情况下，仍获取、使用该商业秘密的行为，违反了《反不正当竞争法》第 9 条第 3 款“第三人明知或者应知商业秘密权利人的员工、前员工或者其他单位、个人实施本条第一款所列违法行为，仍获取、披露、使用或者允许他人使用该商业秘密的，视为侵犯商业秘密”的规定。

公司的经营信息要被认定为商业秘密需要具备以下条件：一是该信息不为公众所知悉，即具有秘密性。如果该信息是所属领域相关人员普遍知悉或者容易获得的，就不属于商业秘密。如信息仅涉及产品的尺寸、结构、材料、部件的简单组合，进入市场后所属领域相关人员通过简单观察即可直接获得等。二是该信息具有商业价值，该信息能够给经营者带来经济利益或者竞争优势。如证明某些思路可行或不可行的科研资料，可以帮助经营者调整研发思路、缩短研发周期、降低研发成本。三是权利人采取了相应保密措施。如制定保密规则，向员工提出保密要求，与员工签订保密协议，向员工支付保密费，对涉密信息采取加密、加锁、加保密提示、限定知悉范围、控制接触人群等措施。保密措施应当与商业秘密的商业价值、独立获取难度等因素“相应”。四是该信息应当是技术信息或者经营信息。“技术信息”可以包括产品配方、设计方案、加工工艺、操作手法、控制程序、制作方法等。“经营信息”可以包括客户信息(名称、地址、联系方式以及交易记录、交易习惯、交易意向等)、货源情报、产销策略、招投标中的标底及标书内容等。

第三人(其他经营者)明知或者应知商业秘密权利人的员工、前员工或者其他单位、个人实施前述违法行为,仍获取、披露、使用或者允许他人使用该商业秘密的,视为侵犯商业秘密。首先,商业秘密权利人的员工、前员工或者其他单位、个人有侵犯商业秘密的违法行为,而将该商业秘密交给第三人使用,即来源违法是认定第三人后续行为违法的前提。其次,第三人的主观状态限于"明知或者应知"。"应知"是指应当知道,即第三人主观状态虽然不知道,但是从客观情况上判断,只要尽到必要、合理注意义务的人都应当知道,其行为存在过失。如果第三人使用该信息时,不知道、不应当知道该信息是他人的商业秘密、上述人员给予其该信息违反了法律规定或者与权利人关于保守商业秘密的约定,则不构成侵犯商业秘密。最后,第三人的行为表现是知悉后仍获取、披露、使用或者允许他人使用该商业秘密。如果知道商业秘密来源违法后即停止使用,则不构成侵犯商业秘密。

【法条链接】

《反不正当竞争法》第 9 条　经营者不得实施下列侵犯商业秘密的行为:(一)以盗窃、贿赂、欺诈、胁迫、电子侵入或者其他不正当手段获取权利人的商业秘密;(二)披露、使用或者允许他人使用以前项手段获取的权利人的商业秘密;(三)违反保密义务或者违反权利人有关保守商业秘密的要求,披露、使用或者允许他人使用其所掌握的商业秘密;(四)教唆、引诱、帮助他人违反保密义务或者违反权利人有关保守商业秘密的要求,获取、披露、使用或者允许他人使用权利人的商业秘密。

经营者以外的其他自然人、法人和非法人组织实施前款所列违法行为的，视为侵犯商业秘密。

第三人明知或者应知商业秘密权利人的员工、前员工或者其他单位、个人实施本条第一款所列违法行为，仍获取、披露、使用或者允许他人使用该商业秘密的，视为侵犯商业秘密。

本法所称的商业秘密，是指不为公众所知悉、具有商业价值并经权利人采取相应保密措施的技术信息、经营信息等商业信息。

第 21 条　经营者以及其他自然人、法人和非法人组织违反本法第九条规定侵犯商业秘密的，由监督检查部门责令停止违法行为，没收违法所得，处十万元以上一百万元以下的罚款；情节严重的，处五十万元以上五百万元以下的罚款。

36 经营者进行有奖销售可以不公布获奖名单吗？

案件要旨

经营者在有奖销售前，应当明确公布奖项种类、参与条件、参与方式、开奖时间、开奖方式、奖金金额或者奖品价格、奖品品名、奖品种类、奖品数量或者中奖概率、兑奖时间、兑奖条件、兑奖方式、奖品交付方式、弃奖条件、主办方及其联系方式等信息，不得变更，不得附加条件，不得影响兑奖,但有利于消费者的除外。

基本案情

经市场监督管理局调查,S公司使用微信公众号主要宣传介绍该公司的产品以及开展活动。

2021年8月31日,S公司在该微信公众号上发布了一篇文章:《BATTLE现场,×锅到底哪家强》,主要介绍S公司的巴拉利尼不粘锅,该文章末尾附有一个"有奖互动",内容为:"自己做饭时有没有最怕糊锅的美食?做菜翻车记录可以在评论区集合了哦。晒翻车不尴尬,截至9月7日12时,有机会送你一口优秀的巴拉利尼不粘锅,回家重新挑战这道美食吧。"

经查,该有奖互动活动未对"有机会"进行解释说明,属于未公布参与条件及参与方式,同时,该有奖互动活动也未公布中奖名额以及确定中奖人员的摇奖机制等信息。

根据国家市场监督管理总局《规范促销行为暂行规定》第12条"经营者为了推广移动客户端、招揽客户、提高知名度、获取流量、提高点击率等,附带性地提供物品、奖金或者其他利益的行为,属于本规定所称的有奖销售"的规定,当事人在微信公众号上进行有奖互动赠送产品的行为,属于有奖销售。

S公司在上述有奖销售活动中未公布中奖相关信息的行

为违反了《规范促销行为暂行规定》第13条第1款“经营者在有奖销售前，应当明确公布奖项种类、参与条件、参与方式、开奖时间、开奖方式、奖金金额或者奖品价格、奖品品名、奖品种类、奖品数量或者中奖概率、兑奖时间、兑奖条件、兑奖方式、奖品交付方式、弃奖条件、主办方及其联系方式等信息，不得变更，不得附加条件，不得影响兑奖，但有利于消费者的除外”以及《反不正当竞争法》第10条第1款第1项：“经营者进行有奖销售不得存在下列情形：(一)所设奖的种类、兑奖条件、奖金金额或者奖品等有奖销售信息不明确，影响兑奖”的规定。

根据《规范促销行为暂行规定》第27条“违反本规定第十三条第一款、第十四条、第十五条、第十六条、第十七条，由市场监督管理部门依据反不正当竞争法第二十二条的规定进行处罚”以及《反不正当竞争法》第22条“经营者违反本法第十条规定进行有奖销售的，由监督检查部门责令停止违法行为，处五万元以上五十万元以下的罚款”的规定，市场监督管理局责令当事人停止违法行为，并处罚如下：罚款人民币5万元整。

//合规提示

《反不正当竞争法》明确禁止经营者进行有奖销售时存在以下情形：一是有奖销售信息不明确，影响兑奖。有的经营者既想通过有奖销售吸引消费者，又不想支付太高的促销费用，故意对所设奖的种类、兑奖条件、奖金金额或者奖品等信息不作明确清晰的表述，在消费者兑奖时制造困难，使消费者无法实际获得可以合理期待的奖励。二是采用谎称有奖或者故意让内定人员中奖的欺骗方式进行有奖销售的所谓“谎称有奖”，既包括宣称有奖而实际无奖，也包括宣称有大奖而实际只有小奖。三是抽奖式巨奖销售。最高奖的金额超过5万元为巨奖。抽奖式巨奖销售容易扭曲消费者的消费选择，诱发、助长消费者的投机、博彩心理，经营者进行巨奖销售的成本最终会转移到消费者身上，绝大多数消费者要以更高的价格购买该商品或者服务。同时，巨奖销售会干扰其他经营者的正常经营，只有经济实力雄厚的经营者才有能力设立巨奖，这可能严重排挤资金少、无力设立巨奖的中小经营者，破坏市场竞争秩序。

最高奖金额限定为5万元的只是抽奖式的有奖销售。如果是经营者奖励所有购买者且奖品价值基本相当的附赠式有奖销售（如买房一律送车位，车位位置通过抽奖确定，不同车位的价值差别不大），其奖励实际上是交易对价的一部分，博彩性质较弱；或者获奖人不是仅凭运气通过抽奖获得奖励，而是因其智力、体力、技能参加活动而赢得奖励的，一般视为参赛人的合法回报。上述情形不属于巨奖销售。

【法条链接】

《反不正当竞争法》第10条　经营者进行有奖销售不得存在下列情形：（一）所设奖的种类、兑奖条件、奖金金额或者奖品等有奖销售信息不明确，影响兑奖；（二）采用谎称有奖或者故意让内定人员中奖的欺骗方式进行有奖销售；（三）抽奖式的有奖销售，最高奖的金额超过五万元。

第22条　经营者违反本法第十条规定进行有奖销售的，由监督检查部门责令停止违法行为，处五万元以上五十万元以下的罚款。

37 经营者仅编造虚假信息未进行传播的，构成商业诋毁吗？

案件要旨

经营者不得编造、传播虚假信息或者误导性信息，损害竞争对手的商业信誉、商品声誉。

基本案情

经市场监督管理局调查，L公司与上海某汽车销售服务有限公司签订《汽车销售授权合作协议》，自2019年8月1日起协议生效。

其后L公司成为依托于上海某汽车销售服务有限公司（一级4S店）的二级网点，从事"名爵"品牌乘用车（以下简称名爵车）的销售。2020年，大型汽车服务市场"上海车市"内除L公司以外另有两家公司销售名爵车。

L公司为促进名爵车的销售，自行设计了"上海车市唯一指定名爵授权经销商""上海某名爵专卖店，本店价优，欢迎详询，与车市另外两家不正规的非授权店不是一家！”“购名爵汽车请至上汽官方授权店，官方提醒：非授权店坑多、不靠谱”的宣传用语，并委托他人制作成标贴和横幅，于2020年11月28日分别张贴、悬挂于门店外上方醒目处。事实上，车市外另两家名爵车销售公司与L公司一样，均为通过上海汽车集团股份有限公司乘用车分公司现场验收的“二级网点”，销售的名爵车均来源于生产商上海汽车集团股份有限公司。

L公司虚构事实，谎称自己是上海车市内唯一授权经销商，另外两家是不正规的非授权店，并且以“官方”口吻提示消费者“非授权店坑多不靠谱”，诋毁竞争对手的商业信誉，以不正当的手段获取竞争优势。市场监督管理局接到匿名举报后进行了现场检查，检查后L公司方自行撤下前述宣传标贴和横幅。

L公司的上述行为，违反《反不正当竞争法》第11条“经营者不得编造、传播虚假信息或者误导性信息，损害竞争对手的商业信誉、商品声誉”的规定，构成了商业诋毁行为。

综合考量该案的违法情节和危害后果，依据《反不正当竞争法》第23条“经营者违反本法第十一条规定损害竞争对手商业信誉、商品声誉的，由监督检查部门责令停止违法行为、消除影响，处十万元以上五十万元以下的罚款；情节严重的，处五十万元以上三百万元以下的罚款”之规定，责令当事人消除影响，并从轻处罚如下：罚款110,000元。

// 合规提示

在市场经济中,经营者生产、销售的商品或者服务虽然不相同、不相似,但具备相似功能、可以相互替代的,可能构成竞争;经营者之间存在互相争夺消费者注意力、购买力等商业利益冲突的,也可能成为竞争对手。

“虚假信息”即内容不真实,与实际情况不符的信息,一般是指无中生有、毫无根据的信息。“误导性信息”一般是指信息虽然真实,但是仅陈述了部分事实,容易引发消费者错误联想的信息。虚假信息或者误导性信息要对竞争产生影响,还必须经过“传播”。经营者既编造又传播虚假信息或者误导性信息的,或者经营者仅传播别人编造的虚假信息的,均可能构成商业诋毁。但经营者仅编造虚假信息未传播的,一般不会对市场竞争造成影响,不构成商业诋毁。

【法条链接】

《反不正当竞争法》第 11 条　经营者不得编造、传播虚假信息或者误导性信息,损害竞争对手的商业信誉、商品声誉。

第 23 条　经营者违反本法第十一条规定损害竞争对手商业信誉、商品声誉的,由监督检查部门责令停止违法行为、消除影响,处十万元以上五十万元以下的罚款;情节严重的,处五十万元以上三百万元以下的罚款。

38 经营者屏蔽、限流其他经营者的网络产品或者服务，构成不正当竞争吗？

案件要旨

经营者不得利用技术手段，通过影响用户选择或者其他方式，实施下列妨碍、破坏其他经营者合法提供的网络产品或者服务正常运行的行为：(1)未经其他经营者同意，在其合法提供的网络产品或者服务中，插入链接、强制进行目标跳转；(2)误导、欺骗、强迫用户修改、关闭、卸载其他经营者合法提供的网络产品或者服务；(3)恶意对其他经营者合法提供的网络产品或者服务实施不兼容；(4)其他妨碍、破坏其他经营者合法提供的网络产品或者服务正常运行的行为。

基本案情

经查明，2020年8月至12月，W公司为获取竞争优势及交易机会，开发并使用巡检系统，获取同时在本公司和其他公司上架销售的品牌经营者信息，利用供应商平台系统、智能化组网引擎、运营中台等提供的技术手段，通过影响用户选择及限流、屏蔽、商品下架等方式，减少品牌经营者的消费注意、流量和交易机会，限制品牌经营者的销售渠道，妨碍、破坏了品牌经营者及其他经营者合法提供的网络产品和服务的正常运行，违背了自愿、平等、公平、诚信原则，扰乱了公平竞争市场秩序。

市场监督管理局认为,W公司的上述行为违反了《反不正当竞争法》第12条第2款第4项"经营者不得利用技术手段,通过影响用户选择或者其他方式,实施下列妨碍、破坏其他经营者合法提供的网络产品或者服务正常运行的行为……(四)其他妨碍、破坏其他经营者合法提供的网络产品或者服务正常运行的行为"的规定。

依据《反不正当竞争法》第24条"经营者违反本法第十二条规定妨碍、破坏其他经营者合法提供的网络产品或者服务正常运行的,由监督检查部门责令停止违法行为,处十万元以上五十万元以下的罚款;情节严重的,处五十万元以上三百万元以下的罚款"之规定,决定对当事人处罚如下:罚款人民币300万元整。

合规提示

经营者利用网络领域的专业技术手段,妨碍其他经营者合法提供的网络产品或者服务正常、平稳顺利地运行,或者进行破坏,使其不能运行,属于不正当竞争行为。该案中,W公司违反互联网开放、包容的精神,构成对他人网络产品或者服务的妨碍、破坏,属于不正当竞争行为,最终被行政机关处以300万元罚款。经营者实施的对他人网络产品或者服务的妨碍、破坏行为,即使是通过误导、欺骗等手段取得了用户同意,或者是通过强迫手段使用户作出了决定,由于影响了用户的自主选择，相关行为仍属于不正当竞争行为。

【法条链接】

《反不正当竞争法》第 12 条　经营者利用网络从事生产经营活动，应当遵守本法的各项规定。

经营者不得利用技术手段，通过影响用户选择或者其他方式，实施下列妨碍、破坏其他经营者合法提供的网络产品或者服务正常运行的行为：（一）未经其他经营者同意，在其合法提供的网络产品或者服务中，插入链接、强制进行目标跳转；（二）误导、欺骗、强迫用户修改、关闭、卸载其他经营者合法提供的网络产品或者服务；（三）恶意对其他经营者合法提供的网络产品或者服务实施不兼容；（四）其他妨碍、破坏其他经营者合法提供的网络产品或者服务正常运行的行为。

第 24 条　经营者违反本法第十二条规定妨碍、破坏其他经营者合法提供的网络产品或者服务正常运行的，由监督检查部门责令停止违法行为，处十万元以上五十万元以下的罚款；情节严重的，处五十万元以上三百万元以下的罚款。

第三部分

刑事争议解决与风险管理

近年来，一些企业和企业家因涉嫌刑事犯罪而破产倒闭或锒铛入狱，刑事法律风险始终是悬在企业家头上的一把"达摩克利斯之剑"，企业稍有不慎，就会遭遇毁灭性的打击，往往也会导致企业家"信誉清零、资源流失、家破人亡"。目前，中国企业在国外频遭刑事制裁，国内也不断爆发企业刑事案件，而且涉及各行各业。在这种背景下，无论是国企、民企，还是传统行业、新型互联网行业，每个企业都无法回避刑事风险管理的问题。

为此，我们梳理了司法实践中企业或企业家在经营管理和投融资过程中涉及的刑事典型案例，提出企业面临刑事调查时的应对方式和进行申诉控告的必要步骤，探寻刑事风险管理在中国的实现路径，促进企业健康持续发展。

1 在从事营运性质的交通运输中发生重大事故，构成交通肇事罪还是重大责任事故罪？

裁判要旨

在公共交通管理范围内，因违反交通运输规章制度，发生重大事故的，应按交通肇事罪处理；在具有营运性质的交通运输活动中，因违反安全生产规章制度，发生重大伤亡事故，造成严重后果的，应按重大责任事故罪处理。

基本案情

2012年3月，“顺风”“隆华”“顺达”“雪峰”4艘平板拖船的股东被告人段某华、夏某进和左某（已判刑）、夏某（已判刑）等人签订联营协议，在该4艘船舶均未取得船舶证、船舶登记证、运输许可证的情况下，在部分水域进行载运货物车辆业务。4艘船股本总作价180万元，其中“顺风”号作价36万元，“隆某”号作价60万元，“顺达”号作价34万元，“雪峰”号作价50万元。各船股东按各船所占股金的比例分得利益，由被告人左某负责记账，被告人左某、段某华负责船只调度。“顺风”号由夏某进、夏某、伍某甲负责经营，伍某甲后由刘某甲（已判刑）顶替；“顺达”号由伍某乙、刘某乙负责经营；“雪峰”号由李某、刘某丙负责经营；“隆华”号由段某华、段某、伍某甲负责经营。

2012年12月8日，被告人段某华接到两辆煤车的电话后，与他人从十八渡开着隆华号出发。段某华要求被告人夏某、刘某甲等待后到的车辆。2012年12月8日晚12时许，夏某接到调度安排后，与刘某甲一同驾驶未经检验检测且未办理任何营运运输证件的“顺风”号平板拖船，从安化县前往安化县平口镇。夏某、刘某甲先后驾驶“顺风”号平板拖船。在夏某将船舶交给刘某甲驾驶后，2012年12月9日凌晨途经平口镇安平村河段时，因刘某甲（无驾驶资质）驾驶操作不当，船体发生侧倾，所搭载的4台货运车辆从平板拖船上滑落掉入柘溪水库，沉入水中，造成货运车辆上的10名司乘人员随车落水，其中，9人溺亡，仅1人获救。

裁判结果

法院经审理认为，被告人夏某进、段某华在负责车渡船联营体经营管理期间，违反安全管理规定，在未经行政管理部门许可经营的情况下，放任无驾驶资质的船员刘某甲驾驶未经检验合格的联营体所属船舶“顺风号”进行非法运输活动，导致该船在运输途中发生重大事故，情节特别恶劣，其行为已构成重大责任事故罪。被告人段某华、夏某进主动到案后，如实供述了自己的罪行，可从轻处罚。据此，以重大责任事故罪判处被告人夏某进、段某华有期徒刑3年，缓刑5年。

立案标准

根据2015年12月14日最高人民法院、最高人民检察院发布的《关于办理危害生产安全刑事案件适用法律若干问题的解释》第6条第1款的规定，实施《刑法》第134条第1款规定的行为，因而发生安全事故，具有下列情形之一的，应当认定为“造成严重后果”，以重大责任事故罪追究刑事责任：(1)造成死亡1人以上，或者重伤3人以上的；(2)造成直接经济损失100万元以上的；(3)其他造成严重后果或者重大安全事故的情形。

律师提示

《刑法》第134条规定，在生产、作业中违反有关安全管理的规定，因而发生重大伤亡事故或者造成其他严重后果的，构成重大责任事故罪；第133条规定，违反交通运输管理法规，因而发生重大事故，致人重伤、死亡或者使公私财产遭受重大损失的，构成交通肇事罪。

通常来说，在公共交通管理范围内，行为人因违反交通运输规章制度，发生重大事故，应按交通肇事罪处理；因违反安全生产规章制度，发生重大伤亡事故，造成严重后果的，应按重大责任事故罪处理；行为人在公共交通管理范围外等非公共交通领域，驾驶机动车或者其他交通工具，造成人员伤亡或者财产损失的，可以视情形认定为重大责任事故罪、重大劳动安全事故罪、过失致人死亡罪等。

根据相关司法解释的规定，重大责任事故罪的主体主要包括对生产、作业负有组织、指挥或者管理职责的负责人、管理人员、实际控制人、投资人等人员，以及直接从事生产、作业的人员。实践中，对于从事营运活动的交通运输企业或单位来说，公路、水路、航道既是公共交通领域，也是其生产经营场所，交通运输管理法规同时也属于安全管理规定，可能同时犯交通肇事罪与重大责任事故罪。具体来说，交通运输活动的负责人、管理人、实际控制人、投资人等负有安全监管职责的人员违反有关安全管理规定，造成重大事故的，应认定为重大责任事故罪；对于驾驶人员等一线直接责任人员违反交通运输管理法规造成事故的，应认定为交通肇事罪。

2 为牟取非法利益，通过更改生产日期等方式销售超过保质期的食品，是否构成销售伪劣产品罪？

裁判要旨

公司及其法定代表人、总经理为牟取非法利益，违反国家法律法规，以超过保质期的不合格产品冒充合格产品进行销售，销售金额超过5万元的，构成销售伪劣产品罪。

基本案情

2016年1月，时任被告单位S公司法定代表人、总经理的被告人刘某刚在得知公司部分奶粉、奶酪已经过期或临近保质期后，与H公司负责人联系，以货款从H公司走账的形式，将该批奶粉、奶酪通过H公司销售给尚某峰经营的公司。2016年1月15日，S公司将存放在L公司仓库内超过保质期的新西兰恒天然NZMP全脂奶粉8330袋(25公斤/袋)，以及存放在S公司仓库内超过保质期的新西兰恒天然NZMP切达奶酪269箱(20公斤/箱)移库至尚某峰的公司，销售金额共计295万余元。2016年4月，相关执法部门在L公司、S公司仓库查获部分奶粉及全部奶酪，上述物品现扣押于侦查机关。

裁判结果

法院经审理认为，被告单位S公司为牟取非法利益，违反国家法律法规，以超过保质期的不合格产品冒充合格产品进行销售，销售金额达295万余元。被告人刘某刚作为被告单位直接负责的主管人员，决定并组织实施上述销售行为，被告单位S公司及被告人刘某刚均构成销售伪劣产品罪，依法应予惩处。据此，以销售伪劣产品罪判处被告单位S公司罚金人民币300万元；判处被告人刘某刚有期徒刑15年，并处罚金人民币30万元。

立案标准

根据《立案追诉标准(一)》第16条第1款的规定，生产者、销售者在产品中掺杂、掺假，以假充真，以次充好或者以不合格产品冒充合格产品，涉嫌下列情形之一的，按生产、销售伪劣产品罪立案追诉：(1)伪劣产品销售金额5万元以上的；(2)伪劣产品尚未销售，货值金额15万元以上的；(3)伪劣产品销售金额不满5万元，但将已销售金额乘以3倍后，与尚未销售的伪劣产品货值金额合计15万元以上的。

律师提示 ///

《刑法》第140条规定，生产者、销售者在产品中掺杂、掺假，以假充真，以次充好或者以不合格产品冒充合格产品，销售金额5万元以上的，构成生产、销售伪劣产品罪。

生产、销售伪劣产品罪的主体既包括自然人，也包括单位。“掺杂、掺假”，是指在产品中掺入杂质或者异物，致使产品质量不符合国家法律、法规或者产品明示质量标准规定的质量要求，降低、失去应有使用性能的行为；“以假充真”，是指以不具有某种使用性能的产品冒充具有该种使用性能的产品的行为；“以次充好”，是指以低等级、低档次产品冒充高等级、高档次产品，或者以残次、废旧零配件组合、拼装后冒充正品或者新产品的行为；“不合格产品”，是指不符合《产品质量法》规定的质量要求的产品。

从2021年12月30日最高人民法院、最高人民检察院公布的《关于办理危害食品安全刑事案件适用法律若干问题的解释》第15条来看，如果生产、销售用超过保质期的食品原料、超过保质期的食品、回收食品作为原料的食品，或者以更改生产日期、保质期、改换包装等方式销售超过保质期的食品、回收食品，构成生产、销售伪劣产品罪，若同时构成生产、销售不符合安全标准的食品罪，生产、销售不符合安全标准的产品罪等其他犯罪的，依照处罚较重的规定定罪处罚。

3 种子公司自行筛选无标签大豆品种，冒充国家农作物审定品种进行销售，是否构成生产、销售伪劣产品罪？

裁判要旨

种子公司为获取非法利益，自行筛选无标签大豆品种，冒充国家农作物审定品种进行销售，以不合格产品冒充合格产品，销售金额在5万元以上的，构成生产、销售伪劣产品罪。

基本案情

被告人魏某系被告单位J公司主要负责人。2019年3月至2019年5月，J公司在未获得齐黄34大豆种子生产经营许可证的情况下，组织工人筛选齐黄34大豆种子，并以白色透明编织袋进行包装并销售。该种子外包装无任何标签标注种子类别、品种名称、品种审定或登记编号、品种适宜种植区域及季节、生产经营者及注册地、质量指标、检疫证明编号、种子生产经营许可证编号等信息，亦无使用说明。上述无标签种子销售给了张某、郭某等人，销售金额共计71,840元。

2019年8月9日，被告人魏某主动至公安机关投案，如实供述犯罪事实。在该案审理过程中，被告人魏某退还违法所得2000元，并取得被授权单位山东省某种业科技有限公司谅解。

裁判结果

法院经审理认为，被告单位J公司及其实际负责人被告人魏某作为生产者、销售者，为获取非法利益，自行筛选无标签大豆品种，冒充国家农作物审定品种进行销售，以不合格产品冒充合格产品，其行为已触犯刑法，构成生产、销售伪劣产品罪，且系单位犯罪，依法应予刑事处罚。据此，以生产、销售伪劣产品罪判处被告单位嘉祥县某种业有限公司罚金人民币5万元；判处魏某拘役5个月，缓刑8个月，并处罚金人民币4万元。

立案标准

根据《立案追诉标准（一）》第16条的规定，生产者、销售者在产品中掺杂、掺假，以假充真，以次充好或者以不合格产品冒充合格产品，涉嫌下列情形之一的，按生产、销售伪劣产品罪立案追诉：(1)伪劣产品销售金额5万元以上的；(2)伪劣产品尚未销售，货值金额15万元以上的；(3)伪劣产品销售金额不满5万元，但将已销售金额乘以3倍后，与尚未销售的伪劣产品货值金额合计15万元以上的。

律师提示

生产、销售伪劣产品罪中的“掺杂、掺假”，是指在产品中掺入杂质或者异物，致使产品质量不符合国家法律、法规或者产品明示质量标准规定的质量要求，降低、失去应有使用性能的行为；“以假充真”，是指以不具有某种使用性能的产品冒充具有该种使用性能的产品的行为；“以次充好”，是指以低等级、低档次产品冒充高等级、高档次产品，或者以残次、废旧零配件组合、拼装后冒充正品或者新产品的行为；“不合格产品”，是指不符合《产品质量法》规定的质量要求的产品。

对销售明知是假的或者失去使用效能的种子，或者生产者、销售者以不合格的种子冒充合格的种子，使生产遭受较大损失的，以生产、销售伪劣种子罪定罪处罚。对实施生产、销售伪劣种子行为，因无法认定使生产遭受较大损失等原因，不构成生产、销售伪劣种子罪，但是销售金额在5万元以上的，以生产、销售伪劣产品罪定罪处罚。同时构成假冒注册商标罪等其他犯罪的，依照处罚较重的规定定罪处罚。

在涉嫌构成犯罪的情况下，若实际经营者系为所在公司谋取不法利益，且生产、销售伪劣产品的收益归公司所有，则可能构成单位犯罪，此时既要对公司判处罚金，又要对直接负责的主管人员和其他责任人员判处一定刑罚。

4 具有经营资质的药品企业，采购并销售没有合法手续的药品，是否构成销售假药罪？

裁判要旨

药品公司明知相关药品没有合法手续，系从非法渠道购进，且采购价格明显低于市场价格，仍以公司名义采购药品并销售给患者，经鉴定为假药的，构成销售假药罪。

基本案情

2018年8月，被告单位B公司采购经理赵某勇违反《药品管理法》的规定采购药品"日达仙(注射用胸腺法新)"。被告人卢某、赵某勇、张某作为对B公司直接负责的主管人员，被告人吴某鑫、汪某作为B公司负责销售的直接责任人员，在明知上述药品系非法渠道采购、没有合法手续的情况下，仍然以单位名义于2018年9月7日、11日在某市东城区广渠门内大街某号楼内分两次向被害人吴某销售上述"日达仙(注射用胸腺法新)"共8盒，销售金额共计9600元。

经中国食品药品检定研究院检验，涉案"日达仙(注射用胸腺法新)"按进口药品注册标准检验的结果不符合规定，属于与国家标准不符，符合《药品管理法》关于假药的定义。

裁判结果

法院经审理认为，被告单位B公司在具有药品经营资质的情况下，通过非法渠道从私人处进购药品并对外销售，经认定属于假药，其行为已构成销售假药罪。被告人卢某、赵某勇、张某是B公司销售假药的直接负责主管人员，被告人吴某鑫、汪某作为B公司销售假药的其他直接责任人员，其行为亦应当以销售假药罪追究刑事责任。鉴于被告人卢某、赵某勇有自首情节，且被告单位及各被告人在到案后均能如实供述所犯罪行，当庭自愿认罪、悔罪，对被告单位及其他5名被告人均依法从轻处罚。据此，以销售假药罪判处被告单位B公司罚金人民币5万元，并对卢某等被告人均判处有期徒刑9个月零15天，并处罚金人民币1万元。

立案标准

根据《立案追诉标准(一)补充规定》第2条第1款、第2款、第3款的规定，生产、销售假药的，应予立案追诉。但销售少量根据民间传统配方私自加工的药品，或者销售少量未经批准进口的国外、境外药品，没有造成他人伤害后果或者延误诊治，情节显著轻微危害不大的除外。以生产、销售假药为目的，具有下列情形之一的，属于本条规定的“生产”：(1)合成、精制、提取、储存、加工炮制药品原料的；(2)将药品原料、辅料、包装材料制成成品过程中，进行配料、混合、制剂、储存、包装的；(3)印制包装材料、标签、说明书的。医疗机构、医疗机构工作人员明知是假药而有偿提供给他人使用，或者为出售而购买、储存的，属于本条规定的"销售"。

律师提示 ///

《刑法》第141条第1款规定，生产、销售假药的，[1]处3年以下有期徒刑或者拘役，并处罚金；对人体健康造成严重危害或者有其他严重情节的，处3年以上10年以下有期徒刑，并处罚金；致人死亡或者有其他特别严重情节的，处10年以上有期徒刑、无期徒刑或者死刑，并处罚金或者没收财产。《药品管理法》(2019年修订)第98条第2款规定，有下列情形之一的，为假药：(1)药品所含成分与国家药品标准规定的成分不符；(2)以非药品冒充药品或者以他种药品冒充此种药品；(3)变质的药品；(4)药品所标明的适应症或者功能主治超出规定范围。

为了加强药品管理，保证药品质量，保障公众用药安全和合法权益，保护和促进公众健康，我国《药品管理法》对药品生产、经营实行严格的许可制度，明确规定无药品生产、经营许可证的，不得生产、经营药品，同时要求药品经营企业购进药品应当建立并执行进货检查验收制度，验明药品合格证明和其他标识。

如果药品经营者向没有生产、经营许可证的个人或单位购进药品，不履行进货检查验收制度，或者通过非法渠道采购没有合法手续的药品，若查明其是为了出售而购买、储存，且所获的药品经检验为假药的，则很容易被认定为具有销售假药的主观故意，涉嫌构成销售假药罪。

---

① 2021年《罪名补充规定(七)》第141条(《刑法修正案(十一)》第5条)规定了生产、销售、提供假药罪，取消生产、销售假药罪罪名。2022年最高人民法院、最高人民检察院《关于办理危害药品安全刑事案件适用法律若干问题的解释》中相关措辞已修改。《刑法》条文中表述未改。

5 公司在发行私募债券过程中，提交虚假材料的，是否构成欺诈发行证券罪？

裁判要旨

公司在发行私募债券过程中，隐瞒重要事实或者编造重大虚假内容，发行债券数额巨大、后果严重或者有其他严重情节的，可以构成欺诈发行证券罪。

基本案情

被告单位J公司于2009年12月注册成立，注册资本5000万元，后增资至11,000万元。被告人杨某业系J公司法定代表人、执行董事，全面负责公司工作。2010年前后，被告人杨某业代表J公司与某大学光电子技术实验室开展合作，由J公司出资购买LED生产设备并支付实验室相关费用，该实验室帮助J公司组建生产线、培训技术骨干，并提供生产技术、芯片产品样品等。

2012年，被告人杨某业为解决融资问题，决定发行私募债券，并由中山证券承销，拟向上海证券交易所申请非公开发行中小企业私募债券。其间，被告人杨某业的亲属杨某（另案处理）负责公关接待、协调联络、业务谈判、联系律师出具法律意见书等事务。2013年3月，被告单位J公司在中山证券负责的《J公司2013年中小企业私募债券募集说明书》中隐瞒公司尚未建成投产、尚无销售收入和利润的重大事项，提交虚假的审计报告、纳税证明等材料，欺骗上海证券交易所备案，备案金额为不超过1亿元，债券期限为3年期，销售期限为6个月。

2013年9月，在投资者认购意向不足，该债券面临发行失败时，由杨某及被告人杨某业出面借款6700万元，分别以Z公司的名义虚假认购700万元，以S公司的名义虚假认购6000万元，认购完成后随即归还出借人，最终实际募集到G公司认购的2700万元资金。另查明，2016年6月，G公司与B公司签订债权转让协议，约定B公司以2635万元的价格受让G公司持有的前述面值为2700万元的债券，但仍由G公司代持。2016年9月，该债券到期后J公司未按约支付本息。

裁判结果

法院经审理认为，被告单位J在公司债券募集办法中隐瞒重要事实、编造重大虚假内容，发行公司债券，数额巨大；被告人杨某业作为J公司直接负责的主管人员，决定并实施上述犯罪行为，其行为均已构成欺诈发行债券罪①。杨某业到案后如实供述自己的罪行，系坦白，依法可予以从轻处罚。据此，以欺诈发行债券罪分别判处被告单位J公司罚金人民币100万元；判处被告人杨某业有期徒刑1年零3个月。

① 2021年《罪名补充规定(七)》第160条(《刑法修正案(十一)》第8条)规定了欺诈发行证券罪，取消欺诈发行股票、债券罪罪名。

立案标准

根据《立案追诉标准(二)》第 5 条的规定,在招股说明书、认股书、公司、企业债券募集办法等发行文件中隐瞒重要事实或者编造重大虚假内容,发行股票或者公司、企业债券、存托凭证或者国务院依法认定的其他证券,涉嫌下列情形之一的,以欺诈发行证券罪立案追诉:(1)非法募集资金金额在 1000 万元以上的;(2)虚增或者虚减资产达到当期资产总额 30% 以上的;(3)虚增或者虚减营业收入达到当期营业收入总额 30% 以上的;(4)虚增或者虚减利润达到当期利润总额 30% 以上的;(5)隐瞒或者编造的重大诉讼、仲裁、担保、关联交易或者其他重大事项所涉及的数额或者连续 12 个月的累计数额达到最近一期披露的净资产 50% 以上的;(6)造成投资者直接经济损失数额累计在 100 万元以上的;(7)为欺诈发行证券而伪造、变造国家机关公文、有效证明文件或者相关凭证、单据的;(8)为欺诈发行证券向负有金融监督管理职责的单位或者人员行贿的;(9)募集的资金全部或者主要用于违法犯罪活动的;(10)其他后果严重或者有其他严重情节的情形。

律师提示

《刑法》第 160 条规定,在招股说明书、认股书、公司、企业债券募集办法等发行文件中隐瞒重要事实或者编造重大虚假内容,发行股票或者公司、企业债券、存托凭证或者国务院依法认定的其他证券,数额巨大、后果严重或者有其他严重情节的,构成欺诈发行证券罪。《刑法修正案(十一)》将欺诈发行股票、债券罪修改为欺诈发行证券罪。

需要注意的是，欺诈发行证券罪的主体既包括已经设立的股份公司和有限公司，也包括股份公司的发起人、控股股东、实际控制人等。如果公司犯该罪，则属于单位犯罪，既要对公司判处非法募集资金金额 20% 以上 1 倍以下罚金，也要对直接负责的主管人员和其他直接责任人员判处相应的刑罚。相应地，如果控股股东、实际控制人是单位的，同样既要追究该单位的刑事责任，也要追究该单位中直接负责的主管人员和其他直接责任人员的刑事责任。

6 上市公司以外的其他信息披露义务人，提供虚假信息，能否构成违规披露、不披露重要信息罪？

裁判要旨

上市公司以外的其他信息披露义务人提供虚假信息，经上市公司公开披露，严重损害股东或者其他人利益的，或者有其他严重情节的，构成违规披露、不披露重要信息罪。

基本案情

2013～2015 年，J 公司为了吸引风投资金投资入股、完成政府招商引资税收目标以及实现上市等目的，通过与其他公司签订虚假业务合同、虚开增值税专用发票、普通发票、利用资金循环虚构银行交易流水、改变业务性质等多种方式虚增服务费收入共计2.64亿余元，虚增2015年贸易收入57万余元。

2015年1月，J公司在账面上虚增货币资金3亿余元。为掩饰上述虚假账面资金，J公司从2015年3月开始通过外部借款购买理财产品或定期存单，于借款当日或次日通过将理财产品或定期存单为借款方关联公司质押担保以及承兑汇票贴现的方式将资金归还借款方，从而在账面形成并持续维持3亿元银行存款的假象。另查明，2015年10月15日，J公司在兴业银行杭州分行购买3000万元半年期定期存单，并以该存单为H公司开具的共计3000万元银行承兑汇票提供质押担保。截至2015年12月31日，上述3.3亿元银行存单仍处于质押状态。

后J公司在与A公司重大资产重组的过程中，向A公司提供了含有上述虚假信息的财务报表，A公司于2016年4月23日公开披露了含有虚假内容的《J公司公司审计报告(2013至2015年)》。同日，A公司公告了《A公司重大资产重组置换及发行股份购买资产并募集配套资金暨关联交易报告书》，其中披露了重组对象J公司含有虚假内容的最近三年主要财务数据，包括资产负债表主要数据(其中，截至2015年12月31日，公司资产总计9.23亿余元)、利润表主要数据、现金流量表主要数据，未披露上述3.3亿元定期存单质押的事项。

2013~2015年,J公司虚增服务费收入2.64亿余元,虚增货币资金3.13亿余元,上述虚增资产均无法收回。截至2015年12月31日,J公司的实际净资产为9852万余元,J公司虚增资产达到当期披露资产总额的30%以上,未按照规定披露的担保等重大事项所涉及的累计数额占J公司实际净资产的50%以上。另查明,J公司提供虚假的财务数据和信息的行为,已造成投资人直接经济损失数额累计212万余元。

被告人郭某某作为J公司的实际控制人、法定代表人及董事长,是J公司财务造假的决策、组织者,系直接负责的主管人员。被告人宋某某作为J公司的董事、总裁,为帮助公司虚增业绩,组织、参与业务造假行为,为J公司财务造假提供了基础资料;被告人杜某某作为郭某某妻子、J公司的股东,负责安排、调拨公司及关联方资金用于虚增业务,并利用其个人银行卡为J公司过账、伪造业务回款提供便利;被告人王某作为J公司原财务副总监,为J公司及下属子公司虚增业务提供财务支持,并在账面上造假,配合上市。上述3名被告人均属于其他直接责任人员。

裁判结果

法院经审理认为,J公司作为依法负有信息披露义务的公司,向社会公众提供虚假的以及隐瞒重要事实的财务会计报告,对依法应当披露的其他重要信息不按照规定披露,严重损害他人利益,情节严重,被告人郭某某作为公司直接负责的主管人员，被告人宋某某、杜某某、王某作为其他直接责任人员，其行为均构成违规披露、不披露重要信息罪。在共同犯罪中，被告人郭某某、杜某某、宋某某起主要作用，系主犯；被告人王某起次要作用，系从犯，予以从轻处罚。被告人王某案发后主动向公安机关投案，并在归案后如实供述自己的罪行，构成自首，予以从轻处罚。被告人郭某某、宋某某、杜某某当庭表示认罪，予以从轻处罚。据此，违规披露、不披露重要信息罪，对郭某某判处有期徒刑2年零3个月，并处罚金人民币10万元；对宋某某、杜某某、王某分别判处有期徒刑1～2年不等，缓刑2～3年不等，并处罚金人民币2万～5万元不等。

立案标准

根据《立案追诉标准（二）》第6条规定，依法负有信息披露义务的公司、企业向股东和社会公众提供虚假的或者隐瞒重要事实的财务会计报告，或者对依法应当披露的其他重要信息不按照规定披露，涉嫌下列情形之一的，以违规披露、不披露重要信息罪立案追诉：（1）造成股东、债权人或者其他人直接经济损失数额累计在100万元以上的；（2）虚增或者虚减资产达到当期披露的资产总额30%以上的；（3）虚增或者虚减营业收入达到当期披露的营业收入总额30%以上的；（4）虚增或者虚减利润达到当期披露的利润总额30%以上的；（5）未按照规定披露的重大诉讼、仲裁、担保、关联交易或者其他重大事项所涉及的数额或者连续12个月的累计数额达到最近一期披露的净资产50%以上的；（6）致使不符合发行条件的公司、企业骗取发行核准或者注册并且上市交易的；（7）致使公司、企业发行的股票或者公司、企业债券、存托凭证或者国务院依法认定的其他证券被终止上市交易的；(8)在公司财务会计报告中将亏损披露为盈利，或者将盈利披露为亏损的；(9)多次提供虚假的或者隐瞒重要事实的财务会计报告，或者多次对依法应当披露的其他重要信息不按照规定披露的；(10)其他严重损害股东、债权人或者其他人利益，或者有其他严重情节的情形。

律师提示 ///

《刑法》第161条规定，违规披露、不披露重要信息罪是指依法负有信息披露义务的公司、企业向股东和社会公众提供虚假的或者隐瞒重要事实的财务会计报告，或者对依法应当披露的其他重要信息不按照规定披露，严重损害股东或者其他人利益，或者有其他严重情节的行为。

需要注意的是，违规披露、不披露重要信息罪中“依法负有信息披露义务的公司、企业”，不仅包括上市公司，还包括其他信息披露义务人，比如进行收购、重大资产重组、再融资、重大交易的有关各方以及破产管理人等。其他信息披露义务人应当向上市公司提供真实、准确、完整的信息，由上市公司向社会公开披露；如果向上市公司提供虚假信息或隐瞒应当披露的重要信息，造成严重后果或者有其他严重情节的，也可能构成违规披露、不披露重要信息罪。

另外，违规披露、不披露重要信息罪不是单位犯罪，只追究直接负责的主管人员和其他直接责任人员的刑事责任。如果公司、企业的控股股东、实际控制人实施或者组织、指使实施违规披露、不披露重要信息的行为，或者隐瞒相关事项导致法定情形发生的，也要处罚控股股东、实际控制人。同时，若控股股东、实际控制人是单位的，要对控股股东、实际控制人判处罚金,并对其直接负责的主管人员和其他直接责任人员判处相应的刑罚。

7 公司进入破产清算前，高管将资金通过“走账”形式转给他人，之后向清算组隐匿财产的，是否构成妨害清算罪？

裁判要旨

进入破产清算前,公司高管以向其他单位、个人归还债务为由,将公司资金转出,之后在进行清算时,向清算组隐匿财产,对资产负债表、财产清单作虚伪记载,妨害清算程序正常进行,严重损害债权人利益的,构成妨害清算罪。

基本案情

被告人张某于2015年上半年,在担任被告单位C公司财务经理期间,为防止常州某公司开发的房产在可能发生的诉讼过程中被法院查封,经该公司总经理杨某新(已判刑)授意,以C公司向其他单位、个人归还债务等事由,将资金转至其他单位、个人名下,经再次或多次转账后将资金最终转给被告人张某、李某等人，再由张某、李某等人以个人名义用上述资金购买该房产，签订商品房买卖合同及承诺书，约定由张某、李某等人以个人名义代持上述房产。经查，上述个人代持房产共69套，合同价共计6139万余元。

2016年10月14日，C公司进入破产清算程序。2016年11月23日，被告人张某与Z公司管理人签订8个月的劳动合同，受聘协助清算组进行财务工作。在此期间，被告人张某按照杨某新的授意，向清算组隐瞒个人代持上述69套房产的事实，并向清算组提供相应的不真实的Z公司销售台账以及生成的资产负债表等财务资料。在债权申报期间，被告人张某和李某等代持房产人员依据上述商品房买卖合同向清算组申报债权。

裁判结果

法院经审理认为，张某作为清算组成员，伙同他人在公司进行清算期间，隐匿财产，对资产负债表、财产清单作虚伪记载，妨害清算程序的正常进行，严重损害债权人利益，以妨害清算罪判处其有期徒刑8个月，缓刑1年，并处罚金人民币2万元。

立案标准

根据《立案追诉标准（二）》第7条规定，公司、企业进行清算时，隐匿财产，对资产负债表或者财产清单作虚伪记载或者在未清偿债务前分配公司、企业财产，涉嫌下列情形之一的，以妨害清算罪立案追诉：(1)隐匿财产价值在50万元以上的；(2)对资产负债表或者财产清单作虚伪记载涉及金额在50万元以上的；(3)在未清偿债务前分配公司、企业财产价值在50万元以上的；(4)造成债权人或者其他人直接经济损失数额累计在10万元以上的；(5)虽未达到上述数额标准，但应清偿的职工的工资、社会保险费用和法定补偿金得不到及时清偿，造成恶劣社会影响的；(6)其他严重损害债权人或者其他人利益的情形。

律师提示 ///

《刑法》第162条规定，妨害清算罪，是指公司、企业进行清算时，隐匿财产，对资产负债表或者财产清单作虚伪记载或者在未清偿债务前分配公司、企业财产，严重损害债权人或者其他人利益的行为。2018年《公司法》第183条规定，有限责任公司的清算组由股东组成，股份有限公司的清算组由董事或者股东大会确定的人员组成；逾期不成立清算组进行清算的，债权人可以申请人民法院指定有关人员组成清算组进行清算。

妨害清算罪的主体只能是公司、企业中直接负责的主管人员和其他直接责任人员，不包括公司、企业本身。在实践中，公司章程规定的营业期限届满或者公司章程规定的其他解散事由出现，股东会或者股东大会决议解散，公司依法被吊销营业执照、责令关闭或者被撤销等事由都会导致公司被清算。此时，公司已停止对外经营活动，往往由清算组代表公司进行清理财产、处理与清算有关的未了结业务、清缴所欠税款、清理债权债务、处理剩余财产、代表公司参与民事诉讼活动等事务，所以承担刑事责任的也多是清算组中直接负责的主管人员和其他直接责任人员。

8 公司设立“小金库”，出现问题时销毁相关账目，是否构成故意销毁会计凭证、会计账簿罪？

裁判要旨

“小金库”中涉及的会计资料记载了单位特定时期的一部分经营活动和资金往来情况，这一违法账目与明账结合在一起，才构成该单位资金业务往来的全部记录。“小金库”的账目，也是业务的真实记录，反映了该单位的资金往来情况，属于“依法应当保存”的会计资料。财务人员故意销毁“小金库”中的会计凭证、会计账簿，情节严重的，构成故意销毁会计凭证、会计账簿罪。

基本案情

2013～2014年，文山市Q供销社经班子成员决定，对单位“小金库”的财务资料进行销毁，在时任文山市Q供销社主任罗某某（另案处理）的授意下，被告人郝某某、沈某某、陆某（另案处理）将文山市Q供销社私设的两个分别由陆某、沈某某负责管理的资金总额为300万余元“小金库”的会计凭证、会计账簿拉到文山市头塘坝旁的一条路边进行销毁，被告人沈某某与陆某将一部分未装订的会计凭证、会计账簿在文山市Q供销社办公室内销毁。

裁判结果

法院经审理认为，被告人郝某某、沈某某故意销毁依法应当保存的会计凭证、会计账簿，情节严重，均构成故意销毁会计凭证、会计账簿罪。被告人郝某某、沈某某在本案立案前公安机关尚未对其本人采取强制措施时如实供述自己及同案的犯罪事实，属自首，应对二被告人从轻或者减轻处罚。被告人郝某某、沈某某在共同犯罪中均系从犯，应当从轻、减轻或者免除处罚。据此，以故意销毁会计凭证、会计账簿罪判处被告人郝某某、沈某某免予刑事处罚。

立案标准

根据《立案追诉标准(二)》第8条规定，隐匿或者故意销毁依法应当保存的会计凭证、会计账簿、财务会计报告，涉嫌下列情形之一的，以隐匿、故意销毁会计凭证、会计账簿、财务会计报告罪立案追诉：(1)隐匿、故意销毁的会计凭证、会计账簿、财务会计报告涉及金额在50万元以上的；(2)依法应当向监察机关、司法机关、行政机关、有关主管部门等提供而隐匿、故意销毁或者拒不交出会计凭证、会计账簿、财务会计报告的；(3)其他情节严重的情形。

律师提示 ///

《刑法》第 162 条之一第 1 款规定，隐匿或者故意销毁依法应当保存的会计凭证、会计账簿、财务会计报告，情节严重的，构成隐匿、故意销毁会计凭证、会计账簿、财务会计报告罪。

2002 年 1 月 14 日全国人民代表大会常务委员会法制工作委员会《关于对“隐匿、销毁会计凭证、会计账簿、财务会计报告构成犯罪的主体范围”问题的答复意见》指出：“……任何单位和个人在办理会计事务时对依法应当保存的会计凭证、会计账簿、财务会计报告，进行隐匿、销毁，情节严重的，构成犯罪，应当依法追究其刑事责任。”

私设“小金库”的行为虽然违反了我国《会计法》的相关规定，隐匿了本单位的部分经营项目与资金往来，规避了国家对其的正常审核与监督，但不能因为私设“小金库”的行为违法以及“小金库”涉及的资金违法，就认为涉及该行为和资金的有关会计资料不应被依法保存。

9 公司高管收受商业回扣、手续费归个人所有，是否构成非国家工作人员受贿罪？

裁判要旨

公司高管或者其他工作人员，在经济往来中利用职务上的便利，违反国家规定，收受各种名义的回扣、手续费等归个人所有，数额较大的，构成非国家工作人员受贿罪。

基本案情

被告人刘某于2010年入职H公司，历任采购助理、中级买手、高级买手、资深买手和买手经理。2017年至今，刘某利用其在头饰产品采购决定权上的影响力，非法收受Y公司等供应商的回扣、手续费共计305万余元，并要求供应商打入由其实际控制的户名为沈某、唐某的银行卡，上述钱款均归其个人所有。

裁判结果

法院经审理认为，被告人刘某作为公司工作人员，在经济往来中利用职务上的便利，违反国家规定，收受各种名义的回扣、手续费等归个人所有，数额巨大，其行为已构成非国家工作人员受贿罪。据此，以非国家工作人员受贿罪判处被告人刘某有期徒刑6年零6个月。

立案标准

根据《立案追诉标准（二）》第10条的规定，公司、企业或者其他单位的工作人员利用职务上的便利，索取他人财物或者非法收受他人财物，为他人谋取利益，或者在经济往来中，利用职务上的便利，违反国家规定，收受各种名义的回扣、手续费，归个人所有，数额在3万元以上的，应予立案追诉。

律师提示 ///

《刑法》第 163 条第 1 款、第 2 款规定，公司、企业或者其他单位的工作人员，利用职务上的便利，索取他人财物或者非法收受他人财物，为他人谋取利益，数额较大的，或者在经济往来中，利用职务上的便利，违反国家规定，收受各种名义的回扣、手续费，归个人所有的，构成非国家工作人员受贿罪。

从本质上讲，商业贿赂是一种权钱交易，为我国法律法规所禁止。国家工商行政管理局于 1996 年 11 月 15 日发布的《关于禁止商业贿赂行为的暂行规定》第 2 条第 2 款指出，商业贿赂是指经营者为销售或者购买商品而采用财物或者其他手段贿赂对方单位或者个人的行为。《反不正当竞争法》(2019 年修订)第 7 条第 1 款也规定，经营者不得采用财物或者其他手段贿赂该款所列单位或者个人，以谋取交易机会或者竞争优势。

但是，经营者在交易活动中，可以以明示方式向交易相对方支付折扣，或者向中间人支付佣金。经营者向交易相对方支付折扣、向中间人支付佣金的，应当如实入账。接受折扣、佣金的经营者也应当如实入账。也就是说，对于合法接受折扣、佣金并入账的，不构成犯罪；对于收受各种名义的回扣、手续费，归个人所有的，涉嫌构成非国家工作人员受贿罪。

10 控股股东或实际控制人将上市公司资金用于个人营利活动，是否构成背信损害上市公司利益罪？

裁判要旨

上市公司的控股股东或实际控制人违背对公司的忠实义务，利用职务便利，将上市公司资金用于个人营利活动，致使上市公司利益遭受重大损失的，构成背信损害上市公司利益罪。

基本案情

2013 年 7 月至 2015 年 2 月，被告人鲜某利用担任上市公司 D 公司及其子公司 H 公司的法定代表人及实际控制人的职务便利，为粉饰公司业绩，采用伪造 H 公司开发的荆门楚某城项目的分包商林某某签名、制作虚假的资金支付申请与审批表等方式，以支付工程款和往来款的名义，将 H 公司资金划转至该公司实际控制的林某某个人账户、荆门楚某城项目部账户，再通过上述账户划转至鲜某实际控制的多个公司、个人账户内，转出资金循环累计达 1.2 亿余元。其中，2360 万元被鲜某用于理财、买卖股票等，至案发尚未归还，且部分资金已被结转至开发成本账户。

裁判结果

法院经审理认为，鲜某作为上市公司D公司的董事长、实际控制人，违背对公司的忠实义务，利用职务便利，将上市公司资金用于个人营利活动，致使上市公司遭受重大损失，其行为已构成背信损害上市公司利益罪。鉴于鲜某在二审期间自愿认罪认罚，并在家属帮助下缴纳了全部罚金并退缴了部分违法所得等情节，其具有认罪、悔罪表现。据此，以背信损害上市公司利益罪改判鲜某有期徒刑1年零8个月。

立案标准

根据《立案追诉标准(二)》第13条规定，上市公司的董事、监事、高级管理人员违背对公司的忠实义务，利用职务便利，操纵上市公司从事损害上市公司利益的行为，以及上市公司的控股股东或者实际控制人，指使上市公司董事、监事、高级管理人员实施损害上市公司利益的行为，涉嫌下列情形之一的，以背信损害上市公司利益罪立案追诉：(1)无偿向其他单位或者个人提供资金、商品、服务或者其他资产，致使上市公司直接经济损失数额在150万元以上的；(2)以明显不公平的条件，提供或者接受资金、商品、服务或者其他资产，致使上市公司直接经济损失数额在150万元以上的；(3)向明显不具有清偿能力的单位或者个人提供资金、商品、服务或者其他资产，致使上市公司直接经济损失数额在150万元以上的；(4)为明显不具有清偿能力的单位或者个人提供担保，或者无正当理由为其他单位或者个人提供担保，致使上市公司直接经济损失数额在150万元以上的；(5)无正当理由放弃债权、承担债务，致使上市公司直接经济损失数额在150万元以上的；(6)致使公司、企业发行的股票或者公司、企业债券、存托凭证或者国务院依法认定的其他证券被终止上市交易的;(7)其他致使上市公司利益遭受重大损失的情形。

律师提示 ///

《刑法》第169条之一第1款规定,上市公司的董事、监事、高级管理人员违背对公司的忠实义务,利用职务便利,操纵上市公司从事损害上市公司利益的行为,致使上市公司利益遭受重大损失的,构成背信损害上市公司利益罪。

为了维护证券市场管理秩序,保护上市公司、中小股东、广大股民的合法权益,《刑法修正案(六)》增设了背信损害上市公司利益罪。该罪的主体不仅包括上市公司的董事、监事、高级管理人员,还包括上市公司的控股股东或者实际控制人。也就是说,如果控股股东或者实际控制人指使上市公司董事、监事、高级管理人员实施损害上市公司利益行为的,同样要被追究刑事责任。同时,若上市公司的控股股东或者实际控制人是单位的,需要对单位判处罚金,并对其直接负责的主管人员和其他直接责任人员,判处相应的刑罚。

11 高管操纵上市公司违规向控股股东提供担保，是否一定构成背信损害上市公司利益罪？

裁判要旨

上市公司的董事、监事、高级管理人员，操纵上市公司，违规向不具有清偿能力的控股股东等关联方提供担保，未造成实际损失的，不构成背信损害上市公司利益罪。

基本案情

Q公司，控股股东为某花集团，实际控制人为被告人于某青。2006年11月至2008年11月，时任Q公司法定代表人、董事长的于某青使用Q公司公章，以Q公司的名义，为明显不具有清偿能力的控股股东某花集团等关联方提供24笔担保，担保金额共计16,035万元，占Q公司2008年12月31日经审计净资产的101.29%。其中，2007年11月1日至2008年10月31日连续12个月的担保累计金额为12,005万元，占Q公司2008年12月31日经审计的净资产的75.83%。截至2009年12月31日，某花集团、于某青均通过以股抵债或者减持股票款的方式向债权人清偿了全部债务，Q公司的担保责任已经解除。2009年6月24日，于某青主动到公安机关投案,如实供述了全部犯罪事实。2010 年 3 月 18 日公安机关对该案立案侦查。

裁判结果

法院经审理认为,公诉机关指控于某青所犯背信损害上市公司利益罪必须以“致使上市公司利益遭受重大损失”为要件,于某青虽然有向明显不具有清偿能力的关联企业提供担保的行为,但其违规担保的风险在公安机关立案前已全部化解,未给江苏某花造成实际损失。因此,其行为不构成背信损害上市公司利益罪。

立案标准

根据《立案追诉标准(二)》第 13 条规定,上市公司的董事、监事、高级管理人员违背对公司的忠实义务,利用职务便利,操纵上市公司从事损害上市公司利益的行为,以及上市公司的控股股东或者实际控制人,指使上市公司董事、监事、高级管理人员实施损害上市公司利益的行为,涉嫌下列情形之一的,以背信损害上市公司利益罪立案追诉:(1)无偿向其他单位或者个人提供资金、商品、服务或者其他资产,致使上市公司直接经济损失数额在 150 万元以上的;(2)以明显不公平的条件,提供或者接受资金、商品、服务或者其他资产,致使上市公司直接经济损失数额在 150 万元以上的;(3)向明显不具有清偿能力的单位或者个人提供资金、商品、服务或者其他资产,致使上市公司直接经济损失数额在 150 万元以上的;(4)为明显不具有清偿能力的单位或者个人提供担保,或者无正当理由为其他单位或者个人提供担保,致使上市公司直接经济损失数额在150万元以上的;(5)无正当理由放弃债权、承担债务,致使上市公司直接经济损失数额在150万元以上的;(6)致使公司、企业发行的股票或者公司、企业债券、存托凭证或者国务院依法认定的其他证券被终止上市交易的;(7)其他致使上市公司利益遭受重大损失的情形。

律师提示 ///

《刑法》第169条之一第1款规定,上市公司的董事、监事、高级管理人员违背对公司的忠实义务,利用职务便利,操纵上市公司从事相关行为,致使上市公司利益遭受重大损失的,构成背信损害上市公司利益罪。

背信损害上市公司利益罪是《刑法修正案(六)》新增罪名,且本罪是结果犯。成立背信损害上市公司利益罪,必须是上市公司的董事、监事、高级管理人员违背对公司的忠实义务,客观上实施了操纵上市公司从事损害上市公司利益的活动,造成上市公司利益遭受重大损失的结果,以及上市公司的控股股东或者实际控制人,指使上市公司的董事、监事、高级管理人员从事损害上市公司利益的活动,造成上市公司利益遭受重大损失的结果。如果行为人操纵上市公司向明显不具有清偿能力的控股股东等关联方提供担保,但是在刑事立案前,已经向债权人清偿了全部债务,解除了上市公司的担保责任,并未给上市公司造成直接经济损失的,不构成背信损害上市公司利益罪。

12 企业为了融资，归集不特定社会公众资金，并承诺还本付息的，是否构成非法吸收公众存款罪？

裁判要旨

企业为了融资，未经依法批准，通过互联网媒介归集社会不特定公众的资金设立资金池，控制、支配资金池中的资金，并承诺还本付息，扰乱金融秩序的，构成非法吸收公众存款罪。

基本案情

被告人杨某国于2013年2月28日成立Z公司。2013年7月，Z公司作为母公司成立Z集团。2016年3月，Z集团投资设立的成员即子集团公司变更为A公司、B公司、C公司、D公司、E公司、F公司、G公司、H公司、I公司。上述公司实际控制人均为被告人杨某国。

Z集团在子集团公司的基础上又层层投资下设多家子公司、分公司。其中，J公司于2014年3月由Z集团全资设立，后变更为A公司全资设立，J公司的生产经营范围在设立时明确不包括金融业务，且营业执照中明确，依法须经批准的项目经相关部门批准后方可开展经营活动。Z集团的生产经营范围中只有一般经营项目，无许可经营项目。A公司营业执照中明确，不得未经有关部门批准，以公开方式募集资金，不得发放贷款。

2013 年 9 月，Z 集团在未取得金融许可的情况下开展线下金融吸储业务。后为拓展 Z 集团的金融业务，被告人杨某国于 2014 年 3 月在上海成立 J 公司，并通过 J 公司在全国多个省、市开设门店，采用发放宣传单、举办年会、广告等多种方式进行宣传，并根据理财产品的不同期限约定 7% ~15% 不等的年化利率，以线上、线下两个渠道面向不特定公众吸收存款。在线上通过富某第三方网络平台与 J 公司签订出借咨询与服务等合同来吸收资金，Z 集团清算中心（以下简称清算中心）对平台上的理财、信贷客户资金具有划拨权限。线下渠道主要是与杨某国个人签订债权转让等协议，以及重复使用线上信贷客户信息的方式来吸收资金。Z 集团及杭州泓某担保有限公司为线上、线下债权权益提供担保。

被告人杨某国系 Z 集团的实际控制人，进行决策、指挥管理集资活动。被告人刘某蕾系 Z 集团高层管理人员，于 2013 年 9 月至 2014 年 1 月担任 Z 集团股东。2014 年协助被告人杨某国在上海市虹口区注册成立 J 公司，于 2014 年 3 月担任 J 公司上海区域总经理，并负责上海大区 J 公司分公司工作，后于 2014 年 9 月至 2015 年 9 月 25 日担任 J 公司总经理，协助被告人杨某国拓展 J 公司业务，管理 J 公司包括业绩指标分派等日常事务。被告人吴某于 2014 年 12 月至 2016 年 4 月担任清算中心负责人，负责匹配理财客户与借款客户，根据被告人杨某国指示将线上借款客户信息下发至线下。被告人张某婷于2013年10月起担任Z集团出纳，根据被告人杨某国的指示，保管用于吸收集资款的银行卡、存折，并协助杨某国调度、使用非法吸收的存款。

自2013年9月至2016年4月20日，Z集团通过J公司共计吸收存款64亿余元，至案发时尚未归还本金为26亿余元，涉案债权人共计1.34万余人。其中被告人杨某国在职期间，Z集团非法吸收的存款共64亿余元；被告人刘某蕾在职期间，Z集团非法吸收的存款约41亿元；被告人吴某在职期间，Z集团非法吸收的存款约44亿元；被告人张某婷在职期间，Z集团非法吸收的存款约64亿元。

裁判结果

法院经审理认为，Z集团非法吸收公众存款，扰乱金融秩序，数额巨大，构成非法吸收公众存款罪。被告人杨某国身为直接负责的主管人员，被告人刘某蕾、吴某、张某婷身为直接责任人员，均已构成非法吸收公众存款罪。据此，以非法吸收公众存款罪，分别判处被告人杨某国有期徒刑9年零6个月，并处罚金人民币50万元；判处被告人刘某蕾有期徒刑4年零6个月，并处罚金人民币10万元；判处被告人吴某有期徒刑3年，缓刑5年，并处罚金人民币10万元；判处被告人张某婷有期徒刑3年，缓刑5年，并处罚金人民币10万元。

立案标准

根据《立案追诉标准(二)》第23条的规定,非法吸收公众存款或者变相吸收公众存款,扰乱金融秩序,涉嫌下列情形之一的,应予立案追诉:(1)非法吸收或者变相吸收公众存款数额在100万元以上的;(2)非法吸收或者变相吸收公众存款对象150人以上的;(3)非法吸收或者变相吸收公众存款,给集资参与人造成直接经济损失数额在50万元以上的。

非法吸收或者变相吸收公众存款数额在50万元以上或者给集资参与人造成直接经济损失数额在25万元以上,同时涉嫌下列情形之一的,应予立案追诉:(1)因非法集资受过刑事追究的;(2)2年内因非法集资受过行政处罚的;(3)造成恶劣社会影响或者其他严重后果的。

律师提示

《刑法》第176条规定,非法吸收公众存款或者变相吸收公众存款,扰乱金融秩序的,构成非法吸收公众存款罪,但在提起公诉前积极退赃退赔,减少损害结果发生的,可以从轻或者减轻处罚。

根据2021年1月26日国务院发布的《防范和处置非法集资条例》规定,非法集资,是指未经国务院金融管理部门依法许可或者违反国家金融管理规定,以许诺还本付息或者给予其他投资回报等方式,向不特定对象吸收资金的行为。企业在经营过程中为了融资,往往通过借款等形式归集不特定公众资金,是否构成非法吸收公众存罪,要从非法性、社会性、公众性、利诱性四个方面进行综合认定。

如果违反国家金融管理法律规定,未经有关部门依法许可或者借用合法经营的形式，通过网络、媒体、推介会、传单、手机信息等途径向社会公开宣传，承诺在一定期限内以货币、实物、股权等方式还本付息或者给付回报，向社会公众（包括单位和个人）吸收资金的行为，属于非法吸收公众存款或者变相吸收公众存款。

13 未经国家主管部门批准，对外公开出售公司股权筹集资金，是否构成擅自发行股票罪？

裁判要旨

未经国家有关主管部门批准或者注册，向社会不特定对象发行、以转让股权等方式变相发行股票或者公司、企业债券，或者向特定对象发行、变相发行股票或者公司、企业债券累计超过200人，且数额巨大、后果严重或者有其他严重情节的，构成擅自发行股票、公司、企业债券罪。

基本案情

2015年6月，被告单位A公司法定代表人兼总经理被告人张某良决定通过委托中介机构对外公开出售公司股权等方式非法募集资金。2015年7月至2016年7月，A公司未经国家有关主管部门批准，以即将在全国中小企业股份转让系统挂牌，投资人可获取高额回报为由，采用电话推销、口口相传等手段，公开招揽131名投资人合计出资1.48亿余元购买A公司股权。2018年1月19日，被告人张某良经电话通知到案，并如实交代了上述犯罪事实。

裁判结果

法院经审理认为，被告单位A公司及其直接负责的主管人员被告人张某良未经国家有关主管部门批准，擅自向社会不特定对象以转让股权等方式变相发行股票，数额巨大，其行为已构成擅自发行股票罪。张某良接到公安机关通知后自动投案，且如实供述主要事实，依法应当认定其具有自首情节，并鉴于其系A公司直接负责擅自发行股票的主管人员，故应一并认定A公司亦具有自首情节，但鉴于A公司及张某良至今仍未有效退赔，给众多投资人造成逾亿元的经济损失，故依法不予从轻或减轻处罚。据此，以擅自发行股票罪判处被告单位A公司罚金人民币450万元，判处被告人张某良有期徒刑4年。

立案标准

根据《立案追诉标准(二)》第29条的规定，未经国家有关主管部门批准或者注册，擅自发行股票或者公司、企业债券，涉嫌下列情形之一的，以擅自发行股票罪立案追诉：(1)非法募集资金金额在100万元以上的；(2)造成投资者直接经济损失数额累计在50万元以上的；(3)募集的资金全部或者主要用于违法犯罪活动的；(4)其他后果严重或者有其他严重情节的情形。

该条规定的“擅自发行股票或者公司、企业债券”，是指向社会不特定对象发行、以转让股权等方式变相发行股票或者公司、企业债券，或者向特定对象发行、变相发行股票或者公司、企业债券累计超过200人的行为。

律师提示

《刑法》第179条规定，未经国家有关主管部门批准，擅自发行股票或者公司、企业债券，数额巨大、后果严重或者有其他严重情节的，构成擅自发行股票、公司、企业债券罪。

早在2008年1月2日，最高人民法院、最高人民检察院、公安部、中国证券监督管理委员会发布的《关于整治非法证券活动有关问题的通知》就规定，未经依法核准，擅自发行证券，涉嫌犯罪的以擅自发行股票、公司、企业债券罪追究刑事责任。如果公司因为经营困难、资金短缺，在未经国家有关主管部门批准或注册的情况下，以向社会不特定对象公开出售公司股权的方式筹集资金，非法募集资金金额在100万元以上，或者造成投资者直接经济损失数额累计在50万元以上，公司及高管都会涉嫌犯擅自发行股票罪。

14 从他人处获取内幕信息后进行证券交易，是否构成内幕交易罪？

裁判要旨

非法获取证券交易内幕信息的人员、单位，在涉及证券发行、证券交易或者其他对证券交易价格有重大影响的信息尚未公开前，买入或者卖出该证券，情节严重的，构成内幕交易罪。

基本案情

郭某系H公司法定代表人，郭某、刘某东系B公司的股东。B公司经营“中某村在线”网站及相关资产的日常业务，H公司实际拥有B公司的控制权。2015年12月28日或29日，郭某与上海某联董事长朱某某在江西省南昌市就上海某联收购H公司控股的“中某村在线”网站优质资产一事进行了商议并达成初步意向，后双方对收购事项开展了多次磋商。2016年2月25日，上海某联发布重大事项停牌公告。同年4月27日，上海某联发布公告，拟通过发行股份及支付现金的方式购买H公司控股的北京某科技公司100%股权。

郭某作为上述内幕信息的知情人员，于2015年年底或2016年1月初，将“上海某联拟收购慧某网优质资产”等内幕信息泄露给被告人顾某安。2016年1～2月，顾某安通过潘某某证券账户合计买入“上海某联”股票18.203万股，成交金额766.70万余元，股票卖出后共获利126.65万元。

裁判结果

法院经审理认为，被告人顾某安从他人处非法获取证券交易内幕信息后，在涉及证券的发行或其他对证券交易价格有重大影响的信息尚未公开前，买入该证券，情节特别严重，其行为已构成内幕交易罪。被告人顾某安在提起公诉前能如实供述其主要犯罪事实，依法可以从轻处罚；顾某安自愿认罪认罚且退出了违法所得并预缴罚金，亦可从轻处罚。据此，以内幕交易罪判处被告人顾某安有期徒刑5年，并处罚金人民币130万元。

立案标准

根据《立案追诉标准（二）》第30条的规定，证券、期货交易内幕信息的知情人员、单位或者非法获取证券、期货交易内幕信息的人员、单位，在涉及证券的发行，证券、期货交易或者其他对证券、期货交易价格有重大影响的信息尚未公开前，买入或者卖出该证券，或者从事与该内幕信息有关的期货交易，或者泄露该信息，或者明示、暗示他人从事上述交易活动，涉嫌下列情形之一的，以内幕交易、泄露内幕信息罪立案追诉：（1）获利或者避免损失数额在50万元以上的；（2）证券交易成交额在200万元以上的；（3）期货交易占用保证金数额在100万元以上的；（4）2年内3次以上实施内幕交易、泄露内幕信息行为的；（5）明示、暗示3人以上从事与内幕信息相关的证券、期货交易活动的；（6）具有其他严重情节的。

内幕交易获利或者避免损失数额在 25 万元以上，或者证券交易成交额在 100 万元以上，或者期货交易占用保证金数额在 50 万元以上，同时涉嫌下列情形之一的，应予立案追诉：(1) 证券法规定的证券交易内幕信息的知情人实施或者与他人共同实施内幕交易行为的；(2) 以出售或者变相出售内幕信息等方式，明示、暗示他人从事与该内幕信息相关的交易活动的；(3) 因证券、期货犯罪行为受过刑事追究的；(4)2 年内因证券、期货违法行为受过行政处罚的；(5) 造成其他严重后果的。

律师提示 ///

《刑法》第 180 条第 1 款规定，证券、期货交易内幕信息的知情人员或者非法获取证券、期货交易内幕信息的人员，在涉及证券的发行，证券、期货交易或者其他对证券、期货交易价格有重大影响的信息尚未公开前，买入或者卖出该证券，或者从事与该内幕信息有关的期货交易，或者泄露该信息，或者明示、暗示他人从事上述交易活动，情节严重的，构成内幕交易、泄露内幕信息罪。

在证券交易活动中，涉及发行人的经营、财务或者对该发行人证券的市场价格有重大影响的尚未公开的信息，为内幕信息。非法获取证券、期货交易内幕信息的人员，主要包括：(1) 利用窃取、骗取、套取、窃听、利诱、刺探或者私下交易等手段获取内幕信息的；(2) 内幕信息知情人员的近亲属或者其他与内幕信息知情人员关系密切的人员，在内幕信息敏感期内，从事或者明示、暗示他人从事，或者泄露内幕信息导致他人从事与该内幕信息有关的证券、期货交易，相关交易行为明显异常，且无正当理由或者正当信息来源的；(3)在内幕信息敏感期内，与内幕信息知情人员联络、接触，从事或者明示、暗示他人从事，或者泄露内幕信息导致他人从事与该内幕信息有关的证券、期货交易，相关交易行为明显异常，且无正当理由或者正当信息来源的。

因此，如果行为人从内幕信息知情人员处非法获取内幕信息后，从事与该内幕信息有关的证券、期货交易，情节严重的，就涉嫌构成内幕交易罪。

15 被动获悉内幕信息的人员，能否构成内幕交易罪？

裁判要旨

即使是从内幕信息知情人处被动获悉内幕信息，也应当认定为“非法获取内幕信息的人员”，如果在内幕信息敏感期内，从事与内幕信息有关的证券、期货交易，情节严重的，构成内幕交易罪。

基本案情

被告人成某娴与叶某于1999年相识后共同生活，2人育有多名子女。2015年8月初，被告人成某娴在住所内听到担任S公司法定代表人、董事长的叶某与他人的电话商谈内容，获悉叶某拟对S公司进行重大资产重组的内幕信息。

2015年8月6日，成某娴向其朋友顾某甲、顾某乙转账合计950万元，指使2人代其买卖S公司股票。同年8月6日至8月14日，顾某甲、顾某乙即操作两人名下证券账户累计为成某娴买入S公司股票49.91万股，交易金额共1062万余元。同年8月28日，S公司与H公司达成并购重组意向，并于9月1日公告停牌，同年12月10日，因重组事项终止而复牌。其后，顾某甲户名证券账户内的S公司股票被全部卖出，实际亏损60万余元，顾某乙户名证券账户内的上海某股份公司股票至案发时浮亏133万余元。

经中国证监会认定，S公司重大资产重组事项在依法公开前属于内幕信息，敏感期为2015年8月5日至2015年9月1日；成某娴与顾某甲、成某娴与顾某乙利用内幕信息共同进行了内幕交易的行为。据此对成某娴处以105,563.27元罚款的处罚。

裁判结果

法院经审理认为，被告人成某娴非法获取对证券交易价格有重大影响的内幕信息，在相关信息尚未公开前，交易该证券，情节特别严重，其行为已构成内幕交易罪。成某娴有自首情节，依法可以减轻处罚，且其认罪认罚，可以依法从宽处理。据此，以内幕交易罪判处被告人成某娴有期徒刑1年零6个月，缓刑1年零6个月，并处罚金人民币50万元。

立案标准

根据《立案追诉标准(二)》第30条的规定，证券、期货交易内幕信息的知情人员、单位或者非法获取证券、期货交易内幕信息的人员、单位，在涉及证券的发行，证券、期货交易或者其他对证券、期货交易价格有重大影响的信息尚未公开前，买入或者卖出该证券，或者从事与该内幕信息有关的期货交易，或者泄露该信息，或者明示、暗示他人从事上述交易活动，涉嫌下列情形之一的，以内幕交易、泄露内幕信息罪立案追诉：(1)获利或者避免损失数额在50万元以上的；(2)证券交易成交额在200万元以上的；(3)期货交易占用保证金数额在100万元以上的；(4)2年内3次以上实施内幕交易、泄露内幕信息行为的；(5)明示、暗示3人以上从事与内幕信息相关的证券、期货交易活动的；(6)具有其他严重情节的。

内幕交易获利或者避免损失数额在25万元以上，或者证券交易成交额在100万元以上，或者期货交易占用保证金数额在50万元以上，同时涉嫌下列情形之一的，应予立案追诉：(1)证券法规定的证券交易内幕信息的知情人实施或者与他人共同实施内幕交易行为的；(2)以出售或者变相出售内幕信息等方式，明示、暗示他人从事与该内幕信息相关的交易活动的；(3)因证券、期货犯罪行为受过刑事追究的；(4)2年内因证券、期货违法行为受过行政处罚的；(5)造成其他严重后果的。

律师提示 ///

《刑法》第180条第1款规定，证券、期货交易内幕信息的知情人员或者非法获取证券、期货交易内幕信息的人员，在涉及证券的发行，证券、期货交易或者其他对证券、期货交易价格有重大影响的信息尚未公开前，买入或者卖出该证券，或者从事与该内幕信息有关的期货交易，或者泄露该信息，或者明示、暗示他人从事上述交易活动，情节严重的，构成内幕交易、泄露内幕信息罪。

通常而言，内幕信息知情人员的近亲属或者其他与内幕信息知情人员关系密切的人员，在内幕信息敏感期内，从事或者明示、暗示他人从事，或者泄露内幕信息导致他人从事与该内幕信息有关的证券、期货交易，相关交易行为明显异常，且无正当理由或者正当信息来源，情节严重的，构成内幕交易、泄露内幕信息罪。

非法获取证券、期货交易内幕信息的方式，既包括主动窃取、骗取、套取、窃听、利诱、刺探、交易等，也包括被动获悉。内幕信息知情人员的近亲属以及其他与内幕信息知情人员关系密切的人，无论是主动获取还是被动获取内幕信息，均有可能构成内幕交易、泄露内幕信息罪。

16 私募基金从业人员伙同金融机构从业人员，利用金融机构的未公开信息从事证券交易活动，能否构成利用未公开信息交易罪？

裁判要旨

私募基金从业人员伙同金融机构从业人员，利用金融机构的未公开信息，从事证券交易活动，情节严重的，构成利用未公开信息交易罪。

基本案情

2010年12月，被告人姜某君设立Y公司。2011年3月，姜某君设立“云某一期”私募基金，并通过该私募基金从事证券交易。2009年4月至2015年1月，被告人柳某担任T公司基金经理，管理泰某蓝筹基金，负责该基金的运营和投资决策。

2009年4月至2013年2月，被告人姜某君频繁与被告人柳某交流股票投资信息。柳某明知姜某君经营股票投资业务，仍将利用职务便利所获取的泰某蓝筹基金交易股票的未公开信息泄露给姜某君，同时使用泰某蓝筹基金的资金买卖姜某君向其推荐的股票，并持续与姜某君交流所交易的特定股票，从而泄露相关股票交易的未公开信息。姜某君则利用上述从柳某处获取的未公开信息,使用所控制的证券账户进行股票交易。上述时间段内,姜某君控制的“杨某某”“金某”“叶某”证券账户及“云某一期”私募基金证券账户与泰某蓝筹基金账户趋同买入且趋同卖出股票76只,趋同买入金额7.99亿余元,趋同卖出金额6.08亿余元,获利4619万余元。

其中,“杨某某”个人证券账户双向趋同交易的股票买入金额1.93亿余元,卖出金额1.56亿余元,获利1708万余元;“金某”个人证券账户双向趋同交易的股票买入金额0.47亿余元,卖出金额0.40亿余元,获利336万余元;“叶某”个人证券账户双向趋同交易的股票买入金额1.35亿余元,卖出金额1.29亿余元,获利1566万余元;“云某一期”私募基金证券账户双向趋同交易的股票买入金额4.22亿余元,卖出金额2.82亿余元,获利1006万余元。

裁判结果

一审法院经审理认为,被告人姜某君、柳某违反规定,共同利用柳某以担任基金管理公司从业人员的职务便利获取的未公开信息,从事相关证券交易活动,非法获利4619万余元,情节特别严重,其行为均已构成利用未公开信息交易罪,且系共同犯罪。柳某具有自首情节,可依法从轻或者减轻处罚;柳某自愿认罪认罚,退缴部分违法所得;综合上述情节,依法对其减轻处罚。庭审后,姜某君表示认罪,并退缴部分违法所得,可酌情从轻处罚。据此,以姜某君、柳某均犯利用未公开信息交易罪,判处姜某君有期徒刑 6 年零 6 个月,并处罚金人民币 4000 万元;判处柳某有期徒刑 4 年零 4 个月,并处罚金人民币 620 万元。

后姜某君、柳某提出上诉,鉴于姜某君、柳某在二审期间又退出部分违法所得,姜某君有立功情节,故二审法院改判姜某君有期徒刑 5 年零 9 个月,改判柳某有期徒刑 4 年,维持原判罚金刑。

立案标准

根据《立案追诉标准(二)》第 31 条的规定,证券交易所、期货交易所、证券公司、期货公司、基金管理公司、商业银行、保险公司等金融机构的从业人员以及有关监管部门或者行业协会的工作人员,利用因职务便利获取的内幕信息以外的其他未公开的信息,违反规定,从事与该信息相关的证券、期货交易活动,或者明示、暗示他人从事相关交易活动,涉嫌下列情形之一的,以利用未公开信息交易罪立案追诉:(1)获利或者避免损失数额在 100 万元以上的;(2)2 年内 3 次以上利用未公开信息交易的;(3)明示、暗示 3 人以上从事相关交易活动的;(4)具有其他严重情节的。

利用未公开信息交易,获利或者避免损失数额在 50 万元以上,或者证券交易成交额在 500 万元以上,或者期货交易占用保证金数额在 100 万元以上,同时涉嫌下列情形之一的,应予立案追诉:(1)以出售或者变相出售未公开信息等方式,明示、暗示他人从事相关交易活动的;(2)因证券、期货犯罪行为受过刑事追究的;(3)2 年内因证券、期货违法行为受过行政处罚的;(4)造成其他严重后果的。

律师提示 ///

《刑法》第 180 条第 4 款规定，证券交易所、期货交易所、证券公司、期货经纪公司、基金管理公司、商业银行、保险公司等金融机构的从业人员以及有关监管部门或者行业协会的工作人员，利用因职务便利获取的内幕信息以外的其他未公开的信息，违反规定，从事与该信息相关的证券、期货交易活动，或者明示、暗示他人从事相关交易活动，情节严重的，构成利用未公开信息交易罪。

利用未公开信息交易罪的主体是特殊主体，即必须是金融机构的从业人员以及有关监管部门或者行业协会的工作人员，故私募基金从业人员无法单独构成本罪。根据《证券投资基金法》等相关规定，公募基金管理公司属于金融机构，如果私募基金从业人员与公募基金从业人员，共同利用公募基金从业人员以职务便利获取的未公开信息，从事相关证券、期货交易活动，情节严重的，可以认定为利用未公开信息交易罪的共犯。

17 编造并且传播影响证券交易的虚假信息，是否构成编造并传播证券交易虚假信息罪？

裁判要旨

编造并且传播影响证券、期货交易的虚假信息，扰乱证券、期货交易市场，造成严重后果的，构成编造并传播证券、期货交易虚假信息罪。

基本案情

2015年5月，被告人滕某雄在明知H公司不具备实际履约能力的情况下，仍代表H公司假意与厦门某银行股份有限公司洽谈协商，并于同月8日违规擅自签订《关于H公司与厦门某银行股份有限公司之增资协议》(以下简称《增资协议》)，且决定将该虚假信息公告发布。

2015年5月9日，被告人林某山在明知H公司不具备实际履行《增资协议》能力的情况下，仍在被告人滕某雄授意下将该虚假信息以公告的形式发布。滕某雄、林某山2人的上述行为造成股票“H公司”的交易价格异常波动，扰乱了证券交易市场，已造成严重后果。

裁判结果

法院经审理认为，被告人滕某雄伙同被告人林某山编造并且传播影响证券交易的虚假信息，扰乱证券交易市场，造成严重后果，其行为均已构成编造并传播证券交易虚假信息罪。被告人滕某雄能如实供述自己的罪行，被告人林某山自动投案，并如实供述自己的罪行，系自首。据此，以编造并传播证券交易虚假信息罪判处被告人滕某雄有期徒刑3年，缓刑4年，并处罚金人民币10万元；判处被告人林某山有期徒刑1年零6个月，缓刑2年，并处罚金人民币10万元。

立案标准 ——○

根据《立案追诉标准(二)》第 32 条的规定,编造并且传播影响证券、期货交易的虚假信息,扰乱证券、期货交易市场,涉嫌下列情形之一的,以编造并传播证券、期货交易虚假信息罪立案追诉:(1)获利或者避免损失数额在 5 万元以上的;(2)造成投资者直接经济损失数额在 50 万元以上的;(3)虽未达到上述数额标准,但多次编造并且传播影响证券、期货交易的虚假信息的;(4)致使交易价格或者交易量异常波动的;(5)造成其他严重后果的。

律师提示 ///

《刑法》第 181 条第 1 款规定,编造并且传播影响证券、期货交易的虚假信息,扰乱证券、期货交易市场,造成严重后果的,构成编造并传播证券、期货交易虚假信息罪。

编造并传播证券、期货交易虚假信息罪中的“编造”,是指捏造虚假信息,既包括虚构根本不存在的信息,也包括增加、删减、修改或者进行加工、隐瞒真相的信息;“传播”,是指使用各种方式使虚假信息处于被不特定人或多数人知悉或可能知悉的状态。单纯对证券、期货市场发表的意见、见解或评论,不属于编造虚假信息。

需要注意的是,虽然编造并传播证券交易虚假信息和利用虚假信息操纵证券市场,客观上均实施了编造、传播虚假信息的行为,且足以造成证券价格的异常波动,但构成操纵证券市场罪还要求行为人利用证券价格波动反向交易或谋取相关利益,而成立编造并传播证券、期货交易虚假信息罪并不要求行为人以牟利为目的。

18 证券公司等金融机构违背受托义务，擅自运用客户资金，是否构成背信运用受托财产罪？

裁判要旨

商业银行、证券交易所、期货交易所、证券公司、期货经纪公司、保险公司或者其他金融机构违背受托义务，擅自运用客户资金或者其他委托、信托的财产，情节严重的，构成背信运用受托财产罪。

基本案情

被告单位兴某期货有限公司大连营业部（以下简称兴某期货大连营业部）系兴某期货有限公司的下属分支机构。被告人孟某伟于2009年8月至2014年7月在兴某期货大连营业部担任总经理，全面负责大连营业部的工作。被告人陈某于2013年8月至2014年7月在兴某期货大连营业部担任客户经理，负责开发及维护客户。

2013年，被告人陈某认识了被害人高某及其妻子孙某，并介绍兴某期货大连营业部有保本理财产品，收益高于银行利息。高某要求保证资金安全，并且随取随用，陈某请示被告人孟某伟后，向高某口头承诺投资期货在保本保息基础上能达到7%的年收益率。2013年10月22日，高某与兴某期货有限公司签订了《期货经纪合同》及相关附属文件，按照兴某期货大连营业部工作人员的指引开立了期货保证金账户，并于次日向账户内转款1670万元，且被告人陈某向高某索要了期货账户的交易密码。

被告人孟某伟、陈某未能为高某找到第三方投资顾问，在未通知高某也未取得其同意的情况下，2名被告人商议后决定自行使用高某的期货账户交易密码进行交易。2013年10月31日至2014年1月20日，孟某伟、陈某擅自运用高某期货账户进行交易，导致高某期货保证金账户亏损1043.1万元，共计产生交易手续费153万余元，其中为兴某期货有限公司赚取手续费82万余元，上交给期货交易所70万余元。案发后，孟某伟、陈某等返还高某共计191万元。

裁判结果

法院经审理认为，被告单位兴某期货大连营业部违背受托义务，擅自运用客户资金，情节特别严重，其行为扰乱了国家的金融管理秩序，侵犯了客户的合法权益，构成背信运用受托财产罪。被告人孟某伟作为该营业部直接负责的主管人员，被告人陈某作为该营业部其他责任人员，其行为均构成背信运用受托财产罪。2名被告人系共同犯罪，在犯罪过程中地位和作用相当，不分主从。被告人陈某系主动投案，如实供述犯罪事实，自愿认罪悔罪，构成自首，依法从轻处罚。据此，以背信运用受托财产罪判处被告单位兴某期货大连营业部罚金人民币100万元；判处被告人孟某伟有期徒刑3年零6个月，并处罚金人民币15万元；判处被告人陈某有期徒刑3年，并处罚金人民币10万元。

立案标准

根据《立案追诉标准（二）》第35条的规定，商业银行、证券交易所、期货交易所、证券公司、期货公司、保险公司或者其他金融机构，违背受托义务，擅自运用客户资金或者其他委托、信托的财产，涉嫌下列情形之一的，以背信运用受托财产罪立案追诉：（1）擅自运用客户资金或者其他委托、信托的财产数额在30万元以上的；（2）虽未达到上述数额标准，但多次擅自运用客户资金或者其他委托、信托的财产，或者擅自运用多个客户资金或者其他委托、信托的财产的；（3）其他情节严重的情形。

律师提示

《刑法》第185条之一第1款规定，商业银行、证券交易所、期货交易所、证券公司、期货经纪公司、保险公司或者其他金融机构，违背受托义务，擅自运用客户资金或者其他委托、信托的财产，情节严重的，构成背信运用受托财产罪。

背信运用受托财产罪中的“客户资金”仅是指限定了特定用途的客户资金，不包括金融机构能够自主决定使用的资金，如存款、货款等。对于证券公司等金融机构来说，如果违背受托义务，擅自运用客户资金，就扰乱了国家的金融管理秩序，侵犯了客户的合法权益。作为证券公司等金融机构的高管，若代表公司实施相关行为，为公司谋取不正当利益，收取的手续费也归公司所有，则属于单位犯罪，既要对单位判处罚金，也要对直接负责的主管人员和其他直接责任人员判处相应的刑罚。

19 明知是非法集资所得，帮助他人将集资款兑换成虚拟币的，是否构成洗钱罪？

裁判要旨

明知是非法集资等破坏金融管理秩序犯罪所得，而以银行转账、兑换虚拟币等方式帮助他人向境外转移集资诈骗款的，构成洗钱罪。

基本案情

2018年10月下旬至同年11月上旬，被告人陈某枝明知陈某波因涉嫌集资诈骗犯罪被公安机关调查并逃至我国香港特别行政区，仍先后通过其个人账户将陈某波涉嫌犯罪取得的赃款300万元转账给陈某波，并将陈某波用赃款购买的车辆低价出售得款90万余元后购买比特币转至其账户。同年11月2日，被告人陈某枝带陈某波护照至我国香港特别行政区，交给陈某波助其逃匿。

2018年11月30日，被告人陈某枝接公安机关电话通知后主动到案，基本如实供述涉案事实。案发后，被告人陈某枝在家属帮助下退出赃款36万元。

裁判结果

法院经审理认为，被告人陈某枝明知是金融诈骗犯罪所得及其产生的收益，为掩饰、隐瞒其来源和性质，提供资金账户，将财产分别转换成人民币和虚拟货币，通过转账协助资金转移汇至陈某波账户，其行为已构成洗钱罪。被告人陈某枝有自首情节，依法从轻处罚。被告人陈某枝在案发后退出部分赃款，酌情从轻处罚。据此，以洗钱罪判处陈某枝有期徒刑2年，并处罚金人民币20万元。

立案标准

根据《立案追诉标准（二）》第43条的规定，为掩饰、隐瞒毒品犯罪、黑社会性质的组织犯罪、恐怖活动犯罪、走私犯罪、贪污贿赂犯罪、破坏金融管理秩序犯罪、金融诈骗犯罪的所得及其产生的收益的来源和性质，涉嫌下列情形之一的，以洗钱罪立案追诉：（1）提供资金账户的；（2）将财产转换为现金、金融票据、有价证券的；（3）通过转账或者其他支付结算方式转移资金的；（4）跨境转移资产的；（5）以其他方法掩饰、隐瞒犯罪所得及其收益的来源和性质的。

律师提示

《刑法》第191条第1款规定，掩饰、隐瞒毒品犯罪、黑社会性质的组织犯罪、恐怖活动犯罪、走私犯罪、贪污贿赂犯罪、破坏金融管理秩序犯罪、金融诈骗犯罪的所得及其产生的收益的来源和性质，构成洗钱罪。

通常而言，洗钱罪应当以上游犯罪事实成立为认定前提，但上游犯罪是否既遂，不影响洗钱罪的认定。上游犯罪尚未依法裁判，但查证属实的，不影响洗钱罪的认定。上游犯罪事实经查证属实，因行为人死亡、未达到刑事责任年龄等原因依法不予追究刑事责任的，不影响洗钱罪的认定。行为人主观上认识到是上游犯罪所得及其产生的收益，是指对上游犯罪客观事实的认识，而非对行为性质的认识。将某一上游犯罪所得及其产生的收益认为是该条规定的其他上游犯罪所得及其产生的收益的，不影响主观认知的认定。

认定主观认知，应当结合行为人的身份背景、职业经历、认知能力及其所接触、接收的信息，与上游犯罪嫌疑人的亲属关系、上下级关系、交往情况、了解程度、信任程度，接触、接收他人犯罪所得及其收益的情况，犯罪所得及其收益的种类、数额，犯罪所得及其收益的转换、转移方式，交易行为、资金账户的异常情况以及行为人的供述、证人证言等主、客观因素，进行综合分析判断。

20 通过向银行贷款的方式骗取担保人提供担保的，构成贷款诈骗罪还是合同诈骗罪？

裁判要旨

通过向银行贷款的方式骗取担保人的财产，从表面上看是骗取银行贷款，实际上侵害的是担保人的财产权益，应认定为合同诈骗罪而非贷款诈骗罪。

基本案情

2014年7月2日，被告人蔡某洪在平舆县某区文化路南侧登记注册Y公司，后于2015年9月23日以Y公司购买原材料的名义，隐瞒该公司的设备在该公司与张某等人的民间借贷纠纷案中已于2015年7月3日被驻马店市驿城区人民法院查封扣押的事实，用已被查封扣押的设备作抵押，并以本人及其连襟吴某的名义作保证，欺骗平舆县财政局下属单位平舆县华某信用担保有限公司（以下简称华某担保公司）与其签订担保合同，为其提供担保。2015年10月20日，蔡某洪以Y公司向L公司购买原材料为由，向平舆县某信用合作联社签订贷款金额为300万元（期限一年）的贷款合同一份。当日，该笔贷款贷出后被转入L公司的账户，L公司于当日将该300万元转给吴某，吴某又转给蔡某洪的个人债权人赵某。

蔡某洪在支付该笔贷款4个月的利息后，华某担保公司在监管期间发现该公司不再支付贷款利息，遂与蔡某洪联系，但联系不上，并发现蔡某洪用于担保的设备在贷款前就已被法院查封。2016年3月7日，华某担保公司到公安机关报案。蔡某洪至今未将该300万元贷款本金及利息归还平舆县某信用合作联社。华某担保公司于2017年2月28日将该300万元人民币及利息偿还给平舆县某信用合作联社。

裁判结果

法院经审理认为，蔡某洪以非法占有为目的，在签订贷款合同过程中，编造虚假事实、隐瞒真相，欺骗华某担保公司提供贷款担保，且无力归还贷款，造成损失数额特别巨大，其行为已构成合同诈骗罪。据此，以合同诈骗罪判处蔡某洪有期徒刑11年零6个月，并处罚金人民币20万元。

立案标准

根据《立案追诉标准（二）》第45条的规定，以非法占有为目的，诈骗银行或者其他金融机构的贷款，数额在5万元以上的，以贷款诈骗罪立案追诉。第69条规定，以非法占有为目的，在签订、履行合同过程中，骗取对方当事人财物，数额在2万元以上的，以合同诈骗罪立案追诉。

律师提示 ///

《刑法》第 193 条规定,以非法占有为目的,诈骗银行或者其他金融机构的贷款,数额较大的,构成贷款诈骗罪。第 224 条规定,以非法占有为目的,在签订、履行合同过程中,骗取对方当事人财物,数额较大的,构成合同诈骗罪。

通过向银行贷款的方式骗取担保人的担保,从表面上看是骗取银行贷款,实际上侵害的是担保人的财产权益,因为当行为人不能按时偿还贷款时,银行往往会通过诉讼、仲裁等方式要求担保人承担担保责任。在担保人代为偿还贷款后,其就成为最终的被害人。在此种情形下的犯罪对象并非银行贷款而是担保人的财产,故应以合同诈骗罪论处。

另外,对于单位实施的贷款诈骗行为,不能以贷款诈骗罪定罪处罚,也不能以贷款诈骗罪追究直接负责的主管人员和其他直接责任人员的刑事责任。但是,对于单位以非法占有为目的,利用签订、履行借款合同诈骗银行或其他金融机构贷款的,应当以合同诈骗罪定罪处罚。

21 使用虚假的房产证做抵押进行借款,是否一定构成合同诈骗罪?

裁判要旨

被害人系基于对行为人的信任而出借款项,并非由于行为人提供了假证件而导致错误判断才做出财产处分行为，行为人以假证件做抵押只是为了骗取被害人更大的信任，并且没有办理抵押登记的债权只是普通债权，属于信用借款，系基于相信借款人还款能力的借款。因此这种情形下不能认定行为人构成合同诈骗罪。

基本案情

被告人罗某良从 2007 年到 2011 年 11 月在惠州市惠某区淡水街道办经营雅陶居陶瓷店，其间因经营资金周转，多次向林某、黄某、张某、李某 4 人借款。在借款过程中，为争取 4 名出借人的更大信任，罗某良使用买来的假的房地产权证、国有土地使用证和建设规划许可证交给出借人作抵押。

裁判结果

法院经审理认为，被害人借钱给被告人是出于朋友之间的信任和对被告人经营规模较大陶瓷店的信用。被害人的借贷行为并非完全是因为被告人提供了假证件而导致错误判断做出的财产处分行为，被告人提供假证件做抵押只是为了骗取债权人更大的信任。对于大额借款，出借方一般会要求借款人提供财产抵押，对不动产的抵押则会到房产局办理抵押登记，依法设定抵押物的优先受偿权。没有办理抵押登记的债权只能是普通债权，属于信用借款，是基于相信借款人还款能力的借款。被告人罗某良具备实际履行合同的能力，且没有非法占有目的，故不构成合同诈骗罪，但其买卖并使用伪造的国家机关证件的行为，构成伪造国家机关证件罪。据此，以伪造国家机关证件罪判处被告人罗某良有期徒刑1年零2个月,并处罚金人民币5000元。

立案标准

根据《立案追诉标准(二)》第69条的规定,以非法占有为目的,在签订、履行合同过程中,骗取对方当事人财物,数额在2万元以上的,以合同诈骗罪立案追诉。

律师提示

经济犯罪尤其是合同诈骗案件,具有案情复杂、犯罪行为往往与经济纠纷相互交织、罪与非罪的界限不易区分的特点。认定经济犯罪,必须严格依照刑法规定的犯罪基本特征和犯罪构成要件,按照主客观相统一的原则综合考虑。

合同诈骗罪的客观表现为在签订、履行合同过程中,虚构事实、隐瞒真相,骗取对方当事人的财物,数额较大的行为。一般而言,认定行为人是否虚构事实、隐瞒真相,是否具有非法占有目的,主要看行为人有无履行合同的实际能力和履行合同的实际行动。如果行为人具备履行合同的实际能力,被害人出借钱款给行为人是出于朋友之间的信任,并非因为行为人提供了虚假证件而产生错误认识,即使行为人在形式上使用了虚假的房产证、土地证等证件作为抵押,但因为没有办理抵押登记,客观上无法产生抵押的效果,故该借款应属于信用借款。行为人没有诈骗的意图,不应构成合同诈骗罪,但伪造房产证、土地证的行为可能涉嫌伪造国家机关证件罪。

22 编造虚假的借款理由，或者借款之后改变用途，是否一定构成诈骗罪？

裁判要旨

即使行为人在借款理由、借款用途等方面上存在欺诈，但向出借人明确表达借款意向，获取借款资金之后，及时向出借人出具借款凭证，被害人对于出借资金并未陷入错误认识，且行为人一直在还本付息，没有肆意挥霍或者卷款潜逃的，应当属于民事欺诈，而非刑事诈骗。

基本案情

2010 年 11 月，被告人黄某章以“工厂生产需要资金周转，扩大生产”为理由，向被害人林某平借款共计 500 万元。2011 年 4～6 月黄某章又以同样理由向林某平借款 500 万元。2011 年 6 月，林某平要求黄某章提供抵押担保，黄某章将伪造的某鞋模公司土地证和 3 本房产证抵押给林某平。2012 年 5 月 8 日，黄某章再次书写欠条，承诺将 1000 万元借款于 2012 年 10 月 8 日前还清，并加盖某鞋模公司公章，同日黄还伪造某鞋模公司同意以公司的房地产权证作为抵押的股东会决议交给林某平。至 2012 年 5 月 16 日，黄某章共归还林某平 279.5 万元。

裁判结果

法院经审理认为，被告人黄某章高息向他人借款，并出具借据，借款资金用于股市投资和偿还银行贷款等合法经营活动。认定黄某章以非法占有为目的依据不足，其确有虚构部分事实或者隐瞒真相的行为，但其实施这一行为并非为了实现非法占有的目的，故其行为不符合诈骗罪的构成要件，应属于民事欺诈行为，由此与债权人产生的纠纷，应通过民事诉讼方式解决，不应予以刑事追究。

立案标准

根据2011年3月1日最高人民法院、最高人民检察院《关于办理诈骗刑事案件具体应用法律若干问题的解释》第1条的规定，诈骗公私财物价值3000元至1万元以上、3万元至10万元以上、50万元以上的，应当分别认定为刑法第266条规定的“数额较大”“数额巨大”“数额特别巨大”。

各省、自治区、直辖市高级人民法院、人民检察院可以结合本地区经济社会发展状况，在前款规定的数额幅度内，共同研究确定本地区执行的具体数额标准，报最高人民法院、最高人民检察院备案。

律师提示

诈骗罪，是指以非法占有为目的，用虚构事实或者隐瞒真相的方法，骗取数额较大的公私财物的行为。诈骗罪的基本构造为：行为人以非法占有为目的实施欺骗行为，被害人产生或者继续维持错误认识，被害人基于错误认识处分财产，行为人或第三人取得财产，被害人遭受财产损失。

如果行为人借款的目的是维持公司正常经营，虽然借钱时未将公司的真实情况告知出借人，但也只表明其系用欺诈的手段借钱，主观上并不是为了非法占有出借人的钱款，即使行为人实施了部分虚构事实或者隐瞒真相的行为，也应当定性为民事欺诈，而非刑事犯罪。

在实践中，有的行为人在借款理由、借款用途上存在欺诈，或者在取得借款后将部分资金用于其他方面。但是，行为人在借款时具有明确的借款意思表示，在获取借款后及时向出借人提供借条、借据等书面凭证，符合民间借贷的形式要件，双方实质上是一种借贷关系，被害人出借资金时并未陷入错误认识。如果行为人一直按期还本付息，没有逃匿失联或肆意挥霍等行为，不应认定为诈骗罪。

23 在并购过程中伪造证据，制造虚假债权起诉并购方，是否构成虚假诉讼型诈骗？

裁判要旨

企业在并购过程中通过虚增借款、伪造证据等方式，制造虚假债权起诉并购方，非法占有并购方的财产，应按诈骗罪处理。

基本案情

被告人周某和肖某弢原系男女朋友关系。被告人周某原系H公司的法定代表人、实际控制人,同时又系J公司的实际控制人,被告人肖某弢是J公司工商登记的法定代表人。被告人周某在经营上述公司期间存在虚增借款、虚增交易环节等行为,造成H公司欠J公司及被告人肖某弢、曹某红等人债款的假象。因经营不善,被告人周某于2012年4月19日将甲公司全部股权转让给R集团,并签订协议约定H公司对J公司及被告人肖某弢、曹某红、周某纳等人的债务由被告人周某承担。

之后被告人周某指使被告人肖某弢及曹某红等人利用虚假债权起诉甲公司,还通过伪造证据,制造甲公司之前已将萧山某大厦房产产权转让给胡某翀的假象,指使胡某翀起诉甲公司,诉讼标的金额共计2180.42万余元,骗得执行款共计728.76万余元。

裁判结果

法院经审理认为,被告人周某与肖某弢等人结伙,以非法占有为目的,采用虚构事实、隐瞒真相的方法骗取公私财物,数额特别巨大,其行为已构成诈骗罪,系共同犯罪。据此,以诈骗罪判处周某有期徒刑10年零6个月,并处罚金人民币10万元;判处肖某弢有期徒刑7年,并处罚金人民币7万元。

立案标准

根据《立案追诉标准(二)》第78条的规定,单独或者与他人恶意串通,以捏造的事实提起民事诉讼,涉嫌下列情形之一的,以虚假诉讼罪立案追诉:(1)致使人民法院基于捏造的事实采取财产保全或者行为保全措施的;(2)致使人民法院开庭审理,干扰正常司法活动的;(3)致使人民法院基于捏造的事实作出裁判文书、制作财产分配方案,或者立案执行基于捏造的事实作出的仲裁裁决、公证债权文书的;(4)多次以捏造的事实提起民事诉讼的;(5)因以捏造的事实提起民事诉讼被采取民事诉讼强制措施或者受过刑事追究的;(6)其他妨害司法秩序或者严重侵害他人合法权益的情形。

律师提示

《刑法》第307条之一第1款规定,以捏造的事实提起民事诉讼,妨害司法秩序或者严重侵害他人合法权益的,构成虚假诉讼罪。

虚假诉讼罪的客观表现是行为人单独或者与他人恶意串通,采取伪造证据、虚假陈述等手段,捏造民事案件基本事实,虚构民事纠纷,向人民法院提起民事诉讼,妨害司法秩序或者严重侵害他人合法权益。在虚假诉讼中,如果行为人非法占有他人财产或者逃避合法债务,又构成诈骗罪,职务侵占罪,拒不执行判决、裁定罪,贪污罪等犯罪的,依照处罚较重的规定定罪,从重处罚。

需要注意的是,虚假诉讼罪仅限于"无中生有型"行为,即凭空捏造根本不存在的民事法律关系和因该民事法律关系产生民事纠纷的情形,不包括"部分篡改型"。在具备真实民事法律关系的前提下,如果行为人采取伪造证据等手段篡改案件事实，骗取人民法院裁判文书，虽不构成虚假诉讼罪，但可以按照伪造、变造、买卖国家机关公文、证件、印章罪，伪造公司、企业、事业单位、人民团体印章罪，伪造、变造、买卖身份证件罪，妨害作证罪，帮助毁灭、伪造证据罪等规定追究刑事责任。

24 在实施“套路贷”过程中，提起民事诉讼非法占有他人财产，构成诈骗罪还是虚假诉讼罪？

裁判要旨

在实施“套路贷”活动中，利用制造的虚假证据提起民事诉讼，非法占有他人财产，数额巨大的，依照处罚较重的诈骗罪从重处罚。

基本案情

被告人吴某军、张某、黄某、陆某、罗某等人，通过陈某、李某（均另案处理）等人的“中介”，以“违约金”“保证金”“家访费”等“行业规矩”的名义，欺骗被害人签订虚高的借款合同，并制造银行、支付宝等流水痕迹，让被害人至银行取现并返还，再制造各种借口单方面认定被害人“违约”，并要求“偿还”虚高的借款。在被害人无力偿还前期借款时，自己安排或通过陈某、李某等“中介”，诱骗、胁迫被害人至其他人员处借款以“转单平账”“以贷还贷”，签订更虚高的借款合同，以“偿还”前期借款。

被告人吴某军及陈某、李某等“中介”先后多次诱骗、胁迫被害人至其他多人处反复“转单平账”“以贷还贷”，不断垒高借款金额致使被害人欠下巨额的虚假债务，并从被害人、借款人一方或者双方处谋取非法“中介费”。被告人吴某军、张某、黄某、陆某、罗某等人，自己或者要求“中介”等人，又通过跟随、在被害人居住地门口喷油漆恐吓、张贴大字报、摆放花圈、侮辱、强迫被害人出卖房屋、虚假诉讼等软硬兼施的手段非法讨要虚假债务，以非法占有被害人的财产。

2016～2017年，通过采用上述“套路贷”手段实施诈骗作案，被告人吴某军参与作案骗得人民币20.55万元(个人实得9.15万元)，另有涉案钱款38.55万元因被公安机关查处而未能得逞；被告人张某参与作案骗得人民币10.6万元，另有涉案钱款11.9万元因被公安机关查处而未能得逞；被告人黄某、陆某参与作案骗得人民币1万元，另有涉案钱款25.78万元因被公安机关查处而未能得逞；被告人罗某参与作案骗得人民币4.9万元，另有涉案钱款2万元因被公安机关查处而未能得逞。

裁判结果

法院经审理认为，被告人吴某军、张某、黄某、陆某、罗某假借民间借贷之名，以“违约金”“保证金”“中介费”等各种名义欺骗被害人签订虚高借款合同，制造资金给付凭证，制造各种借口单方认定被害人“违约”并要求“偿还”虚高借款，在被害人无力“偿还”的情况下，通过讨债或者利用制造的证据向法院提起民事诉讼等手段向被害人或其近亲属施压，被告人吴某军等人的行为均符合诈骗罪的构成要件。综上，被告人吴某军、张某、黄某、陆某、罗某伙同他人，以非法占有为目的，为实施“套路贷”犯罪，采用虚构事实、隐瞒真相等手段，骗取他人财物，其行为均已构成诈骗罪。据此，以诈骗罪判处被告人吴某军有期徒刑 7 年，并处罚金人民币 4 万元；其余被告人分别被判处有期徒刑 3 年零 6 个月至 1 年零 6 个月不等，并处罚金刑。

立案标准

根据 2019 年 4 月 9 日最高人民法院、最高人民检察院、公安部、司法部《关于办理“套路贷”刑事案件若干问题的意见》规定，“套路贷”的常见犯罪手法和步骤包括但不限于以下情形：(1) 制造民间借贷假象；(2) 制造资金走账流水等虚假给付事实；(3) 故意制造违约或者肆意认定违约；(4) 恶意垒高借款金额；(5) 软硬兼施“索债”。

实施“套路贷”过程中，未采用明显的暴力或者威胁手段，其行为特征从整体上表现为以非法占有为目的，通过虚构事实、隐瞒真相骗取被害人财物的，一般以诈骗罪定罪处罚；对于在实施“套路贷”过程中多种手段并用，构成诈骗、敲诈勒索、非法拘禁、虚假诉讼、寻衅滋事、强迫交易、抢劫、绑架等多种犯罪的，应当根据具体案件事实，区分不同情况，依照刑法及有关司法解释的规定数罪并罚或者择一重处。

律师提示 ///

“套路贷”是对以非法占有为目的，假借民间借贷之名，诱使或迫使被害人签订“借贷”或变相“借贷”“抵押”“担保”等相关协议，通过虚增借贷金额、恶意制造违约、肆意认定违约、毁匿还款证据等方式形成虚假债权债务，并借助诉讼、仲裁、公证或者采用暴力、威胁以及其他手段非法占有被害人财物的相关违法犯罪活动的概括性称谓。

在实践中，要注意非法讨债引发的案件与“套路贷”案件的区别，行为人不具有非法占有目的，也未使用“套路”与借款人形成虚假债权债务，不应视为“套路贷”。如果行为人主要采取签订虚高借条、恶意制造违约、隐瞒担保事实等手段，并以诉讼等方式骗取法院裁判文书，非法占有他人财产或者逃避合法债务，又构成诈骗罪的，依照处罚较重的规定定罪从重处罚。

25 签订合同并收取对方保证金后挪作他用，是否构成合同诈骗罪？

裁判要旨

行为人在签订合同时，虽然存在欺诈行为，但相关项目真实存在且有一定的前期投入，即使将收取的保证金挪用，若主要用于归还经营形成的债务以及公司日常支出，主观上没有非法占有目的，则不构成合同诈骗罪。

基本案情

被告人高某华，系X公司法定代表人及董事长。被告人孙某海系X公司总经理。

2011年7月，经河北省推进农村新民居建设工作领导小组审定，唐山市丰润区任各庄镇曹某庄村被列为新民居建设示范村。同年8月18日，曹某庄村委会与被告人高某华任董事长、孙某海任总经理的X公司签订意向书，准备在该村开发新民居房产项目。意向书签订后，X公司依约将400万元保证金汇入曹某庄村委会账户，随后在临建用地上进行了平整土地等前期准备工作，并委托时任村委会主任付某钢承建部分临建工程，但未能按约定的时间筹集到剩余4600万元启动资金，也未办理好项目所需的建筑工程规划及开发用地审批等手续，对此，曹某庄村委会并未向X公司提出解约要求，也未与他人另议该项目。

2011年8月，被告人高某华、孙某海与W公司项目经理王某元洽谈合作事宜，约定由W公司承建曹某庄村新民居项目约46万平方米的建筑工程，并要求先向X公司账户汇入300万元作为保证金。王某元按要求汇款后X公司与W公司签订了承建合同，约定合同签订后3个月内保证开工建设。此后，由于X公司未能按合同约定让W公司按时入场开工，王某元开始向X公司追要300万元保证金。

2012年2月20日，被告人高某华、孙某海与S公司市场部经理马某、项目经理唐某洽谈合作。孙某海告诉马某、唐某，项目是得到国家政策支持的新农村建设项目，并表态保证20~30日内把所需的所有手续弄全。马某、唐某认为X公司提出的条件非常优惠，如能获得施工协议将会获得超出预期的利润，在仅看了项目效果图的情况下就签订了住宅楼工程施工协议，约定由S公司承建该项目约20万平方米共价值3.2亿元的工程（合同显示该项目总建筑面积66万平方米，道路、广场、绿地2.13万平方米），并在合同签订后向X公司交纳400万元保证金。协议签订后，孙某海开始以撕毁协议相威胁频繁催促S公司交保证金。S公司于当年2月27日将400万元保证金汇入X公司账户，X公司收到后，随即将其中的200万元用于退还2011年8月W公司王某元所支付的保证金（欠王某元的剩余100万元亦在随后不久还清），另200

万元用于项目施工及公司日常开支。

S公司与X公司签订施工协议后，于2012年3月组织工人进入临建场地开始建设工人活动房，同年4月竣工。在X公司与S公司签订的施工协议中，约定签订协议40日内让S公司进场正式施工，但X公司未能履约，后又承诺当年5月25日前开工，但也一直未能兑现。在此情况下，S公司开始追要400万元保证金，高某华、孙某海表示愿意退还，但由于X公司账上没钱且没有筹集到资金，故一直未能归还。其间为了应付要账人员，高某华、孙某海还指使公司财务给S公司开过两次“空头”支票。S公司多次要账未果后，于2012年11月2日向公安机关报案。2013年1月17日，高某华、孙某海在北京朝阳区农光东里某酒店内被公安人员抓获。

裁判结果

法院经审理认为，高某华、孙某海在与S公司签订合同时存在欺诈行为，但X公司的新民居建设项目真实存在且有一定的前期投入，收取的保证金主要用于归还项目经营造成的债务以及公司日常支出，认定其非法占有目的的证据不足。据此，依法判决高某华、孙某海无罪。

立案标准

根据《立案追诉标准(二)》第69条的规定，以非法占有为目的，在签订、履行合同过程中，骗取对方当事人财物，数额在2万元以上的，以合同诈骗罪立案追诉。

律师提示 ///

合同诈骗罪,是指以非法占有为目的,在签订、履行合同过程中,用虚构事实或者隐瞒真相的方法,骗取对方当事人数额较大的财物的行为。合同诈骗罪的行为方式,主要包括:以虚构的单位或者冒用他人名义签订合同;以伪造、变造、作废的票据或者其他虚假的产权证明作担保;没有实际履行能力,以先履行小额合同或者部分履行合同的方法,诱骗对方当事人继续签订和履行合同;收受对方当事人给付的货物、货款、预付款或者担保财产后逃匿;以其他方法骗取对方当事人财物。

行为人是否具有非法占有对方当事人财物的目的,是区分合同诈骗罪与民事欺诈的关键。对此,首先要看行为人是否采取了刑法所规定的几种欺骗手段,如果使用了刑法明文规定的诈骗方法,则可以直接认定行为人具有非法占有目的;其次要看行为人在事前、事中、事后的各种表现,如有无履行合同的能力、是否按照合同约定开始履行、是否从事违法犯罪活动、有无逃匿失联或肆意挥霍等情节。

因此,如果行为人在签订合同时实施了部分欺诈行为,但合同内容是真实的,且行为人一直在积极履行合同,即使将收到的货款、预付款、保证金等挪用于归还前期债务或正常开支,若主观上没有非法占有目的,则不应认定为合同诈骗罪。

26 企业逃避缴纳税款达到10万元以上，是否一定构成逃税罪？

裁判要旨

纳税人采取欺骗、隐瞒手段进行虚假纳税申报或者不申报，逃避缴纳税款数额在10万元以上并且占各税种应纳税总额10%以上，经税务机关依法下达追缴通知后，不补缴应纳税款、不缴纳滞纳金或者不接受行政处罚的，构成逃税罪。

基本案情

2003年1~10月，被告人李某明系荆州市洁某化学清洗实业公司的法定代表人。2003年10月29日，荆州市洁某化学清洗实业公司改制后，又成立了荆州市洁某化学清洗有限公司，法定代表人仍为李某明。2005年11月，该公司在工商行政管理局申请将名称变更为湖北洁某清洗工程有限公司。2007年12月，湖北洁某清洗工程有限公司变更为湖北洁某环境工程有限公司。2003~2009年，该公司主要经营各种设备污垢的现场清洗，工业废水处理设备的设计、安装、维护，以及自有房地产租赁等业务。2003~2007年，洁某公司和原荆州市洁某化学清洗实业公司收入总额为7,320,445.51元，应缴纳税款803,413.14元，已缴纳税款357,120.63元，逃避缴纳税款共计446,292.51元。

另查明,2007年9月11日,原荆州市地方税务局稽查局将被告单位洁某公司、被告人李某明以涉嫌逃税案移送公安机关,同年9月25日公安机关立案,李某明于9月30日经公安机关传唤后先后于同年9月30日、11月1日补缴了税款458,069.08元。

裁判结果

法院经再审审理认为,一审、二审及再审认定洁某公司少缴税款的事实清楚,证据确实、充分。但是,该案未经税务机关依法下达追缴通知即直接移送公安机关立案侦查并追究洁某公司和李某明的刑事责任,剥夺了纳税义务人纠正纳税行为的权利,不符合《刑法》修订后的立法精神。据此,判决湖北洁某环境工程有限公司无罪、李某明无罪。

立案标准

根据《立案追诉标准(二)》第52条第1款的规定,逃避缴纳税款,涉嫌下列情形之一的,以逃税罪立案追诉:(1)纳税人采取欺骗、隐瞒手段进行虚假纳税申报或者不申报,逃避缴纳税款,数额在10万元以上并且占各税种应纳税总额10%以上,经税务机关依法下达追缴通知后,不补缴应纳税款、不缴纳滞纳金或者不接受行政处罚的;(2)纳税人5年内因逃避缴纳税款受过刑事处罚或者被税务机关给予2次以上行政处罚,又逃避缴纳税款,数额在10万元以上并且占各税种应纳税总额10%以上的;(3)扣缴义务人采取欺骗、隐瞒手段,不缴或者少缴已扣、已收税款,数额在10万元以上的。

律师提示 ///

《刑法》第201条规定,纳税人采取欺骗、隐瞒手段进行虚假纳税申报或者不申报,逃避缴纳税款数额较大并且占应纳税额10%以上的,可能涉嫌构成逃税罪。纳税人在公安机关立案后再补缴应纳税款、缴纳滞纳金或者接受行政处罚的,不影响刑事责任的追究。

但是,并非所有逃税行为都一定构成犯罪,只要在税务机关依法下达追缴通知后,行为人补缴应纳税款,缴纳滞纳金,已受行政处罚的,不予追究刑事责任,除非是其在5年内曾因逃避缴纳税款受过刑事处罚或者被税务机关给予2次以上行政处罚。

另外,应纳税额,是指某一法定纳税期限或者税务机关依法核定的纳税期间内应纳税额的总和。逃税行为涉及两个以上税种的,只要其中一个税种的逃税数额、比例达到法定标准的,即构成逃税罪,其他税种的逃税数额累计计算。应纳税款及应纳税额不包含海关关税及海关代征增值税。

27 不以骗取税款为目的，让他人虚开增值税专用发票并支付开票费，虽不成立虚开增值税专用发票罪，但一定不构成其他犯罪吗？

裁判要旨

不以骗取税款为目的，让他人虚开增值税专用发票并支付开票费，虽未造成国家税款损失，不构成虚开增值税专用发票罪，但可能构成非法购买增值税专用发票罪。

基本案情

2007年1月，S分公司成立，赵某任经理，2013年11月赵某被免去S分公司经理职务。赵某任S分公司经理期间，负责自找业务、自我管理、自负盈亏。2010年8月，S分公司与山东某集团签订合作开发协议，合作开发山东某时代广场项目，约定各自承担50%的开发成本及费用，各自分得两个楼座，后又签订施工协议等，由山东分公司负责建设山东某时代广场。

为解决山东某时代广场的建设资金问题，赵某与C公司的李某、刘某商议决定由C公司通过贸易方式为S分公司融资，具体方式为：S分公司向C公司购买钢材并以货款名义开具商业承兑汇票,利用C公司在银行的信用将汇票贴现,再由C公司向赵某实际控制的H公司购买钢材,以货款名义将贴现款转给H公司,H公司收到款后再以往来款名义转给S分公司或直接购买钢材交给S分公司用于建设。汇票到期后由S分公司将到期应归还的钱款还给C公司,C公司再归还给银行。具体交易过程为:

1. 赵某以S公司或北京某建设集团名义与C公司于2012年4月至8月先后签订5份钢材销售合同,合同涉及金额1.88亿余元,S分公司以支付货款名义为C公司开具合计1.88亿余元的5张商业承兑汇票,C公司为S分公司开具增值税普通发票。

2. C公司与刘某洋任法定代表人的T公司签订1份采购协议,以支付货款名义为T公司开具1500万元商业承兑汇票,T公司为C公司开具增值税专用(进项)发票。T公司贴现后将其中1400万元以支付货款名义转给H公司,H公司为T公司开具增值税专用(进项)发票。

C公司与S分公司、H公司签订8份三方采购协议,以支付货款的名义将S分公司承兑汇票贴息款转给H公司。此外,2012年9月,C公司与H公司签订采购合同,以支付货款名义为H公司开具6张商业承兑汇票。H公司因此于2012年6月至2014年1月为C公司开具增值税专用(进项)发票1298份,涉及发票金额共计1.2亿余元。

3. H公司将上述直接从C公司或经T公司取得的款项

部分转给S分公司，并将收到的由C公司开具的6张商业承兑汇票直接背书给S分公司，用于项目建设。

在上述贸易融资过程中，H公司因给C公司开具了1.2亿余元的增值税专用(进项)发票，留下了相应金额的增值税专用(销项)发票，需要缴纳相应的增值税。为此，H公司找到刘某洋任法定代表人的T公司和N公司，T公司于2012年8月至2013年3月，为H公司开具增值税专用(进项)发票103份，税额合计16,150,052.28元，价税合计111,150,360.60元；N公司于2012年11月，为H公司开具增值税专用(进项)发票52份，税额合计661,797.47元，价税合计4,554,724.10元。H公司将上述T公司和N公司开具的进项发票全部认证抵扣。在此过程中，H公司以支付货款名义转给T公司90,241,794.78元，经N公司后转回H公司85,491,794.78元；2012年12月25日，H公司支付给N公司4,554,724.10元，当日全部转回H公司。T公司、N公司在给H公司虚开增值税专用(进项)发票进行交易的过程中，获取非法利益共计475万元。

裁判结果

法院经审理认为，H公司及其实际控制人赵某因主观上不具有骗取国家税款的目的，客观上认定造成国家税款损失的证据不足，因此，H公司、赵某的行为不构成虚开增值税专用发票罪。

在整个交易过程中,T 公司、N 公司一不用提供资金,二不用联系客户,三无须进行购货、运输、交货等任何经营行为,其所谓交易成本只有虚开的增值税专用发票。因此,无论以何名义、采取何种形式,T 公司、N 公司在此过程中获取的“利润”本质上就是通过虚开增值税专用发票所得的好处,就是变相出售增值税专用发票的违法所得。而 H 公司在此过程中,除从 T 公司、N 公司处得到了虚开的增值税专用发票外,一无所获,其所支出的费用本质上就是变相购买增值税专用发票所花费的对价。

非法出售、购买增值税专用发票犯罪是一种行为犯,主观上行为人只要对非法买卖的行为有认知即可,无须附加其他主观目的,客观上只要实施了非法买卖的行为,无须造成一定的危害后果。行为人是否获利、出于何种目的买卖、是否造成了国家税款流失不是本罪罪与非罪的界限,只是在量刑时可以作为考量情节。

据此,以非法购买增值税专用发票罪判处 H 公司罚金人民币 15 万元,判处赵某有期徒刑 2 年零 6 个月;以非法出售增值税专用发票罪判处 T 公司罚金人民币 15 万元,判处 N 公司罚金人民币 5 万元,判处刘某洋有期徒刑 3 年。

立案标准

根据《立案追诉标准(二)》第 56 条的规定,虚开增值税专用发票或者虚开用于骗取出口退税、抵扣税款的其他发票,虚开的税款数额在 10 万元以上或者造成国家税款损失数额在 5 万元以上的,以虚开增值税专用发票、用于骗取出口退税、抵扣税款发票罪立案追诉。

律师提示 ///

《刑法》第205条规定，虚开增值税专用发票或者虚开用于骗取出口退税、抵扣税款的其他发票的，构成虚开增值税专用发票罪。虚开增值税专用发票罪要求行为人在主观上具有骗取国家税款的目的，客观上造成国家税款损失。

通常而言，一般涉税违法行为与以骗取国家税款为目的的涉税犯罪存在明显界限，对于有实际生产经营活动的企业为虚增业绩、融资、贷款等非骗税目的且没有造成税款损失的虚开增值税专用发票行为，不应以虚开增值税专用发票罪定性处理，可以由税务机关给予行政处罚。

行为人利用他人的名义从事经营活动，并以他人名义开具增值税专用发票的，即便行为人与该他人之间不存在挂靠关系，但如行为人进行了实际的经营活动，主观上并无骗取抵扣税款的故意，客观上也未造成国家增值税款损失，不宜认定为“虚开增值税专用发票”，符合逃税罪、非法购买增值税专用发票罪、非法出售增值税专用发票罪等其他犯罪构成条件的，可以其他犯罪论处。

28 假冒在我国取得的注册商标，但将假冒注册商标的商品销往境外的，是否构成假冒注册商标罪？

裁判要旨

只要是在我国合法注册且在有效期内的商标，行为人未经商标所有人许可，假冒注册商标并将假冒注册商标的商品销往境外，情节严重的，构成假冒注册商标罪。

基本案情

自2015年以来，被告人姚某龙为获取高额利润，在未取得“CISCO”、“HP”、华为等注册商标的所有人许可的情况下，安排被告人古某从网络平台联系、购进制作假冒注册商标的打印机、标签纸、光纤模块等，先后租赁多处房屋，用于伪造“CISCO”、“HP”、华为等品牌的商标和包装标识，贴牌生产销售假冒注册商标的光纤模块等，并安排被告人庄某星、张某、魏某皓联系客户销售至境外。2015年以来，被告人姚某龙、古某共计生产、销售假冒“CISCO”、“HP”、华为等注册商标的光纤模块10万余件，销售金额3162.7424万元，案发时现场扣押已生产但尚未销售的假冒“CISCO”“HP”商标的光纤模块、交换机、电源、线缆11,975件，价值383.3382万元。被告人姚某龙的违法所得为 400 万元，被告人古某的违法所得为 24.27872 万元。

2016 年以来，被告人庄某星销售假冒注册商标的光纤模块 58.782 万美元（折合人民币 352.692 万元），被告人张某销售假冒注册商标的光纤模块 71.5136 万美元（折合人民币 429.0816 万元），被告人魏某皓销售假冒注册商标的光纤模块 124.1668 万美元（折合人民币 745.1668 万元）。在此期间，被告人魏某皓的违法所得为 20 万元，被告人张某的违法所得为 18.5 万元，被告人庄某星的违法所得为 14 万元。

裁判结果

法院经审理认为，被告人姚某龙、古某、魏某皓、张某、庄某星未经注册商标所有人许可，在同一种商品上使用与其注册商标相同的商标，情节特别严重，侵犯了国家有关商标的管理制度和他人的注册商标专用权，其行为均构成假冒注册商标罪。据此，以假冒注册商标罪分别判处被告人姚某龙、古某、庄某星、张某、魏某皓有期徒刑 2 年零 2 个月至 4 年不等，对古某、庄某星、张某、魏某皓适用缓刑；同时，对姚某龙判处罚金人民币 500 万元，对古某等 4 人各处罚金人民币 14 万元至 25 万元不等。

立案标准

根据 2004 年 12 月 8 日最高人民法院、最高人民检察院发布的《关于办理侵犯知识产权刑事案件具体应用法律若干问题的解释》第1条第1款的规定，未经注册商标所有人许可，在同一种商品上使用与其注册商标相同的商标，具有下列情形之一的，属于《刑法》第213条规定的“情节严重”，应当以假冒注册商标罪判处3年以下有期徒刑或者拘役，并处或者单处罚金：(1)非法经营数额在5万元以上或者违法所得数额在3万元以上的；(2)假冒2种以上注册商标，非法经营数额在3万元以上或者违法所得数额在2万元以上的；(3)其他情节严重的情形。

律师提示

《刑法》第213条规定，未经注册商标所有人许可，在同一种商品、服务上使用与其注册商标相同的商标，情节严重的，构成假冒注册商标罪；第214条规定，销售明知是假冒注册商标的商品，违法所得数额较大或者有其他严重情节的，构成销售假冒注册商标的商品罪。

所谓“相同的商标”，是指与被假冒的注册商标完全相同，或者与被假冒的注册商标在视觉上基本无差别、足以对公众产生误导的商标；所谓“使用”，是指将注册商标或者假冒的注册商标用于商品、商品包装或者容器以及产品说明书、商品交易文书上，或者将注册商标或者假冒的注册商标用于广告宣传、展览以及其他商业活动等行为。名称相同的商品以及名称不同但指同一事物的商品，可以认定为“同一种商品”。“名称不同但指同一事物的商品”，是指在功能、用途、主要原料、消费对象、销售渠道等方面相同或者基本相同，相关公众一般认为是同一种事物的商品。

行为人实施假冒注册商标犯罪，又销售该假冒注册商标的商品，构成犯罪的，以假冒注册商标罪定罪处罚；实施假冒注册商标犯罪，又销售明知是他人的假冒注册商标的商品，构成犯罪的，应当以假冒注册商标罪和销售假冒注册商标的商品罪实行数罪并罚。

29 公司高管离职后，盗取原公司技术信息的，是否构成侵犯商业秘密罪？

裁判要旨

公司高管离职后违反保密义务，从原公司内网盗取技术信息，情节严重的，构成侵犯商业秘密罪。

基本案情

被告人刘某明原系被害单位B公司部门经理，负责制作三维模型。在工作期间，与被害单位签订劳动合同，明确约定其在职及离职约定期间内对被害单位的商业秘密负有保密义务，未经许可不能以转借、复印、抄录等形式使用、泄露保密信息。2021年2月26日被告人刘某明从该公司离职并签订离职协议，承诺不持有被害单位任何目标三维模型数据及资料。

2021年2月，被告人刘某明在北京市朝阳区被害单位住所，未经许可，破坏被害单位核心机房刘某明专用主机的USB接口密封条，并通过插入移动存储硬盘从被害单位内网盗取被害单位三维模型数据及资料。离职后，其利用盗取的三维模型数据及资料与他人进行商务洽谈，后导致被害单位与其他公司的购销合同被解除。

经鉴定，被告人刘某明移动存储硬盘中的两款三维结构模型文件，与被害单位提供的两款三维结构模型文件具有同一性，且上述结构模型是不为公众所知悉的技术信息，通过成本法进行资产评估，价值共计110万余元，通过市场法进行资产评估，价值共计70万余元。公安机关起获U盘1个、移动硬盘1块、电脑主机1台、手机1部。

裁判结果

法院经审理认为，被告人刘某明无视国法，以盗窃手段获取他人商业秘密，情节严重，其行为已构成侵犯商业秘密罪，依法应予惩处。鉴于被告人刘某明到案后能如实供述犯罪事实，自愿认罪认罚，故依法对其所犯罪行予以从轻处罚。据此，以侵犯商业秘密罪判处被告人刘某明有期徒刑1年零6个月，并处罚金人民币2万元。

立案标准

根据2020年9月17日最高人民检察院、公安部《关于修改侵犯商业秘密刑事案件立案追诉标准的决定》，侵犯商业秘密，涉嫌下列情形之一的，以侵犯商业秘密罪立案追诉：(1)给商业秘密权利人造成损失数额在30万元以上的；(2)因侵犯商业秘密违法所得数额在30万元以上的；(3)直接导致商业秘密的权利人因重大经营困难而破产、倒闭的；(4)其他给商业秘密权利人造成重大损失的情形。

律师提示 ///

《刑法》第219条第1款规定，以盗窃、贿赂、欺诈、胁迫、电子侵入或者其他不正当手段获取权利人的商业秘密，或者披露、使用或允许他人使用以前项手段获取的权利人的商业秘密，或者违反保密义务或违反权利人有关保守商业秘密的要求，披露、使用或允许他人使用其所掌握的商业秘密，情节严重的，构成侵犯商业秘密罪。

商业秘密，是指不为公众所知悉、具有商业价值并经权利人采取相应保密措施的技术信息、经营信息等商业信息。第三人明知或者应知商业秘密权利人的员工、前员工或者其他单位、个人实施相关侵犯商业秘密的行为，仍获取、披露、使用或者允许他人使用该商业秘密的，视为侵犯商业秘密。行为人教唆、引诱、帮助他人违反保密义务或者违反权利人有关保守商业秘密的要求，获取、披露、使用或者允许他人使用权利人的商业秘密，情节严重的，也会被追究刑事责任。

商业秘密权利人的损失数额可以根据商业秘密的合理许可使用费、因被侵权造成的销售利润的损失、商业秘密的研究开发成本、实施该项商业秘密的收益等综合确定。商业秘密的权利人为减轻对商业运营、商业计划的损害或者重新恢复计算机信息系统安全、其他系统安全而支出的补救费用，应当视作对商业秘密权利人造成的损失。

30 利用抖音账号发布捏造的视频，诋毁他人商业信誉或商品声誉，是否构成损害商业信誉、商品声誉罪？

裁判要旨

行为人利用使用抖音账号等互联网方式，捏造并发布虚伪视频，损害他人的商业信誉或商品声誉，给他人造成重大损失或者有其他严重情节的，构成损害商业信誉、商品声誉罪。

基本案情

2019年12月，被告人杨某甲与被告人杨某乙及其所在的M公司的(经营范围包括美瞳)有关人员商议后，由被告人杨某乙注册了一个专门科普美瞳、昵称为“凡某兽”的抖音账户，该抖音账户的具体操作、运营由被告人杨某甲及M公司编导杨某乙共同负责。2020年4～8月，被告人杨某乙、杨某甲为博取网民眼球，利用“凡某兽”抖音账户发布捏造的有关G公司及其产品“伊某爱”“缇某”的虚伪视频4段，该虚伪视频发布后被大量点击观看和转发，对G公司的公司商业信誉、商品声誉造成严重损害。在上述视频发布期间，G公司产品“伊某爱”“缇某”因受虚伪视频的影响而销售量锐减，部分销售商遂取消了大量订单，这造成G公司直接经济损失150

万余元。

在案件审理过程中，被告人杨某甲与被害单位G公司达成谅解协议书、视频推广合作协议，杨某甲在其“凡某兽”抖音账户中公开发布对康某达科技集团有限公司及其产品的道歉声明视频，正面宣传康某达科技集团有限公司的企业形象，与康某达科技集团有限公司开展为期一年的合作，对康某达品牌、产品进行正面宣传（合作费用合计34.8万元）；被告人杨某乙与被害单位G公司达成谅解协议书，杨某乙出具书面道歉声明，自愿为G公司开展为期2年的抖音端账号策划营销方案（价值40万元）。G公司分别于2020年12月7日、10日出具书面谅解书，对被告人杨某乙、杨某甲的行为表示谅解。

裁判结果

法院经审理认为，被告人杨某乙、杨某甲无视国法，捏造并散布虚伪事实，损害G公司的商业信誉、商品声誉，给G公司造成重大损失，情节严重，其行为均已构成损害商业信誉、商品声誉罪，依法应予惩处。被告人杨某乙、杨某甲到案后如实供述本人及同案人的犯罪事实，从侦查环节到审判环节均自愿认罪认罚，依法可从轻处罚；已与被害单位达成谅解协议书，以技术合作方式对被害单位进行部分补偿，发表了公开道歉声明，取得了被害单位的谅解，可酌情从轻处罚。据此，以损害商业信誉、商品声誉罪分别判处被告人杨某乙、杨某甲拘役3个月，缓刑4个月，并处罚金人民币3万元。

立案标准

根据《立案追诉标准(二)》第66条的规定，捏造并散布虚伪事实，损害他人的商业信誉、商品声誉，涉嫌下列情形之一的，以损害商业信誉、商品声誉罪立案追诉：(1)给他人造成直接经济损失数额在50万元以上的；(2)虽未达到上述数额标准，但造成公司、企业等单位停业、停产6个月以上，或者破产的；(3)其他给他人造成重大损失或者有其他严重情节的情形。

律师提示

《刑法》第221条规定，捏造并散布虚伪事实，损害他人的商业信誉、商品声誉，给他人造成重大损失或者有其他严重情节的，构成损害商业信誉、商品声誉罪。

在实践中，一些商家为了能在竞争中获胜，不惜采取虚构、编造不符合真相或者根本不存在的事实，并通过以抖音、快手等互联网媒介进行大量散布的方式，严重损害他人的商业信誉、商品声誉，同时也破坏了社会主义市场经济秩序。本罪在客观上表现为捏造并散布虚伪事实，损害他人的商业信誉、商品声誉，给他人造成直接经济损失数额在50万元以上，或者造成公司、企业等单位停业、停产6个月以上或者破产，或者给他人造成其他重大损失或有其他严重情节。

行为人在主观方面表现为故意，即行为人明知自己的行为会导致使他人的商业信誉、商品声誉降低而造成损失的结果，并且希望或者放任这种结果发生。对于没有诋毁他人商业信誉、商品声誉的故意,只是听信谣言,散布虚假事实的,不应构成犯罪。此外,消费者、新闻媒体、社会公众对经营者的产品质量和服务质量提出合理批评、建议或意见的,也不构成犯罪。

31 对保健品功能作虚假宣传，向老年人高价销售保健品骗取财物的，构成虚假广告罪还是诈骗罪?

裁判要旨

行为人以假冒医务人员进行虚假检测、伪造检测报告、假冒知名专家医生进行门诊、宣传保健品有防治疾病功效、宣称购买产品享有国家补贴等欺骗方式,骗取被害人相信其销售的保健品具有防治疾病的功效,从而高价购买保健品,系利用销售保健品骗取财物,构成诈骗罪,而非虚假广告罪。

基本案情

陈某涛先后于2011年5月成立D公司,于2012年11月成立T公司,销售保健品。2016年下半年,被告人陈某涛在平台销售模式的基础上提出和引入"平台旅游会销模式",为配合旅游会销活动的开展,被告人陈某涛又成立了多家公司。被告人陈某涛将以上公司人员统称"金鹰团队",统一管理,对外称D公司。"金鹰团队"下设销售事业部、总经办等部门,销售事业部下设招商部、扶商部等部门。销售事业部派出团队人员在多地设立了销售平台销售相应保健品,扶商部设立了三大保健产品项目部,分别是国泰同康项目部、口服免疫球蛋白项目部、覆膜365项目部。

被告人王某于2015年入职D公司,与许某共同负责国泰同康(所售保健品为今诺同、寿百星)项目部,共同任该项目部总监,由其负责产品销售的平台有溧阳销售平台、昆山销售平台、广德销售平台等;被告人王某与许某作为项目部总监,负责相应产品的销售及相应产品销售平台的管理,负责与各销售平台主任衔接,决策处理销售平台的人事、仓管、采购、销售事务等,并负责对平台假冒老师、专家等人员进行培训和包装,接受陈某涛、金某浩的领导并向其汇报工作。陈某涛引入的"平台旅游会销模式"主要采用"三天两夜"及ABD会模式,即由招商人员联系各地经销商,经销商以搞慈善活动为幌子,以免费旅游为诱饵将老年人等顾客诱骗至各销售平台实施诈骗。为逃避打击,"金鹰团队"下发了"关于平台数据、安全方面的检查要点"、《DDSW数据安全操作手册》,其主旨是用谎话等掩盖其业务、工作的内容等,并针对应如何回避执法机关的检查询问进行了规定,制订了详细的回答示例,对销售平台所涉伪造的检测报告、提货单、财务表格等纸质材料定期予以销毁，对聊天记录、电子数据进行定期清理，安排各部门负责人对所辖员工的落实情况进行逐项检查，并规定了相应的奖惩措施。

被告人王某作为国泰同康项目总监，与许某共同管理D公司所有销售该产品的平台的日常工作，其所涉诈骗金额即是其下辖的溧阳销售平台、广德销售平台、昆山销售平台涉嫌诈骗金额，共计3,883,499元。3个销售平台实施诈骗的具体事实如下：

1.2017年下半年，在D公司国泰同康宜兴销售平台被公安机关调查后，D公司将宜兴销售平台转至溧阳市天目湖某大酒店，成立溧阳销售平台，管某国任平台主任，陈某强、李某、杨某某任督导。溧阳销售平台运营后，负责配合各地经销商诱骗老年人等顾客购买国泰同康等保健品，该平台通过组织老年人等顾客免费旅游、将平台包装为“将军养生基地”进行虚假宣传，采取安排员工假冒医务人员进行虚假检测、伪造检测报告、安排员工假冒知名专家医生进行门诊、宣传保健品有防治疾病功效、宣称购买产品享有国家补贴等欺骗方式，使被害人相信其销售的保健品具有防治疾病的功效，从而高价购买保健品。同时，为应对公安机关的查处，D公司制定数据安全检核制度，规定对销售平台伪造的检测报告及提货单、财务表格、聊天记录定期统一销毁，定期清除电子数据等。2018年3~6月，溧阳销售平台伙同经销商骗得122名被害人的财物，数额共计2,243,700元。

2.2018年4月，D公司在溧阳市竹箦镇某生活广场酒店成立广德销售平台，程某为平台督导、代理主任。广德销售平台通过组织老年人等顾客免费旅游、将平台包装为“将军养生基地”进行虚假宣传，采取安排员工假冒医务人员进行虚假检测、伪造检测报告、安排员工假冒知名专家医生进行门诊、宣传保健品有防治疾病功效、宣称购买产品享有国家补贴等欺骗方式，欺骗被害人相信其销售的保健品具有疾病防治功效从而高价购买“国泰同康”保健品。2018年4～6月，程某参与15个会期，诈骗所涉金额1,333,786元。

3.D公司在昆山市巴城镇某体验酒店设立昆山销售平台，彭某宇系该平台督导、实际负责人，张某善、陈某莲系该平台督导，3人负责与经销商对接，安排和管理业务员。2018年5～6月，该平台打着“福满中国国泰同康全国关爱老龄化爱心工程”“昆山将军养生基地”等幌子，组织由经销商以免费旅游的名义带至该平台的老年人等顾客参加“三天两夜”系列活动，其间，以假冒专家讲课、虚假体检、一对一咨询、专家推荐等方式，向老年人高价兜售虚假宣传功效的“今诺同牌晶尔胶囊”“寿百星牌爱康胶囊”保健品，共计诱骗40余名老年人等顾客高价购买D公司经营的保健品金额306,013元。

裁判结果

法院经审理认为，王某以非法占有为目的，伙同他人，采取虚构事实、隐瞒真相的手段，骗取他人财物，数额特别巨大，其行为已构成诈骗罪。据此，以诈骗罪判处王某有期徒刑 10 年，并处罚金人民币 10 万元。

立案标准

根据《立案追诉标准(二)》第 67 条的规定，广告主、广告经营者、广告发布者违反国家规定，利用广告对商品或者服务作虚假宣传，涉嫌下列情形之一的，以虚假广告罪立案追诉：(1)违法所得数额在 10 万元以上的；(2)假借预防、控制突发事件、传染病防治的名义，利用广告作虚假宣传，致使多人上当受骗，违法所得数额在 3 万元以上的；(3)利用广告对食品、药品作虚假宣传，违法所得数额在 3 万元以上的；(4)虽未达到上述数额标准，但 2 年内因利用广告作虚假宣传受过 2 次以上行政处罚，又利用广告作虚假宣传的；(5)造成严重危害后果或者恶劣社会影响的；(6)其他情节严重的情形。

律师提示

《刑法》第 222 条规定，广告主、广告经营者、广告发布者违反国家规定，利用广告对商品或者服务作虚假宣传，情节严重的，构成虚假广告罪。

根据相关司法解释的规定，广告主、广告经营者、广告发布者违反国家规定，利用广告对药品作虚假宣传，情节严重的，以虚假广告罪定罪处罚。行为人违反国家规定,利用广告对保健食品或者其他食品作虚假宣传,情节严重的,也以虚假广告罪定罪处罚。但是,以非法占有为目的,利用销售保健食品或者其他食品诈骗财物的,以诈骗罪定罪处罚。同时构成生产、销售伪劣产品罪等其他犯罪的,依照处罚较重的规定定罪处罚。

另外,在新冠疫情防控期间,违反国家规定,假借疫情防控的名义,利用广告对所推销的商品或者服务作虚假宣传,致使多人上当受骗,违法所得数额较大或者有其他严重情节的,以虚假广告罪定罪处罚。

32 串通拍卖行为是否属于串通投标,能否构成串通投标罪?

裁判要旨

拍卖与投标是两种不同的行为,刑法没有明文将串通拍卖行为规定为犯罪,按照罪刑法定原则,不能将串通拍卖行为以串通投标罪定罪处罚。

基本案情

2000年前后,苍南县某房产公司(原系苍南县住房和城乡规划建设局下属企业）违规向被害人郑某等人出让位于苍南县下垟郑花园住宅小区地块（含四叉河流地块）的70块地基。后因四叉河流地块土地性质未变更，该70块地基至2013年仍未能建房。2013年9月，苍南县人民政府为解决花园小区地块历史遗留问题，决定以“龙港下垟郑花园小区补征地块”的名义挂牌出让四叉河流地块，并要求该补征地块土地使用权的竞得者须统一建设花园小区其他地块。

同年10月，被告人郑某况、郑某浪、郑某单、郑某界获知该地块挂牌出让公告后，在明知该补征地块历史背景的情况下，伙同郑某迪、林某（另案处理）商定以参与竞标的方式来向原70块地基上的建房户施压，从而获取“好处费”。后被告人郑某浪等人借款筹集保证金，挂靠苍南县某房地产开发有限公司参与竞标。花园小区70块地基的原建房户为顺利得标建房，经协商被迫向被告人郑某况等支付人民币32万元，被告人郑某况、郑某浪、郑某单、郑某界等人退出竞标。

裁判结果

法院经审理认为，关于在国有建设用地使用权挂牌出让过程中串通竞买的行为应如何定性，挂牌出让系原国土资源部《招标拍卖挂牌出让国有建设用地使用权规定》中规定的国有建设用地出让的重要形式，但挂牌和招标在设置目的、运作形式等方面是不同的，二者有着本质的区别，既不相包容，更不能等同。

拍卖的最大特点是价高者得，拍卖底价是事先公布的，而招标的最大特点是购买满足招标文件要求的投标人中要求最低的人的货物或服务，招标的底价是保密的。在目前尚未出台相关法律对该制度予以规制的情况下，招投标行为是依照《招标投标法》进行，而拍卖竞买行为是依照《拍卖法》进行。招标人、投标人违反《招标投标法》第 52 条、第 53 条之规定，相互恶意串通的，根据情节轻重，除可以处以罚款、吊销营业执照的行政处罚外，构成犯罪的，还要追究刑事责任。而违反《拍卖法》第 65 条规定，竞买人之间、竞买人与拍卖人之间恶意串通的，只是处以罚款，并无追究刑事责任的规定。

根据罪刑法定原则，法律明文规定为犯罪行为的，依照法律规定处罚，法律没有规定为犯罪行为的，不得定罪处罚，不能适用类推定罪。该案中，根据在案证据，可证实政府为了解决涉案小区建房的历史遗留问题而补征该地块予以挂牌出让，被告人郑某况、郑某浪、郑某单、郑某界得知后利用原建房户对涉案地块进行建设开发的迫切心理参与拍卖，致使原建房户拿出 32 万元"好处费"让其放弃竞拍。由此不难看出，该案属串通拍卖而非串通投标，不构成犯罪。

立案标准

根据《立案追诉标准（二）》第 68 条的规定，投标人相互串通投标报价，或者投标人与招标人串通投标，涉嫌下列情形之一的，以串通投标罪立案追诉：（1）损害招标人、投标人或者国家、集体、公民的合法利益，造成直接经济损失数额在 50 万元以上的；（2）违法所得数额在 20 万元以上的；（3）中标项目金额在 400 万元以上的；（4）采取威胁、欺骗或者贿赂等非法手段的;(5)虽未达到上述数额标准,但2年内因串通投标受过2次以上行政处罚,又串通投标的;(6)其他情节严重的情形。

律师提示 ///

《刑法》第223条规定,投标人相互串通投标报价,损害招标人或者其他投标人利益,情节严重,或者投标人与招标人串通投标,损害国家、集体、公民的合法利益的,构成串通投标罪。

原国土资源部《招标拍卖挂牌出让国有建设用地使用权规定》第2条指出,招标出让国有建设用地使用权,是指市、县人民政府国土资源行政主管部门(以下简称出让人)发布招标公告,邀请特定或者不特定的自然人、法人和其他组织参加国有建设用地使用权投标,根据投标结果确定国有建设用地使用权人的行为;拍卖出让国有建设用地使用权,是指出让人发布拍卖公告,由竞买人在指定时间、地点进行公开竞价,根据出价结果确定国有建设用地使用权人的行为;挂牌出让国有建设用地使用权,是指出让人发布挂牌公告,按公告规定的期限将拟出让宗地的交易条件在指定的土地交易场所挂牌公布,接受竞买人的报价申请并更新挂牌价格,根据挂牌期限截止时的出价结果或者现场竞价结果确定国有建设用地使用权人的行为。

《刑法》明文规定,只有投标人相互串通投标报价,损害招标人或者其他投标人利益,或者投标人与招标人串通投标,损害国家、集体、公民的合法利益的,才可能构成串通投标罪。虽然招标、拍卖、挂牌都是竞争性的交易方式,但三者仍存在较大区别。根据罪刑法定原则,不能将串通拍卖行为以串通投标罪论处,如果行为人在拍卖过程中有行贿、诈骗、敲诈勒索等其他犯罪行为的，可依照相关规定追究刑事责任。

33 “诈骗型传销”和“经营型传销”，是否都构成组织、领导传销活动罪？

裁判要旨

行为人以推销商品、提供服务等经营活动为名，利用互联网媒介发展会员，要求被发展人员以缴纳费用或者购买商品、服务等方式，获得提成和发展下线资格，并按照一定顺序组成层级，直接或者间接以发展人员的数量作为计酬或者返利依据，引诱被发展人员继续发展他人参加，骗取财物的，属于“诈骗型传销”，构成组织、领导传销活动罪。

基本案情

2016年3月起，吕某攀、张某甲、应某、张某乙（均已判刑）等人实际控制郑州市A有限公司和无锡市B有限公司，通过微商、线下推介等方式销售吕家传医用冷敷贴，以分级销售代理的名义，要求参与者缴纳一定金额认购吕家传医用冷敷贴成为一定级别的代理，取得加入和继续发展其他人员的资格。其从低到高设置“天使”“合伙人”“董事”“官方”“联合创始人”等级别，按照加入时间的先后顺序划分较严格的上下层级关系，通过设置返利周期清零、“顶层设计”奖励等模式，以高额收益诱使各级会员不断发展下线及加大投入提高认购金额。截至2018年9月4日案发，其共发展下线网络31层，下线代理人数386,728人，收取下线认购款18亿余元。

2017年1月，被告人舒某某加入“吕家传”传销组织并成为“联合创始人”级别代理，其以销售吕家传医用冷敷贴为幌子，以高额收益为诱饵，通过建立微信群、组织招商会等方式积极发展下线会员。经鉴定，2017年1月至2018年9月，被告人舒某某共计发展下线代理11层共1万余人，下线交纳认购款5700万余元。

裁判结果

法院经审理认为，被告人舒某某以销售医用冷敷贴为名，要求参加者以缴纳费用购买商品的方式获得加入资格，并按照一定顺序组成层级，间接以发展人员的数量作为计酬或者返利依据，引诱参加者继续发展他人参加，骗取财物，扰乱经济社会秩序，情节严重，其行为已构成组织、领导传销活动罪。被告人舒某某在共同犯罪中起次要作用，系从犯，应当依法减轻处罚。被告人舒某某到案后能如实供述犯罪事实，可依法从轻处罚。被告人舒某某自愿认罪认罚，可从宽处理。被告人舒某某在该案审理期间，在其家属帮助下退出了部分违法所得，可酌情从轻处罚。据此，以组织、领导传销活动罪判处被告人舒某某有期徒刑1年零3个月，并处罚金人民币2万元。

立案标准

根据《立案追诉标准(二)》第70条的规定,组织、领导以推销商品、提供服务等经营活动为名,要求参加者以缴纳费用或者购买商品、服务等方式获得加入资格,并按照一定顺序组成层级,直接或者间接以发展人员的数量作为计酬或者返利依据,引诱、胁迫参加者继续发展他人参加,骗取财物,扰乱经济社会秩序的传销活动,涉嫌组织、领导的传销活动人员在30人以上且层级在三级以上的,对组织者、领导者,应予立案追诉。

下列人员可以认定为传销活动的组织者、领导者:(1)在传销活动中起发起、策划、操纵作用的人员;(2)在传销活动中承担管理、协调等职责的人员;(3)在传销活动中承担宣传、培训等职责的人员;(4)因组织、领导传销活动受过刑事追究,或者一年内因组织、领导传销活动受过行政处罚,又直接或者间接发展参与传销活动人员在15人以上且层级在三级以上的人员;(5)其他对传销活动的实施、传销组织的建立、扩大等起关键作用的人员。

律师提示

《刑法》第224条之一规定,组织、领导以推销商品、提供服务等经营活动为名,要求参加者以缴纳费用或者购买商品、服务等方式获得加入资格,并按照一定顺序组成层级,直接或者间接以发展人员的数量作为计酬或者返利依据,引诱、胁迫参加者继续发展他人参加,骗取财物,扰乱经济社会秩序的传销活动的,构成组织、领导传销活动罪。

骗取财物是组织、领导传销活动罪的本质特征。根据2005年8月

23 日国务院颁布的《禁止传销条例》第 7 条的规定，传销行为分为 3 类：拉人头式传销、收取入门费式传销和团队计酬式传销。其中，前两种没有实质经营内容，属于“诈骗型传销”；第三种有真实的商品或服务交易，按照下线销售业绩给付上线报酬，属于“经营型传销”。结合 2013 年 11 月 14 日最高人民法院、最高人民检察院、公安部《关于办理组织领导传销活动刑事案件适用法律若干问题的意见》的规定，对于拉人头式、收取入门费式的“诈骗型传销”，构成组织、领导传销活动罪，而以销售商品为目的、以销售业绩为计酬依据的团队计酬式“经营型传销”，不作为犯罪处理。

34 未经批准从事资金支付结算业务，是否构成非法经营罪？

裁判要旨

在未获得支付结算业务资质的情况下，自建支付结算系统，非法从事资金支付结算业务，扰乱市场秩序，情节严重的，构成非法经营罪。

基本案情

2018 年 1 ~ 9 月，被告人林某甲以杭州某擎智能科技有限公司（以下简称Q公司）名义，在未获得支付结算业务资质的情况下，伙同被告人林某乙、张某、王某淇、金某波、黄某霞等人以支付宝、平安银行H5通道、微信等银行或第三方支付平台为接口，自建支付结算系统，通过向他人收买、公司员工注册、下游商户提供等方式收集的大量无实际经营业务的壳公司的资料（包括工商资料、对公银行账户、法人资料、虚构的电子商务网站等），在支付宝注册数百个公司账户，再将支付接口散接至上述账户，非法从事赌博资金支付结算业务，共计非法结算资金达46.69亿余元。

被告人林某乙负责该公司日常事务并主管公司技术事宜；被告人金某波在林某乙不在时，负责公司日常管理事务，另还与被告人黄某霞等人负责将结算数据与下游的报账数据进行核对，交由林某甲审核后，在林某甲的指令下，利用掌握的壳公司对应的对公账户、密码、网银向下游何某清、李某军（均另案处理）、被告人李某峰等人提供的账户结算资金；被告人张某负责对林某甲购买的支付结算系统进行二次开发，优化升级，并为壳公司企业的支付宝账户配置对应通道资源，维护支付系统的运行；被告人王某淇主要负责处理客户投诉，对接下游，并将一些伪造的公司材料、交易材料提交给第三方支付平台，用以欺骗第三方支付平台解冻限权资金。

2018年3～7月，被告人李某峰通过在何某清公司任职时掌握的下游客户名单，在被告人吴某嘉的帮助下对接Q公司成为下游客户，非法为赌博资金提供支付结算服务，共计结算资金达4.6亿余元。其仅在2018年3月底至6月底3个月内,就从中非法获利334.99万余元。

裁判结果

法院经审理认为,被告人林某甲、林某乙、李某峰、金某波、张某、王某淇、吴某嘉、黄某霞未经国家有关主管部门批准,非法从事资金支付结算业务,扰乱市场秩序,情节特别严重,其行为均已构成非法经营罪。在共同犯罪中,林某甲、林某乙、李某峰、金某波起主要作用,均系主犯,依法应当按照各自所参与的全部犯罪处罚;张某、王某淇、吴某嘉、黄某霞起次要或者辅助作用,系从犯,均予以减轻处罚。林某乙、李某峰、金某波、吴某嘉、黄某霞自愿认罪认罚,且吴某嘉亲属能够代为退缴个人违法所得,依法予以从宽处罚。据此,以非法经营罪分别判处被告人林某甲等人有期徒刑12年零6个月至2年不等,并处没收财产或罚金。

立案标准

根据《立案追诉标准(二)》第71条的规定,违反国家规定,进行非法经营活动,扰乱市场秩序,涉嫌下列情形之一的,以非法经营罪立案追诉:……未经国家有关主管部门批准,非法经营证券、期货、保险业务,或者非法从事资金支付结算业务,具有下列情形之一的:……(2)非法从事资金支付结算业务,数额在500万元以上,或者违法所得数额在10万元以上的;(3)非法从事资金支付结算业务,数额在250万元以上不满500万元,或者违法所得数额在5万元以上不满10万元,且具有下列情形之一的:①因非法从事资金支付结算业务犯罪行为受过刑事追究的;

②2 年内因非法从事资金支付结算业务违法行为受过行政处罚的；③拒不交代涉案资金去向或者拒不配合追缴工作，致使赃款无法追缴的；④造成其他严重后果的。

律师提示 ///

《刑法》第 225 条规定，违反国家规定，从事非法经营活动，扰乱市场秩序，情节严重的，构成非法经营罪。

支付结算业务（也称支付业务）是商业银行或者支付机构在收付款人之间提供的货币资金转移服务。非银行机构从事支付结算业务，应当经中国人民银行批准取得支付业务许可证，成为支付机构。未取得支付业务许可而从事该业务的行为，破坏了支付结算业务许可制度，危害支付市场秩序和安全，情节严重的，以非法经营罪追究刑事责任。

在实践中，非法从事资金支付结算业务的情形主要包括：使用受理终端或者网络支付接口等方法，以虚构交易、虚开价格、交易退款等非法方式向指定付款方支付货币资金；非法为他人提供单位银行结算账户套现或者单位银行结算账户转个人账户服务；非法为他人提供支票套现服务；等等。

因此，在认定是否属于非法经营罪时，要分析行为是否具备资金支付结算的实质特征，区分支付工具的正常商业流转与提供支付结算服务、区分单用途预付卡与多用途预付卡业务，考虑具体行为与“地下钱庄”等同类犯罪在社会危害方面的相当性以及刑事处罚的必要性。

35 虚构“首席分析师”等身份，指导客户在自设平台上炒作期货，构成非法经营罪还是诈骗罪？

裁判要旨

行为人未经国家主管部门批准，自设期货交易平台，并虚构“首席分析师”等身份指导客户在平台上炒作期货，这种情形下客户财产损失的主要原因是期货高风险及客户反向操作、与会员单位对赌等，并非人为操控盈亏的结果，故应构成非法经营罪，而非诈骗罪。

基本案情

2015年年底，湖南澳某商品交易有限公司（以下简称A公司）在未经国务院期货监督管理机构批准的情况下，开设大宗商品电子交易平台，使用经过汇率换算的国际行情，开展白银、铜、沥青、天然气等商品的交易活动。平台交易采用保证金制度，以集中交易方式进行，交易合约标准化，不以实物交收为目的，允许投资者以对冲平仓方式了结交易。A公司招收会员单位，由会员单位分别招揽客户到上述交易平台进行交易。A公司与会员单位按约定分配交易手续费，会员单位收取客户亏损及交易递延费，客户盈利则由会员单位预缴的保证金支付。2017年6月4日，A公司被中国证监会湖南省证监局认定“非法组织期货交易活动”。2019 年 4 月 10 日，湖南 A 公司的高管人员以非法经营罪被判处刑罚。

2016 年 1 月，被告人李某设立安徽创某诚商贸有限公司（以下简称 C 公司）。同年 5 月 4 日，C 公司与 A 公司签订合同，成为 A 公司 312 会员单位。截至 C 公司被撤销前，312 会员单位共招徕客户 10 名，其中被告人李某在 A 公司平台账户上的入金共计 1,285,002 元，出金共计 4,378,985 元。客户产生交易手续费、交易递延费、投资损失共计 3,786,139.6 元。其中，被告人李某虚构“澳某的首席分析师”的身份，同时使用“饮水思源”的虚构身份推荐“Mackyg”给被害人夏某，指导其在澳某平台进行操作。被害人夏某在澳某平台亏损共计 2,572,268 元。

裁判结果

法院经审理认为，被告人李某违反国家规定，未经国家有关主管部门批准而非法经营期货业务，严重扰乱市场秩序，情节特别严重，应当以非法经营罪追究刑事责任。被告人李某能基本如实供述其所犯非法经营罪的犯罪事实，对其可以从轻处罚。被告人李某通过家属赔偿了被害人夏某的部分损失，对其可以酌情从轻处罚。据此，以非法经营罪判处被告人李某有期徒刑 6 年，并处罚金人民币 300 万元。

立案标准

根据《立案追诉标准(二)》第71条的规定,违反国家规定,进行非法经营活动,扰乱市场秩序,涉嫌下列情形之一的,以非法经营罪立案追诉:……(2)未经国家有关主管部门批准,非法经营证券、期货、保险业务,或者非法从事资金支付结算业务,具有下列情形之一的:①非法经营证券、期货、保险业务,数额在100万元以上,或者违法所得数额在10万元以上的……。

律师提示

《刑法》第225条规定,违反国家规定,未经国家有关主管部门批准非法经营期货业务,扰乱市场秩序,情节严重的,构成非法经营罪。

通过虚构“首席分析师”“金牌分析师”等特殊身份,夸大赢利结果等方式,吸引客户进入期货平台进行投资交易,并不断指导客户增加投入、频繁操作的行为,不属于诈骗罪中的“虚构事实”。客户进入期货平台交易,并不意味着就一定会出现财产损失的后果。在没有证据证实平台存在人为操控盈亏的情况下,客户财产损失的主要原因是期货交易的高风险以及客户反向操作、与会员单位对赌等,行为人诱导客户投资的行为仅仅属于民事欺诈行为,不能认定为诈骗罪中致被害人处分财产的行为,故不应构成诈骗罪。但是,行为人违反国家规定,未经国家有关主管部门批准非法经营期货业务,扰乱市场秩序,情节严重的,应构成非法经营罪。

36 未经许可擅自从事出租汽车运输业务，是否构成非法经营罪？

裁判要旨

违反国家道路运输法律法规，在未取得道路运输经营许可的情况下，非法从事道路客运经营，扰乱市场秩序，情节严重的，构成非法经营罪。

基本案情

2016 年 10 月至 2019 年 4 月，被告人陈某在未取得道路运输经营许可证、车辆营运证的情况下，擅自从事道路运输经营，驾驶出租车上道载客行驶、招聘司机进行非法出租车经营活动。陈某向其雇用的司机王某收取非法营运出租车的任务款共计 35,240 元，个人非法经营出租车收取乘客乘车费共计 26,426 元。

裁判结果

法院经审理认为，被告人陈某违反国家道路运输经营规定，在未取得道路运输经营许可的情况下，非法从事道路客运经营，扰乱市场秩序，情节严重，其行为已构成非法经营罪。被告人陈某到案后，如实供述犯罪事实,且自愿接受处罚,可从轻处罚。据此,以非法经营罪判处被告人陈某罚金61,666元。

立案标准

根据《立案追诉标准(二)》第71条的规定,违反国家规定,进行非法经营活动,扰乱市场秩序,涉嫌下列情形之一的,以非法经营罪立案追诉:……(12)从事其他非法经营活动,具有下列情形之一的:①个人非法经营数额在5万元以上,或者违法所得数额在1万元以上的;②单位非法经营数额在50万元以上,或者违法所得数额在10万元以上的;③虽未达到上述数额标准,但2年内因非法经营行为受过2次以上行政处罚,又从事同种非法经营行为的;④其他情节严重的情形。

律师提示

《刑法》第225条规定,违反国家规定,从事非法经营活动,扰乱市场秩序,情节严重的,构成非法经营罪。

刑法中的"国家规定",是指全国人民代表大会及其常务委员会制定的法律和决定,国务院制定的行政法规、规定的行政措施、发布的决定和命令。其中,"国务院规定的行政措施"应当由国务院决定,通常以行政法规或者国务院制发文件的形式加以规定。以国务院办公厅名义制发的文件,符合相关条件的,亦应视为刑法中的"国家规定"。

国务院颁布的《道路运输条例》第10条规定,申请从事客运经营的,应当向相应级别的道路运输主管部门提出申请并提交相关材料。道路运输主管部门经审查作出许可或者不予许可的决定。予以许可的,向申请人颁发道路运输经营许可证,并向申请人投入运输的车辆配发车辆营运证。客运经营者应当持道路运输经营许可证依法向市场监督管理部门办理有关登记手续。因此,未取得道路运输经营许可证、车辆营运证,擅自从事出租汽车运输业务的行为违反了《道路运输条例》,如果扰乱客运市场秩序,情节严重的,涉嫌构成非法经营罪。

37 未经合法审批,擅自建设住宅并对外销售,是否构成非法经营罪?

裁判要旨

行为人未办理国有土地使用权证、建设用地规划许可证、建设工程规划许可证、施工许可证、商品房预售许可证等手续,擅自建设住宅并对外销售,扰乱市场秩序,情节严重的,构成非法经营罪。

基本案情

2014 年起,被告人孙某生伙同潘某敏、泰某利筹划设立涿州市茂某房地产开发有限公司(以下简称 M 公司),并在涿州市西侧某假日酒店及周边地块违规开发“茂某枫情水岸”项目。

2016年9月23日，潘某敏、泰某利、李某（孙某生之妻）注册成立M公司，由潘某敏担任法定代表人、董事长，被告人孙某生担任总经理，泰某利担任副总经理。M公司在未取得立项、建设用地规划许可证、建设工程规划许可证、施工许可证及商品房预售许可证等审批手续和资质，并且未变更土地用途的情况下，在该地块上私自开工建设“茂某枫情水岸”项目住宅楼，并对外预售房屋。涿州市城市管理行政执法局分别于2017年7月24日、2017年8月21日向M公司下发责令改正通知书和行政处罚决定书，令其自行拆除违法建设。

M公司在“茂某枫情水岸”项目住宅楼作为违法建设被责令拆除后仍对外出售房产得款232万余元。自2016年10月至2018年2月，M公司向社会公开销售房屋507套，截至2018年5月收取购房款及更名手续费共计170，474，652元，后因开发未成引起群众上访，M公司陆续退回购房款及更名手续费32，643，162元，截至2018年5月8日剩余137，831，490元未退还。

裁判结果

法院经审理认为，被告人孙某生作为M公司直接负责的主管人员，伙同潘某敏、泰某利筹划设立M公司，违反我国《土地管理法》《城市房地产管理法》《城乡规划法》《建筑法》等法律规定，在未变更土地性质，且未取得建设用地规划许可证、建设工程规划许可证、施工许可证、商品房预售许可证等资质的情况下，违法建设、销售房屋，非法经营额达170,000,000余元，严重扰乱了市场秩序，情节严重，其行为已构成非法经营罪。据此，以被告人孙某生犯非法经营罪判处有期徒刑3年，并处罚金人民币100万元。

立案标准

根据《立案追诉标准（二）》第71条的规定，违反国家规定，进行非法经营活动，扰乱市场秩序，涉嫌下列情形之一的，以非法经营罪立案追诉：……（12）从事其他非法经营活动，具有下列情形之一的：①个人非法经营数额在5万元以上，或者违法所得数额在1万元以上的；②单位非法经营数额在50万元以上，或者违法所得数额在10万元以上的；③虽未达到上述数额标准，但2年内因非法经营行为受过2次以上行政处罚，又从事同种非法经营行为的；④其他情节严重的情形。

律师提示

《刑法》第225条规定，违反国家规定，从事非法经营活动，扰乱市场秩序，情节严重的，构成非法经营罪。

根据《土地管理法》《城市房地产管理法》《城乡规划法》《建筑法》等法律规定，建设并销售商品房时，需办理国有土地使用权证、建设工程规划许可证、建设用地规划许可证、施工许可证、商品房预售许可证等手续。

比如，《土地管理法》第55条第1款规定，以出让等有偿使用方式取得国有土地使用权的建设单位，按照国务院规定的标准和办法，缴纳土地使用权出让金等土地有偿使用费和其他费用后，方可使用土地。《城市房地产管理法》第45条第1款规定，商品房预售应当符合下列条件：(1)已交付全部土地使用权出让金，取得土地使用权证书；(2)持有建设工程规划许可证……(4)向县级以上人民政府房产管理部门办理预售登记，取得商品房预售许可证明。《城乡规划法》第38条第2款规定，以出让方式取得国有土地使用权的建设项目，建设单位在取得建设项目的批准、核准、备案文件和签订国有土地使用权出让合同后，向城市、县人民政府城乡规划主管部门领取建设用地规划许可证。《建筑法》第7条第1款规定，建筑工程开工前，建设单位应当按照国家有关规定向工程所在地县级以上人民政府建设行政主管部门申请领取施工许可证。

因此，如果行为人违反上述国家法律规定，未办理国有土地使用权证、建设用地规划许可证、建设工程规划许可证、施工许可证、商品房预售许可证等手续，擅自建设住宅并对外销售，扰乱市场秩序，情节严重的，构成非法经营罪。

38 不具备经营证券业务资质的公司，擅自开展证券咨询业务，是否构成非法经营罪？

裁判要旨

在未取得经营证券业务许可证的情况下，以销售炒股软件为名，收取客户会员费，提供证券咨询业务，扰乱市场秩序，情节严重的，构成非法经营罪。

基本案情

被告人屈某伙同周某、黄某、徐某预谋后，于2008年2月19日共同投资设立G公司，在该公司未获得经营证券业务资质的情况下，伙同屈某川以销售“股指王”软件为名，收取客户会员费，提供证券投资咨询业务，吸纳客户共计146人，后退还部分款项，以获取非法利益。2008年2月下旬至10月，被告人屈某作为该公司的实际出资人及业务部负责人，负责组织发展客户等工作，参与非法经营涉及金额3,561,100元，后退还部分款项，以获取非法利益。

裁判结果

法院经审理认为，被告人屈某伙同他人违反国家规定，未经国家有关主管部门批准，非法经营证券业务，情节特别严重，其行为已构成非法经营罪且系共同犯罪。据此，以非法经营罪判处被告人屈某有期徒刑5年，并处罚金人民币62万元。

立案标准

根据《立案追诉标准（二）》第71条的规定，违反国家规定，进行非法经营活动，扰乱市场秩序，涉嫌下列情形之一的，以非法经营罪立案追诉:……(2)未经国家有关主管部门批准,非法经营证券、期货、保险业务,或者非法从事资金支付结算业务,具有下列情形之一的:①非法经营证券、期货、保险业务,数额在 100 万元以上,或者违法所得数额在 10 万元以上的……。

律师提示 ///

《刑法》第 225 条规定,违反国家规定,未经国家有关主管部门批准非法经营证券业务,扰乱市场秩序,情节严重的,构成非法经营罪。《证券法》第 118 条第 1 款规定,设立证券公司,应经国务院证券监督管理机构批准;第 120 条第 1 款规定,经国务院证券监督管理机构核准,取得经营证券业务许可证,证券公司可以经营证券投资咨询业务。

众所周知,设立证券公司、从事证券投资咨询业务都需要经国务院证券监督管理机构批准,取得经营证券业务许可证。任何单位和个人未经批准经营证券业务的,都属于非法经营证券业务,应予以取缔;涉嫌犯罪的,构成非法经营罪。非法证券活动是一种典型的涉众型违法犯罪活动,严重干扰正常的经济金融秩序,破坏社会和谐与稳定。近年来,非法证券活动花样不断翻新,隐蔽性强,欺骗性大,仿效性高;同时,涉及地域广,涉案金额大,涉及人员多。

但是,非法证券活动是否涉嫌犯罪,需要由公安机关、司法机关认定。公安机关、司法机关认为需要由有关行政主管机关进行性质认定的,行政主管机关应当出具认定意见。

39 公司股权转让是否等同土地使用权转让，能否构成非法转让、倒卖土地使用权罪？

裁判要旨

股权转让与土地使用权转让具有不同的法律性质，即使未支付全部土地使用权出让金、未取得土地使用权证书、未进行投资开发，只要股权转让后仍由原公司持有及开发土地的，不应构成非法转让、倒卖土地使用权罪。

基本案情

2009年，被告人栾某某得知青岛中央商务区A－1－8地块对外招商投资的信息，同年3月31日，被告单位青岛瑞某投资有限公司（以下简称R公司）与商务区开发建设公司签订协议书，约定由R公司对青岛中央商务区A－1－8地块A区进行开发建设及土地摘牌。同年12月，栾某某以J公司名义通过招拍挂等方式获得青岛市市北区中央商务区A－1－8－B1地块，面积4255.3平方米，出让价款1.2051366亿元，并与青岛市国土资源和房屋管理局签订国有建设用地使用权出让合同。

为实施该项目，2010年1月12日，R公司出资申请登记成立J公司，法定代表人系栾某某。2010年1月14日，在未支付全部土地使用权出让金、未取得土地使用权证书、未进行投资开发的情况下，R公司与H公司签订协议，约定将J公司100%股份转让给H公司。同年3月、6月，双方陆续签订补充协议。至2010年6月，H公司根据上述协议共向R公司支付4846万元。扣除前期支付的保证金、拍卖费用，R公司通过上述交易共获利3999万元。

裁判结果

法院经审理认为，栾某某与R公司竞拍土地最初的目的是用于开发，后经核算后发现当时房地产开发成本剧增，预留资金不足以进行开发，而且R公司已经与商务区开发公司签订协议书并支付了定金，如果不参与竞拍土地将支付巨额违约金，为此经两委研究决定将拍得土地的J公司的股权转让给H公司，目的是降低投资风险。在案证据尚不足以证明栾某某、R公司系单纯出于牟利的目的而转让土地，且股权转让后仍由J公司持有及开发土地，亦未改变土地用途、性质，故该行为不宜纳入《刑法》规制的范畴作为犯罪处理。

立案标准

根据《立案追诉标准（二）》第72条的规定，以牟利为目的，违反土地管理法规，非法转让、倒卖土地使用权，涉嫌下列情形之一的，以非法转让、倒卖土地使用权罪立案追诉：(1)非法转让、倒卖永久基本农田5亩以上的；(2)非法转让、倒卖永久基本农田以外的耕地10亩以上的；

(3)非法转让、倒卖其他土地20亩以上的;(4)违法所得数额在50万元以上的;(5)虽未达到上述数额标准,但因非法转让、倒卖土地使用权受过行政处罚,又非法转让、倒卖土地的;(6)其他情节严重的情形。

律师提示

《刑法》第228条规定,以牟利为目的,违反土地管理法规,非法转让、倒卖土地使用权,情节严重的,构成非法转让、倒卖土地使用权罪。

根据2018年《公司法》的相关规定,无论是有限公司还是股份公司,股东都可以将所持股份转让给其他股东或者股东以外的第三人。从股份转让与土地使用权转让的法律性质来看,股份转让并不会直接导致作为公司独立财产的土地使用权的变动,因为公司股份转让与土地使用权转让在转让标的、转让主体、法律效果等方面都不相同。股份受让人虽受让了转让人的全部股权,但原属转让人的土地使用权并未因此发生流转,股权受让人与转让人仍属两个相互独立的民事主体。不能因受让人受让了转让人的全部股权就想当然地认定该股权转让行为属于土地使用权的转让行为。

另外,目前我国并无强制性法律法规禁止以转让公司股权的形式实现土地使用权转让的目的,即使行为人未支付全部土地使用权出让金、未取得土地使用权证书、未进行投资开发,只要股权转让后仍由原公司持有及开发土地,就不应将单纯的股权转让行为认定为非法转让、倒卖土地使用权。

40 房产中介在网站上公开房源信息并从中牟利，是否构成侵犯公民个人信息罪？

裁判要旨

若房源信息包含房东姓名、联系方式、房产地址、门牌号码等信息，能够单独或者与其他信息结合识别特定自然人的身份，则属于公民个人信息；在未取得权利人同意的前提下，在网站上公开房源信息，情节严重的，构成侵犯公民个人信息罪。

基本案情

2016年1月至2017年10月，被告人柯某某创建并经营管理"房利帮"网站。该网站主要通过从房产中介人员处有偿获取本市二手房的出租、出售房源信息，同时安排公司员工从微信群、其他网站等处获取部分房源信息。在对信息的准确性进行核实后，该网站会将房源信息以会员套餐方式提供给网站会员付费查询使用，被告人柯某某以此获利。其间，房产中介人员向"房利帮"网站上传房源信息时未事先取得信息权利人即房东的同意及授权，被告人柯某某在获取房源信息时也未对信息的合法性进行审查，且在安排公司员工通过电话向房东核实信息过程中，存在冒充其他中介(包括知名中介)进行核实的情况，未如实告知"房利帮"网站的真实身份及使用信息的方式、目的等并取得房东的同意、授权。

至案发时，被告人柯某某共获取房源信息30万余条，并通过收取会员套餐费方式获利150万余元。涉案房源信息包括房东联系方式、房源具体地址、门牌号码、房屋出售、出租价格等信息，部分信息含有房东姓氏或姓名。

裁判结果

法院经审理认为，被告人柯某某非法获取、出售公民个人信息，情节特别严重，其行为已构成侵犯公民个人信息罪。被告人柯某某到案后能如实供述自己的主要犯罪事实，可以从轻处罚。据此，以侵犯公民个人信息罪判处被告人柯某某有期徒刑3年，缓刑4年，并处罚金人民币160万元。

立案标准

根据2017年5月8日最高人民法院、最高人民检察院《关于办理侵犯公民个人信息刑事案件适用法律若干问题的解释》第5条第1款的规定，非法获取、出售或者提供公民个人信息，具有下列情形之一的，应当认定为《刑法》第253条之一规定的“情节严重”：(1)出售或者提供行踪轨迹信息，被他人用于犯罪的；(2)知道或者应当知道他人利用公民个人信息实施犯罪，向其出售或者提供的；(3)非法获取、出售或者提供行踪轨迹信息、通信内容、征信信息、财产信息50条以上的；(4)非法获取、出售或者提供住宿信息、通信记录、健康生理信息、交易信息等其他可能影响人身、财产安全的公民个人信息500条以上的；(5)非法获取、出售或者提供第 3 项、第 4 项规定以外的公民个人信息 5000 条以上的；(6)数量未达到第 3 项至第 5 项规定标准，但是按相应比例合计达到有关数量标准的；(7)违法所得 5000 元以上的；(8)将在履行职责或者提供服务过程中获得的公民个人信息出售或者提供给他人，数量或者数额达到第 3 项至第 7 项规定标准一半以上的；(9)曾因侵犯公民个人信息受过刑事处罚或者 2 年内受过行政处罚，又非法获取、出售或者提供公民个人信息的；(10)其他情节严重的情形。

律师提示 ///

《刑法》第 253 条之一第 1 款规定，违反国家有关规定，向他人出售或者提供公民个人信息，情节严重的，构成侵犯公民个人信息罪。

公民个人信息，是指以电子或者其他方式记录的能够单独或者与其他信息结合识别特定自然人身份或者反映特定自然人活动情况的各种信息，包括姓名、身份证件号码、通信联系方式、住址、账号密码、财产状况、行踪轨迹等。经过处理无法识别特定自然人且不能复原的信息，虽然也可能反映自然人活动情况，但与特定自然人无直接关联，不属于公民个人信息的范畴。如果房源信息包含房东姓名、联系方式、房产地址、门牌号码等信息，能够单独或者与其他信息结合识别特定自然人身份，则属于公民个人信息。在未取得信息权利人同意及授权的前提下，在网站上公开房源信息，情节严重的，构成侵犯公民个人信息罪。

另外，对于企业工商登记等信息中所包含的手机、电话号码等信息，应当明确该号码的用途，由公司购买、使用的手机、电话号码等信息，不属于个人信息的范畴，要严格区分“手机、电话号码等由公司购买，归公司使用”与“公司经办人在工商登记等活动中登记个人电话、手机号码”两种不同情形。

41 电商企业员工利用公司系统平台操作权限侵占本单位财物的，是否构成职务侵占罪？

裁判要旨

电商企业的工作人员利用公司系统平台上的操作权限，采取伪造订单并申请退款等方式，侵占公司财物数额较大的，构成职务侵占罪。

基本案情

2014～2020年，被告人王某莉在北京市海淀区中关村南大街某大厦，利用其作为被害单位公司电商平台运营部员工的职务便利，使用公司ERP系统平台上的操作权限，通过在ERP系统中进行伪造订单并申请退款、真实订单重复退款、伪造订单盗卖公司货物（涉案物品生产成本金额为239,038.47元）等操作，侵占公司物品及钱款共计134万余元。案发前，被告人王某莉向被害单位退赔涉案赃款97万余元。被告人王某莉于2020年7月2日经公安机关电话传唤到案后，如实供述了上述犯罪事实。案发后，其在家属的帮助下继续退赔被害单位39万余元，前后共计退赔被害单位1,368,552.38元。

裁判结果

法院经审理认为，被告人王某莉作为公司工作人员，利用职务上的便利，将本单位财物非法占为己有，数额巨大，其行为已构成职务侵占罪，应予惩处。鉴于被告人王某莉经公安机关电话传唤后主动到案，并如实供述了自己的罪行，有自首情节，自愿认罪认罚，且已退赔涉案赃款，对其依法减轻处罚。据此，以职务侵占罪判处被告人王某莉有期徒刑1年零2个月，罚金人民币12,000元。

立案标准

根据《立案追诉标准（二）》第76条的规定，公司、企业或者其他单位的人员，利用职务上的便利，将本单位财物非法占为己有，数额在3万元以上的，以职务侵占立案追诉。

律师提示

《刑法》第271条第1款规定，公司、企业或者其他单位的工作人员，利用职务上的便利，将本单位财物非法占为己有，数额较大的，构成职务侵占罪。

职务侵占罪的主体是公司、企业或者其他单位的人员，但国有公司、企业或者其他国有单位中从事公务的人员和国有公司、企业或者其他国有单位委派到非国有公司、企业以及其他单位从事公务的人员，利用职务上的便利，将本单位财物非法占为己有的，应认定为贪污罪。所谓利用职务上的便利，是指利用自己主管、管理、经营、经手本单位财物的便利条件；将本单位财物非法占为己有，既包括将基于职务或业务占有的本单位财物据为己有，也包括利用职务便利窃取、骗取本单位财物，既包括让自己所有，也包括让第三人所有。

因此，对于电商企业中的工作人员，如果利用自身职务便利，使用公司系统平台上的操作权限，通过伪造订单并申请退款、真实订单重复退款、伪造订单盗卖公司货物等方式，侵占公司财物数额较大的，构成职务侵占罪。

42 个人独资企业中的人员侵占本单位财物，能否构成职务侵占罪？

裁判要旨

个人独资企业中的工作人员可以成为职务侵占罪的主体，但对投资人来说，企业财产归其所有，其以个人全部财产对企业债务承担无限责任，如果是将本单位财物据为己有，并未侵犯他人财产权益的，不应认定为职务侵占罪。

基本案情

2019 年 5 ~ 10 月，被告人吕某松利用其担任被害单位 B 中心紫竹桥店店长的职务便利，在向办卡客户收取充值费的过程中，未将充值款上缴店内，私自截留充值款，侵占被害单位钱款共计 76,000 元，后用于个人使用。2020 年 6 月 12 日，被害单位报案，同年 9 月 10 日，吕某松被公安机关抓获，后如实供述了上述犯罪事实，并在家属协助下退赔被害单位人民币 170,000 元。

裁判结果

法院经审理认为，被告人吕某松身为个人独资企业的工作人员，利用职务上的便利，将本单位财物非法占为己有，数额较大，其行为已构成职务侵占罪，应予惩处。鉴于被告人吕某松系初犯，到案后能如实供认自己的罪行，认罪认罚，退赔被害单位全部损失。据此，以职务侵占罪判处被告人吕某松有期徒刑 1 年，罚金人民币 5000 元。

立案标准

根据《立案追诉标准（二）》第 76 条的规定，公司、企业或者其他单位的人员，利用职务上的便利，将本单位财物非法占为己有，数额在 3 万元以上的，以职务侵占立案追诉。

律师提示 ///

《刑法》第271条第1款规定，公司、企业或者其他单位的工作人员，利用职务上的便利，将本单位财物非法占为己有，数额较大的，构成职务侵占罪。

根据2011年2月15日最高人民法院研究室《关于个人独资企业员工能否成为职务侵占罪主体问题的复函》（法研〔2011〕20号），《刑法》第271条第1款规定中的“单位”，包括“个人独资企业”。主要理由是：《刑法》第30条规定的单位犯罪的“单位”与《刑法》第271条第1款职务侵占罪的单位概念不尽一致，前者是指作为犯罪主体应当追究刑事责任的“单位”，后者是指财产被侵害需要刑法保护的“单位”，责任追究针对的是该“单位”中的个人。有关司法解释之所以规定，不具有法人资格的独资企业不能成为单位犯罪的主体，主要是考虑此类企业因无独立财产、个人与企业行为的界限难以区分；不具备独立承担刑事责任的能力。《刑法》第271条第1款立法的目的基于保护单位财产，惩处单位内工作人员利用职务便利，侵占单位财产的行为，因此该款规定中的“单位”应当也包括独资企业。

通常而言，个人独资企业，是指由一个自然人投资，财产为投资人个人所有，投资人以其个人财产对企业债务承担无限责任的经营实体。个人独资企业中的工作人员可以成为职务侵占罪的主体，但对于个人独资企业的投资人来说，企业财产全部归其所有，其以个人财产对企业债务承担无限责任，如果是将企业财产据为己有，并未侵犯他人财产权益的，不应认定为职务侵占罪。

43 公司高管将客户归还的资金私自借贷给他人，是否构成挪用资金罪？

裁判要旨

公司高管利用负责经营管理方面的职务便利，个人决定挪用客户归还公司的资金，用于个人有息借贷等营利活动，数额较大的，构成挪用资金罪。

基本案情

2018 年 1 月至 2020 年 9 月，被告人王某利用担任 S 公司总经理，负责公司经营管理等方面事务的职务便利，个人决定挪用贷款客户归还 S 公司的本金、利息等共计 3725.74 万元，用于个人有息借贷等营利活动，超过 3 个月未还。

裁判结果

法院经审理认为，被告人王某作为公司工作人员，利用职务上的便利，挪用本单位资金归个人使用，超过 3 个月未还，用其进行营利活动，数额巨大，其行为已构成挪用资金罪。被告人王某主动投案，如实供述自己的罪行，系自首，依法可以从轻处罚。据此，以挪用资金罪判处被告人王某有期徒刑 8 年。

立案标准

根据《立案追诉标准（二）》第77条第1款的规定，公司、企业或者其他单位的工作人员，利用职务上的便利，挪用本单位资金归个人使用或者借贷给他人，涉嫌下列情形之一的，以挪用资金罪立案追诉：(1)挪用本单位资金数额在5万元以上，超过3个月未还的；(2)挪用本单位资金数额在5万元以上，进行营利活动的；(3)挪用本单位资金数额在3万元以上，进行非法活动的。

律师提示

《刑法》第272条第1款规定，公司、企业或者其他单位的工作人员，利用职务上的便利，挪用本单位资金归个人使用或者借贷给他人，数额较大、超过3个月未还的，或者虽未超过3个月，但数额较大、进行营利活动的，或者进行非法活动的，构成挪用资金罪。

公司、企业或者其他单位的非国家工作人员，利用职务上的便利，挪用本单位资金归本人或者其他自然人使用，或者挪用人以个人名义将所挪用的资金出借给其他自然人和单位，属于挪用本单位资金归个人使用或者借贷给他人。其中，"归个人使用"，包括将本单位资金供本人、亲友或者其他自然人使用，以个人名义将本单位资金供其他单位使用，个人决定以单位名义将本单位资金供其他单位使用，谋取个人利益的。如果高管利用职务便利，私自决定将公司资金借贷给他人，数额较大，进行营利活动的，构成挪用资金罪。

44 不具备用工主体资格的单位或个人，违法用工且拒不支付劳动报酬，是否构成拒不支付劳动报酬罪？

裁判要旨

不具备用工主体资格的单位或者个人，违法用工且拒不支付劳动者报酬，数额较大，经政府有关部门责令支付仍不支付的，以拒不支付劳动报酬罪追究刑事责任。

基本案情

2013年5月19日，被告人冯某某与H公司签订盛泰广场小区1号、2号楼施工总承包合同，承包形式为包工包料，结算以实际竣工面积为准。被告人冯某某在不具备用工主体资格的情况下，招工承建工程。2018年参与该工程施工的11名劳动者向当地劳动部门举报被告人冯某某拖欠2014年4月至2016年12月末的工资，共计502,920元。

绥化市人力资源和社会保障局于2018年10月18日向冯某某下达了《劳动保障监察责令改正决定书》，并对其送达，限其3日内向劳动者支付劳动报酬。期限内冯某某未支付劳动报酬。2018年10月22日绥化市人力资源和社会保障局决定以冯某某涉嫌拒不支付劳动报酬罪移交公安机关。公安机关于2018年10月26日受案，绥化市劳动保障监察局工作人员通过电话和短信多次通知冯某某到相关部门说明情况，冯某某拒不回复，未予配合。

2018年12月4日，侦查机关立案，同年12月18日劳动者赵忠发与冯某某、黑龙江某实业集团有限责任公司经绥化市北林区人民法院调解，达成还款协议。2019年1月19日，公安机关将被告人冯某某抓获归案，同年1月24日被告人冯某某与9名工人达成还款协议，并支付了部分劳动报酬，其在提起公诉前仍拖欠劳动者焦某9000元、赵某25,000元、刘某120,000元、刘某涛2500元、刘某学35,000元的工资，共计191,500元。2021年3月19日，被告人冯某某履行了对赵某165,000元的债务。案件审理期间，被告人冯某某支付了全部的劳动报酬，取得了各被害人的谅解。

裁判结果

法院经审理认为，被告人冯某某有能力支付而不支付劳动者的劳动报酬，数额较大，经政府有关部门责令支付仍不支付，且以逃匿的方法逃避支付劳动者的劳动报酬，其行为构成拒不支付劳动报酬罪。据此，判处被告人冯某某有期徒刑6个月，并处罚金人民币1万元。

立案标准

根据最高人民检察院、公安部《立案追诉标准（一）补充规定》第7

条第1款的规定,以转移财产、逃匿等方法逃避支付劳动者的劳动报酬或者有能力支付而不支付劳动者的劳动报酬,经政府有关部门责令支付仍不支付,涉嫌下列情形之一的,以拒不支付劳动报酬罪立案追诉:(1)拒不支付1名劳动者3个月以上的劳动报酬且数额在5000元至2万元以上的;(2)拒不支付10名以上劳动者的劳动报酬且数额累计在3万元至10万元以上的。

律师提示 ///

《刑法》第276条之一第1款规定,以转移财产、逃匿等方法逃避支付劳动者的劳动报酬或者有能力支付而不支付劳动者的劳动报酬,数额较大,经政府有关部门责令支付仍不支付的,构成拒不支付劳动报酬罪。

拒不支付劳动报酬罪的主体既可以是单位,也可以是个人。单位犯本罪的,对单位判处罚金,并对其直接负责的主管人员和其他直接责任人员判处相应的刑罚。如果行为人尚未造成严重后果,在提起公诉前支付劳动者的劳动报酬,并依法承担相应赔偿责任的,可以减轻或者免除处罚。

按照2013年1月16日最高人民法院《关于审理拒不支付劳动报酬刑事案件适用法律若干问题的解释》第7条的规定,不具备用工主体资格的单位或者个人,违法用工且拒不支付劳动者的劳动报酬,数额较大,经政府有关部门责令支付仍不支付的,应当以拒不支付劳动报酬罪追究刑事责任。也就是说,即使行为人不具有合法的用工资格,也没有相应的经营资质,违法招用民工进行施工的,不影响以拒不支付劳动报酬罪追究其刑事责任。

45 为境内用户非法提供境外互联网接入服务，是否构成拒不履行信息网络安全管理义务罪？

裁判要旨

租用国内、国外服务器，自行制作并出租翻墙软件，非法提供国际联网代理服务，经监管部门责令采取改正措施后拒不改正，情节严重的，构成拒不履行信息网络安全管理义务罪。

基本案情

2015 年 7 月至 2016 年 12 月 30 日，被告人胡某为非法牟利，租用国内、国外服务器，自行制作并出租“土行孙”“四十二”翻墙软件，为境内 2000 余名网络用户非法提供境外互联网接入服务。2016 年 3 月、2016 年 6 月上海市公安局浦东分局先后两次约谈被告人胡某，要求其停止联网服务。2016 年 10 月 20 日，上海市公安局浦东分局对被告人胡某利用 S 公司擅自建立其他信道进行国际联网的行为，作出责令停止联网、警告、并处罚款15,000元、没收违法所得40,445.06元的行政处罚。被告人胡某拒不改正,于2016年10月至2016年12月30日,继续出租“土行孙”翻墙软件,违法所得共计236,167元。经鉴定,“土行孙”翻墙软件采用了gotunnel程序,可以实现代理功能,可以使本地计算机通过境外代理服务器访问境外网站。

裁判结果

法院经审理认为,被告人胡某非法提供国际联网代理服务,拒不履行法律、行政法规规定的信息网络安全管理义务,经监管部门责令采取改正措施后拒不改正,情节严重,其行为已构成拒不履行信息网络安全管理义务罪。被告人胡某有自首情节,退出违法所得并预缴罚金款,依法从轻处罚。据此,以拒不履行信息网络安全管理义务罪判处被告人胡某拘役6个月,缓刑6个月,并处罚金人民币3万元。

立案标准

根据2019年10月21日最高人民法院、最高人民检察院《关于办理非法利用信息网络、帮助信息网络犯罪活动等刑事案件适用法律若干问题的解释》第6条的规定,拒不履行信息网络安全管理义务,具有下列情形之一的,应当认定为《刑法》第286条之一第1款第4项规定的“有其他严重情节”:(1)对绝大多数用户日志未留存或者未落实真实身份信息认证义务的;(2)2年内经多次责令改正拒不改正的;(3)致使信息网络服务被主要用于违法犯罪的;(4)致使信息网络服务、网络设施被用于实施网络攻击,严重影响生产、生活的;(5)致使信息网络服务被用于实施危害国家安全犯罪、恐怖活动犯罪、黑社会性质组织犯罪、贪污贿赂犯罪或者其他重大犯罪的;(6)致使国家机关或者通信、能源、交通、水利、金融、教育、医疗等领域提供公共服务的信息网络受到破坏,严重影响生产、生活的;(7)其他严重违反信息网络安全管理义务的情形。

律师提示

《刑法》第286条之一第1款规定,网络服务提供者不履行法律、行政法规规定的信息网络安全管理义务,经监管部门责令采取改正措施而拒不改正,造成严重后果或者有情节严重的,构成拒不履行信息网络安全管理义务罪。

按照1997年5月20日国务院《计算机信息网络国际联网管理暂行规定》第6条的规定,计算机信息网络直接进行国际联网,必须使用原邮电部国家公用电信网提供的国际出入口信道;任何单位和个人不得自行建立或者使用其他信道进行国际联网。第8条第2款规定,接入单位拟从事国际联网经营活动的,应当向有权受理从事国际联网经营活动申请的互联单位主管部门或者主管单位申请领取国际联网经营许可证;未取得国际联网经营许可证的,不得从事国际联网经营业务。也就是说,如果未取得国际联网经营许可证,非法提供国际联网代理服务,不履行法律、行政法规规定的信息网络安全管理义务,经监管部门责令采取改正措施后拒不改正,造成严重后果或者情节严重的,构成拒不履行信息网络安全管理义务罪。

46 利用互联网经营外汇二元期权业务，是否构成开设赌场罪？

裁判要旨

假借经营外汇二元期权业务之名，利用互联网平台诱使社会公众入金竞猜外汇汇率涨跌，其本质是“押大小、赌输赢”，是披着期权交易外衣的赌博网站，行为人应邀担任赌博网站代理，发展会员并获取利润分成的，构成开设赌场罪。

基本案情

2016年6月，黄某强、邱某华、万某华、罗某东（均已判刑）出资购买了一套MT4外汇交易平台系统，4人商定吸引社会公众到该平台注册MT4账户并入金竞猜外汇汇率涨跌，从而获取非法利益。为掩人耳目，该团伙注册成立了“江北区朗某电子产品经营部”，并商定由黄某强负责总体经营，万某华负责财务，邱某华负责行政、后勤，罗某东负责风控、培训，团伙下设经纪人、注册审核人员、线上、线下客服人员。

2016年9月在租赁重庆市江北区五里店某大厦作为犯罪实施地后，被告人曾某玲、郭某东应黄某强、万某华等人招揽加入该团伙负责市场开发、培训并成为二级代理，同时该团伙还招揽滕某（另案处理）、许某（另案处理）为经纪人，负责带单指导社会公众交易；招揽黄某、鄢某杰（均已判刑）等人负责社会公众MT4账号注册审核、平台维护等工作。经过培训，该团伙通过网络以及现场宣讲等方式，开始对外宣称“江北区朗某电子产品经营部”系澳大利亚金鼎国际集团在中国的一级代理商，经营外汇二元期权业务，金鼎国际集团实力雄厚，资金有保障等虚假信息，欺骗社会公众在金鼎国际网站注册MT4账号、下载交易软件，然后让社会公众通过注册的MT4账号登陆并绑定银行卡、投入资金，以入金赠积分、交易赠美元的方式激励社会公众入金、交易，诱使社会公众在网站交易软件上通过注册的MT4账号内的资金竞猜某种外汇汇率在未来某个时间段（1分钟、5分钟、15分钟、30分钟、1小时）内的变化趋势（上涨或者下跌），并通过设定在第三方支付平台的户名G公司的关联账户进行资金的交割，与平台操作方进行博弈（对赌）从而获得固定比例的收益（猜中涨跌的社会公众除本金外，另可获得本金78%～82%收益）或者受到出资损失。为鼓动团伙人员积极性，该平台设立经纪人进行分类管理，经纪人除领取底薪外，还根据社会公众交易手数及金额按不同比例获得佣金提成。

自2016年9月至2017年2月，该平台账户注册人员实际入金至第三方支付平台户名贵州诺某华电子商务有限公司关联账户1597万余元，出金1582万余元。截至2017年2月，该二元期权交易平台共接受社会公众交易（投注）金额达6,253,705美元。

被告人曾某玲于2016年9月经黄某强介绍加入犯罪团伙成为二级代理商、白金经纪人(PIB),负责开拓市场等工作,为赌博网站发展会员,按照按二级代理商、PIB的比例提取佣金。截至2017年1月14日实际获利201,254.5元。

被告人郭某东于2016年10月经黄某强、曾某玲介绍加入犯罪团伙成为二级代理商、白金经纪人(PIB),负责在全国开宣讲会,给客户带单等工作,为赌博网站发展会员,按照二级代理商、PIB的比例提取佣金。截至2017年1月14日实际获利34,207元。2017年2月该平台被关闭后,薛某军等300余名MT4账户入金人员无法登陆金鼎国际的官网及MT4交易平台、无法提取其本人MT4账户内剩余资金,遂报案。2019年8月12日被告人郭某东到重庆市江北区警方投案。其到案后如实供述了相应犯罪事实。案发后,被告人曾某玲退出犯罪所得24,000元;被告人郭某东退出犯罪所得34,207元。

裁判结果

法院经审理认为,被告人郭某东明知他人在网络上开设赌场,而应邀担任赌博网站代理并发展赌博客户,其行为已构成开设赌场罪,且系情节严重,依法应予以处罚。公诉机关指控的罪名成立。鉴于被告人郭某东在共同犯罪过程中起次要、辅助作用,系从犯;其主动投案,并如实供述其罪行,有自首情节,且退出了全部违法所得,综合其犯罪情节,依法对其予以减轻处罚并适用缓刑。据此,以开设赌场罪判处被告人郭某东有期徒刑2年零6个月,缓刑4年,并处罚金人民币5万元。

立案标准

根据《立案追诉标准(一)》第44条的规定,开设赌场的,应予立案追诉。在计算机网络上建立赌博网站,或者为赌博网站担任代理,接受投注的,属于该条规定的“开设赌场”。

律师提示

《刑法》第303条第2款规定,开设赌场的,处5年以下有期徒刑、拘役或者管制,并处罚金;情节严重的,处5年以上、10年以下有期徒刑,并处罚金。

利用互联网、移动通讯终端等传输赌博视频、数据,组织赌博活动,具有下列情形之一的,属于“开设赌场”行为:(1)建立赌博网站并接受投注的;(2)建立赌博网站并提供给他人组织赌博的;(3)为赌博网站担任代理并接受投注的;(4)参与赌博网站利润分成的。

不以营利为目的,进行带有少量财物输赢的娱乐活动,以及提供棋牌室等娱乐场所只收取正常的场所和服务费用的经营行为等,不以赌博论处。赌博犯罪中用作赌注的款物、换取筹码的款物和通过赌博赢取的款物属于赌资。通过计算机网络实施赌博犯罪的,赌资数额可以按照在计算机网络上投注或者赢取的点数乘以每一点实际代表的金额认定。

47 网络“一元购”抽奖式销售，是否构成开设赌场罪？

裁判要旨

网络“一元购”表面上是销售实物商品，实际上销售的是中奖机会，中奖结果具有偶然性，在法律上属于射幸合同，具有赌博性质，是一种变相的赌博行为，行为人为“一元购”赌博网站提供发展会员、代理充值等服务，并获取佣金的，构成开设赌场罪。

基本案情

自2017年9月起，被告人吴某、谭某、胡某某、王某明知“深圳一元购”和“红狸特惠商城”网站采用“将一件商品平分成若干1元金额的‘等份’，通过互联网平台出售，购买者可以购买其中一份或多份，当所有‘等份’售出以后以抽奖的方式从购买者中抽出幸运者获得此商品，其他购买者的认购资金不予退还”的网络“一元购”模式进行经营，仍为该网站提供发展会员、代理充值等服务。在该网站，被告人赚取代理充值数额1%的利差（普通会员充值可获得充值数额1%的返利，被告人充值可获得充值数额2%的返利），同时按照其所发展会员在该网站消费金额的6%获得佣金。

裁判结果

法院经审理认为，被告人吴某、谭某、胡某某、王某明知是赌博网站，而为其提供发展会员、充值赌资等帮助，情节严重，其行为已构成开设赌场罪。被告人吴某、谭某、胡某某、王某在共同犯罪中起辅助、帮助作用，系从犯，依法可减轻处罚；被告人吴某、谭某、胡某某、王某经电话传唤到案后，如实供述其犯罪事实，均系自首；且各被告人均系初犯，并能积极主动退赃和缴纳罚金，加之该案适用认罪认罚从宽制度，依法可对各被告人从轻处罚。据此，以开设赌场罪判处被告人吴某等人有期徒刑6个月至1年不等的刑期，均缓刑1年，并处罚金。

立案标准

根据2010年8月31日最高人民法院、最高人民检察院、公安部《关于办理网络赌博犯罪案件适用法律若干问题的意见》第1条第1款的规定，利用互联网、移动通讯终端等传输赌博视频、数据，组织赌博活动，具有下列情形之一的，属于《刑法》第303条第2款规定的"开设赌场"行为：(1)建立赌博网站并接受投注的；(2)建立赌博网站并提供给他人组织赌博的；(3)为赌博网站担任代理并接受投注的；(4)参与赌博网站利润分成的。

律师提示

《刑法》第303条第2款规定，开设赌场的，处5年以下有期徒刑、拘役或者管制，并处罚金；情节严重的，处5年以上、10年以下有期徒刑，并处罚金。

网络“一元购”,是指将一件商品平分成若干1元金额的“等份”通过互联网平台出售,购买者可以购买其中的一份或多份,当所有“等份”售出后以抽奖方式从购买者中抽出幸运者获得此商品,其他购买者的认购资金不予退还的销售模式。参与人存在获取较大利益的机会,但也承担损失全部本金的风险。

网络“一元购”表面上是销售实物商品,实际上销售的是中奖机会,中奖结果具有偶然性,在法律上属于射幸合同,具有赌博性质,是一种变相的赌博行为。因此,对纯粹以1元价格销售获取大奖机会的网络“一元购”,可以认定为赌博。如果行为人为“一元购”赌博网站担任代理并接受投注,或者参与赌博网站利润分成,应认定为构成开设赌场罪。若经营机构以网络“一元购”为名,采取抽奖造假、以次充好、不寄送奖品甚至卷款潜逃等方式,骗取参与人钱财,其行为就是典型的以非法占有为目的,使用欺骗方法骗取他人财物的诈骗行为。

48 欺骗劳动人事争议仲裁委员会出具仲裁调解书，以该调解书向法院申请强制执行的，是否构成虚假诉讼罪？

裁判要旨

行为人通过伪造证据,欺骗劳动人事争议仲裁委员会出具仲裁调解书之后，以该仲裁调解书为依据向法院申请强制执行，致使人民法院立案执行的，构成虚假诉讼罪。

基本案情

2016 年 12 月，被告人左某文得知浙江天某钢结构制造有限公司（以下简称 T 公司）的不动产将被拍卖后，伪造了一份“2016 年 3 月至 11 月 T 公司未发工资清单”，指使相关人员签署文书材料，以此向武义县劳动争议仲裁委申请劳动仲裁，要求 T 公司支付拖欠的工资共计 1,286,097 元，并授意陈某冒充 T 公司的财务主管代表 T 公司进行仲裁。2017 年 1 月 19 日，武义县劳动人事争议仲裁委员会作出仲裁调解书。之后，左某文等人以该仲裁调解书为依据向法院申请强制执行。2017 年 7 月 27 日法院立案执行，同年 8 月，根据武义县劳动人事争议仲裁委员会仲裁调解书，将 T 公司的不动产拍卖款优先支付给了左某文等人，共计 1,286,097 元。该款大部分被左某文用于归还债务及支付拖欠的工程款等。

被告人王某、严某胜、朱某委在明知左某文用伪造的 T 公司未发工资清单进行劳动仲裁的情况下，经左某文授意，在相关文书上签字，成为仲裁诉讼代表人，帮助左某文进行虚假诉讼，被告人王某还帮助左某文转移部分人的执行款。被告人徐某勤明知左某文用伪造的 T 公司未发工资清单进行劳动仲裁，经左某文授意，在相关文书上签字，帮助左某文进行虚假诉讼。

裁判结果

法院经审理认为,被告人左某文以捏造的事实提起民事诉讼,被告人王某、严某胜、朱某委、徐某勤明知左某文以捏造的事实提起民事诉讼仍提供帮助,妨害司法秩序,情节严重,系共同犯罪,其行为均已构成虚假诉讼罪。被告人左某文在共同犯罪中起主要作用,系主犯,没有退出违法所得,其虽然主动投案,但没有如实供述,不认定为自首。被告人王某、严某胜、朱某委、徐某勤在共同犯罪中起次要作用,均系从犯。案发后,被告人王某、严某胜、朱某委、徐某勤主动投案,归案后如实供述,庭审中自愿认罪,均认定为自首,已退出违法所得,均予以减轻处罚。据此,以虚假诉讼罪判处被告人左某文有期徒刑 3 年零 6 个月,并处罚金人民币 10 万元,判处其他被告人有期徒刑 6 个月至 1 年不等,适用缓刑,并处罚金。

立案标准

根据《立案追诉标准(二)》第 78 条的规定,单独或者与他人恶意串通,以捏造的事实提起民事诉讼,涉嫌下列情形之一的,以虚假诉讼罪立案追诉:(1)致使人民法院基于捏造的事实采取财产保全或者行为保全措施的;(2)致使人民法院开庭审理,干扰正常司法活动的;(3)致使人民法院基于捏造的事实作出裁判文书、制作财产分配方案,或者立案执行基于捏造的事实作出的仲裁裁决、公证债权文书的;(4)多次以捏造的事实提起民事诉讼的;(5)因以捏造的事实提起民事诉讼被采取民事诉讼强制措施或者受过刑事追究的;(6)其他妨害司法秩序或者严重侵害他人合法权益的情形。

律师提示 ///

《刑法》第 307 条之一第 1 款规定，以捏造的事实提起民事诉讼，妨害司法秩序或者严重侵害他人合法权益的，构成虚假诉讼罪。

根据 2021 年 11 月 4 日公布的最高人民法院《关于深入开展虚假诉讼整治工作的意见》（法〔2021〕281 号）第 2 条规定，向人民法院申请执行基于捏造的事实作出的仲裁裁决、调解书及公证债权文书，在民事执行过程中以捏造的事实对执行标的提出异议、申请参与执行财产分配的，也属于虚假诉讼。如果行为人通过伪造证据，以捏造的事实骗取仲裁裁决、调解书及公证债权文书，然后依据该仲裁裁决、调解书及公证债权文书向人民法院申请强制执行，致使人民法院立案执行基于捏造的事实作出的仲裁裁决、调解书及公证债权文书的，应当认定为"妨害司法秩序或者严重侵害他人合法权益"，构成虚假诉讼罪。

49 公司明知是非法集资所得，通过转账等方式协助资金转移的，是否构成洗钱罪？

裁判要旨

公司明知是金融诈骗犯罪所得及其产生的收益，通过转账或其他支付结算方式协助转移资金的，构成洗钱罪。

基本案情

2014 年 8 月起，侯某（另案处理）伙同他人通过 J 公司线上“P2P”平台、X 公司线下门店，在未经国家相关部门批准的情况下，采用广告宣传及口口相传等方式，承诺支付 8% ~ 12% 不等的年化投资收益，对外销售债权转让类理财产品，并通过 200 余家空壳公司发布虚假借款标的，向社会不特定公众非法募集资金。

2017 年 1 月至 2018 年 8 月，被告人梅某航在担任被告单位 S 公司法定代表人实际控制该公司期间，明知 J 公司线上“P2P”平台在未取得国家相关部门批准的情况下非法集资，受侯某指使，被告单位 S 公司与李某签订虚假的循环额度借款合同，由 J 公司在平台上发布虚假借款标的，将 J 公司集资参与人的资金通过被告单位 X 公司账户转入侯某指定的个人及公司银行账户。经鉴定，2017 年 1 月 11 日至 2018 年 8 月 9 日，J 公司通过李某等账户共计向 X 公司转账 30, 239, 350. 20 元，X 公司转回李某等账户共计 30, 185, 848. 43 元。

裁判结果

法院经审理认为，被告单位 X 公司及作为被告单位直接负责的主管人员的被告人梅某航明知是金融诈骗犯罪所得及其产生的收益，为掩饰、隐瞒其来源和性质，通过转账方式协助资金转移，其行为均已构成洗钱罪,且情节严重。据此,以洗钱罪判处被告单位 X 公司罚金人民币 300 万元,判处被告人梅某航有期徒刑 6 年。

立案标准

根据《立案追诉标准(二)》第 43 条的规定,为掩饰、隐瞒毒品犯罪、黑社会性质的组织犯罪、恐怖活动犯罪、走私犯罪、贪污贿赂犯罪、破坏金融管理秩序犯罪、金融诈骗犯罪的所得及其产生的收益的来源和性质,涉嫌下列情形之一的,以洗钱罪立案追诉:(1)提供资金账户的;(2)将财产转换为现金、金融票据、有价证券的;(3)通过转账或者其他支付结算方式转移资金的;(4)跨境转移资产的;(5)以其他方法掩饰、隐瞒犯罪所得及其收益的来源和性质的。

律师提示

《刑法》第 191 条第 1 款规定,明知是毒品犯罪、黑社会性质的组织犯罪、恐怖活动犯罪、走私犯罪、贪污贿赂犯罪、破坏金融管理秩序犯罪、金融诈骗犯罪的所得及其产生的收益而掩饰、隐瞒其来源和性质的,构成洗钱罪。

洗钱罪的主体既可以是自然人,也可以是单位。单位犯洗钱罪的,对单位判处罚金,并对其直接负责的主管人员和其他直接责任人员判处相应的刑罚。行为人将洗钱罪中某一上游犯罪的犯罪所得及其收益误认为上游犯罪范围内的其他犯罪所得及其收益的,不影响主观故意的认定。

《刑法》第 191 条规定的洗钱罪与第 312 条规定的掩饰、隐瞒犯罪所得、犯罪所得收益罪是刑法特别规定与一般规定的关系。掩饰、隐瞒犯罪所得、犯罪所得收益罪包含传统的窝藏犯罪和普通的洗钱犯罪，洗钱罪是针对毒品犯罪、黑社会性质的组织犯罪、恐怖活动犯罪、走私犯罪、贪污贿赂犯罪、破坏金融管理秩序犯罪、金融诈骗犯罪等严重犯罪而为其洗钱的行为所作的特别规定。同时，符合《刑法》第191条和第312条规定的，优先适用第191条特别规定。

50 转移公司收取的租金挪作他用，是否构成拒不执行判决、裁定罪？

裁判要旨

被执行人明知债权人已向法院申请强制执行，未如实向法院申报公司财产，并转移公司收取的租金挪作他用，藏匿公司收入，拒不履行判决义务，情节严重的，构成拒不执行判决罪。

基本案情

2014年7月17日，J公司向合川区人民法院起诉Y公司，要求支付工程款。一审宣判后，Y公司不服判决，提出上诉。2015年10月28日，重庆市第一中级人民法院作出

(2015)渝一中法民终字第04376号民事判决，令Y公司在判决生效后5日内支付J公司工程款1,424,801.2元及利息。因Y公司未按期履行义务，J公司于2015年11月10日申请法院强制执行。同月17日，法院向Y公司邮寄送达《执行通知书》《报告财产令》等执行文书。26日，法院执行人员到Y公司留置送达相关执行文书。同年12月28日，执行人员向Y公司法定代表人刘某告知J公司申请强制执行的相关情况及其需履行如实申报财产等义务，同时送达执行裁定书。

另查明，2015年12月10日，刘某与重庆某物流有限公司协商好后指派Y公司员工冯某与某丙公司签订了厂房租赁协议，以364,607元的价格将Y公司一厂房租赁给某丙公司使用3年。后刘某在明知Y公司及自己账户均被法院冻结的情况下，指使Y公司将此笔租房款转至其孩子的银行账户上，并将该款用于补发Y公司职工工资，导致法院不能执行此笔款项给J公司。

裁判结果

法院经审理认为，Y公司、刘某对人民法院的判决有能力执行而拒不执行，情节严重，其行为均已构成拒不执行判决罪。据此，以拒不执行判决罪判处被告单位Y公司罚金人民币10万元；判处被告人刘某有期徒刑1年，缓刑1年零6个月。

立案标准

根据2002年8月29日全国人民代表大会常务委员会《关于〈中华人民共和国刑法〉第三百一十三条的解释》，下列情形属于《刑法》第313条规定的“有能力执行而拒不执行，情节严重”的情形：(1)被执行人隐藏、转移、故意毁损财产或者无偿转让财产、以明显不合理的低价转让财产，致使判决、裁定无法执行的；(2)担保人或者被执行人隐藏、转移、故意毁损或者转让已向人民法院提供担保的财产，致使判决、裁定无法执行的；(3)协助执行义务人接到人民法院协助执行通知书后，拒不协助执行，致使判决、裁定无法执行的；(4)被执行人、担保人、协助执行义务人与国家机关工作人员通谋，利用国家机关工作人员的职权妨害执行，致使判决、裁定无法执行的；(5)其他有能力执行而拒不执行，情节严重的情形。

律师提示

《刑法》第313条第1款规定，对人民法院的判决、裁定有能力执行而拒不执行，情节严重的，构成拒不执行判决、裁定罪。

拒不执行判决、裁定罪中的“判决、裁定”，是指人民法院依法作出的具有执行内容并已发生法律效力的判决、裁定。人民法院为依法执行支付令、生效的调解书、仲裁裁决、公证债权文书等所作的裁定属于规定的“裁定”。如果被执行单位及其直接负责的主管人员和其他直接责任人员，明知债权人已向法院申请强制执行判决、裁定确定的支付款项义务，且在法院多次告知相关权利义务后，未如实向法院申报公司财产，并转移公司收取的资金挪作他用，藏匿公司收入，拒不履行执行判决、裁定的义务，属于有能力执行而拒不执行，且情节严重，符合拒不执行判决、裁定罪的构成要件。公司的法定代表人、高管等人若因拒不执行判决、裁定曾被司法拘留，后又实施涉嫌拒不执行判决、裁定的行为，则被追究刑事责任的可能性会比较大。

51 企业未取得排污许可证，通过暗管排放有毒物质，是否构成污染环境罪？

裁判要旨

企业在未取得环境影响评价文件、排污许可证的情况下，通过暗管、渗井、渗坑、裂隙、溶洞、灌注等逃避监管的方式排放、倾倒、处置有毒物质，严重污染环境的，构成污染环境罪。

基本案情

2016年1月至2018年10月，被告单位X公司及其法定代表人高某甲，直接责任人员徐某、高某乙、王某在未取得环境影响评价文件、排污许可证的情况下，在本市江宁区湖熟街道湖熟社区民族产业园A区，违反国家关于有毒物质的处置规定，将生产热敏电阻器过程中产生的废水通过暗管排放至厂区外池塘。经检测，该公司排放的上述废水含铜、镍等重金属。

另查明，2016 年 7 月，被告人徐某入职该公司后任生产主管；同年 8 月，被告人高某乙入职该公司后任车间组长；2017 年 4 月，被告人王某入职该公司后任操作工。

裁判结果

法院经审理认为，被告单位 X 公司违反国家相关规定，非法排放有毒物质，严重污染环境，其行为已构成污染环境罪。被告人高某甲在所在单位污染环境的过程中，系直接负责的主管人员；被告人徐某、高某乙、王某系其他直接责任人员，其行为均已构成污染环境罪，且 4 名被告人系共同犯罪。据此，以污染环境罪判处被告单位南京新某洋电子有限公司罚金人民币 30 万元，判处被告人高某甲等有期徒刑 6 个月至 2 年零 8 个月不等，并处罚金。

立案标准

根据《立案追诉标准(一)补充规定》第 10 条第 1 款的规定，违反国家规定，排放、倾倒或者处置有放射性的废物、含传染病病原体的废物、有毒物质或者其他有害物质，涉嫌下列情形之一的，以污染环境罪立案追诉：……(2)非法排放、倾倒、处置危险废物 3 吨以上的……(5)通过暗管、渗井、渗坑、裂隙、溶洞、灌注等逃避监管的方式排放、倾倒、处置有放射性的废物、含传染病病原体的废物、有毒物质的……(10)造成生态环境严重损害的。

律师提示 ///

《刑法》第 338 条第 1 款规定，违反国家规定，排放、倾倒或者处置有放射性的废物、含传染病病原体的废物、有毒物质或者其他有害物质，严重污染环境的，构成污染环境罪。

污染环境罪的主体既包括自然人，也包括单位。为了单位利益，实施环境污染行为，并具有下列情形之一的，应当认定为单位犯罪：经单位决策机构按照决策程序决定的；经单位实际控制人、主要负责人或者授权的分管负责人决定、同意的；单位实际控制人、主要负责人或者授权的分管负责人得知单位成员个人实施环境污染犯罪行为，并未加以制止或者及时采取措施，而是予以追认、纵容或者默许的；使用单位营业执照、合同书、公章、印鉴等对外开展活动，并调用单位车辆、船舶、生产设备、原辅材料等实施环境污染犯罪行为的。

污染环境会造成生态环境的损害，也会造成其他一系列损失，包括生态环境修复费用，生态环境修复期间服务功能的损失和生态环境功能永久性损害造成的损失，以及其他必要合理费用。实施污染环境行为，刚达到应当追究刑事责任的标准，但行为人及时采取措施，防止损失扩大、消除污染，全部赔偿损失，积极修复生态环境，且系初犯，确有悔罪表现的，可以认定为情节轻微，不起诉或者免予刑事处罚；确有必要判处刑罚的，应当从宽处罚。

52 医药企业将产生的废水排入河道，是否构成污染环境罪？

裁判要旨

医药企业在生产过程中，违反国家规定，将产生的废水排入河道，严重污染环境的，构成污染环境罪。

基本案情

2020年3月，N公司法定代表人荆某英在该公司生产蒽醌的过程中，将产生的废水通过该公司埋置在地下的PVC暗管排放进入一支排河河道。2020年3月7~8日，新乡县环境保护局检查发现龙泉村东桥一支排河水呈红色，到该公司检查发现厂区院内存在地埋暗管通向一支排河。经检测，N公司院内偷排暗管内存液的化学需氧量为10,536，超标210倍；PH呈强酸性，小于2。

裁判结果

法院经审理认为，被告单位N公司、被告人荆某英违反国家规定，排放有毒物质，严重污染环境，其行为已构成污染环境罪。被告单位N公司、被告人荆某英犯罪后主动投案，并如实供述自己的犯罪事实，且愿意接受处罚，可以从轻处罚。据此，以污染环境罪判处被告单位N公司罚金人民币2万元；判处被告人荆某英有期徒刑10个月，缓刑1年，并处罚金人民币1万元。

立案标准

根据《立案追诉标准（一）补充规定》第10条第1款的规定，违反国家规定，排放、倾倒或者处置有放射性的废物、含传染病病原体的废物、有毒物质或者其他有害物质，涉嫌下列情形之一的，以污染环境罪立案追诉……（2）非法排放、倾倒、处置危险废物3吨以上的……（5）通过暗管、渗井、渗坑、裂隙、溶洞、灌注等逃避监管的方式排放、倾倒、处置有放射性的废物、含传染病病原体的废物、有毒物质的……（10）造成生态环境严重损害的。

律师提示

《刑法》第338条第1款规定，违反国家规定，排放、倾倒或者处置有放射性的废物、含传染病病原体的废物、有毒物质或者其他有害物质，严重污染环境的，构成污染环境罪。

污染环境罪是故意犯罪，在实践中，具有下列情形之一，行为人不能作出合理解释的，可以认定其故意实施环境污染犯罪，但有证据证明确系不知情的除外：企业没有依法通过环境影响评价，或者未依法取得排污许可证，排放污染物，或者已经通过环境影响评价并且防治污染设施验收合格后，擅自更改工艺流程、原辅材料，导致产生新的污染物质的；不使用验收合格的防治污染设施或者不按规范要求使用的；防治污染设施发生故障,发现后不及时排除,继续生产放任污染物排放的;生态环境部门责令限制生产、停产整治或者予以行政处罚后,继续生产,放任污染物排放的;将危险废物委托第三方处置,没有尽到查验经营许可的义务,或者委托处置费用明显低于市场价格或者处置成本的;通过暗管、渗井、渗坑、裂隙、溶洞、灌注等逃避监管的方式排放污染物的;通过篡改、伪造监测数据的方式排放污染物的;其他足以认定的情形。

污染环境罪中的“有毒物质”,包括列入国家危险废物名录或者根据国家规定的危险废物鉴别标准和鉴别方法认定的具有危险特性的废物,《关于持久性有机污染物的斯德哥尔摩公约》附件所列物质,含重金属的污染物,以及其他具有毒性可能污染环境的物质。

53 未经批准擅自建设生态休闲庄园，是否构成非法占用农用地罪?

裁判要旨

违反土地管理法规,在未取得审批手续的情况下,在农用地上建设生态休闲庄园,改变被占用土地用途,数量较大,造成农用地大量毁坏的,构成非法占用农用地罪。

基本案情

被告单位Z公司为西安市临潼区某村村委会村办企业。2012年10月,被告人张某甲多次组织村委会召开会议讨论决定,每亩地向村民支付4万余元补偿款,分两次征用120余亩土地给被告单位建设芷某湖石榴生态休闲庄园项目。

2013年3月,被告单位建设的芷某湖石榴生态休闲庄园项目在未取得土地审批手续的情况下开工建设,由被告人张某乙具体负责项目施工建设,至2015年9月建设完成并投入运营。被告单位在开发建设过程中,因违法占地被西安市自然资源局曲江新区分局(原西安市国土资源局曲江新区分局)作出行政处罚。

经勘测,被告单位建设的芷某湖石榴生态休闲庄园实际占地共104.18亩。经鉴定,其中温泉酒店区71.4亩属对农用地种植条件的严重毁坏,石榴采摘观光园区32.78亩属对农用地种植条件的轻度毁坏。西安市临潼区土地利用总体规划图(2006~2020年)显示涉案宗地为有条件建设区。2012年土地利用现状图(I49G040019、I49G040020)显示涉案宗地为园地,国家标准《土地利用现状分类》(GB/T 21010-2017)中园地属于农用地。

裁判结果

法院经审理认为,被告单位Z公司违反土地管理法规,非法占用农用地，改变被占用土地用途，数量较大，造成农用地大量毁坏，其行为已构成非法占用农用地罪。被告人张某甲作为直接负责的主管人员，被告人张某乙作为其他直接责任人员，应当以非法占用农用地罪追究其刑事责任且系共同犯罪。被告人张某甲、张某乙如实供述自己的罪行，符合坦白的法律规定，可以从轻处罚。据此，以非法占用农用地罪判处被告单位Z公司罚金人民币50万元；判处被告人张某甲、张某乙有期徒刑2年，缓刑2年零6个月，并处罚金人民币5万元。

立案标准

根据《立案追诉标准（一）》第67条第1款的规定，违反土地管理法规，非法占用耕地、林地等农用地，改变被占用土地用途，造成耕地、林地等农用地大量毁坏，涉嫌下列情形之一的，以非法占用农用地罪立案追诉：（1）非法占用基本农田5亩以上或者基本农田以外的耕地10亩以上的；（2）非法占用防护林地或者特种用途林地数量单种或者合计5亩以上的；（3）非法占用其他林地10亩以上的；（4）非法占用本款第（2）项、第（3）项规定的林地，其中一项数量达到相应规定的数量标准的50%以上，且两项数量合计达到该项规定的数量标准的；（5）非法占用其他农用地数量较大的情形。

律师提示

《刑法》第342条规定，违反土地管理法规，非法占用耕地、林地等农用地，改变被占用土地用途，数量较大，造成耕地、林地等农用地大量毁坏的，构成非法占用农用地罪。

非法占用农用地罪中的“农用地”，是指直接用于农业生产的土地，包括耕地、林地、草地、农田水利用地、养殖水面等；“违反土地管理法规”，是指违反土地管理法、森林法、草原法等法律以及有关行政法规中关于土地管理的规定。

违反土地管理法规，非法占用耕地建窑、建坟、建房、挖沙、采石、采矿、取土、堆放固体废弃物或者进行其他非农业建设，造成耕地种植条件严重毁坏或者严重污染，被毁坏耕地数量达到法律规定数量的，属于“造成耕地大量毁坏”。违反土地管理法规，非法占用林地，改变被占用林地用途，在非法占用的林地上实施建窑、建坟、建房、挖沙、采石、采矿、取土、种植农作物、堆放或者排泄废弃物等行为或者进行其他非林业生产、建设，造成林地的原有植被或者林业种植条件严重毁坏或者严重污染，被毁坏林地数量达到法律规定数量的，属于“造成林地大量毁坏”。

54 通过与村民小组以股份合作的形式承建项目，借机开采河道砂石，是否构成非法采矿罪？

裁判要旨

行为人采取与村民小组股份合作的形式，承建农村项目工程，借实施项目之机，在无采矿资质的情况下，开采河道内砂石，加工销售给他人，情节严重的，构成非法采矿罪。

基本案情

2011年6月至2011年11月，被告人刘某江在北京市密云区石城镇西湾子村东湾子自然村蛇鱼川水域东湾子段河道内，通过与西湾子村东湾子小组以股份合作形式，承建石城镇西湾子村蛇鱼川生态涵养流域项目工程，借实施该项目之机，在无采矿资质的情况下，开采河道内砂石，加工后，将部分沙子、石子销售给张某，销售金额为1,279,734.6元。经北京市地质工程设计研究院认定，刘某江所开采矿产资源为建筑用砂。

裁判结果

法院经审理认为，刘某江违反《矿产资源法》的规定，未取得采矿许可证擅自采矿，情节特别严重，其行为已构成非法采矿罪，依法应予惩处，对其违法所得应予追缴。鉴于刘某江自筹资金，实施了部分河道清淤工程，对其酌情从轻处罚。据此，以非法采矿罪判处刘某江3年零3个月，并处罚金人民币10万元。

立案标准

根据《立案追诉标准（一）补充规定》第11条第1款的规定，违反矿产资源法的规定，未取得采矿许可证擅自采矿，或者擅自进入国家规划矿区、对国民经济具有重要价值的矿区和他人矿区范围采矿，或者擅自开采国家规定实行保护性开采的特定矿种，涉嫌下列情形之一的，以非法采矿罪立案追诉：(1)开采的矿产品价值或者造成矿产资源破坏的价值在10万元至30万元以上的；(2)在国家规划矿区、对国民经济具有重要价值的矿区采矿，开采国家规定实行保护性开采的特定矿种，或者在禁采区、禁采期内采矿，开采的矿产品价值或者造成矿产资源破坏的价值在5万元至15万元以上的；(3)2年内曾因非法采矿受过两次以上行政处罚，又实施非法采矿行为的；(4)造成生态环境严重损害的；(5)其他情节严重的情形。

律师提示 ///

《刑法》第343条第1款规定，违反矿产资源法的规定，未取得采矿许可证擅自采矿，擅自进入国家规划矿区、对国民经济具有重要价值的矿区和他人矿区范围采矿，或者擅自开采国家规定实行保护性开采的特定矿种，情节严重的，构成非法采矿罪。

在河道管理范围内采砂，依据相关规定应当办理河道采砂许可证而未取得河道采砂许可证，或者应当办理河道采砂许可证和采矿许可证，既未取得河道采砂许可证又未取得采矿许可证，或者严重影响河势稳定，危害防洪安全的，应予追究刑事责任。如果行为人采取与村民小组合作的形式，承建农村项目工程，但并未取得河道采砂许可证或采矿许可证，擅自开采河道砂石，加工销售给他人，情节严重的，构成非法采矿罪。

55 快递公司为赚取高于市场价的寄递费用，帮助他人邮寄毒品，是否构成运输毒品罪？

裁判要旨

快递公司及其主要负责人在收取高于市场价的寄递费用后，帮助他人邮寄能够使人形成瘾癖的精神药品，构成运输毒品罪。

基本案情

Y 公司于 2015 年 4 月 7 日注册成立，经营范围为国内快递，被告人苏某生任公司法人代表。2016 年年底，贩毒人韩某（另案处理）与苏某生联系，要通过 Y 公司寄递国家规定管制的能够使人形成瘾癖的精神药品复方磷酸可待因口服溶液（以下简称可待因口服溶液），苏某生同意。自 2017 年 1 月至同年 3 月 17 日，Y 公司先后 7 次非法为韩某寄递 15 箱可待因口服溶液，合计含磷酸可待因 205.2 克（其中 12.96 克属于未遂），获利 2842 元。2017 年 3 月 17 日，南靖县公安局民警在 Y 公司仓库内查扣韩某寄存并准备寄递的 1 箱药品“立健亭”（含磷酸可待因 12.96 克），另查扣“立健亭”外包装箱 2 个、“奥亭”外包装箱 13 个。

裁判结果

法院经审理认为,被告单位 Y 公司为他人运输国家规定管制的能够使人形成瘾癖的精神药品,其行为构成运输毒品罪。被告人苏某生身为公司直接负责的主管人员,在公司运输毒品过程中起决定及具体经手实施作用,依法应以运输毒品罪追究其刑事责任。据此,以运输毒品罪判处被告单位 Y 公司罚金人民币 3 万元,判处被告人苏某生有期徒刑 2 年,并处罚金人民币 1 万元。

立案标准

根据 2012 年 5 月 27 日最高人民检察院、公安部《立案追诉标准(三)》第 1 条第 1 款的规定,走私、贩卖、运输、制造毒品,无论数量多少,都应予立案追诉。

律师提示

《刑法》第 347 条第 1 款、第 7 款规定,走私、贩卖、运输、制造毒品,无论数量多少,都应当追究刑事责任,予以刑事处罚。对多次走私、贩卖、运输、制造毒品,未经处理的,毒品数量累计计算。

走私、贩卖、运输、制造毒品罪中的"运输",是指明知是毒品而采用携带、寄递、托运、利用他人或者使用交通工具等方法非法运送毒品的行为。毒品是指鸦片、海洛因、甲基苯丙胺(冰毒)、吗啡、大麻、可卡因以及国家规定管制的其他能够使人形成瘾癖的麻醉药品和精神药品。具体品种以原国家食品药品监督管理局(已撤销)、公安部、原卫生部(已撤销)发布的《麻醉药品品种目录》《精神药品品种目录》为依据。

该罪主观故意中的“明知”,是指行为人知道或者应当知道所实施的是走私、贩卖、运输毒品行为。在实践中,为获取不同寻常的高额或者不等值的报酬而为他人携带、运输、寄递、收取物品,其中被查获毒品的,应结合行为人的供述和其他证据综合审查判断,以认定其是否“应当知道”,但有证据证明确属被蒙骗的除外。如果快递公司及其主要负责人在收取高于市场价的寄递费用后,帮助他人邮寄毒品,则构成运输毒品罪。

56 企业为谋取不正当利益给予国家工作人员财物,是否构成单位行贿罪?

裁判要旨

公司、企业、事业单位、机关、团体为谋取不正当利益而行贿,或者违反国家规定,给予国家工作人员以回扣、手续费,情节严重的,构成单位行贿罪。

基本案情

被告人刘某平作为原湘潭县某煤矿的实际投资人、控制人，为避免其所投资、控制的某煤矿被关闭整合等，先后送给国家工作人员钱款共计51.5万元；被告人刘某平、刘某杰、楚某葵作为原湘潭县某煤矿的实际投资人、控制人，为使其所投资、控制的某煤矿在证照到期的情况下仍能够违法生产等，先后送给国家工作人员钱款共计29万元。

裁判结果

法院经审理认为，刘某平身为原湘潭县某煤矿的实际投资人、控制人，为给其所投资、控制的某煤矿谋取不正当利益，给予国家工作人员以钱款；刘某平、刘某杰、楚某葵身为原湘潭县某煤矿的实际投资人、控制人，为给其所控制的某煤矿谋取不正当利益，给予国家工作人员以钱款，情节严重，其行为均已构成单位行贿罪。据此，以单位行贿罪判处刘某平有期徒刑2年，分别判处刘某杰、楚某葵有期徒刑1年。

立案标准

2000年12月22日最高人民检察院《关于行贿罪立案标准的规定》第3条第1款、第2款规定："单位行贿罪是指公司、企业、事业单位、机关、团体为谋取不正当利益而行贿，或者违反国家规定，给予国家工作人员以回扣、手续费，情节严重的行为。涉嫌下列情形之一的，应予立案：1.单位行贿数额在二十万元以上的；2.单位为谋取不正当利益而行贿，数额在十万元以上不满二十万元，但具有下列情形之一的：(1)为谋取非法利益而行贿的；(2)向三人以上行贿的；(3)向党政领导、司法工作人员、行政执法人员行贿的；(4)致使国家或者社会利益遭受重大损失的。”

律师提示 ///

《刑法》第 393 条规定，单位为谋取不正当利益而行贿，或者违反国家规定，给予国家工作人员以回扣、手续费，情节严重的，构成单位行贿罪。

单位行贿是由单位集体研究决定或者由其负责人决定以单位名义实施，获取的不正当利益也归单位所有的行为，构成犯罪的，既要对单位判处罚金，也要对其直接负责的主管人员和其他直接责任人员判处一定的刑罚。如果在单位行贿犯罪中，直接负责的主管人员和其他直接责任人员以单位行贿所取得的违法所得中饱私囊，归个人所有的，应按照个人行贿罪处罚。如果单位没有行贿的故意，而是因被勒索被迫给予国家工作人员机以财物的，不能认定为单位行贿。

另外，“谋取不正当利益”，是指行贿人谋取违反法律、法规、规章或者政策规定的利益，或者要求对方违反法律、法规、规章、政策、行业规范的规定提供帮助或者方便条件。在招标投标、政府采购等商业活动中，违背公平原则，给予相关人员财物以谋取竞争优势的，属于“谋取不正当利益”。

57 为谋取不正当利益给予国有企业工作人员财物，是否构成行贿罪？

裁判要旨

行为人为谋取不正当利益，给予国有企业中国家工作人员以财物，数额较大的，构成行贿罪。

基本案情

四川某市政建设工程有限公司为市属国有企业，刘某于2011年7月任该市政公司经理，2017年7月至2018年6月任董事长兼总经理。2012年，被告人刘某富经人介绍认识刘某，后进入市政公司担任施工班组长。2013～2018年，刘某通过直接指定或向市政公司相关人员打招呼的方式，先后让刘某富承建了雨城区大兴新区健康路道路工程、雨城区颐阙街北段道路新建工程、雨城区南外环路建设项目（一期）等多个工程。被告人刘某富为感谢刘某在市政公司工程项目上给予的关照以及和刘某搞好关系，先后多次送给刘某人民币265万元（其中未遂100万元）。

裁判结果

法院经审理认为，被告人刘某富为谋取不正当利益，送给时任市政公司经理刘某人民币 265 万元，情节严重，其行为构成行贿罪。据此，以行贿罪判处被告人刘某富有期徒刑 4 年，并处罚金人民币 30 万元。

立案标准

2016 年 4 月 18 日最高人民法院、最高人民检察院《关于办理贪污贿赂刑事案件适用法律若干问题的解释》第 7 条规定："为谋取不正当利益，向国家工作人员行贿，数额在三万元以上的，应当依照刑法第三百九十条的规定以行贿罪追究刑事责任。行贿数额在一万元以上不满三万元，具有下列情形之一的，应当依照刑法第三百九十条的规定以行贿罪追究刑事责任：(一)向三人以上行贿的；(二)将违法所得用于行贿的；(三)通过行贿谋取职务提拔、调整的；(四)向负有食品、药品、安全生产、环境保护等监督管理职责的国家工作人员行贿，实施非法活动的；(五)向司法工作人员行贿，影响司法公正的；(六)造成经济损失数额在五十万元以上不满一百万元的。"

律师提示

《刑法》第 389 条第 1 款、第 2 款规定，为谋取不正当利益，给予国家工作人员以财物的，是行贿罪。在经济往来中，违反国家规定，给予国家工作人员以财物，数额较大的，或者违反国家规定，给予国家工作人员以各种名义的回扣、手续费的，以行贿论处。

国家工作人员包括在国家机关中从事公务的人员，也包括在国有公司、企业、事业单位、人民团体中从事公务的人员和国家机关、国有公司、企业、事业单位委派到非国有公司、企业、事业单位、社会团体从事公务的人员，以及其他依照法律从事公务的人员。如果行为人因被勒索而给予国家工作人员以财物，没有获得不正当利益的，不属于行贿。行贿人在被追诉前主动交代行贿行为的，可以从轻或者减轻处罚。其中，犯罪较轻的，对侦破重大案件起关键作用的，或者有重大立功表现的，可以减轻或者免除处罚。

行贿罪中的“谋取不正当利益”，是指行贿人谋取的利益违反法律、法规、规章、政策规定，或者要求国家工作人员违反法律、法规、规章、政策、行业规范的规定，为自己提供帮助或者方便条件。违背公平、公正原则，在经济、组织人事管理等活动中，谋取竞争优势的，应当认定为“谋取不正当利益”。

58 在行贿人与国家工作人员间进行沟通撮合，是否构成介绍贿赂罪？

裁判要旨

在行贿人与国家工作人员之间沟通关系、撮合条件，使贿赂行为得以实现，情节严重的，构成介绍贿赂罪。

基本案情

被告人欧某甲于2011年1月，在欧某乙的房屋被北海炼油异地改造石油化工项目110KV高压线路建设工程征用过程中，为帮助欧某乙获取更高补偿费用，从中介绍欧某乙与北海市某港区人民政府征地拆迁管理办公室工作人员陈某、孙某乙见面商谈加大补偿金额的事宜以获取“好处费”，最终使欧某乙得到总额450,655.95元的补偿费用。在得到补偿费后，欧某乙于2011年1月31日在北海市北京路农业银行营业厅内分别给予陈某、孙某乙好处费各5万元、欧某甲好处费3万元。

裁判结果

法院经审理认为，被告人欧某甲向国家工作人员介绍贿赂，情节严重，其行为构成介绍贿赂罪。被告人欧某甲在被追诉前主动交待介绍贿赂行为的行为，且能退出介绍贿赂所得赃款，依法可以减轻处罚。据此，以介绍贿赂罪判处被告人欧某甲有期徒刑6个月。

立案标准

1999年9月16日最高人民检察院《关于人民检察院直接受理立案侦查案件立案标准的规定(试行)》第7条第3款规定：“……涉嫌下列情形之一的，应予立案：1、介绍个人向国家工作人员行贿，数额在2万元以上的；介绍单位向国家工作人员行贿，数额在20万元以上的……”

律师提示 ///

《刑法》第 392 条规定，向国家工作人员介绍贿赂，情节严重的，构成介绍贿赂罪。介绍贿赂人在被追诉前主动交代介绍贿赂行为的，可以减轻处罚或者免除处罚。

一般来说，“介绍贿赂”，是指在行贿人与受贿人之间沟通关系、撮合条件，使贿赂行为得以实现的行为。构成介绍贿赂罪要求介绍个人向国家工作人员行贿数额在 2 万元以上，介绍单位向国家工作人员行贿数额在 20 万元以上，但是介绍贿赂数额不满上述标准，具有下列情形之一的也可以构成介绍贿赂罪：(1) 为使行贿人获取非法利益而介绍贿赂的；(2) 3 次以上或者为 3 人以上介绍贿赂的；(3) 向党政领导、司法工作人员、行政执法人员介绍贿赂的；(4) 致使国家或者社会利益遭受重大损失的。

59 被投企业涉嫌刑事风险，投资人如何配合有关部门开展刑事调查？

案例：甲私募基金投资一家互联网金融企业乙，占股 20%，委派一名董事进入乙公司董事会，但不参与乙的日常经营管理，乙定期将财务报表、业务报告、年度报告等材料发送给甲。乙在经营过程中因涉嫌犯罪被公安机关立案侦查，导致甲和乙的银行账户均被冻结。甲私募基金作为投资人，如何有效应对即将开展的刑事调查？

一般而言,刑事风险往往是因为企业可能存在违法违规经营的情形。平日里,企业家的精力主要集中在经营管理和发展壮大上,对于私募基金甚至所有涉案企业及其高管来说,当发生刑事风险时,怎样维护自己的人身和财产权益,是不得不考虑的重大问题。结合实务经验,笔者有以下几点建议,仅供参考。

第一,在面对刑事调查时,首先应当积极面对,避免消极逃避或者盲目轻信所谓的关系。

当出现刑事风险时,由于许多企业和从业人员缺乏配合刑事调查的经验和正确指导,采取了错误的处理方式,造成了本可以避免的损失。有的是因为重视程度不够,导致损失进一步扩大;有的则一味相信所谓的协调能力,没有在法律上采取有效的配合措施,坐失解决问题的良机;有的是对自身问题认识不足,对法律理解错误,导致违法行为扩大;甚至个别人还采取激烈的对抗手段,加重了自身的责任。

第二,梳理事实,弄清楚是作为嫌疑人、被害人,还是作为证人被调查,同时要进行内部风险评估与排查,搜集整理资料,对相关人员进行访谈、调研,做好配合调查工作。

发现刑事危机后,企业应当及时开展内部业务排查,厘清相关事实,搜集、整理与刑事法律风险有关的证据材料,全面掌握可能存在的违法违规事实。

此外,企业还可以组织自身人员或者专业律师对涉案人员进行访谈和调研,及时了解风险产生的根源,识别风险的具体类型,对危机进行预判。在初步了解情况之后,要根据案件进展,配合调查机关做好询问工作,及时向调查机关提供证明自己无罪或者罪轻的证据。

第三,保持与调查机关的良好沟通,争取调查机关的充分理解,以期尽早解除对企业财产的查扣冻措施或者对人身的强制措施，促使企业恢复正常经营。

企业可以指定专人或者法务部门工作人员与调查部门沟通对接，了解风险产生的原因及未来可能的走向。如果企业存在违法违规行为，可能受到罚款、责令停产停业、暂扣许可证件、降低资质等级、吊销许可证件等行政处罚时，应向调查机关说明业务情况，争取从宽处罚，避免企业经营陷入困局。

第四，在遇到自身无法解决的问题时，要及时寻求外部专业人员的支持。

必要时，企业可以寻求外部律师的帮助，由专业机构和人员协助企业梳理相关事实，收集、整理经营管理过程中的文件资料，分析可能出现的风险点，为企业提供法律咨询，对刑事责任的性质、情节、后果，可能涉及的罪名、罪数、刑期、有无财产刑等进行初步评判，提出切实有效、合理合法的法律建议。对于确有错误的，也应当实事求是，积极整改，最大限度地减少损失。

总之，企业在面临刑事风险时，只有采取正确的方法，才能配合侦查机关做好调查工作，保障企业合法合规、健康持久发展。

60 企业自身权益遭受犯罪行为侵害时，如何有效进行刑事控告？

案例:甲是一家服装企业,旗下拥有许多知名品牌的注册商标。甲在经营过程中发现,部分商家未经甲企业授权,擅自使用其注册商标对外销售服装,涉嫌销售假冒注册商标的商品罪。作为甲公司的法务总监,该如何进行刑事控告,维护甲公司的合法权益?

通常而言,企业在日常经营或投融资过程中,自身权利极易遭受犯罪行为侵害,但大量企业申诉控告未果、告状无门的情形时有发生,特别是在经济犯罪领域,控告而无法立案的状况不胜枚举。其中既有案件本身的原因,即侦查机关认为不存在犯罪行为,故而不立案;也可能是侦查机关怠于履行职责,未能及时立案。此时,该如何采取正确方法,有效进行刑事控告,维护自身权益,则显得尤为重要。结合实务经验,笔者提出以下几点建议,仅供参考。

第一,首先要区分案件性质是民事纠纷还是刑事犯罪。

让笔者以企业在投资时被目标公司诈骗为例加以说明。众所周知,民事欺诈与刑事诈骗往往不好区分,其关键在于行为人是否具有非法占有目的。如果目标公司通过提供虚假材料来隐瞒重大事实,比如,目标公司隐瞒对关联公司的巨额虚假应收账款,制造、掩盖对相关客户的虚假业绩,或者向中介机构提供大量虚假财务数据,甚至指使第三方中介机构出具虚假审计报告、评估报告等,都会对企业决定是否投资目标公司产生误导。

如果目标公司从一开始根本就没有履行合同的意愿和能力,只是单纯想利用合同来骗取投资款，且在收到投资款之后立即转移资金，进行高额消费、肆意挥霍，或者干脆逃匿失联的，就可以直接认定涉嫌构成诈骗罪或合同诈骗罪。

第二，如果构成刑事犯罪，企业要迅速收集、整理证据材料，厘清事实经过，及时进行刑事报案。

在初步确认企业遭受犯罪活动侵害后，企业要及时组织相关证据材料，无论是投资时的决策文件、投资合同、投资款的支付凭证、股东会和董事会决议、公司章程、营业执照、目标公司提供的虚假材料，还是涉案人员的身份信息、往来电子邮件、微信聊天记录、刑事报案书、授权委托书等，都要提前充分准备、详细梳理，然后委托专人或者律师进行报案。

第三，报案时要找准管辖，并积极与办案机关联络沟通，配合做好调查取证工作。

按照法律规定，刑事案件由犯罪地或犯罪嫌疑人居住地的公安机关管辖，犯罪地包括犯罪行为实施地、预备地、开始地、途经地、结束地，也包括犯罪对象被侵害地、犯罪所得的实际取得地、藏匿地、转移地、使用地、销售地等。

尤其是对财产犯罪来说，有管辖权的公安机关往往有好几个。企业可以根据实际情况，提前与有管辖权的公安机关进行沟通，选择对自身最有利的地区进行报案，既可以选择犯罪地或犯罪嫌疑人居住地的公安机关，也可以选择被侵害地或者支付投资款所在地的公安机关进行报案。同时，还要安排专人与办案人员保持联系，时刻了解案件进展，并按照要求补充证据材料，配合做好调查取证工作。

第四，如果报案没有被受理，要依法进行相应救济。

由于经济犯罪有时无法与民事纠纷作出明显区分，公安机关立案时往往比较谨慎。如果企业报案后没有被立即受理，此时要积极与办案人员进行沟通，询问不受理或不立案的理由，是否需要提供其他材料，或者根据案件进展情况，在发现新的事实或者证据后再进行报案。如果认为公安机关不受理或不立案的理由不符合法律规定，也可以申请复议或者向上一级公安机关申请复核；必要时，还可以向检察机关申请立案监督。

总之，企业遭受犯罪行为侵害时，要采取正确的方法及时进行报案，并配合公安机关做好调查取证工作，以保障企业持续健康发展。

后　记

企业发展之路，从壮大到强盛，每一步都是攀登，而追求恒久长青，更是挑战重重。历史证明，那些能够跨越时代、持续发展的企业，无不建立在规范运营和责任担当之上。法律规定、行业规范、企业制度构成了企业生存的防线，不可轻易触犯。

作为法律工作者，我们代理的民商事纠纷、行政复议及刑事辩护案件日渐增多。基于多年的办案经验，我们洞察到大量纠纷背后的复杂成因，更深刻意识到解决这些问题，需要企业、社会与法律人士的共同努力。

为此，我们对如何防范企业法律风险进行了梳理和系统研究，搜集了大量经典案例，进行了深入分析和细致点评。本书分别由罗周敏律师编写商事争议解决与风险管理部分，由于晓澎律师编写行政争议解决与风险管理部分，由张金龙律师编写刑事争议解决与风险管理部分。我们期待企业提高风险防范意识，也希望借助本书，为企业家在日常经营管理活动中提供帮助。

感谢法律出版社法治与经济分社分社长沈小英编审、责任编辑毛镜澄对我们的鼎力相助，能让本书在短时间内高质量出版。受时间精力所限，书中难免有不妥之处，望各位读者批评斧正。

2024 年 9 月 11 日